Picco… …audi 150
Nuova se…
Arte. Arc…ettura. Teatro. Cinema. Musica

Titolo originale *Qu'est-ce que l'art moderne?*

Traduzione di Sergio Arecco

www.einaudi.it

ISBN 978-88-06-16147-7

Denys Riout

L'arte del ventesimo secolo

Protagonisti, temi, correnti

Piccola Biblioteca Einaudi
Arte. Architettura. Teatro. Cinema. Musica

Indice

Elenco delle illustrazioni fuori testo

Ringraziamenti.

Colgo, con vivo piacere, l'occasione per dichiarare il mio debito verso Jacinto Lageira: senza la sua amicizia e la sua eccezionale generosità intellettuale, questo libro non avrebbe visto la luce. Egli ha avuto inoltre la pazienza di leggere il primo manoscritto, e le sue osservazioni, come le discussioni che abbiamo avuto in proposito, mi sono state di grande aiuto.

Mia moglie, Christine Regouby, si è assunta a sua volta il compito di leggere i fogli che via via si accumulavano e che solo di rado ho saputo rendere ordinati e facilmente leggibili – la pessima grafia non è certo una scusa sufficiente. E temo anche di non essere mai stato capace di dirle fino a che punto le sue acute osservazioni, le sue sempre puntuali domande di non specialista mi abbiano aiutato a precisare e chiarire il mio pensiero.

Desidero inoltre rendere omaggio a Agnès Tricoire, agli artisti da me spesso contattati, in particolare Marthe Wéry e Daniel Walravens, e agli studenti di Paris I, la cui benevola attenzione e il cui interesse per le opere che ho cercato di spiegare loro sono sempre stati per me un conforto nei momenti di incertezza.

Voglio infine ringraziare Éric Vigne per il sostegno indefettibile che mi ha dato ed esprimergli la mia gratitudine per la fiducia che mi ha testimoniato: sono davvero sorpreso che abbia creduto in me al punto da commissionarmi questo libro per la collana da lui diretta.

L'ARTE DEL VENTESIMO SECOLO

Premessa

La legge in vigore negli Stati Uniti prevedeva di tassare l'importazione dei prodotti manifatturieri ma di consentire la libera circolazione delle opere d'arte, quando, il 21 ottobre 1926, una ventina di sculture ideate e realizzate da Constantin Brâncuşi vennero sbarcate nel porto di New York e sottoposte all'esame degli agenti della dogana. Sconcertati, questi non riconobbero però negli «oggetti» in questione le caratteristiche abitualmente ammesse perché essi potessero essere considerati opere d'arte: per cui gli agenti applicarono il regolamento che prevedeva una tassazione del 40 per cento rispetto al loro valore dichiarato. Grazie a una soluzione provvisoria, quegli «oggetti» dalla dubbia identità poterono comunque entrare liberamente sul suolo americano per essere esposti alla Brummer Gallery. In caso di vendita, la tassa, a norma di legge, sarebbe stata applicata, pena il loro ritorno nell'atelier parigino di Brâncuşi. Un collezionista, il pittore e fotografo Edward Steichen, acquistò l'*Uccello nello spazio* (1925) e avrebbe dunque dovuto pagare i diritti di dogana. Sennonché, per Steichen, si trattava evidentemente di un'opera d'arte, alla quale doveva applicarsi il diritto della libera circolazione, per cui il contenzioso fu portato in tribunale.

Il processo apertosi il 21 ottobre 1927 resta per molti versi esemplare della situazione delle arti in rapporto all'opinione pubblica. La legislazione americana dava allora una definizione restrittiva delle opere di scultura: tagliate o modellate «a imitazione dei modelli naturali», esse dovevano inoltre essere «originali» – vale a dire non essere prodotte in serie –, essere realizzate da un «artista professionista» e, in ultimo, essere prive di funzioni pratiche.

L'audizione dei testimoni permise di stabilire che Brâncuşi poteva essere considerato uno scultore professionista e che l'*Uccello nello spazio* non era un oggetto concepito ad uso pratico. Fu invece piú difficile, a causa della tecnica impiegata, provare che la composizione in bronzo lucido era «originale». Riconoscere poi, in quella forma astratta, un uccello, era una faccenda tutt'altro che scontata. A seguito di una serie di contraddittori a volte grotteschi, il giudice Waite giunse a formulare il verdetto (26 novembre 1928). In sostanza, egli giudicò che la definizione di opera d'arte quale prodotto di una «mimesis» - definizione che risaliva a una giurisprudenza fissata nel 1916 - non poteva piú essere considerata valida allo stato dei fatti. La sentenza venne formulata in questi termini:

> Noi riteniamo che la giurisprudenza piú antica non avrebbe inscritto l'oggetto in questione nella categoria delle opere d'arte (...) Nel frattempo, tuttavia, si è sviluppata una tendenza artistica cosiddetta moderna, i cui fautori mirano a rappresentare idee astratte piú che a imitare oggetti naturali. Al di là della simpatia o antipatia per queste idee di avanguardia e per le correnti artistiche che le rappresentano, noi giudichiamo che la loro esistenza, cosí come la loro influenza sul mondo dell'arte, siano fatti degni di essere riconosciuti e presi in considerazione da parte dei tribunali[1].

In effetti, piaccia o meno, la «scuola moderna» non si è accontentata di capovolgere le categorie estetiche. Non si tratta piú solo di discutere le qualità di un'opera, riuscita o fallita, ma di sapere se tale oggetto, produzione o proposta è o non è un'opera d'arte. Davanti all'*Olympia* di Manet (1863) esposta al Salon del 1865, molti visitatori si sentivano offesi ed esprimevano il loro dissenso, ma nessuno metteva in discussione il fatto che si trattasse d'un *quadro*. All'epoca di Brâncuşi la situazione si era notevolmente evoluta. Nondimeno, laddove l'artista e i suoi ammiratori includevano l'*Uccello nello spazio* nella categoria delle sculture, gli agenti della dogana rimanevano perplessi. E il giudizio del tribunale federale si mantiene prudente, facendo appello al tempo stesso alla scultura e all'arte.

[1] Cfr. la sentenza, nonché gli originali del processo, in J. DE PASS, *Brancusi contre Etats-Units. Un procès historique*, Adam Biro, Paris 1995; la citazione è a p. 117.

La crisi non è di data recente. L'intero complesso della modernità è accompagnato da dissensi di fondo, che non smettono di dividere gli artisti, i critici, il pubblico. Il processo Brâncuşi dimostra comunque che è possibile rispettare convinzioni contrarie alle proprie, una volta sentito il parere circostanziato di persone giudicate competenti in materia e una volta accertata la loro credibilità e il loro equilibrio di giudizio. Il giudice americano aveva adottato una strategia oculata facendo intervenire una certa dose di sociologismo – la consultazione del «mondo dell'arte» – nel campo dell'estetica, troppo spesso tentata dalla ricerca di un'introvabile essenza artistica: uno dei tratti dominanti del moderno è proprio quello di avere definitivamente messo in crisi le certezze piú consolidate, sempre desunte dall'esame delle opere del passato, sia pure di quello recente.

1. *Avanguardie e grandi miti*.

La nozione di avanguardia, richiamata dal giudice Waite, è di origine militare, ed è usata dagli ideologi politici – in un'accezione che non implica certo un appianamento dei conflitti –, prima di diventare uno dei concetti piú importanti del moderno. Nel corso del XIX secolo, nella misura in cui il Salon consente a chiunque di farsi un'idea delle nuove opere d'arte, si instaura un sistema di valori contrario alla tradizione e alla conservazione, da sempre preoccupate della continuità: un sistema che riserva un posto privilegiato alla coppia dialettica rottura/innovazione. Discussioni appassionate, anatemi, esclusioni, scandali a ripetizione trasformano l'arena artistica in un campo di battaglia estetico e ideologico.

L'emblematico titolo di *Critica d'avanguardia* – scelto nel 1885 da Théodore Duret per la raccolta dei suoi scritti sulla pittura, in particolare sulle opere di Whistler, di Manet e degli impressionisti – indica in quale misura la nozione di avanguardia sia presente sulla scena artistica nella seconda metà del XIX secolo. Al punto che l'arte e la critica del XX secolo ne faranno la loro parola d'ordine. Il successo tardivo di Manet e degli impressionisti, unito al discredito dell'*art pompier*, sembra dare ragione alla profezia evangelica: «Gli ultimi saranno i primi». E se il giudizio dell'avvenire non è che la conferma di quello toccato all'epoca ai piccoli gruppi, sistematicamente screditati, possiamo dire che arte e avanguardia siano una cosa sola. Con l'andar del tempo si fa strada infatti l'idea che, per divenire un classico, si debba essere appartenuti all'avanguardia: la vera gloria ricompensa gli audaci, ai quali il coraggio delle proprie convinzioni dà la forza morale di costruire un'opera a dispetto delle difficoltà, delle frustrazioni e delle umiliazioni dovute all'incomprensione dei contemporanei. Comincia ad affermarsi la figura dell'artista maledetto, al quale i posteri dovranno riparazione.

Autentico paradigma d'esclusione, l'avanguardismo sancisce l'esistenza di una rottura. E non può vivere senza manifesti, testi redatti da un singolo o da un gruppo che promulgano e sostengono visioni coraggiose. Atti di opposizione, essi non si accontentano di demolire: anzi, fanno leva su un'analisi della situazione presente per proporre soluzioni future, prefigurare valori sostitutivi. In quanto testi programmatici, essi stimolano prese di coscienza e sollecitano alleanze. In altri termini, i manifesti artistici, sempre militanti, sono al tempo stesso arma e bandiera. Di tono dissacratorio, spesso ultimativo, ribattono con estrema violenza agli attacchi dei conservatori. Un manifesto futurista russo s'intitola ad esempio *Schiaffo al gusto del pubblico* (Majakovskij, 1912), e Kazimir Malevič si rivolge qualche anno dopo ai suoi ascoltatori in questi termini:

> Noi ci siamo sbarazzati del futurismo, ed essendo i piú audaci *abbiamo sputato sull'altare della sua arte*. E non potranno i codardi sputare sui loro idoli? Come noi ieri!!! Io vi dico che non vedrete le nuove bellezze e la nuova verità sino a quando non vi deciderete a sputare[2].

Se da un lato i manifesti proclamano le tesi degli artisti, dall'altro spiegano anche, poco o molto, le loro intenzioni. I critici d'arte, militanti anch'essi, fanno da intermediari

[2] K. MALEVIČ, *Dal cubismo e dal futurismo al suprematismo. Il nuovo realismo pittorico* (1916), in ID., *Suprematismo*, a cura di G. Di Milia, Abscondita, Milano 2000, p. 40.

tra gli «artisti di ricerca»[3] e un pubblico desideroso di vederci un po' piú chiaro. Tramiti insostituibili, i critici si ispirano ai manifesti, sollecitano o raccolgono le dichiarazioni degli artisti e attingono talvolta alle scienze umane o alla filosofia per valorizzare le virtú delle opere che commentano, aprendo in questo modo, con toni spesso intimidatori, delle vie d'accesso nell'opacità del visibile.

L'avanguardismo prende atto della crisi del presente nel momento in cui dà per scontato il suo superamento. Tributario di una struttura temporale, esso postula, almeno implicitamente, una fede indefettibile nel progresso. Se gli sconfitti di oggi sono destinati a diventare i trionfatori di domani è perché gli occhi della gente si apriranno: il che non potrà non accadere, in quanto gli «audaci», gli «apportatori del nuovo» dibattono problemi piú interessanti, inventano soluzioni migliori. Per cui la loro opera, magari con ritardo, s'imporrà all'attenzione di tutti, anche dei piú retrivi. È una concezione dello sviluppo delle arti che comporta l'esistenza di grandi miti unificatori, capaci di inscrivere le innovazioni in una prospettiva teleologica. La pietra di paragone di questa «storia sacra»[4] resta il modello hegeliano. Tesa verso una verità ultima, l'arte è destinata a scomparire, o a divenire superflua, una volta raggiunto il suo scopo.

Ciascuno di questi «grandi miti» – ne esistevano evidentemente molti, e non tutti compatibili tra loro – forniva una griglia di valutazione che consentiva di respingere nel passato, tra le frivolezze e le incongruenze ideologiche, tutto ciò che ostacolava il dispiegamento dei loro dogmi. I conflitti estetici suscitavano insofferenze. Su fronti diversi, gli argomenti a difesa si mescolavano alle invettive, in un crescendo di dibattiti che contribuivano a sviluppare le nozioni e i concetti caratteristici dell'epoca, oggi conclusa, delle avanguardie. Mentre una parte consistente del pub-

[3] Tale locuzione, inventata nella seconda metà del XIX secolo, è presente in particolare in TH. DURET, *Critique d'avant-garde* (1885), École Nationale Supérieure des Beaux-Arts, Paris 1998, p. 53.

[4] Riprendo la formula da T. MCEVILEY, *Histoire de l'art ou histoire sainte?*, in ID., *Art, contenu et mécontentement*, Chambon, Nîmes 1994, pp. 121 sgg.

blico, di per sé interessato, si trovava notevolmente spiazzata di fronte alla varietà delle opere e alla conflittualità delle scelte.

2. *Un campo allargato*.

A partire dagli anni sessanta, l'impiego della nozione di avanguardia tende a sfumare, per poi scomparire dall'attualità. Contestualmente, il campo delle «belle arti», comprendente soprattutto la pittura e la scultura, si apre sempre piú all'influenza di altri mezzi e altre espressioni artistiche, che concorrono alla formazione di una nuova categoria concettuale, quella delle «arti plastiche», infinitamente piú comprensiva – e inclusiva al proprio interno anche delle discipline legate alle «belle arti». Tale evoluzione ha iniziato a manifestarsi con i *papier collé* cubisti, poi con i *ready-made* duchampiani, gli oggetti dadaisti e i progetti costruttivisti, ma assume proporzioni senza precedenti quando arti e tecniche finora estranee alle «belle arti» entrano a par parte del loro universo. Gli *happening*, imparentati col teatro, la smaterializzazione dell'oggetto artistico, l'utilizzo del video e della fotografia, la presenza massiccia del linguaggio o dell'uso del corpo dell'artista come supporto dell'opera, insieme ad ulteriori manifestazioni dell'espansione potenzialmente illimitata che caratterizza l'universo delle arti plastiche, promuovono l'avvento di un periodo nuovo. L'*arte contemporanea* – la denominazione ha sostituito quella di *arte moderna*, o d'*avanguardia* – si inscrive sostanzialmente sotto il segno del postmoderno, nozione fluida a proposito della quale tutti i commentatori concordano su un punto: essa sanziona la morte dei «grandi miti», una constatazione che accompagna inevitabilmente quella della «fine delle ideologie».

Immersi in un presente come questo, è facile riconoscere che il passato, con i suoi campi ben delimitati e le sue cittadelle teoriche, aveva sicuramente degli inconvenienti ma agevolava il compito dei vari protagonisti interessati al dibattito artistico. Costretti a prendere posizione, potevano liquidare interi capitoli dell'opera creativa dei meno ispirati tra i contemporanei, perché erano provvisti di certezze e dotati di argomenti tagliati su misura, anche se il loro taglio grossolano era fonte di guasti – in fondo il loro scopo era proprio questo. Di piú. Dopo la fine delle avanguardie e la scomparsa dei termini di riferimento tecnici, anche i termini di riferimento stilistici si confondono. In occasione di un'intervista pubblicata nel 1963, Andy Warhol dichiara:

> Come si può affermare che uno stile vale piú di un altro? La prossima settimana vorrei poter essere un espressionista astratto, o un artista pop, o un realista, senza avere la sensazione di avere rinunciato ad alcunché[5].

Beninteso, non dobbiamo allarmarci per questa rivendicazione di libertà, favorita da una ritrovata tolleranza, anche se essa può facilmente condurre a un relativismo privo di interesse, dove tutto sembra andare, se non per il meglio, almeno verso il meglio nel migliore dei mondi dell'arte possibile, il nostro.

Già dagli anni dieci esistono opere d'arte che non sono né pitture né sculture, ma il problema diventa preoccupante quando le realizzazioni che intenzionalmente si sottraggono alle categorie prestabilite, o che trasgrediscono i loro schemi, tendono a moltiplicarsi. L'esistenza delle *arti plastiche* – il nuovo paradigma – è oggi un fatto scontato, e nessuna cornice esterna può, a priori, circoscriverne i contorni. Tutto può diventare arte, ma non a qualunque condizione. Nel 1966, molti artisti avrebbero potuto sottoscrivere questa dichiarazione di Donald Judd: «Se uno afferma che il suo lavoro fa parte dell'arte, allora è arte?»[6].

La convinzione dell'artista resta determinante, ma il corpo sociale esige a buon diritto argomenti ben altrimenti convincenti. Tutti coloro che hanno oggi il compito di decidere a nome del pubblico che cosa è e che cosa non è arte lo sanno bene. Quanto al pubblico in sé, quando non si disinteressa dei problemi dell'arte contemporanea, ap-

[5] Cfr. G. R. SWENSON, *What is Pop Art: Answers from 8 painters* (1963), citato in A. DANTO, *L'art contemporain et la clôture de l'histoire*, Seuil, Paris 2000, p. 72.

[6] D. JUDD, conclusione di un breve testo pubblicato nel 1966 e ripreso nei suoi *Ecrits 1963-1990*, Galerie Lelong, Paris 1991, p. 22.

pare in molti casi smarrito, e piú di uno storico dell'arte moderna condivide i suoi sentimenti di incertezza. Io faccio parte di questo gruppo. Contrariamente a certi specialisti del duello a oltranza, preferisco adottare l'atteggiamento del giudice Waite, e sono propenso non tanto a pronunciare un verdetto – che interesserebbe soltanto me – quanto ad ascoltare le ragioni degli uni e degli altri. Le risultanze della mia istruttoria sono il frutto di un lavoro di sintesi, e mi accingo a comunicare qui gli esiti di tale lavoro.

3. *Vedere e leggere le arti del XX secolo.*

Le «belle arti» discendono dalle arti visive, e molti ritengono che esse si offrano, o dovrebbero offrirsi, direttamente a coloro che sanno guardare. Con le «arti plastiche» è tutt'altra cosa. Certe opere restano invisibili; altre offrono enunciati verbali, per quanto leggibili; piú in generale, testi di qualsiasi natura si frappongono tra lo sguardo e l'oggetto o la manifestazione in questione. I piú infastiditi protestano contro questa invasione o sostituzione, allorché l'opera si sottrae completamente, o quasi, al tradizionale imperativo della visibilità. Jean Clair, un capofila di tale tendenza, ironizza:

> Per dissimulare questa povertà della struttura sensibile, il commento tenderà ad arricchirsi in proporzione inversa al suo oggetto: piú l'opera sarà piccola, piú dotta sarà la sua esegesi. Una piegatura della tela, un tratto, un semplice punto, diventano pretesto per un formidabile sproloquio in cui si misurano i diversi linguaggi delle scienze umane[7].

Altri, a loro volta, lamentano che si prendano le opere d'arte «per le orecchie», ma hanno il buon senso di ammettere, con Harold Rosenberg, una realtà che tutti possono verificare: «Un quadro o una scultura contemporanei sono una specie di centauro, fatto per metà di materiali artistici e per metà di parole[8].

[7] J. CLAIR, *Considérations sur l'état des beaux-arts*, Gallimard, Paris 1983, p. 12.
[8] H. ROSENBERG, *Arte e parole*, in ID., *La s-definizione dell'arte*, Feltrinelli, Milano 1975, p. 51.

La creazione artistica si inscrive sempre nel quadro di una cultura che non è soltanto visiva. Non è possibile esporre qui i rapporti fluttuanti e spesso complessi che sono stati intrattenuti, nel corso del tempo, tra l'arte e i testi scritti. In ogni caso, è indispensabile sottolineare che le teorie complementari dell'«occhio innocente» e della «pura visibilità» sono di data recente. Elaborate nella seconda metà del XX secolo, esse non hanno peraltro mai riscosso un generale consenso. Ernst Gombrich, dal canto suo, ha dimostrato come l'innocenza della visione sia un «mito»[9], e le concezioni formaliste alle quali conduce inevitabilmente l'apologia di una visibilità pura sono state continuamente oggetto di critica. I dibattiti estetici, le interpretazioni divergenti di una stessa opera, le dichiarazioni d'intenti degli artisti o ancor piú i giudizi articolati, quando si fondano su solide considerazioni, arricchiscono comunque il nostro approccio percettivo alle opere, mute ma pur sempre argomentate. Ecco perché è indispensabile riportare le voci del dibattito che, quando non si limita a un chiacchiericcio convenzionale e a volte confuso, spesso illumina la valutazione puramente percettiva. Si tratta infatti, in seguito e grazie a molti scambi di opinione, di capire meglio per percepire meglio, piú intensamente.

Picasso fece, in proposito, dichiarazioni che possono sembrare contraddittorie. Si stupiva che persone desiderose di comprendere il cinese ammettessero la necessità di studiarlo «senza pensare alla necessità di imparare la pittura»[10]. Ma aggiungeva anche:

> Capire! Si tratterà pure di capire!... Ma da quando il quadro è una dimostrazione matematica? Esso è destinato non a spiegare (a spiegare che cosa? mi domando) ma a far nascere delle emozioni nell'animo di chi lo guarda[11].

Le emozioni artistiche non nascono da un fondo di incomprensione. Per farle emergere, è necessaria quantome-

[9] Cfr. E. H. GOMBRICH, *Arte e illusione. Studio sulla psicologia della rappresentazione pittorica*, Einaudi, Torino 1965, pp. 396 sgg.

[10] P. PICASSO, *Propos sur l'art*, a cura di M.-L. Bernadac e A. Michael, Gallimard, Paris 1998, p. 141.

[11] *Ibid.*, p. 130.

no un'empatia con l'opera; e questa disposizione positiva non ha alcuna possibilità di svilupparsi se interviene troppo presto un senso di rifiuto. Le spiegazioni non fanno che ritardare il momento del giudizio. Per cominciare a vedere, a sapere che cosa guardare e quale sia il modo migliore di farlo, bisogna accettare di imparare, anche se non c'è niente da «capire». È un paradosso – o un mistero, se si preferisce questo termine di carattere religioso – che si rivela irriducibile. L'arte non comincia dove finisce la razionalità; essa la prolunga nell'indicibile, per condurci là dove regna l'emozione. In altri termini, le due opzioni di Picasso non si escludono a vicenda, anzi, sono complementari, compatibili. L'apprendimento fa in modo che si creino le condizioni non di una comunicazione ma di una *comprensione*. Allora l'empatia può trasformarsi in simpatia, diventare entusiasmo, comunione, anche solo per un istante.

Risulterà chiara, credo, la necessità di presentare non solo le opere ma anche, contestualmente, il quadro artistico e concettuale, la vitalità del dibattito che sempre le accompagna. Tuttavia, per quanto siano plasmate, attraversate, modellate da un sostrato culturale specifico, le creazioni artistiche non sono concrezioni speculative, e ancor meno illustrazioni teoriche. Ecco perché le opere costituiscono l'epicentro di un mondo artistico che senza di esse, senza gli artisti che le creano, non potrebbe assolutamente esistere.

Inoltre, il presente libro non è una storia dell'arte in senso stretto, né un compendio di estetiche, di critiche o di teorie dell'arte. Esso si pone all'incrocio di queste modalità di approccio. Le citazioni, numerose, tendono a esporre i criteri di interpretazione proposti dagli artisti e dai loro esegeti, ma anche a restituire i presupposti delle loro argomentazioni, tutto un sapere implicito che, se è scontato per gli specialisti, forma nondimeno una massa opaca per gli altri, i quali, di fatto, se ne sentono esclusi.

4. *Costruire un racconto*.

Presentare l'arte del XX secolo in modo da renderla comprensibile sembra tanto piú necessario – e molti lavori ci provano – dal momento che essa non ha fatto altro che dedicare le proprie energie alla distruzione, cedere con piacere alle lusinghe della provocazione o sovrapporre i confini di discipline un tempo nettamente delimitate. Di fronte all'impossibilità di dire tutto su tutto, quali scelte operare? Innanzitutto, mi è parso utile tagliare a vantaggio delle espressioni piú radicalmente innovatrici, accanto alle quali sopravvivono in parte le forme della tradizione. Molti artisti continuano a «dipingere», a rappresentare il mondo, e nulla ci dice che le opere figurative di Edward Hopper, Giorgio De Chirico, Balthus o Francis Bacon, ad esempio, siano trascurabili – penso piuttosto il contrario. Nella misura in cui ripercorrono il filo di una storia bene ordinata, esse risultano anzi piú facilmente accessibili. Il pubblico di buona volontà, del resto, lo sa perfettamente. Altro è il caso dei dipinti monocromi, dei ready-made, degli happening, delle performance o dell'arte concettuale. Il libro privilegia quindi questa categoria di opere, quelle opere che nei musei d'arte moderna o nei centri di arte contemporanea suscitano meraviglia, stupore o indignazione.

Come ripercorrere l'evoluzione dell'arte del XX secolo evitando i rischi contrapposti che minacciano lo storico dell'arte moderna? Un'esposizione tematica troppo bene articolata rafforza l'illusione rassicurante – e retroattiva – di una logica ineluttabile, negatrice di una creatività il cui merito è proprio quello di inventarsi i propri determinismi per smentire le leggi dell'evoluzione. Viceversa, un racconto cronologico che rispecchi la vitalità delle singole avventure creative sconfinerebbe ben presto nell'esposizione frammentaria di una serie di innovazioni in cui le linee di forza di un'epoca finiscono per confondersi nel groviglio delle proposte e delle controproposte. Sperando di non cumulare gli svantaggi di ciascuno dei due metodi, e anzi di correggere i difetti dell'uno con il conforto dell'altro, ho intrecciato esposizione tematica e organizzazione cronologica, per ripercorrere una storia in cui le opere e le idee risultano perfettamente speculari. Gli indici posti in fondo al volume consentiranno di ritrovare facilmente gli artisti, i movimenti o i concetti esaminati nel corso di una narrazione a tratti molto sfaccettata.

Le prime due parti formano un dittico le cui due componenti trattano lo stesso problema, l'abbandono della rappresentazione. L'astrazione, spettacolare frattura manifestatasi in tutta la sua radicalità all'inizio degli anni dieci, fu giustamente percepita come una rivoluzione capitale. La prima parte del libro tratta della sua comparsa, approfondisce i problemi che essa comportò e traccia la storia della sua evoluzione nel corso del secolo. Le conseguenze del sisma furono tanto notevoli che l'intero quadro dei criteri di giudizio dovette adattarsi alla nuova situazione.

Nel momento in cui Kazimir Malevič dipingeva il *Quadrato nero* (1915), Marcel Duchamp inventava la nozione di ready-made. Il *Quadrato nero* fa tabula rasa del passato, in particolare del concetto di «mimesis». Ebbene, anche se il fatto non appare immediatamente in tutta la sua portata, il ready-made giunge a un risultato analogo per vie diametralmente opposte. Se il *Quadrato nero* non rappresenta nulla, lo *Scolabottiglie* (1914), o *Fountain* (1917), fanno ugualmente a meno di qualsiasi immagine. La presentazione degli oggetti senza alcuna mediazione era stata iniziata da Picasso e Braque quando introdussero frammenti del reale nel corpo della rappresentazione pittorica. Tale trama, parallela a quella dell'astrazione, a tratti anche congiunta a essa, e soggetta al pari di essa a molti alti e bassi nel corso del XX secolo, tende a inscrivere il rifiuto delle immagini al centro di una configurazione artistica coerente, a dispetto della diversità dei mezzi e delle soluzioni adottate dagli artisti. Nel privilegiare questa doppia trama, sono pertanto passati in secondo piano non pochi aspetti importanti dell'arte e delle idee affermatisi nel corso della prima metà del secolo.

Anche la terza parte del libro tende a sottolineare il carattere rizomatico dello sviluppo storico. Trascinati nella spirale inflazionistica di una «tradizione del nuovo», gli artisti, al pari dei loro esegeti, cercano un punto di riferimento in modelli alternativi. Alcuni si rifanno a una filosofia che rivaluta atteggiamenti e processi creativi finora ignorati o svalutati – ad esempio il caso, l'effimero, il riso o la parodia. Altri attingono a un contesto culturale sempre piú aperto, ricco di riferimenti a lungo trascurati, come le diverse forme del *primitivismo* – arte «negra», ma anche disegni infantili o graffiti popolari. Senza dimenticare l'influenza del concetto di «museo immaginario» o la promozione dell'*art brut*.

Infine, le ultime due parti sono dedicate alla seconda grande mutazione dell'arte del xx secolo, la proliferazione delle arti plastiche. Vi sono descritte le pratiche e i diversi atteggiamenti di artisti che non sono né pittori né scultori. Alcuni lavorano su territori inusuali, altri attingono a tecniche impiegate per usi diversi: tutti creano rapporti nuovi tra l'opera e il pubblico, inventano risposte alla domanda «Che fare, quando tutto sembra permesso?» Tale profusione di idee e di scelte di ogni genere non è però cosí anarchica come sembra. E lo storico, pur nella varietà di un'arte proteiforme, può rintracciare delle genealogie, individuare delle tangenze particolari.

Il xx secolo ha creato musei d'arte moderna e contemporanea autonomi, che paiono postulare una separazione, o un divorzio, rispetto all'arte dei secoli precedenti. Alle dinamiche – proprie delle avanguardie –, dell'esclusione e del risarcimento, si è sostituito il gioco dichiarato delle strategie promozionali. La «balcanizzazione» del campo artistico alla quale assistiamo offre l'opportunità di una libertà senza precedenti, ma genera anche una confusione che potrebbe tradursi, in qualche caso, in avversione per l'arte contemporanea. Per cui non è tanto urgente scegliere l'uno o l'altro campo, quanto dotarsi degli strumenti per capire come è maturata la nostra scelta.

Parte prima

L'arte astratta

Dalle pitture preistoriche ai quadri fauve o alle costruzioni cubiste, tutte le opere d'arte di una qualche importanza rimangono, in un modo o nell'altro, subordinate alle apparenze del mondo visibile. Tale nesso ha trovato conferma in ogni tempo e luogo, tanto che parve essere il frutto di una legge naturale. Di ciò non a caso discussero i filosofi, ora per stigmatizzare, come fece Platone, l'arte e in particolare la pittura, la quale, essendo imitazione di un'imitazione, allontanerebbe dalla Verità, ora per esaltare la «mimesis», come Aristotele, che ne vantò le virtú e si compiacque dei piaceri che essa procura. Con la riserva che potevano esserci imitazioni buone, o eccellenti, e imitazioni maldestre, fuorvianti o volgari.

Che la qualità di un'opera non debba confondersi con l'illusionismo dell'immagine non è mai stato seriamente messo in dubbio da nessuno, ma nessuno, nell'arco di qualche millennio, ha nemmeno mai immaginato che una scultura o una pittura potesse esimersi dal rappresentare, mettiamo, un corpo, un volto, animali vivi o morti, frutti o fiori, un paesaggio campestre, profili architettonici, navi o conchiglie, in altre parole un frammento qualsiasi del mondo, raffigurato in una forma magari solo allusiva o sommaria, semplificata o deformata.

L'imitazione, se già non fosse un fine in sé e per sé, sembrerebbe in ogni caso imprescindibile: rifiutarne la necessità costituiva un elemento di rottura importante, spettacolare, introdotto in primo luogo dai pittori astratti. Per cui l'astrazione finiva per rappresentare uno degli emblemi della modernità, spesso definita proprio in opposizione all'arte figurativa.

Léon Degand, ad esempio, ebbe a scrivere:

> La pittura astratta è quella che non rappresenta le apparenze visibili del mondo esterno, e che non è determinata, né nei fini né nei mezzi né nello spirito, da tale rappresentazione. Ciò che caratterizza, all'inizio, la pittura astratta è dunque l'assenza della caratteristica fondamentale della pittura figurativa, l'assenza del rapporto di trasposizione, a qualunque livello, tra le apparenze visibili del mondo esterno e l'espressione pittorica[1].

Questa grande avventura artistica, una delle piú spettacolari del xx secolo, è iniziata nei primissimi anni dieci, con i quadri di Delaunay, Kupka, Kandinskij, Picabia, Malevič, Mondrian e alcuni altri. La maggior parte di tali artisti ha anche scritto testi per esporre i propri programmi, dichiarare le proprie intenzioni; le quali obbediscono a due logiche che si intrecciano e si oppongono al tempo stesso. Per alcuni, l'astrazione si nutre di spiritualità: affrancata dalla natura, essa intrattiene rapporti privilegiati con l'invisibile. Per altri, invece, l'astrazione celebra in tutta libertà i fasti del visibile, radicati in un'esplicita materialità. Quali che siano le loro scelte, tutti gli artisti si confrontano con le medesime questioni di fondo, che si affacciano in termini identici nel corso di un intero secolo: questioni che riguardano il contenuto e la finalità delle opere.

[1] L. DEGAND, *Langage et signification de la peinture en figuration et en abstraction* (1956), poi in *Abstraction Figuration*, Éditions Cercle d'Art, Paris, p. 179.

Capitolo primo

La nascita dell'astrazione. Gli anni dieci e venti

La nascita della tradizione astratta è accompagnata dalle immancabili questioni di precedenza e, come sempre accade per ogni genesi, da numerosi racconti travestiti da miti fondatori. Kandinskij, in un testo celebre, descrive come scoprí le potenzialità di un'opera pienamente autonoma:

> Stavo tornando a casa con la cassetta dei colori dopo aver dipinto uno schizzo, trasognato e immerso nel lavoro fatto, quando vidi d'improvviso un quadro di una bellezza indescrivibile, imbevuto di ardore interno. Mi fermai colpito, poi mi avvicinai rapidamente a questo quadro misterioso su cui non vedevo altro che forme e colori e il cui contenuto mi era incomprensibile. Trovai subito la chiave del mistero: era un mio quadro che era appoggiato alla parete di lato. Il giorno successivo, alla luce del sole, cercai di ricreare in me l'impressione che il quadro mi aveva fatto il giorno prima. La cosa mi riuscí però solo a metà; anche ponendo il quadro su un lato riconoscevo sempre gli oggetti e mancava la fine velatura del crepuscolo. Seppi cosí in modo preciso che l'oggetto nuoce ai miei quadri[1].

Tutto qui contribuisce a trasformare in autentica rivelazione l'esperienza sortita da un felice concorso di circostanze. L'artista affondato nei suoi pensieri, messo di fronte alla bellezza di un'opera che si sottrae a ogni descrizione, si sente bruscamente visitato da una certezza davvero sconvolgente. Non solo gli si apre dinanzi la possibilità di comporre liberamente forme e colori senza il supporto di una rappresentazione, ma – ecco il punto decisivo – Kandinskij constata che è proprio la rappresentazione a *nuocere* ai suoi quadri. La logica conclusione s'impone da sé: l'arte non figu-

[1] V. KANDINSKIJ, *Sguardo al passato 1901-1913*, in *Tutti gli scritti*, vol. II, Feltrinelli, Milano 1974, p. 162.

rativa libera in tutta la loro intensità le virtualità alle quali l'imitazione degli oggetti del mondo impedisce di manifestarsi. Tributaria di una visione teleologica, tale concezione apre la strada al conflitto ricorrente tra l'arte astratta, considerata come un progresso, e l'arte figurativa, relegata di colpo nel novero delle formule superate.

Non rimaneva che passare dalla potenza all'atto. Kandinskij avrebbe varcato il suo Rubicone nel 1910, data che figura in uno dei suoi acquerelli[2], sicuramente astratto e generalmente considerato come la primissima opera del genere. Le ricerche degli studiosi hanno dimostrato che essa fu certamente retrodatata, non corrispondendo in alcun modo a quanto l'artista dipingeva in quel momento. Ma ciò che conta è che la sua filosofia, nel 1912, anno della pubblicazione di *Lo spirituale nell'arte*, era ormai del tutto definita. Da allora, Kandinskij rimase risolutamente fedele alla sua scelta, contribuendo in tal modo a postulare l'idea di una rottura definitiva tra l'arte del passato, posta sotto il segno della mimesis, e l'arte dell'avvenire, da essa emancipata. Resta da chiedersi: l'antagonismo tra le due modalità è davvero cosí irriducibile? Una domanda che ebbe come risposta due tesi tra loro contrastanti: secondo alcuni, l'astrazione introdusse una frattura radicale con il passato; secondo altri, invece, perdurò una sostanziale continuità.

1. *Un'astrazione per decantazione.*

Il racconto riferito da Kandinskij circa la sua conversione non autorizza a pensare a un taglio netto tra le due tendenze. Il tono assunto per descrivere lo shock provato dinanzi all'enigma di un quadro privo di codici di identificazione, e tuttavia dotato di un «grande fuoco interiore», fa pensare piuttosto all'assenza di una soluzione di continuità tra arte figurativa e arte astratta. Nondimeno, c'è un

[2] V. Kandinskij, *Senza titolo*, oppure, convenzionalmente, *Primo acquerello astratto*. Matita, acquerello e china su carta, 49 × 64 cm, 1910. Paris, Musée National d'Art Moderne, Centre Georges Pompidou.

elemento di fondo che contraddice tale interpretazione. È pur sempre un quadro «a soggetto», certo reso incomprensibile sia dalla sua posizione inadeguata sia dalla qualità particolare della penombra della sera, a suggerire all'artista il ripudio di ogni rappresentazione. Inoltre, il legame tra il soggetto e la sua elaborazione attraverso le forme e i colori era divenuto molto tenue nei suoi dipinti del 1910-11. Il che depone a favore di un passaggio progressivo verso l'astrazione, peraltro suffragato dalla definizione da parte di Kandinskij, nel 1912, delle sue tre categorie pittoriche: le *impressioni*, liberamente ispirate dalla natura; le *improvvisazioni*, completamente autonome, anche se nutrite dell'esperienza acquisita grazie alle impressioni; le *composizioni*, concretizzazione degli insegnamenti accumulati in precedenza, opere rese mature dalla riflessione, esenti da ogni esplicita allusione allo spettacolo del mondo. Tale progressione può essere considerata come un processo di decantazione, nel corso del quale la pittura si concentra e si ripiega sulle sue sole forze, senza soccorso esterno. Si afferma cosí una continuità logica tra figurazione e astrazione.

Il presente modello è molto utile. Ha il merito, pedagogico ma anche militante, di cancellare la rottura e di eliminare ogni possibilità di antagonismo radicale tra le due opposte concezioni dell'arte. Per cui il pubblico che ama la pittura di Tiziano, ammira le opere degli impressionisti ed è incline ad accettare le audacie dei *fauve* o dei cubisti, non ha alcun motivo per rifiutare, a priori, l'arte astratta. Theo Van Doesburg, in un testo pubblicato dal Bauhaus nel 1925, faceva riferimento all'opera di Nicolas Poussin, che studiava attentamente la natura per darne poi nella sua pittura una versione idealizzata, governata da leggi piú estetiche che realistiche. Vi sarebbe dunque, al fondo delle nuove opere, una coesistenza di due entità: con un'astrazione che è presente in forma embrionale, percepibile negli scarti tra la traduzione naturalistica di una realtà visiva estrinseca e la manifestazione tangibile di ambizioni puramente plastiche. Jean Bazaine radicalizzò tali enunciati:

> L'errore piú grande è quello di continuare a parlare dell'oggetto, dell'oggetto «reale» come se davvero esso fosse stato, in un qualunque momento, il «fine» dell'opera d'arte, e non sem-

pre e soltanto il mezzo: l'arte, in qualsiasi epoca, è sempre stata non figurativa. Non è una novità, ed è strano doverlo ricordare[3].

Il fatto «strano», piú che altro, è che ci si interessi ai quadri di Poussin senza considerare i loro soggetti, tradotti in immagini. Ecco perché la dimostrazione, in pittura, di un cammino graduale verso forme aniconiche ci sembra piú convincente. Mondrian dipinse nel 1912 una serie di alberi la cui rappresentazione diveniva sempre piú allusiva, al punto che, dinanzi a uno degli ultimi, sarebbe certamente impossibile identificare, se non ci fosse il titolo, un *Melo in fiore*. L'artista spiegò piú tardi (1919) che la sua conversione all'astrazione era avvenuta progressivamente, sul filo della pratica pittorica, e che la teorizzazione era intervenuta solo in seguito. *Astrarre* deve essere qui inteso in senso letterale. Ma egli precisava ancora: «L'astrazione *sola* non basta a escludere il naturale; occorre anche una *composizione* delle linee e dei colori *diversa* dalla composizione naturale»[4]. Si tratta di un rilievo fondamentale. Tutti i pionieri dell'astrazione hanno iniziato dipingendo opere figurative ed è possibile riscontrare nei loro quadri un progressivo allontanamento dal dato naturalistico, una decantazione che li porta verso la composizione pura. Ma è anche indispensabile che intervenga una presa di coscienza della ricchezza delle virtualità emerse nel corso di tale decantazione perché essi affrettino il passo. La nascita dell'astrazione quale sublimazione dell'arte figurativa presuppone un netto salto qualitativo, come quando si evoca il cubismo quale fonte dell'arte astratta.

Guillaume Apollinaire contribuí notevolmente ad accreditare l'idea – divenuta da allora un luogo comune – di una discendenza diretta dell'astrattismo dal cubismo, ultima tappa prima della «pittura pura». Nel suo saggio dedicato ai pittori cubisti, pubblicato nel 1913, egli infatti notava:

> I giovani artisti-pittori delle scuole d'avanguardia coltivano l'obiettivo segreto di fare della pittura pura. È un'arte plasti-

[3] J. BAZAINE, *Notes sur la peinture d'aujourd'hui* (1953), nuova ed. Seuil, Paris s.d., pp. 47-48.

[4] P. MONDRIAN, *Dialogue sur la nouvelle plastique*, in «De Stijl», febbraio-marzo 1919, poi in C. HARRISON e P. WOOD (a cura di), *Art en théorie 1900-1990*, Hazan, Paris 1997, p. 324.

ca del tutto nuova. Ma è solo all'inizio e non è ancora cosí astratta come vorrebbe essere. La maggioranza dei nuovi pittori fa, in realtà, della matematica senza saperlo o saperla, eppure non ha ancora abbandonato la natura, che essa continua pazientemente a interrogare perché le insegni la strada da percorrere[5].

In effetti, se è vero che certi artisti hanno incrociato il cubismo prima di realizzare opere astratte, né Picasso né Braque, i due iniziatori della nuova «scuola», hanno mai rotto con la mimesis. Picasso, tra l'altro, ha sempre tenuto a sottolineare la distanza che lo separava dall'astrazione: «L'arte astratta è solo pittura. E il dramma?», diceva quando non faceva dell'ironia. O, quando la faceva: «Immagina ad esempio un cacciatore in forma astratta. Che cosa può fare un cacciatore astratto? (...) In ogni caso, non potrebbe uccidere alcunché»[6].

Delaunay, che aveva un tempo sperimentato, a suo modo, un sistema di rappresentazione inteso come frammentazione e moltiplicazione dei piani luminosi, diede di ciò spiegazioni a volte confuse, ma espresse con estrema chiarezza, a piú riprese, la propria rottura con i cubisti, i quali, «malgrado il loro coraggio, (...) hanno girato sempre attorno a un obiettivo, l'oggetto»[7]. Ripercorrendo il proprio cammino, il pittore ricorda la serie delle *Finestre* (1912), dipinti in cui «si ritrovano ancora suggestioni che evocano la natura, ma in un senso generale e non analitico o descrittivo come nella fase precedente, quella cubista»[8]. Questa fase di «reazione colorata» fu battezzata da Apollinaire «cubismo orfico», il che produsse ulteriore confusione. Essa anticipava comunque tutt'altra esperienza, le *Forme circolari*, rivolte esclusivamente alla «composizione e orchestrazione dei colori»[9], tele rotonde dalle forme concentriche che, organizzando contrasti dinamici di colori senza ricorrere al

[5] G. APOLLINAIRE, *Méditations esthétiques. Les peintres cubistes* (1913), Hermann, Paris 1980, p. 60.

[6] PICASSO, *Propos sur l'art* cit., pp. 33 e 148.

[7] R. DELAUNAY, *Du cubisme à l'art abstrait*, documenti inediti pubblicati a cura di P. Francastel, SEVPEN - École Pratique des Hautes Études, Paris 1957, p. 219.

[8] *Ibid.*, p. 66.

[9] *Ibid.*

pretesto di una rappresentazione, anche solo allusiva, aprivano un'era nuova: «È la nascita, la comparsa in Francia dei *primi dipinti cosiddetti inoggettivi*»[10]. Dipinti che sanzionano una rottura, non solo con il cubismo ma con l'insieme di una tradizione portata a trasformare i bambini in «piccole scimmie» alle quali far copiare, «a mo' di Kodak, il lato esterno del piatto»[11]. Succube anch'egli di un simile apprendistato, Delaunay è fiero della propria rivolta. La sua vitalità e la sua pazienza, dice, «hanno avuto la meglio».

L'ipotesi di un avvento dell'astrazione per decantazione nel corso di tappe successive dà perciò conto solo di un aspetto della realtà. Certo gli artisti non l'hanno trovata già bell'e confezionata, a coronamento di un incontro fortunato. Vi si sono avvicinati un po' per volta, senza sapere esattamente fin dove la loro evoluzione li avrebbe portati. Le ricostruzioni retrospettive suggeriscono tuttavia l'esistenza di una logica deterministica, che tende a ridimensionare il peso della creatività degli artisti, a far dimenticare l'intelligenza e l'audacia di cui essi dovettero dar prova. Ecco il motivo per cui alcuni di essi hanno insistito non sulla continuità ma sulla rottura, la carica distruttiva introdotta in una tradizione ancestrale da opere che rivendicavano l'assenza deliberata di ogni rappresentazione.

2. *Apologia della rottura.*

Tra gli apologeti della rottura, Malevič occupa un posto di primissimo piano. Come per tutti gli artisti coevi, possiamo seguire anche nell'opera del pittore russo il graduale processo evolutivo verso l'astrazione. La quale non assume, nel suo caso, la forma di piani colorati privi di funzione iconica, come nelle opere che restano debitrici della figurazione. Immaginiamo *Donna davanti alla colonna pubblicitaria*[12] (1914) depurato dei suoi riferimenti realistici: saremmo allora di fronte a una composizione suprematista,

[10] DELAUNAY, *Du cubisme à l'art abstrait* cit., p. 67.
[11] *Ibid.*, p. 218.
[12] Olio e collage su tela, 71 × 64 cm. Amsterdam, Stedelijk Museum.

a uno spazio vuoto e bianco nel quale fluttuano liberamente delle forme piane.

La prima presentazione pubblica del Suprematismo ebbe luogo a Pietrogrado nel dicembre 1915, in occasione della mostra intitolata «Seconda esposizione futurista di quadri 0,10 (Zero-dieci)», la cui organizzazione avvenne in un clima di scontro, accompagnato da violenze verbali. Mentre Tatlin e i suoi amici srotolavano davanti all'ingresso della loro sala uno striscione sul quale si poteva leggere «I pittori professionisti», Malevič e Puni ne sbandieravano, all'ingresso della propria sala, un altro che annunciava: «I suprematisti». Il tono dello scontro tra i due fronti era chiaro anche prima della distribuzione dei rispettivi manifesti. Malevič, nel suo, scriveva tra l'altro:

> L'arte della pittura, della scultura, della parola, erano una specie di cammello carico di ogni ciarpame, di odalische, di imperatori egiziani e persiani, di Salomoni e Salomè, di principi e principesse con i loro graziosi tutú, di cacce e lussurie degne di Venere. Finora non ci sono stati tentativi di affrontare compiti puramente pittorici come tali, senza alcun attributo della vita reale. La pittura era la cravatta sulla camicia inamidata di un gentleman e il corsetto rosa che comprime il ventre gonfio di una grassa dama. La pittura era il lato estetico dell'oggetto. Ma non è mai stata se stessa e fine a se stessa. Gli artisti erano burocrati, ufficiali di polizia che conducevano istruttorie a proposito di prodotti avariati, furti, delitti e barboni[13].

Una tale veemenza, abituale nei futuristi, manifesta volontà di scontro, rifiuto di qualsiasi compromesso con le scelte degli immediati predecessori. Malevič inscrive il suprematismo nella logica, tipica dell'avanguardismo formalista, di un processo della pittura verso la propria essenza, verità che si rivela gradualmente attraverso progressive rinunce agli attributi inessenziali che l'hanno sempre afflitta. Se è necessario – cosí come pensa il creatore del suprematismo – fare dei quadri invece che riprodurre degli oggetti, si rende indispensabile una messa in moto delle potenzialità latenti della pittura: «Considerando che il cubo-futurismo ha concluso il suo compito, io passo al su-

[13] K. MALÉVITCH, *Du cubisme au suprématisme. Le nouveau réalisme pictural* (1915), in *Ecrits*, I. *De Cézanne au suprématisme* cit., p. 37.

prematismo, al nuovo realismo pittorico, alla creazione non figurativa»[14]. Il superamento per estrapolazione delle presenti virtualità non può operarsi senza una rottura.

Attingere alla natura, aspirare a riprendere e replicare la realtà, insomma concepire la pittura in termini di mimetismo, vuol dire, secondo Malevič, sottostare alla morte: «Quel che è vivo si trasmutava in uno stato di immobilità, di morte. Si prendeva tutto quel che è vivo e freme e lo si fissava alla tela come gli insetti di una collezione»[15]. Contro questa reificazione, propria del mortifero accademismo, Malevič elabora appunto il Suprematismo, rivolta delle forze della vita, potenza rigeneratrice della creazione. Per Malevič, «un viso dipinto in un quadro è una pietosa parodia della vita», mentre ogni forma suprematista, indipendente, mette in luce la propria libertà, la propria vitalità. E «ogni forma è un mondo». Cosí come «ogni superficie pittorica è piú viva di un viso in cui spiccano due occhi e un sorriso»[16]. Per meglio far filtrare la propria verità, Malevič irride il pubblico desideroso di «vedere pezzi di natura vivente appesi ai gancetti delle [proprie] pareti»[17], e, nel 1915, dichiara:

> Esiste creazione solo là dove, nei quadri, appare quella forma che non assimila niente di quanto è stato creato in natura ma stilla materia pittorica senza ripetere e senza modificare le forme primarie degli oggetti naturali[18].

L'artista ripudiava qualsiasi tipo di astrazione che mirasse semplicemente a superare lo sciame delle impressioni ricavate dalla molteplicità del reale. Una delle peculiarità dell'astrazione di Malevič è quella di postulare delle forme pittoriche a priori: «La forma intuitiva deve scaturire dal niente»[19].

In occasione della mostra «0,10», un'opera occupava un posto singolare. Appesa nell'angolo formato da due muri,

[14] *Ibid.*, p. 43.
[15] MALEVIČ, *Dal cubismo e dal futurismo al suprematismo* cit., p. 38.
[16] *Ibid.*, p. 52.
[17] *Ibid.*, p. 54.
[18] K. MALÉVITCH, *Du cubisme au suprématisme en art, au nouveau réalisme de la peinture en tant que création absolue* (1915), in *Ecrits* cit., p. 38.
[19] ID., *Dal cubismo e dal futurismo al suprematismo* cit., p. 45.

vicino al soffitto, essa sovrastava tutti gli altri quadri. Il *Quadrato nero* (1915), qualificato dal suo autore come «infante regale», pone le basi di un'astrazione radicale. Semplice quadrato nero incorniciato da un margine bianco, questa icona del moderno rinnega indubitabilmente ogni legame con la natura. Malevič ne ha fatto il nucleo seminale del Suprematismo. Spostando, dividendo, ruotando il quadrato, affiorano i rettangoli, la croce e il cerchio, le figure che costituiscono il suo repertorio formale. Cosí, partendo da una figura concepita – e non imitata – si elabora un'arte veramente nuova, che non deve nulla al passato, alla tradizione. Poco importa qui che l'artista abbia o meno lavorato in questa maniera – cosa che, come abbiamo rilevato, è poco probabile. L'essenziale è che egli promuove un diverso modello esplicativo del mondo pittorico «senza oggetto», un mondo in cui il *Quadrato nero*, «primo passo della creazione pura in arte»[20], forma nata dal nulla, segna «l'inizio di una nuova cultura»[21].

3. *Genealogia dell'astrazione*.

Gli artisti, anche quando privilegiano la tesi della rottura, non ignorano che la nascita dell'astrazione fu resa possibile dall'evoluzione delle pratiche e delle idee. Oltre al cubismo, parecchi altri movimenti sono stati visti come passaggi fondamentali. In un testo pubblicato nel 1913, Fernand Léger assegnava questo ruolo propulsivo all'Impressionismo. Cantore entusiasta del moderno, Léger distingue la «qualità imitativa» di un'opera dal suo «valore pittorico», elemento che gli sembra dotato di un'importanza estetica determinante: se infatti l'imitazione dell'oggetto avesse un valore in sé, «ogni quadro del primo venuto che avesse una qualità imitativa avrebbe anche un valore pittorico»[22]. L'argomento sembra irrefutabile, e lo sviluppo

[20] *Ibid.*, p. 52.
[21] *Ibid.*
[22] F. LÉGER, *Les origines de la peinture et sa valeur représentative*, in «Montjoie», 1913, poi in *Fonctions de la peinture*, Gonthier, Paris 1978, p. 11.

della pittura ce lo fa accettare come un dato di fatto. Ma è anche indispensabile che gli artisti rovescino l'ordine gerarchico della tradizione perché si prenda coscienza di una subordinazione della qualità estetica alle forme plastiche impiegate. Agli impressionisti va perciò riconosciuto il merito, secondo Léger, di avere per primi «rinnegato il valore assoluto del soggetto per accordargli solo un valore relativo»[23].

La scelta degli impressionisti come punto d'avvio non è priva di vantaggi. È vero che noi identifichiamo perfettamente i soggetti da essi rappresentati, ma i loro contemporanei, quando li videro per la prima volta negli anni settanta, vi scoprirono spesso solo un'accozzaglia di colori informi. Il colore, elusivo, indipendente, fu a lungo considerato nella tradizione occidentale un elemento eminentemente pericoloso, corruttore. Charles Blanc, la cui *Grammaire des arts du dessin* (1867) era, al tempo di Manet, molto letta dai pittori, contrapponeva ancora il disegno, «sesso maschile dell'arte», al colore, la *couleur*. «Esso riveste nell'arte il ruolo femminile; subordinato al disegno come il sentimento deve essere subordinato alla ragione, esso vi aggiunge *charme*, espressività e grazia». Se quest'ordine giudicato «naturale» dovesse essere sconvolto, la pittura andrebbe incontro alla propria rovina; sarebbe «perduta dal colore, come l'umanità fu perduta da Eva». Formulata qui con bella presunzione misogina, tale convinzione affonda le sue radici in una tradizione remota. Il «dibattito sul colore», che nel XVII secolo contrappose i sostenitori del disegno a quelli del colore, aveva introdotto un motivo di conflitto poi ripreso senza interruzione nei secoli successivi. Cosí, per Charles Le Brun, il disegno è la bussola che consente di non smarrirsi «nell'oceano del colore, dove molte persone annegano pensando invece di salvarsi»[24]. Egli imputa inoltre al colore di non imitare la cosa in sé ma l'accidente, la vana, cangiante apparenza, e infine, ultima ignominia, di essere impastato di materialità, vile.

[23] *Ibid.*, p. 12.

[24] C. LE BRUN, *Sentiments sur le discours du mérite de la couleur par M. Blanchard*, 9 gennaio 1672, ora in A. MÉROT (a cura di), *Les conférences de l'Académie royale de peinture et de sculpture au XVIIe siècle*, École Nationale Supérieure des Beaux-Arts, Paris 1996, p. 221.

Il «dibattito sul colore» fu essenzialmente teorico. Esso mirava a definire l'essenza della pittura per meglio argomentarne la pratica. Gli apologeti del colore, come Louis-Gabriel Blanchard, lo promossero al rango di *differenza specifica*, quella che nel campo delle «belle arti», consacrate all'imitazione del visibile, distingue e definisce l'atto pittorico:

> Il pittore ha in comune con tutti coloro che professano le belle arti il fatto di imitare la natura, e con gli scultori e gli illustratori il fatto di disegnare, ed è pittore solo in virtú del colore, per cui si può ragionevolmente affermare che il pittore migliore è quello che sa padroneggiare e impiegare al meglio questa componente della pittura che noi chiamiamo colore[25].

Il privilegio assegnato al colore può apparire, oggi, banale. Di fatto, però, esso preludeva a un completo rovesciamento dei valori, considerati da sempre come intoccabili. Gli argomenti messi in campo da Le Brun nella conferenza del 9 gennaio 1672 – risposta dell'autorità legittima alla sedizione nascente – miravano a suffragare una concezione intellettuale della pittura, intesa come *cosa mentale*. Fedele alle teorie elaborate nel Rinascimento, Le Brun distingue due tipi di disegno, «uno intellettuale e teorico, l'altro pratico». Il primo «dipende puramente dall'immaginazione»; inoltre «si esprime con parole e si espande in tutte le produzioni dello spirito». Mentre il «disegno pratico» dipende non soltanto dall'immaginazione ma anche dalla manualità. Il colore non è sprovvisto di funzioni. Ad esempio appaga lo sguardo. Ma non è piú nobile appagare lo spirito? Per il fatto di essere troppo tributario della materia – tara insanabile per Le Brun – il colore non potrebbe mai riuscirvi.

Tale edificio concettuale si fondava sulla dottrina dell'*ut pictura poësis* che Charles Du Fresnoy definiva all'epoca in questi termini:

> La poesia sia come la pittura; e la pittura assomigli alla poesia; a gara, ciascuna riflette l'altra, e l'una e l'altra si scambiano i compiti e i nomi; si dice che pittura sia una poesia muta, si dà abitualmente alla poesia il nome di pittura parlante; i poeti cantano

[25] L.-G. BLANCHARD, *Sur le mérite de la couleur*, 7 novembre 1671, ora *ibid.*, p. 212.

ciò che è gradevole all'udito, i pittori si preoccupano di dipingere ciò che è bello alla vista; e ciò che è indegno dei versi dei poeti non merita in alcun modo la dedizione dei pittori[26].

La dottrina implicava una gerarchia dei generi, cosí esposta e giustificata da André Félibien:

La rappresentazione che si fa di un corpo tracciando semplicemente delle linee o mettendo dei colori, è considerata un lavoro meccanico; ecco il motivo per cui in questa disciplina ci sono artigiani diversi che si occupano di soggetti diversi, e quelli che si occupano delle cose piú difficili e piú nobili si staccano da ciò che è piú basso e comune e si nobilitano grazie a un lavoro piú illustre. Cosí quello che esegue perfettamente i paesaggi è superiore a un altro che fa solo frutti, fiori o conchiglie. Quello che dipinge animali vivi è piú apprezzabile di quelli che rappresentano solo cose morte e prive di movimento; e come la figura umana è la piú perfetta opera di Dio sulla terra, quello che si fa imitatore di Dio dipingendo figure umane è molto piú eccellente rispetto a tutti gli altri. Tuttavia, anche se non è cosa da poco fare apparire come viva la figura umana e dare apparenza di movimento a ciò che non ne ha, nondimeno un pittore che esegue solo ritratti non ha ancora attinto questa alta perfezione dell'arte e non può aspirare all'onore che ricevono i piú nobili. Occorre perciò passare da una singola figura alla rappresentazione di piú figure insieme; occorre trattare la storia e il mito; occorre rappresentare grandi imprese come fanno gli storici, o soggetti piacevoli come fanno i poeti; e salendo ancora piú in alto, occorre, per mezzo di rappresentazioni allegoriche, dissimulare sotto il velo del mito le virtú dei grandi uomini e i misteri piú elevati[27].

Un secolo dopo, Diderot lodava i meriti di Chardin, pittore di nature morte. Gradualmente, prese forma una doppia valutazione del quadro. La prima, tradizionale, prende in esame l'interesse dell'immagine, si sofferma sulla rappresentazione per giudicarne il valore. La seconda, innovatrice, si compiace del fascino della materia pittorica. E tale evoluzione del gusto continuò fino al XX secolo. La mo-

[26] C. DU FRESNOY, *De arte graphica* (1667), citato in R. W. LEE (a cura di), *Ut pictura poësis. Humanisme et théorie de la peinture* (1967), Macula, Paris 1991, p. 8, nota 5.

[27] A. FÉLIBIEN, Prefazione a *Conférences de l'Académie royale de peinture et de sculpture pendant l'année 1667* (1668), citato in MÉROT (a cura di), *Les conférences de l'Académie royale de peinture et de sculpture au XVIIe siècle* cit., pp. 50-51.

dernità, se non pensa ancora di fare a meno della rappresentazione, distingue in ogni caso le qualità propriamente plastiche dell'immagine da quelle delle sue componenti iconiche. Delacroix parla di una «musica del quadro» che risulterebbe da «una mescolanza di colori, luci, ombre, ecc.», per cui, se ci si pone a una distanza notevole dal quadro per capire che cosa rappresenta, si viene toccati, dice Delacroix, «da questo magico accordo»[28].

Il primato assegnato alle qualità plastiche del quadro trionfa nel momento in cui gli impressionisti tentano di trascrivere sulla tela lo scintillio colorato della natura. Théodore Duret, uno dei primi esegeti, contrappone gli uomini di lettere e la folla, i quali «vedono nei quadri solo il soggetto, il motivo, l'azione rappresentata», ai veri *connaisseur*, i quali hanno un approccio diverso: «Ai loro occhi, la qualità intrinseca della pittura in sé ha la precedenza assoluta nell'opera di un pittore, e il soggetto, che è praticamente l'unica discriminante delle preferenze altrui, è solo un accessorio»[29]. Duret ha difeso fino all'estremo limite allora concepibile l'assoluta indipendenza, in merito alle caratteristiche del quadro, delle sue qualità pittoriche. Il suo articolo dedicato a James Whistler, pubblicato nel 1881 sull'autorevolissima «Gazette des Beaux-Arts», ripercorre con una logica implacabile l'evoluzione dell'artista americano. In un primo tempo, i titoli delle sue opere contengono un riferimento al soggetto. Piú tardi, egli aggiunge un sottotitolo, destinato ad attirare l'attenzione sulla «combinazione cromatica»[30]. La tappa successiva lo porta a rovesciare l'ordine gerarchico e a «dare la particolare combinazione dei colori come titolo principale a determinate sue opere, ponendo il soggetto come sottotitolo». Infine, egli arriverà a «sopprimere del tutto qualsiasi titolo che non si riferisca alla pura composizione dei colori». Quando la luce tende a scomparire, anche il soggetto si eclissa. Cosí, i numerosi «notturni» del pittore consentono di «apprezza-

[28] E. DELACROIX, *Réalisme et idéalisme*, in *Œuvres littéraires*, I. *Etudes esthétiques*, Crès, Paris 1923, p. 63.

[29] TH. DURET, *Edouard Manet*, in ID., *Critique d'avant-garde* cit., p. 72.

[30] ID., *James Whistler*, *ibid*., p. 119.

re Whistler al punto estremo del suo inevitabile percorso»[31]. I suoi effetti notturni attingono il «limite estremo della pittura formalizzata»:

> Ancora un passo e sulla tela non resterebbe altro che una macchia uniforme, incapace di comunicare qualcosa all'occhio e allo spirito. I notturni di Whistler fanno pensare a quei frammenti della musica wagneriana in cui il suono armonico, avulso da qualsiasi disegno melodico e da qualsiasi cadenza precisa, diventa una sorta di astrazione e trasmette solo un'impressione musicale indefinita[32].

Con la pittura astratta, le *macchie* troveranno nella musica un modello e al tempo stesso un'alleata: all'antico *ut pictura poësis* si sostituisce il moderno *ut pictura musica*. Il nuovo paradigma, introdotto nel corso del XIX secolo[33], quando era ancora impensabile fare a meno della rappresentazione e semplicemente «lasciare scorrere il colore», postula una sorta di sdoppiamento della pittura. L'interesse per l'immagine deve accordarsi con l'organizzazione materiale e formale dell'opera, artefatto dalle caratteristiche proprie, quantunque non ancora indipendenti. Ma, se per Delacroix e Baudelaire l'importanza della rappresentazione era fuori discussione, nel corso degli anni la polarità cambia di segno. Con una frase divenuta celebre, Maurice Denis, nel 1890, ammoniva:

> Ricordarsi che un quadro – prima di essere un cavallo di battaglia, una donna nuda o un aneddoto qualunque – è essenzialmente una superficie piana ricoperta di colori combinati secondo un certo ordine[34].

[31] *Ibid.*, p. 121. Alcune righe dopo, Duret rileva una innovazione di Whistler destinata a un grande avvenire nel XX secolo, la numerazione delle opere: «Ripetendo gli stessi effetti con minime variazioni, egli è arrivato a dipingere piú notturni con una medesima combinazione di colori e, per distinguerli gli uni dagli altri, li ha designati semplicemente con dei numeri, come: *Nocturne in Blue and Gold No. 1* o *Nocturne in Blue and Gold No. 2*».

[32] *Ibid.*, pp. 121-22.

[33] Dobbiamo la formula a Louis Viardot, che firmò nel 1859, sulla «Gazette des Beaux-Arts», un testo intitolato *Ut pictura musica*.

[34] PIERRE-LOUIS (M. Denis), *Définition du Néo-Traditionnisme*, in «Art et critique», 23 agosto 1890, p. 540, ripreso in ID., *Théories, 1890-1910*, Rouart et Watelin, Paris 1914, p. 1, e poi in J.-P. BOUILLON (a cura di), *Le Ciel et l'Arcadie*, Hermann, Paris 1993, p. 5.

Beninteso, l'artista allora non mirava in alcun modo all'astrazione. Un quadro rimane «un cavallo di battaglia, una donna nuda o un aneddoto qualunque». Ma *prima* di ciò è altra cosa: un'entità materiale organizzata. E tale ristabilimento della gerarchia merita attenzione.

Una volta iniziata, per essere poi enfatizzata nel corso del tempo, la scomposizione del quadro non tende soltanto a dissociare l'immagine dal colore. Spinge ad allentare i legami tra il quadro e il suo referente per affermare l'autonomia della creazione. Gli esempi atti a illustrare questo cambiamento di prospettiva sarebbero numerosi. Gauguin fu uno dei primi a ricorrere al concetto di astrazione. Egli scriveva a Schuffenecker, nel 1888:

> Un consiglio: non dipingete troppo a ridosso della natura. L'arte è astrazione, ricavatela dalla natura come se sognaste e pensate di piú alla creazione che ne risulterà: è il solo mezzo per ascendere a Dio facendo come il nostro Divino Maestro, creare[35].

Tuttavia, per quanto l'idea di astrazione faccia chiaramente la sua comparsa in questo fine secolo, né Gauguin né alcuno dei suoi contemporanei ruppe con l'immagine, quantomeno implicita, degli elementi preposti allo spettacolo del mondo. Kandinskij non manca di notarlo:

> La musica, che è indipendente dalla natura, non ha bisogno di prendere a prestito forme esteriori per il suo linguaggio. La pittura è invece ancora (1911) quasi completamente legata a forme naturali, a forme tratte dalla natura[36].

Ecco perché il passaggio all'atto, benché preparato da lunga data, con gradualità, venne recepito come una vera rivoluzione. E non è che non lo fosse, in effetti, perché c'è una fondamentale differenza tra la doppia natura di un'opera figurativa, che contempera una parte di imitazione e una parte di indipendenza plastica, e l'orgogliosa autonomia dell'opera che si fonda esclusivamente su rapporti formali: dove viene meno il piacere legato all'imitazione, o alla deformazione, per cui diventano comprensibili da un lato

[35] Cfr. V. MERLHÈS (a cura di), *Correspondance de Paul Gauguin*, Fondation Singer-Polignac, Paris 1984, p. 210.

[36] V. KANDINSKIJ, *Lo spirituale nell'arte*, SE, Milano 1989, p. 40.

lo sconcerto del pubblico e dall'altro l'entusiasmo degli artisti impegnati in questa loro avventura. Ad essi, chiamati a esplorare le ricchezze garantite loro dall'abbandono degli ultimi vincoli tessuti con la natura, si presentava un doppio programma, tracciato da Kandinskij in questi termini:

> Il compito della pittura oggi è quello di vagliare le sue forze e i suoi mezzi, di conoscerli come la musica fa già da tempo, e di provare a impiegarli in modo puramente pittorico a scopo creativo[37].

Doppio programma, in effetti, poiché implica una riflessione sia sui mezzi che sui fini.

4. *Gli elementi plastici*.

Circa il primo aspetto, i mezzi, l'accordo tra gli artisti e i critici o gli studiosi di estetica venne facilmente raggiunto. Astratta o figurativa, la creazione plastica traccia delle linee, combina forme e colori, elabora strutture. Sono fenomeni noti a tutti: ciò nonostante la comparsa dell'arte astratta attira irresistibilmente l'attenzione sugli elementi costitutivi dell'opera. Fernand Léger poneva l'accento, nel 1913, su «tre grandi quantità plastiche: le Linee, le Forme e i Colori»[38]. Tali «quantità», elementi formali dell'opera, saranno denominate a partire dagli anni venti *elementi plastici*. La nozione di *elemento* ha il vantaggio di rinviare implicitamente a un tutto organico – l'opera compiuta – e di manifestare in tal modo il proprio carattere analitico. Non pochi studi sono stati dedicati a questi *elementi*, ma la loro numerazione, cosí come la loro classificazione, non è mai stata definitamente fissata.

In occasione di una conferenza tenuta a Jena nel 1924, Paul Klee, rifacendosi ai criteri di fondo dell'estetica scientifica e confermando la sua predilezione per le misure oggettive, precisava la natura degli elementi plastici – è lui a usare tale locuzione –, dati formali fondamentali di ogni opera.

[37] *Ibid.*
[38] LÉGER, *Les origines de la peinture* cit., p. 11.

Anch'egli ne distingue tre:

1) la linea, «questione solo di misura», poiché «le sue modalità dipendono da segmenti (lunghi o corti), angoli (acuti o ottusi), lunghezze radiali, distanze focali – tutte cose misurabili»;
2) le tonalità o valori del chiaroscuro, che «riguardano questioni di fondo», in quanto «una certa gradazione presenta un'energia bianca concentrata o diffusa, mentre un'altra è piú o meno appesantita dal nero»;
3) i colori, «che offrono ancora altre caratteristiche», dal momento che «né la regola né l'equilibrio permettono di venirne interamente a capo».

L'analisi di Klee pone l'accento sull'intreccio di tali elementi plastici, relativi «all'estensione, al peso e alla qualità»[39]: niente colore senza valore e forma, niente valore senza limite, ma pure niente linea senza valore, con la risultante di una linea frequentemente colorata.

A questi tre elementi fondamentali conviene aggiungerne almeno altri due: la *fattura* – nel senso di *faktura*, studiata in particolare dal Costruttivismo russo e dai suoi teorici – e l'estensione – pertinente alle dimensioni o alla scala. È nota la formula lapidaria di Matisse: un centimetro quadrato di blu non è equivalente a un metro quadrato dello stesso blu. Il pittore ha insistito a piú riprese su questo parametro: la composizione «si modifica con la superficie da coprire»[40]. Il riferimento a Matisse dimostra, se ce ne fosse bisogno, che l'astrazione consente di mettere in luce il ruolo e l'importanza di molte nozioni valide per tutte le opere d'arte, figurative o meno.

Lo stesso discorso vale per la *fattura*. Nel senso tradizionale del termine – derivato dal latino *factura* (composizione) –, è l'insieme delle caratteristiche dell'opera legate al modo in cui i mezzi tecnici sono stati utilizzati dall'artista. Nel campo delle arti plastiche, essa costituisce l'ele-

[39] P. KLEE, *De l'art moderne* (1924), in ID., *Théorie de l'art moderne*, Denoël-Gonthier, Paris 1980, pp. 19-20.

[40] H. MATISSE, *Notes d'un peintre* (1908), in *Ecrits et propos sur l'art*, Hermann, Paris 1972, p. 43.

mento concreto dello stile, dipendente dalla manualità e dai materiali tecnici impiegati. Tuttavia, in Russia, nei primi anni dieci, il termine *faktura*, tradotto in genere con «fattura» e talvolta con «testura» o «composizione», acquista un significato particolare. Vladimir Markov fu uno dei pionieri di questo interesse per la *faktura* riferita ai materiali. Nel saggio *Principî della creazione nelle arti plastiche. La fattura* (1914) Markov dichiara:

> L'amore del materiale è per l'uomo uno stimolo. Ornarlo e trattarlo danno la possibilità di ottenere tutte le forme che gli sono proprie, quelle «risonanze» che noi chiamiamo fatture[41].

All'inizio degli anni venti la riflessione sulla *faktura* è oggetto di particolare attenzione. Aleksej Gan le dedica un passaggio importante nella sua opera *Il costruttivismo* (1922), e Nikolaj Tarabukin afferma che la pittura recente l'ha «separata dall'insieme dei problemi pittorici e trasformata in un problema particolare, creando cosí tutta una scuola di "fatturisti"»[42]. Tarabukin rileva inoltre che il problema si poneva «allo stato potenziale» già nella pittura antica. Esso si manifesta naturalmente anche nella scultura, tuttavia nessuno tra gli elementi plastici vale in sé e per sé. Se l'opera, o l'immagine, nasce dalla loro attualizzazione all'interno di un artefatto, diventa determinante la loro strutturazione complessiva. Tarabukin lo sostiene con forza e la sua articolazione dialettica, meno datata di quanto sembri, nasconde una pertinenza che trascende il semplice campo della pittura, al quale è dedicato lo studio *Per una teoria della pittura*:

> La costruzione, operando con gli elementi di fondo, esclusivamente materiali e reali, della pittura – colore, fattura e forme dalla rappresentazione piana –, crea partendo da essi l'oggetto pittorico. La composizione, modificando i rapporti tra gli elementi reali, conferisce loro, per la conformità della logica esterna e interna, il senso di un organismo pittorico chiuso in se stesso[43].

[41] V. MARKOV, *Principes de la création dans les arts plastiques. La facture* (1914), in G. CONIO (a cura di), *Le constructivisme russe*, I. *Les arts plastiques. Textes théoriques, manifestes, documents*, L'Âge d'Homme, Lausanne 1987, p. 135.

[42] N. TARABOUKINE, *Pour une théorie de la peinture* (1923), *ibid.*, p. 189.

[43] *Ibid.*, p. 193.

L'autonomia dell'opera quale organismo indipendente trova qui una definizione penetrante, sollecitata dall'analisi delle sue componenti materiali e formali, gli elementi plastici. Sennonché questa «chiusura» comportava il rischio di un autentico autismo, pericolo che venne ben presto percepito e denunciato.

5. *Il senso e la funzione*.

L'arte astratta, per definizione priva di rappresentazione, sarebbe anche priva di senso? Per i suoi detrattori, essa proporrebbe oggetti attraenti ma sostanzialmente privi di significato, in grado, tutt'al piú, di trasmettere un appagamento superficiale. Hugo Ball, anch'egli inventore tra l'altro di «poesie senza parole», si chiedeva, nel 1919:

> L'arte astratta – implicherà qualcosa di piú di un rinnovamento dell'ornamentale e di un nuovo accesso a tale settore? Le curve decorative di Kandinskij – non potrebbero essere solo tappeti dipinti (sui quali sarebbe meglio sedersi che appenderli al muro)?[44].

Cosciente di un potenziale pericolo di impoverimento connaturato all'astrazione, Kandinskij affermava di voler «vivere lo Spirituale nelle cose materiali e astratte». E per allontanare lo spettro di uno snaturamento della pittura a semplice oggetto ornamentale, egli progettava di fissare nella forma un contenuto spirituale e emozionale: «L'artista deve avere qualcosa da dire, perché il suo compito non è quello di dominare la forma, ma di adattare la forma al contenuto»[45]. In una nota, Kandinskij precisa che non si tratta di «inserire a forza in ogni opera un contenuto o di dare un'espressione artistica a un contenuto puramente intellettuale» ma di «educare l'anima»[46]. Animato da un «soffio spirituale», il quadro partecipa dell'arte:

> La pittura è un'*arte*, e l'arte *non è l'inutile creazione di cose che svaniscono* nel vuoto, ma è una forza che ha un fine, e deve ser-

[44] H. BALL, *La fuite hors du temps. Journal 1913-1921* (1946), Éditions du Rocher, Monaco 1993, p. 218.

[45] KANDINSKIJ, *Lo spirituale nell'arte* cit., p. 89.

[46] *Ibid.*, nota 1.

vire allo sviluppo e all'affinamento dell'anima, al movimento del triangolo. È un linguaggio che parla all'anima con parole proprie, di cose che per l'anima sono *pane quotidiano*, e che solo cosí può ricevere[47].

L'eredità del simbolismo è qui evidente. Il movimento simbolista, manifestatosi come reazione a tutte le forme di realismo, considerava con Odilon Redon che l'Impressionismo, giudicato una semplice registrazione dei dati visivi, era troppo «basso di soffitto», ossia carente di ideale. L'evoluzione di Gauguin è esemplare. Dopo aver esordito nel quadro della pittura impressionista, egli se ne allontanò al punto da dichiarare, in un'intervista del 1895:

> Riesco a ottenere, grazie ad accostamenti di linee e colori, col pretesto di un soggetto qualsiasi ispirato alla vita o alla natura, delle sinfonie, delle armonie che non rappresentano alcunché di reale nel senso comune del termine, dal momento che non esprimono direttamente alcuna idea, ma che fanno pensare come solo la musica fa pensare, senza il supporto delle idee o delle immagini, semplicemente in virtú delle misteriose affinità che esistono tra i nostri cervelli e queste combinazioni di colori e di linee[48].

Il critico Albert Aurier, che ammirava Gauguin e dedicò un saggio ai pittori simbolisti, vedeva nell'arte «la necessaria espressione materializzata di una combinazione spirituale». Come Gauguin o Maurice Denis, egli sminuisce l'importanza della mimesis per esaltare quella degli elementi formali, ma ne subordina l'organizzazione a un contenuto estrinseco:

> Dal momento che, nell'arte cosí concepita, il fine non è piú la riproduzione diretta e immediata dell'oggetto, tutti gli elementi del linguaggio pittorico, linee, piani, ombre, luci, colori, diventano, è chiaro, elementi astratti che possono essere combinati, attenuati, accentuati, deformati, a seconda della loro specifica modalità espressiva, per arrivare all'obiettivo finale dell'opera: l'espressione di quell'idea, quel sogno, quel pensiero[49].

[47] *Ibid.*, p. 88.

[48] Intervista di Gauguin a E. Tardieu, in «L'Echo de Paris», 13 maggio 1895, citato in F. CACHIN, *Gauguin*, Hachette, Paris 1968, pp. 188-89; trad. it., Rizzoli, Milano 1988.

[49] A. AURIER, *Textes critiques 1889-1892. De l'impressionisme au symbolisme* (1893), École Nationale Supérieure des Beaux-Arts, Paris 1995, p. 103.

Piú o meno, i principali iniziatori dell'astrazione si collocano in una prospettiva spiritualista, specificamente rivendicata da Kandinskij, preoccupato di evitare che i suoi quadri fossero paragonati «a delle cravatte o a dei tappeti». Tuttavia l'«ossessione dello spirituale» è forse meno presente nel lavoro dei creatori di quanto non lascino supporre i commenti dei loro numerosi esegeti, i quali fondano le loro tesi sui testi degli artisti e, in modo particolare, su quanto sappiamo delle loro convinzioni personali. Kupka manifestava uno specifico interesse per le scienze occulte e realizzò dei disegni «medianici»; Malevič non rinunciò a impiegare modelli teologici per corroborare la propria concezione creativa; Mondrian, nel 1909, aveva aderito alla Società di teosofia. Tuttavia, quello che non ci dicono né gli artisti né i loro esegeti è come questi interessi si trasformino in organizzazioni plastiche, come, di fronte alle loro opere, potremmo rintracciarli senza l'apporto di una informazione estrinseca e preliminare. Il contenuto spirituale rimane sostanzialmente invisibile.

In verità, il discorso del visibile e dell'invisibile non è affatto nuovo o recente. Esso accompagna l'intera tradizione e non comportò mai problemi finché non si dubitò della realtà di una trascendenza. Religiosa, filosofica o morale, l'arte del passato elaborava sotto forma di immagini racconti che un interprete colto e perspicace poteva facilmente «leggere». Il riconoscimento delle figure e l'identificazione delle rappresentazioni dava, grazie ai codici iconografici, accesso alla *historia*, essa stessa veicolo di significati, nobili o meno nobili, ma generalmente chiari.

Finché la dissociazione tra significati letterali e significanti puramente plastici non spinse gli artisti che avevano scelto di non *riprodurre piú il visibile* bensí, secondo la formula lapidaria di Klee, di *rendere visibile*[50], a elaborare un «linguaggio delle forme e dei colori»: formula, quest'ultima, appartenente a Kandinskij, ideatore di una vera e pro-

[50] «L'arte non riproduce il visibile; essa rende visibile. E la dimensione grafica, per la sua stessa natura, induce facilmente, e legittimamente, all'astrazione»: P. KLEE, *Credo du créateur* (1920), in ID., *Théorie de l'art moderne* cit., p. 34.

pria semantica intuitiva degli effetti cromatici. Per usare le sue parole:

> Come un quadro giallo diffonde sempre un calore spirituale o un quadro blu sembra sempre troppo freddo (e dunque hanno un effetto attivo, perché l'uomo, come elemento dell'universo, è destinato a un movimento continuo, forse perpetuo), cosí il verde fa annoiare (effetto passivo). La passività è la caratteristica piú tipica del verde assoluto, che ha un profumo di opulenza, di compiacimento. Per questo il verde assoluto è nel campo dei colori quello che la cosiddetta borghesia è nella società; un elemento immobile, soddisfatto, limitato in tutti i sensi[51].

Si può facilmente immaginare che Kandinskij non dipinse molti quadri a dominante verde. Eppure, per quanto caricaturale sia il brano proposto – scelto non senza malizia –, esso lascia intravedere l'essenziale, la ricerca di un fondamento oggettivo, dunque condiviso, per spiegare l'azione diretta degli elementi plastici sull'occhio, e, per il suo tramite, sull'anima dello spettatore. Con l'avvertenza che questa ricerca, qui esplicitata, diventa assai piú problematica quando l'artista elabora le sue opere. L'atto creativo spesso diffida delle teorie applicate: Kandinskij, d'altro canto, fa appello piú alle folgorazioni dell'intuizione che alle razionalizzazioni, per accompagnare lo sviluppo della propria arte.

La ricerca degli elementi e delle strutture piú adatte a esprimere una concezione del mondo porta Mondrian a scegliere un «vocabolario» ascetico. Anche se poco importa, dopo tutto, che la verticale e l'orizzontale siano parte integrante dei principî maschile e femminile. L'arte che egli elaborò sotto la denominazione di Neoplasticismo è esclusivamente in sintonia con l'angolo retto, il nero, il bianco, e i soli colori «primari», giallo, rosso e blu. Ciascuno degli elementi di questo insieme spartano viene scelto innanzitutto per abolire l'arbitrario e disporsi cosí, senza mediazioni, piú vicino all'universale. C'è un aneddoto che rivela fino a che punto Mondrian fosse intransigente con i propri principî. Quando il suo amico Van Doesburg introdusse delle linee oblique nel sistema, egli ruppe ogni rapporto con

[51] KANDINSKIJ, *Lo spirituale nell'arte* cit., p. 65.

lui, precisando in una lettera: «Dopo la tua arbitraria correzione del Neoplasticismo, ogni qualsivoglia collaborazione con te mi risulta impossibile». È sorprendente constatare in che misura Mondrian seppe variare le sue *Composizioni*, il cui principio direttivo fu definitivamente messo a punto nel 1921. Egli cercava un equilibrio dinamico, vivo e antinaturalista al tempo stesso. E in questo riuscí a fare della «vera pittura, quella che non fa appello alla forma limitata, fonte d'indebolimento dell'espressione puramente plastica». Fondata sulla «espressione dei rapporti mediante la linea e il colore», essa appaga le attese dell'esteta, il quale può anche riconoscervi l'«espressione della bellezza della vita umana – immodificabile, ma pur sempre commovente – svincolata dalle banali soddisfazioni e dagli inconvenienti passeggeri», senza per questo aderire ai presupposti esoterici dell'artista.

Anche Malevič ha mostrato molto interesse per gli elementi formali, per le loro combinazioni e per il loro sostrato filosofico, del quale la sua opera certamente si nutre. Egli dichiarava tra l'altro che il pittore deve sapere «che cosa accade in tempo reale nei suoi quadri, e perché». La fase piú creativa della sua opera astratta descrive un percorso che lo porta, dal 1915 al 1918, ad alleggerire il visibile, risposta coerente alla tentazione dell'invisibilità che appesantisce tutta l'arte spiritualista. A proposito del suo *Quadrato nero*, icona senza immagine, contrapposta alle madonne e alle veneri impudiche, Aleksandr Benois denunciava il «culto del vuoto, delle tenebre, del "nulla"», che poteva condurre solo al «nirvana totale, al freddo totale, allo zero totale»[52]. La critica, quindi, pur condannando le intenzioni dell'artista, ne coglieva le caratteristiche principali. Per avventurarsi ancora oltre verso il vuoto, promessa di un incontro con l'assoluto, Malevič, dopo le superfici piane a colori delle sue prime opere suprematiste (1915), dipinge una serie di quadri bianco su bianco (1918), che espone a Mosca nel 1919. Le forme, ancora percepibili, tendono a svanire sul-

[52] A. BENOIS, *La dernière exposition futuriste*, in «La parole», Petrograd, 9 gennaio 1916, ripreso in K. MALÉVITCH, *Ecrits*, II. *Le miroir suprématiste*, L'Âge d'Homme, Lausanne 1977, p. 157.

la superficie immacolata del supporto. Il *Quadrato bianco su fondo bianco*, eco luminosa del *Quadrato nero*, resta un perfetto paradigma di questa traiettoria folgorante in cui la pittura si dissolve e insieme svanisce, suscitando l'entusiasmo dell'artista stesso, il quale, nel catalogo della mostra, si esprime in questi termini:

> Sarò libero solo quando la mia volontà, tramite un'argomentazione critica e filosofica, sarà in grado di dedurre, a partire da quel che esiste, un'argomentazione dei nuovi fenomeni. Ho lacerato l'abat-jour azzurro delle limitazioni del colore, sono uscito nel bianco, navigate al mio seguito, compagni aviatori, navigate nell'abisso, io ho fissato i semafori del Suprematismo. Ho sconfitto la fodera del cielo colorato e dopo averla afferrata ho messo i colori nel sacco che ne ho formato e ho fatto un nodo. Navigate! Il bianco libero abisso, l'infinito, sono dinanzi a voi[53].

L'appello a una dimensione spirituale, evidentemente invisibile ma rivelabile attraverso l'opera d'arte, ha sempre comportato problemi, in particolare a coloro per i quali l'*anima* rimane qualcosa di fittizio. In altre parole, coloro i quali hanno sempre temuto che la storia dell'arte dissimulasse un proselitismo religioso di cattiva lega. Gli spiritualisti pieni di fede non aiutano molto gli agnostici a riconoscere le virtú di opere che i secondi possono ammirare per ragioni comunque diverse da quelle vantate dai primi.

In compenso, è doveroso ammettere, anche se non è necessariamente un valore in sé, che artisti come Kandinskij, Malevič o Mondrian hanno voluto a tutti costi, come proclamano nei loro scritti, cambiare il mondo: lo attesta la novità delle loro opere. Essi non hanno nulla degli avidi cacciatori di pubblicità quando elaborano le loro astrazioni. Sono uomini maturi, già prestigiosi, che credono al progresso, non solo al progresso materiale ma allo sviluppo dell'uomo in sé. Kandinskij crede in una «svolta spirituale», e, con spirito profetico, evoca un «nuovo Mosè», la cui parola, «inudibile dalle masse, sarà intesa unicamente dall'artista». Anche Malevič assume un atteggiamento messianico. Di fronte alle critiche mosse al suo *Quadrato nero*,

[53] K. MALEVIČ, *Il suprematismo*, catalogo della mostra «Creazione non-oggettiva e Suprematismo», Mosca, 1919, in ID., *Suprematismo* cit., p. 61.

egli raccoglie le proprie forze «per andare sempre piú lontano nel vuoto dei deserti, perché la trans-figurazione ha solo questo obiettivo»[54]. Al suo *Quadrato bianco su fondo bianco* egli assegna il compito di rappresentare «l'impulso verso il fondamento della costruzione del mondo come "azione pura", intesa come conoscenza di sé nella perfezione puramente utilitaria dell'"uomo universale"»[55].

Mondrian è senza dubbio l'artista piú lucido in questa fase di sommovimenti ideologici e politici. Contrariamente a ciò che si potrebbe frettolosamente pensare, la sua creazione, tesa verso la bellezza, forma palpabile della «verità universale», non ha nulla a che fare con l'arte per l'arte. Essa annuncia la possibilità di un mondo migliore, liberato dalla subordinazione alla materia, alla natura. «Lastra da sviluppare», essa ci esercita alla pazienza e nello stesso tempo ci stimola ad affrettare l'avvento di un «uomo nuovo». Per cui l'arte, in quanto artificio, è soltanto un surrogato inevitabile, «finché in questa vita manca la bellezza», una vanità condannata alla scomparsa «nella misura in cui questa vita riconquisterà la bellezza»:

> Nell'avvenire l'idea neoplastica si sposterà sempre piú dall'opera d'arte verso la propria realizzazione nella realtà palpabile, sostanziandola della propria vita. Ma perché questo avvenga occorre che la mentalità, almeno quella di un gruppo privilegiato di persone, si orienti verso una concezione universale e si affranchi dall'oppressione della natura. E quale felice avvenire, quando non avremo piú bisogno dell'artificio «quadro» o «statua», quando vivremo nell'arte realizzata![56].

In questa luminosa premonizione si intrecciano due temi importanti dell'arte del XX secolo. Dopo la proclamazione della morte di Dio, i cultori dello spirito non fecero che paventare anche quella dell'arte. Eppure essa è qui prospettata con gioia – una prospettiva non sempre condivisa altrove –, perché, scomparendo in quanto tale, l'arte lascia

[54] Lettera di K. Malevič a A. Benois, maggio 1916, in BENOIS, *La dernière exposition futuriste* cit., p. 46.

[55] K. MALEVIČ, *Il suprematismo. 34 disegni* (1920), in *Suprematismo* cit., p. 69.

[56] P. MONDRIAN, *La morphoplastique et la néoplastique*, in «Cercle et carré», n. 2, 15 aprile 1930, poi in ID., *Cercle et carré*, con il testo dei tre numeri di «Cercle et carré», Belfond, Paris 1971, p. 79.

il posto a una vita alimentata dai migliori ideali. L'arte e la vita finalmente riconciliate: ecco un'altra aspirazione che, nelle forme piú diverse, prende corpo in questi anni.

6. *Costruire le forme nuove della vita*.

La tensione verso la vita implica il concorso di tutte le arti. Gli inventori dell'astrazione hanno trovato nella musica, come s'è visto, un partner privilegiato, ma si sono anche interessati alle altre arti. Kandinskij, ad esempio, è fautore della specificità di ciascuna di esse, dotata delle «sue proprie forze», e al tempo stesso si compiace della loro possibile profonda convergenza, da cui nascerà quella che definisce la «vera arte monumentale». Piú in concreto, alcuni poeti avevano dato vita a esperienze assimilabili a quelle degli artisti che nel frattempo elaboravano forme non oggettive. Ad esempio, Aleksej Kručënych e Viktor Chlebnikov inventarono, partendo dal materiale fonico della lingua, il *zaum*: sequenze di «parole» il cui significato non era piú retto da un codice, con strutture e funzioni che le accostavano alle creazioni plastiche astratte. Il dispositivo linguistico, riscoperto da alcuni, adattato da altri, fece furore. Nel giugno 1916, Hugo Ball declamava sulla piccola scena del Cabaret Voltaire una «poesia senza parole», puramente fonetica, estranea alla «lingua corrotta del giornalismo» e tesa a preservare la «regione piú sacra della poesia»[57]. I poemi-manifesto di Raoul Hausmann, o la *Ursonate* di Kurt Schwitters, o, in seguito, negli anni cinquanta e sessanta, i numerosi esempi di *lettrisme*, confermano la fecondità di una creazione poetica esclusivamente visiva o sonora.

Anche il cinema tentò piú di un artista astratto: un paradosso, come per la poesia, dal momento che il dispositivo cinematografico sembra per la sua stessa natura necessariamente subordinato alla registrazione di una realtà visiva. Eppure l'espansionismo dei pionieri, sposato alla convinzione baudelairiana, allora molto diffusa, di una sostanziale corrispondenza tra le arti, tendeva a cooptare anche il mo-

[57] BALL, *La fuite hors du temps* cit., p. 146.

vimento cinematografico. Léopold Survage eseguí nel 1912-13 una sequenza di *Rythmes colorés* destinata a servire da materiale per un film. In un articolo del 1914 Apollinaire si schierava a difesa della regia cinematografica: «Avremo cosí, al di là della pittura statica, al di là della mera rappresentazione cinematografica, un'arte con la quale ci familiarizzeremo presto e che avrà adepti infinitamente sensibili al movimento dei colori, alla loro compenetrazione, ai loro cambiamenti bruschi o graduali, ai loro accostamenti o alla loro fuga, ecc.»[58]. Il progetto di Survage non ebbe un esito immediato, perché l'astrazione nel cinema si concretizzò solo nel dopoguerra. Ma non mancarono singoli esperimenti. Viking Eggeling, partendo anch'egli dalla pittura – nello specifico, da dipinti eseguiti prima su lunghi rotoli di carta e poi su strisce di gomma elastica in grado di trasmettere letteralmente il movimento alle forme –, realizzò con Hans Richter una *Diagonalsymphonie* (1922) considerata il primo film astratto. E sulla loro scia vennero girati altri film o sequenze astratte, anche se si trattò di esperienze riprese di rado nelle opere destinate al grande pubblico: Akira Kurosawa rimane uno dei rari registi di cinema narrativo ad aver integrato in un film, *Dodes'ka-den* (1970), una sequenza assolutamente non figurativa.

Il cinema fu, fin dalle origini, un'arte popolare, la quale, contrariamente alla pittura astratta, era in grado di raggiungere un vasto pubblico. E tale caratteristica spiega, almeno in parte, l'interesse che i pittori dimostrarono. Malevič, ad esempio, ha pubblicato parecchi testi per attaccare il «cine-baci» e vantare l'impiego del nuovo modello pittorico: «Solo proiettandosi, attraverso le arti nuove, attraverso l'astrazione pura, verso una nuova forma, il cinema si impegnerà nella sua costruzione dinamo-cinetica, come del resto vi si è già impegnata la pittura»[59]. E neppure le altre arti vengono trascurate. In *Il neoplasticismo*, brochure dedicata «Agli uomini che verranno», Mondrian passa in rassegna, oltre alla pittura e alla poesia, la musica,

[58] G. APOLLINAIRE, *Le rythme coloré* (1914), in *Chroniques d'art 1902-1918*, Gallimard, Paris 1960, p. 515.

[59] K. MALÉVITCH, *Le peintre et le cinéma* (1926), in *Ecrits*, vol. II cit., p. 110.

l'architettura, la scultura, il teatro, l'opera, la danza, le arti decorative. A dispetto del proprio entusiasmo – il testo si conclude con l'asserzione «L'arte nuova è nata» –, Mondrian non crede alle virtú salvifiche di un rivolgimento dell'ordine sociale, in quanto, afferma, «finché gli uomini non saranno "nuovi" non ci sarà posto per il "nuovo"»[60]. Questione che era allora al centro del dibattito anche nella giovane Repubblica sovietica, sull'onda della speranza rivoluzionaria di giungere a costruire la società ideale.

In tale contesto, due posizioni antagoniste si scontrano all'interno dell'avanguardia artistica. La discriminante, ideologica, è tra coloro che si sentono animati da un fondo di spiritualità e coloro che sviluppano una fede incrollabile nel materialismo. Tra questi ultimi, spiccavano quelli che ardevano dal desiderio di partecipare al grande cambiamento in atto nella società russa. E grazie a numerosi appalti pubblici alcuni artisti sovietici poterono compiere il grande balzo: ad esempio quello per l'allestimento del «Café Pittoresque» (Mosca, 1917-19), realizzato, in seguito a un concorso, da Jakulov in collaborazione con Rodčenko e Tatlin. Ma il piú consistente di questi incentivi sociali fu senz'altro la commessa, ricevuta da Tatlin nel 1919, per la costruzione del *Monumento alla Terza Internazionale*, l'organizzazione rivoluzionaria appena fondata per iniziativa di Lenin.

Tatlin intraprese in tempi rapidi l'elaborazione di un progetto che conobbe diverse versioni e vide la costruzione di tre modelli. Il primo fu esposto a Leningrado e poi a Mosca; il secondo fu destinato al padiglione sovietico dell'Exposition internationale des arts décoratifs et industriels modernes (Parigi, 1925); il terzo, una versione semplificata del progetto, fu installato su un camion e sfilò per le strade di Leningrado in occasione dei festeggiamenti per il 1° maggio 1925. A mezza strada tra scultura monumentale, architettura utopica e progetto tecnicamente realizzabile, il *Monumento* doveva innalzarsi a piú di cinquecento metri di altezza sopra la Neva. Dal punto di vista

[60] P. MONDRIAN, *Le néoplasticisme*, Éditions de l'Effort moderne, Paris 1920, p. 11.

dell'utilizzo pratico, doveva accogliere sia gli organi legislativi ed esecutivi del Komintern, sia i servizi amministrativi, dell'informazione e della propaganda: il tutto nello spazio di tre volumi inscritti all'interno di un'immensa spirale inclinata. Ognuno dei tre volumi doveva ruotare su se stesso: un cubo al ritmo di una rotazione annuale, una piramide al ritmo di una rotazione mensile, e un cilindro, sovrastante il cubo e la piramide, al ritmo di una rotazione giornaliera. Il *Monumento alla Terza Internazionale* è al tempo stesso il segnale grandioso della Rivoluzione e l'emblema di un'avanguardia riconciliata con la dinamica sociale. Nikolaj Punin può a buon diritto esprimere la sua soddisfazione in un testo che dedica nel 1920 al progetto: «Si sta risolvendo sotto i nostri occhi il problema piú complesso della cultura: la forma destinata all'utilizzo pratico appare come una forma artistica pura»[61]. Entusiasta del *Monumento*, pur riponendo le proprie speranze in un «utilitarismo» che vedeva l'audacia estetica al servizio di una «vita liberata», Punin non mancava tuttavia di constatare:

> È certo che i governi comunisti utilizzeranno per un certo periodo le sculture del classicismo greco-rinascimentale come mezzo di propaganda monumentale, ma solo perché questi governi sono costretti a farlo, cosí come sono costretti a servirsi del personale specializzato di prima della Rivoluzione[62].

Il *Monumento* di Tatlin non venne mai realizzato. Nondimeno, la Rivoluzione bolscevica offre ancora, nei primi anni venti, prospettive entusiasmanti. Un'immensa speranza permea tutti i protagonisti dell'avanguardia, speranza che moltiplica le loro energie. Si aprono studi collettivi. Malevič fonda nel 1920, a Vitebsk, l'Unovis (U-Nov-Is: Affermazione del nuovo in arte). La brochure pubblicata per l'occasione, intitolata *Noi vogliamo*, annuncia: «I nostri studi non dipingono quadri, edificano le forme nuove della vita». Malevič, però, si scontra ben presto con colo-

[61] N. POUNINE, *La genèse et le sens du constructivisme russe*, commento al *Monumento* di Tatlin, citato in CONIO (a cura di), *Le constructivisme russe* cit., p. 57.

[62] N. POUNINE, *Le Monument pour la IIIe Internationale* (1920), in *Art et poésie russes 1900-1930. Textes choisis*, catalogo della mostra, Centre Georges Pompidou, Paris 1979, p. 130.

ro che intendono sopprimere ogni appello alla spiritualità, riuniti ad esempio in seno all'Obmochu (Società dei giovani artisti), istituita a Mosca nel 1919. Ancora piú chiaramente, un'analoga battaglia oppone Kandinskij, fondatore dell'Inchuk (Istituto di cultura artistica, Mosca 1920), a Rodčenko, che nel 1921 finisce per avere la meglio. Il progetto di fondo – riconciliazione di arte e vita – sostituisce l'interrogativo riguardante il contenuto dell'opera con un altro interrogativo, un altro obiettivo: quello riguardante la sua finalità sociale.

I costruttivisti, che tratteremo nel prossimo paragrafo, ma anche gli artisti del gruppo De Stijl o quelli del Bauhaus, intendono utilizzare le competenze acquisite nel campo della creazione estetica per modellare il quadro della vita quotidiana. Fondata nel 1917 da Theo Van Doesburg, la rivista «De Stijl» (Lo stile) «si prefigge come scopo di contribuire allo sviluppo di un nuovo senso estetico». L'editoriale del primo numero precisa ancora:

> [Questa rivista] vuole rendere l'uomo moderno sensibile a tutto quanto vi è di buono nelle Arti Plastiche. Alla confusione arcaica – al «barocco moderno» – vuol contrapporre i principî logici di uno stile che va maturando, e che è fondato sull'osservazione dei rapporti tra le tendenze attuali e i mezzi di espressione. Vuole riunire e coordinare le tendenze attuali del Neoplasticismo, le quali, benché fondamentalmente simili tra di loro, si sono sviluppate indipendentemente l'una dall'altra[63].

In effetti, se il ruolo dell'estetica di Mondrian fu determinante, altri artisti utilizzarono le forme geometriche e i colori primari a fini direttamente pratici. Gerrit Rietveld, ad esempio, concepisce mobili dalle forme ascetiche ma dai colori accesi, architetture di interni oppure la celebre villa Schröder-Schräder (Utrecht, 1924). Animato da analoghe intenzioni, Van Doesburg immagina una casa d'artista (1923) e, in collaborazione con Hans Arp e Sophie Täuber Arp, realizza l'allestimento e la scenografia del café-dancing L'Aubette (Strasburgo, 1928-29).

[63] Editoriale redazionale in «De Stijl», n. 1, ottobre 1917, trad. in *La beauté exacte*, catalogo della mostra, Musée d'Art Moderne de la Ville de Paris, Paris 1994, p. 274; trad. it. in M. DE MICHELI, *Le avanguardie artistiche del Novecento*, Feltrinelli, Milano 1986.

Il Bauhaus, letteralmente «Casa della costruzione», nasce a Weimar nel 1919, quando l'architetto Walter Gropius riceve l'incarico di dirigere un'istituzione che è il frutto della fusione di due scuole d'arte della città. Il *Manifesto del Bauhaus*, che pubblica nell'aprile 1919, comincia con questo enunciato: «Il fine ultimo di ogni attività creativa è l'architettura». Gropius ha in mente una sintesi delle arti nel segno dei «mestieri», i quali soli permettono di tornare a «un mondo dove si *costruisce*». Ecco perché egli vuole farla finita con le gerarchie in vigore. Il suo manifesto si conclude con la seguente proclamazione e il seguente appello:

> Non c'è sostanziale differenza tra l'artista e l'artigiano. *L'artista è un artigiano potenziato* (...) Formiamo dunque una nuova comunità di artefici senza la distinzione di classe che alza un'arrogante barriera tra artigiano e artista. Insieme concepiamo e creiamo il nuovo edificio del futuro, che abbraccerà architettura, scultura e pittura in una *sola unità* e che sarà alzato un giorno verso il cielo dalle mani di milioni di lavoratori, come il simbolo di cristallo di una nuova fede[64].

Il Bauhaus conobbe un'esistenza tumultuosa. Nel 1925, a causa di una macchinazione politica, dovette lasciare Weimar per trasferirsi a Dessau, in un edificio ideato da Gropius. Successivamente, il clima politico costrinse il Bauhaus, allora diretto da Ludwig Mies Van der Rohe, a cambiare ancora sede, ma, poco dopo la sua riapertura a Berlino, i nazisti, giunti al potere, imposero all'istituto la chiusura definitiva (1933). Il Bauhaus dovette il proprio prestigio al programma e ai metodi di insegnamento, ma anche alle personalità di primo piano che lo diressero o vi operarono. Oltre a Klee e Kandinskij, la scuola accolse per un certo periodo Van Doesburg – il quale, con suo grande rammarico, non riuscí a ricevere una nomina ufficiale –, Lyonel Feininger, Johannes Itten, Laszlo Moholy-Nagy, Oskar Schlemmer. Moholy-Nagy, emigrato negli Stati Uniti, fondò a Chicago il New Bauhaus (1937), e Josef Albers, ex allievo della

[64] W. GROPIUS, *Manifeste du Bauhaus* (1919), in F. WHITFORD (a cura di), *Le Bauhaus*, Thames and Hudson, Paris 1989, p. 202; trad. it. in DE MICHELI, *Le avanguardie artistiche del Novecento* cit.

scuola divenuto assistente e poi «giovane maestro» a Dessau, insegnò in seguito al Black Mountain College, dove Robert Rauschenberg seguí i suoi corsi.

7. *Fine della pittura, fine dell'arte?*

I rapporti tra l'arte e le arti applicate, tra l'esaltazione delle ricerche estetico-formali e il desiderio di partecipare, in quanto artisti, alla costruzione di un mondo nuovo, danno luogo, in questo periodo di ribollimento politico e di speranze rivoluzionarie, a intense discussioni teoriche. Aleksej Gan pubblica nel 1922 *Il costruttivismo*, apologia dell'omonimo movimento in lotta per la «produzione intellettuale e materiale della cultura comunista»[65], il quale, proprio per questo, ha dichiarato «guerra senza pietà» all'arte, «indissolubilmente legata alla teologia, alla metafisica e al misticismo»[66]. In preda all'entusiasmo, Gan proferisce un «Morte all'arte!» che è una vera chiamata alle armi, un grido che riecheggerà per tutto il secolo.

In un saggio degno di nota, *Dal cavalletto alla macchina* (*Ot molberta k mašine*, 1923), Nikolaj Tarabukin analizza la situazione come se, dopo l'«ultimo quadro», non se ne potessero piú dipingere altri. L'evoluzione è stata rapida, dopo che Manet e gli impressionisti scelsero di affrancare la pittura dalla sua componente narrativa, considerata un impaccio. Lo stesso astrattismo, e le idee che lo sottendono, conobbero uno sviluppo vorticoso, dopo le prime affermazioni pittoriche del movimento. Una volta esposte le sue opere bianche (1919), Malevič dichiara di voler abbandonare la pittura, che egli giudica obsoleta:

> Nel Suprematismo non c'è motivo di parlare di pittura. La pittura ha fatto il suo tempo e il pittore stesso è un pregiudizio del passato[67].

[65] A. GAN, *Le constructivisme* (1922), in CONIO (a cura di), *Le constructivisme russe* cit., p. 444; trad. it. *Il costruttivismo*, in V. QUILICI (a cura di), *L'architettura del costruttivismo*, Laterza, Bari 1969.

[66] *Ibid.*, p. 419.

[67] MALEVIČ, *Il suprematismo. 34 disegni* cit., p. 70.

Malevič si augura di lasciare il pennello, inetto a «penetrare nelle sinuosità del cervello», per la penna, «piú acuta» – in altre parole di abbandonare la pratica pittorica per la pura ricerca speculativa. L'anno successivo, Rodčenko presentò, in occasione della mostra «5 × 5 = 25» (Mosca, 1921), tre piccoli quadri, dipinti ciascuno con un solo colore compatto: giallo, rosso, blu. Tarabukin, scegliendo il rosso, «privo» come gli altri due «di qualsiasi contenuto», «maturo, assurdo, muto e cieco», lo commentò in questo modo:

> Esso non rappresenta una tappa che potrebbe essere seguita da altre nuove tappe, bensí l'ultimo passo su una lunga strada, l'ultima parola dopo la quale la parola del pittore deve tacere, l'ultimo «quadro» creato da un pittore. Un quadro il quale dimostra eloquentemente che la pittura in quanto arte della rappresentatività – vale a dire quello che è sempre stata – si è autoeliminata[68].

L'agonia del quadro da cavalletto, divenuto nel corso dei secoli l'oggetto museale per eccellenza, significa la morte dell'arte? A questa domanda ricorrente, Tarabukin dà una risposta negativa. Egli sottopone infatti il Costruttivismo a un'aspra critica. Gli artisti riuniti sotto la sua insegna rifiutano l'estetismo nel nome di una creatività di tipo pratico, ma mancano drammaticamente di competenze industriali e costruiscono «oggetti autonomi» ai quali sono applicabili solo criteri estetici. A dispetto delle intenzioni, i costruttivisti, secondo Tarabukin, restano pertanto «degli «esteti», dei fautori dell'arte «pura», malgrado il loro disgusto per questi epiteti»[69]. Altri creano sí oggetti destinati a un uso reale, ma si accontentano in questo caso di abbellire le «forme esteriori del modo di vita» mentre bisognerebbe arrivare a «cambiare la vita»: parola d'ordine rimbaudiana che implica che «l'arte continui a vivere non come forma determinata bensí come sostanza creatrice»[70]. Ecco perché Tarabukin auspica l'avvento di forme e con-

[68] N. TARABOUKINE, *Du chevalet à la machine* (1923), in CONIO (a cura di), *Le constructivisme russe* cit., p. 459; trad. parziale in QUILICI (a cura di), *L'architettura del costruttivismo* cit.

[69] *Ibid.*, p. 458.

[70] *Ibid.*, p. 462.

tenuti nuovi, ai quali dà il nome di «artigianato produttivista». Si tratta di «collegare l'arte al lavoro, il lavoro alla produzione e la produzione alla vita quotidiana»[71]. L'artista è, innanzitutto, colui che sa mettere in forma un materiale: una competenza che può e deve condividere con altri, per partecipare egli stesso alla trasformazione del lavoro. In tal modo, l'arte non sarebbe piú un semplice supplemento estetico, bensí una leva potente, sostanziale. Tarabukin, preso dall'entusiasmo, crede all'avvento di questo radioso avvenire (il suo saggio è del resto dedicato «a tutti i maestri dell'avvenire»): «Una tale arte è realmente in grado di cambiare la vita, in quanto trasforma il lavoro, fondamento della vita, rendendolo disciplinato, creativo e gioioso»[72].

Nulla fa pensare che questa prospettiva prometeica abbia trovato la sua concretizzazione. Ma il rifiuto della figurazione, in una visione teleologica dello sviluppo artistico, ha annunciato la fine del vecchio mondo. L'astrazione, laddove non fa appello a un sostrato esoterico che è il ricettacolo delle aspirazioni metafisiche, ha aperto una crisi senza precedenti nella storia dell'arte – come ha giustamente rilevato Tarabukin –, una crisi la cui eco non si è ancora spenta. Affrancata dal contenuto, l'opera astratta va in cerca di finalità. Alcuni artisti hanno privilegiato il rapporto con le aspirazioni immediate del corpo sociale. Altri hanno seguito, fin dal principio, un'altra strada, proclamando l'autonomia dell'opera alla ricerca della sua propria essenza.

8. *Scultura aperta e quadro assoluto*.

Accostando i sostenitori di una finalità estrinseca all'attività artistica agli apostoli di una spiritualità per i quali la forma è innanzitutto il vettore di un senso nascosto, Władisław Strzemiński, inventore dell'Unismo, sviluppò una concezione strettamente formalista dell'arte. Amico di Malevič, egli, dopo aver partecipato alle esposizioni orga-

[71] TARABOUKINE, *Du chevalet à la machine* cit., p. 465.
[72] *Ibid.*

nizzate dall'Unovis, era rientrato in Polonia. Perfettamente informato circa le evoluzioni dell'astrattismo in Russia e i dibattiti a cui esse danno luogo, Strzemiński fa discendere la propria riflessione, di tipo storicistico, dall'analisi critica del Suprematismo e dal rifiuto dell'utilitarismo costruttivista. L'astrazione è per lui un'acquisizione definitiva: la «riproduzione delle forme esistenti del mondo», infatti, non ha nulla a che fare con l'arte, che egli definisce, nel 1923, una «creazione di unità formali la cui organicità è parallela a quella della natura»[73]. Di tale organicità l'artista deve rintracciare le leggi nei caratteri specifici del mezzo. Si impongono cosí, come condizioni irrinunciabili determinate dalla realtà fisica del quadro, la «forma piana quale esito dell'incontro tra la tela e la cornice», il «geometrismo di certe parti del quadro quale esito del geometrismo della cornice» e la «localizzazione dell'azione pittorica entro i confini del quadro». Piú tardi, nel contesto americano, il critico Clement Greenberg giungerà a conclusioni analoghe proponendo l'imperativo della forma piana quale norma definitiva.

Le soluzioni per attingere l'unità organica sono implicite nell'analisi dei funzionamenti dualistici della pittura del passato, che si rivela essere sempre «barocca», cioè ricca di tensioni drammatiche. Strzemiński pensa alla creazione di una superficie unificata in cui «ogni centimetro quadrato del quadro abbia lo stesso valore e partecipi alla costruzione allo stesso titolo di tutti gli altri». La rinuncia alle contrapposizioni cromatiche, il rifiuto dei contrasti luce/ombra, l'abbandono dell'autonomia della linea e del colore consentono la «creazione di un quadro omogeneo» che esalta l'insieme delle proprie qualità intrinseche, nel rigoroso rispetto della sua «autosufficienza plastica».

Il pensiero di Strzemiński si collega direttamente a quello di Gotthold Ephraim Lessing. Arte puramente spaziale, la pittura si vede costretta a rifiutare qualunque tipo di movimento e dinamismo, qualunque tensione direzionale, in

[73] W. STRZEMIŃSKI, *Je définis l'art...* (1923), in W. STRZEMIŃSKI e K. KOBRO, *L'espace uniste. Ecrits du constructivisme polonais*, L'Âge d'Homme, Lausanne 1977, p. 55.

quanto introdurrebbero un fenomeno temporale. Il principio di autosufficienza porta a separare decisamente la «sensibilità plastica» da qualsiasi altra sensibilità e a definirla come qualcosa «che non può essere espresso da nessun'altra arte e in nessun'altra maniera, qualcosa che si percepisce unicamente nelle arti plastiche e mai altrove», prescindendo da ogni possibile giustificazione estrinseca all'opera, la quale «trova in se stessa il proprio fine»[74].

Dal momento che non esprime nulla, non è il segno di alcunché, il quadro riuscito non è un'opera da decifrare. È un'opera, però, che deve risultare attraente: quindi, tutt'altro che vuota. Strzemiński conosceva i quadri monocromi di Rodčenko e l'analisi che ne aveva fatto Tarabukin. Alla monocromia ottenuta per eliminazione, e che porta la pittura all'affermazione suicida del solo colore, l'Unismo oppone l'integrazione degli elementi plastici nella totalità pacificata di un'unità priva di pathos, esente da psicologismi, indipendente dalle idiosincrasie dell'artista.

L'Unismo, fondato su una concezione monista dell'arte, mirava cosí a creare la «pittura assoluta»[75], esclusivamente destinata allo sguardo. Strzemiński affermò e sviluppò la propria riflessione teorica prima di dipingere le sue *Composizioni architettoniche*. Realizzate alla fine degli anni venti, di piccole dimensioni, esse comportano due o tre superfici distinte, il piú delle volte assai nettamente differenziate dai contrasti cromatici e tonali, ma articolate in modo tale che non sia mai possibile stabilire quali di esse siano «forme» e quali altre «fondo». Dopo questi primi tentativi, l'artista dipinse, all'inizio degli anni trenta, una serie di *Composizioni uniste*. Le piú caratteristiche si distinguono dalle precedenti per certi effetti materici, tanto piú visibili nella misura in cui i contrasti cromatici e tonali sono quasi scomparsi. Le forme divengono appena percettibili, e alcune delle *Composizioni* eludono la monocromia totale solo grazie alla presenza di un velo di pittura nel quale l'occhio può ancora avvertire la suggestione di minime variazioni tonali.

[74] W. STRZEMIŃSKI, *B* = *2* (1924), *ibid.*, p. 60.

[75] STRZEMIŃSKI E KOBRO, *L'espace uniste. Ecrits du constructivisme polonais* cit., p. 67.

La riflessione unista era la logica premessa dell'avvento della tela monocroma, mentre la coscienza della sua contestualizzazione storica la allontanava in ogni modo dalla logica tarabukiniana dell'«ultimo quadro». Lungi dal voler porre un termine alla pittura, Strzemiński ne ricercava, anzi, l'essenza; articolava i propri parametri specifici per fondare l'oggetto pittorico su basi rigorose. L'Unismo tentava di salvaguardare l'esigenza d'una pittura non oggettiva e autoreferenziale senza tuttavia ripudiare la tradizione dell'arte da cavalletto. Indubbiamente aporetica, questa concezione faceva proprio il desiderio di cambiare il mondo, quantomeno il mondo dell'arte, facendo leva su un formalismo radicale: «La forma dell'esistenza – pensava infatti Strzemiński – genera la forma della coscienza»[76]. E difendeva non a caso l'autonomia dell'arte nel sociale:

> L'arte astratta costituisce un laboratorio di ricerche nel campo formale. I risultati di tali ricerche entrano nella vita quali componenti definitive del quotidiano. Non è comunque opportuno ricavare da questo dato la necessità di un utilizzo immediato dell'opera d'arte astratta. Gli effetti dell'arte non sempre seguono il cammino piú breve[77].

Quando poi rivolgono la loro attenzione ai problemi posti dalla scultura, Strzemiński e la moglie, Katarzyna Kobro, cominciano anche lí col ricercarne i caratteri specifici. Contrariamente al quadro, i cui limiti sono dati a priori, la scultura si dispiega nello spazio. Il quadro si ritira in se stesso, ostenta la propria autonomia, mentre la scultura ha la vocazione di «svilupparsi nello spazio, di amalgamarsi con l'ambiente nel quale esiste, nel quale si colloca»[78]. Un testo scritto insieme dai due artisti nel 1931 istituisce questa congiunzione della scultura con lo spazio come «vera e propria esigenza», da cui viene fatta derivare una norma fondata sulla sua «essenza fondamentale»: mentre gli artisti del passato hanno ridotto il problema dello spazio a

[76] *Ibid.*, p. 61.

[77] Cfr. W. STRZEMIŃSKI, *a.r. 2* (1932), secondo manifesto del gruppo a.r., *ibid.*, p. 130.

[78] W. STRZEMIŃSKI e K. KOBRO, *La composition de l'espace. Les calculs du rythme spatio-temporel* (1931), in ID., *L'espace uniste. Ecrits du constructivisme polonais* cit., p. 87.

quello del volume, l'unione «non deve realizzarsi solo con la parte di spazio occupata dalla scultura ma anche con la totalità dello spazio illimitato, senza che vi sia distinzione tra spazio interno e spazio esterno, essendo lo spazio uniforme in ogni suo punto»[79]. La soluzione sta in una scultura aperta, la cui omogeneità è data da un ritmo spazio-temporale – la percezione del volume implica il tempo – ottenuto con forme e piani colorati. Il colore svolge qui un ruolo fondamentale. Esso si irradia nello spazio, «vi esercita un'influenza legata alla sua energia», influenza che si estende all'infinito. Le *Composizioni spaziali* di Katarzyna Kobro, concatenazioni rigorose di piani colorati, concretizzano cosí una versione scultorea dell'Unismo.

Il movimento ebbe alcuni seguaci. Commentando una delle loro mostre, nel 1933, un critico polacco stigmatizzò la cattiva abitudine di trattare come mistificazioni le ricerche piú stimolanti:

> Si potrebbe credere, all'apparenza, che gli artisti raggruppati sotto la bandiera dell'Unismo abbiano organizzato una farsa per il periodo delle vacanze. Uno spettatore su due, visitando l'esposizione all'IPS, sussurra infatti all'orecchio del vicino: «Anch'io sarei capace di fare lo stesso». Niente di piú falso![80].

L'astrazione fatica a trovare un riconoscimento pubblico, malgrado l'evidente serietà delle ambizioni di artisti che rivendicano tematiche spiritualiste, perseguono una ricerca metafisica, si propongono di partecipare alla costruzione di un mondo migliore, si battono per la nascita di un uomo nuovo o conducono un'esplorazione di spessore ontologico. Eppure gli artisti, i simpatizzanti, alcune istituzioni, non risparmiano i loro sforzi, in questi anni pionieristici, per condividere i loro entusiasmi.

[79] *Ibid.*

[80] W. BUNIKIEWICZ, *Un art de robots philosophants*, in «Swiat», n. 26, 1933, pp. 12-13, citato in *Stazewski au Musée Sztuki*, catalogo della mostra, Łódź 1974.

Capitolo secondo

Sviluppi e mutamenti dell'astrazione. Dagli anni trenta agli anni cinquanta

Gli artisti astratti, negli anni dieci e venti, non sono stati avari di spiegazioni. Proclami, manifesti, prefazioni ai cataloghi, brochure o opere di maggior peso attestano la loro volontà di far conoscere e intendere le proprie intenzioni. Il vasto complesso di questa produzione dialettica non ha soltanto un carattere militante o didattico. È la testimonianza di uno sforzo in cui si mescolano un desiderio di chiarimento e un bisogno di sperimentazione concettuale, di un travaglio che accompagna – a volte prolungandola, a volte precedendola – la creazione plastica propriamente detta. Per cui gli artisti ora si raggruppano e ora si dividono. E si misurano sia gli uni con gli altri, sia con le riserve o le ostilità del pubblico.

1. *Realismi di stato*.

Una prima battuta di arresto allo sviluppo dell'astrattismo venne dallo stato sovietico. La maggioranza degli artisti di avanguardia, astratti o meno, considerava la Rivoluzione una promessa di libertà che avrebbe offerto l'opportunità di concretizzare nella realtà sociale le utopie di un mondo radicalmente nuovo. Il fine da raggiungere e i mezzi con cui riuscirvi potevano divergere, ma, al di là di ciò, tutti erano convinti di trovare un posto in questa edificazione, come la chiamavano, delle loro speranze. La politica staliniana decise altrimenti. Già alla fine degli anni venti, dopo la morte di Lenin (1924) e la disfatta di Trockij (1928), in Russia si annuncia la fine dell'arte astratta. Kandinskij continuò il suo lavoro al Bauhaus di Weimar, dove venne nominato professore nel 1922. Malevič ritornò alla figurazione. Rodčenko si dedicò alle arti applicate. Tutte le figure piú rappresentative dell'astrattismo furono condannate all'autoesilio o all'esilio vero e proprio. La dottrina ufficiale, il realismo socialista, permeò tutte le arti, alle quali impose l'impiego di forme immediatamente comprensibili a tutti e al sevizio dell'ideologia rivoluzionaria.

Andrej Ždanov, il principale ideologo dell'arte del Partito comunista sovietico, aveva definito nel 1934 il ruolo degli scrittori, promossi da Stalin «ingegneri delle anime». Agli artisti spetta il compito di elaborare un'iconografia capace di trasmettere un analogo messaggio. Scrittori e artisti «devono unirsi nell'impegno di trasformazione ideologica e di educazione dei lavoratori nello spirito del socialismo». Per questo bisogna esaltare gli eroi nuovi, «i costruttori attivi della vita nuova: operai, kolchoziani e kolchoziane, membri del Partito, amministratori, ingegneri, giovani comunisti, pionieri», onde servire «la nuova causa, la causa della costruzione del socialismo»[1]. L'astrazione non ha piú diritto di cittadinanza, dal momento che occorre produrre *immagini* realiste, popolari e edificanti. A tale condanna pragmatica si aggiunge un altro motivo di discriminazione, ideologico: l'arte astratta, giudicata ermetica, è considerata un'arte borghese, e lo prova il fatto che fu a lungo apprezzata da una minoranza che non era certo l'espressione, nel suo insieme, delle masse popolari.

La crescita di un sentimento di odio verso l'intera modernità estetica non si limita alla sola Russia sovietica. Hitler era al potere da quattro anni quando fu organizzata a Monaco una doppia manifestazione. La «Grande Esposizione dell'arte tedesca» (1937) presentava in uno spazio adeguato[2] e con tutta la cura necessaria le opere piú significative dell'estetica conservatrice di stampo nazional-socialista, la cui figura piú emblematica fu quella dello scultore Arno Brecker. Secondo l'ottica nazista, l'intera mo-

[1] Dal discorso pronunciato da Ždanov al I Congresso degli scrittori sovietici, 17 agosto 1934, in A. JDANOV, *Sur la littérature, la philosophie et la musique*, Éditions Norman Béthune, Paris 1970, pp. 8-9.

[2] Allo scopo era stato costruito un vero «tempio», la Casa dell'Arte tedesca, sotto la direzione dell'architetto Paul Ludwig Troost.

dernità artistica è la manifestazione di una degenerazione. Il discorso fiume pronunciato da Adolf Hitler durante l'inaugurazione della mostra analizza il «degrado delle vecchie forme sociali e culturali», spiegabile non soltanto con la disfatta del 1918 ma, piú in profondità, con la «decomposizione interna di un corpo già completamente putrefatto». Hitler addita al pubblico disprezzo «le «opere d'arte» che non sono di per sé esplicite e che, per esistere, hanno bisogno prima di tutto di istruzioni dallo stile ricercato». Beninteso, la «razza ebraica» è accusata di aver contribuito in larga misura alla distruzione sistematica della «sana sensibilità». Ma il dominio di queste «stravaganze assurde e impudenti» è finito, assicura il Führer: «L'apertura di questa mostra annuncia la fine, in Germania, dell'abbrutimento e dell'annientamento della cultura del nostro popolo. D'ora in poi muoveremo una guerra spietata per liberarci degli ultimi elementi della nostra decomposizione culturale»[3].

La seconda delle iniziative destinate a prosciugare definitivamente la sorgente di quei «flussi inquinanti» che si presumeva circolassero ancora nell'arte tedesca, la mostra «Entartete Kunst» («arte degenerata», 1937), gettava in pasto al pubblico opere per la maggior parte espressioniste, dadaiste e astratte, confiscate ai musei tedeschi ed esposte spesso di sghembo, danneggiate da una cattiva illuminazione, accompagnate da commenti offensivi scritti sui muri. Adolf Ziegler, responsabile dell'organizzazione della mostra, si doleva del «triste compito» di doverla presentare:

> Siamo costretti a mostrare al popolo tedesco come, ancora poco tempo fa, certe forze che non vedevano nell'arte un'espressione della vita naturale e pura, rinunciassero consapevolmente a ogni cosa sana, coltivassero tutto ciò che è malsano e degenerato eleggendolo a valore supremo, e influissero in modo determinante sulla creazione artistica.

L'esposizione di queste opere, «aborti della follia, della frivolezza, dell'incompetenza» acquistati dai musei grazie

[3] Discorso di Adolf Hitler per l'inaugurazione della «Grande Esposizione dell'arte tedesca», Monaco, 18 luglio 1937, trad. parziale in *Munich 1937, Art acclamé, Art diffamé*, catalogo (dattiloscritto) della mostra, Goethe Institut, Paris 1989, pp. 31 sgg.

ai contributi versati dal popolo, sottolineava Ziegler, avrebbe dovuto suscitare un definitivo disgusto e provocare un risveglio salutare, quale reazione alla vista della «bassezza e della volgarità promosse ad elementi costitutivi dell'arte»[4]. La mostra «Entartete Kunst» circolò per quattro anni in diverse città tedesche. Con ingresso gratuito, ma vietata ai bambini, essa fu visitata da tre milioni di persone: per cui resta a tutt'oggi, paradossalmente, la mostra temporanea d'arte moderna piú visitata. Attraverso le tematiche evidenziate nell'esposizione e nel catalogo si intendeva stigmatizzare «la derisione delle idee religiose, lo stock inesauribile delle immondizie ebree», le figure del cretino e della prostituta innalzate alla dignità di un ideale, «l'insondabile sporcizia» di un'arte che considera «il mondo un grande bordello e la follia un metodo», l'anarchia artistica quale incitamento all'anarchia politica, «il sabotaggio sistematico della coscienza razziale» e, piú in generale, «i fondamenti politici della degenerazione artistica». In base a questi criteri furono raccolte circa cinquecento opere di centoventitré artisti, tra le quali quattordici Kandinskij, sedici Klee, due Mondrian.

Sono state spesso notate, con ragione, le affinità formali tra le produzioni suggellate dal realismo socialista e quelle del nazismo o dei regimi fascisti. L'arte astratta non fu la sola vittima di questa crociata antimodernista, ma fu quella che ne subí gli assalti piú virulenti, culminati in occasione della seconda guerra mondiale. Molti artisti dovettero allora lasciare l'Europa e scelsero spesso l'America come luogo d'esilio. Gli Stati Uniti, e in particolare New York, divennero cosí il centro di un'attività artistica che modificò la geografia culturale dell'Occidente.

2. *New York, nuova partenza*.

Fin dall'«Armory Show» (1913), primo grande confronto tra il moderno di ispirazione europea e quello di ispi-

[4] Discorso di Adolf Ziegler per l'inaugurazione dell'esposizione «Entartete Kunst», Monaco, 19 luglio 1937, *ibid*., pp. 27 sgg.

razione americana, gli artisti del Nuovo Mondo dovettero misurarsi con la sensazione che i loro sforzi continuassero a essere condizionati dai modelli europei, peraltro fermamente respinti dalla maggioranza degli americani. Una battuta assai sfruttata, riferita da Dore Ashton, traduce bene lo stato d'animo prevalente negli anni trenta. Ad alcuni amici riuniti nel suo studio, Arshile Gorky avrebbe dichiarato: «Guardiamo le cose in faccia, per noi è il fallimento»[5]. Ciò nonostante, l'interesse di una élite per le innovazioni dell'avanguardia contribuí a creare le condizioni di un cambiamento. Katherine S. Dreier, consigliata da Marcel Duchamp, aveva fondato nel 1920 la Società Anonima, alla cui vicepresidenza venne eletto Kandinskij. La Dreier riuní un'importante collezione, organizzò mostre e seminari. Nel 1929, il Museum of Modern Art (MoMA) aprí le porte al pubblico newyorkese. Il Whitney Museum for American Art presentò nel 1935 un panorama dell'arte astratta americana. Poco dopo, un gruppo di pittori, in gran parte esponenti di un astrattismo geometrico di derivazione neoplastica, si federò e diede vita all'AAA (American Abstract Artists, 1936). Infine, nel 1939, il collezionista Solomon Guggenheim creò il Museum of Non-Objective Art. Sono solo alcuni esempi che indicano come negli Stati Uniti, poco prima della guerra e dell'arrivo in massa degli artisti europei in esilio, l'attenzione prestata all'arte astratta fosse in progressiva crescita.

Il nuovo slancio impresso all'astrazione dagli artisti americani affonda le proprie radici in due tradizioni a quel tempo generalmente ritenute in contraddizione tra loro: l'arte astratta dalle tendenze piú o meno geometriche e il surrealismo. Nel 1936, Alfred H. Barr jr le considerava ancora separate. Egli organizzò infatti al MoMA due manifestazioni distinte, «Cubism and Abstract Art» e «Fantastic Art: Dada and Surrealism». Alcuni anni dopo, Sidney Janis metteva a confronto le due correnti in *Abstract and Surrealist Art in America* (1944), un libro cui seguí una mostra. Janis sottolineava la differenza tra l'arte surrealista, «emotiva, intuitiva, spontanea, soggettiva», e la cor-

[5] Citato in D. ASHTON, *L'école de New York* (1972), Hazan, Paris 1992, p. 72.

rente dominante dell'astrattismo americano, «disciplinato, architettonico, oggettivo, rigoroso». Ma notava anche che nel lavoro di artisti come Gorky, Gottlieb, Rothko, Motherwell o Pollock si manifestava una qualche aspirazione alla sintesi. Quest'ultima, peraltro, era già in via di realizzazione nell'opera di artisti surrealisti o vicini al surrealismo, movimento articolato, almeno in materia di arti plastiche, su due fronti. André Breton valorizzava un'arte onirica che ricorreva ai mezzi tradizionali della figurazione per elaborare un'*iconografia* del meraviglioso. Altri invece propugnavano, contro le pratiche dei «copisti del sogno», il ricorso al libero sviluppo di un «automatismo psichico puro mediante il quale esprimere sia verbalmente, sia per iscritto o in altre maniere il funzionamento reale del pensiero»[6]. Questo ritorno alle origini del surrealismo, a cui avevano dato da tempo un contributo straordinario pittori come Masson e Mirò, era auspicato ad esempio da Roberto Sebastián Matta, che viveva allora a New York. L'idea di una riconciliazione tra surrealismo e astrattismo non era dunque affatto una novità, anzi, sotto la spinta degli artisti americani, essa assunse una veste sorprendentemente nuova, in particolare con la generazione dei *myth-maker*.

Mark Rothko, nella sua introduzione al catalogo di una mostra di Clyfford Still, fa presente che «un piccolo gruppo di *myth-maker* si è messo in luce qui [in America] durante la guerra». Still, uno di loro, esprime, secondo il suo prefatore, «il dramma tragico e religioso che è all'origine di tutti i miti di tutti i tempi». Tuttavia, anziché illustrare le mitologie consacrate, esso crea «nuovi miti sostitutivi», destinati a rimpiazzare quei miti ancestrali la cui pertinenza è andata vanificandosi nel corso dei secoli. La questione del mito, e la sua importanza per molti artisti all'inizio degli anni quaranta, si affacciò sulla scena pubblica nel 1943. Al Salone della Federation of Modern Painters and

[6] A. BRETON, *Manifeste du surréalisme* (1924), in ID., *Manifestes du surréalisme*, Gallimard, Paris 1964, p. 36; trad. it. *Primo Manifesto del Surrealismo*, in DE MICHELI, *Le avanguardie artistiche del Novecento* cit. L'«automatismo psichico» è dato da Breton come definizione del surrealismo.

Sculptors (New York, Wildenstein Gallery) Rothko aveva esposto *Syrian Bull* e Gottlieb *The Rape of Persephone*, due opere criticate sulle pagine del «New York Times» da Edward Alden Jewell. I due artisti replicarono, con la collaborazione di Barnett Newman. La loro *Letter to the Editor*, divenuta celeberrima, affermava la necessità di manifestare l'«espressione poetica dell'essenza del mito» ed esponeva alcuni principî di estetica: un'estetica da leggere esclusivamente nei loro quadri, ogni commento dei quali sarebbe stato sinonimo di travisamento, in quanto «la loro spiegazione doveva scaturire da un incontro pienamente adempiuto tra l'opera e lo spettatore»[7].

Come esempio delle «convinzioni estetiche» espresse dai loro quadri, i pittori rivendicano l'attitudine a «prendere dei rischi» per avventurarsi «in un mondo sconosciuto». Una posizione etica che gli autori della lettera a Jewell estendono al piano direttamente estetico, con l'intento di superare le abituali divaricazioni tra etica ed estetica. Essi sottolineano la necessità che l'arte abbia un contenuto ambizioso, affinché non soccomba alle futili suggestioni degli esercizi di stile:

> Secondo una concezione assai diffusa tra i pittori, è poco importante ciò che si dipinge purché lo si dipinga bene. Che è il fondamento stesso dell'accademismo. Non esiste buona pittura senza soggetto. Noi sosteniano che il soggetto è essenziale e che i soli temi validi sono quelli che hanno un carattere tragico e atemporale. Per questo dichiariamo la nostra parentela spirituale con l'arte primitiva e arcaica.

Parallelamente, viene riaffermata l'importanza decisiva delle motivazioni formali, in nome dell'efficacia e della morale (l'arte non deve conformarsi alle illusioni):

> Noi siamo per l'espressione semplice dei pensieri complessi. Privilegiamo la forma monumentale perché ha la forza dell'innegabile. Vogliamo riaffermare la superficie piana del quadro. Privilegiamo le forme piane perché distruggono l'illusione e rivelano la verità[8].

[7] Cfr. *Letter to the Editor*, trad. in *Mark Rothko*, catalogo della mostra, Musée d'Art Moderne de la Ville de Paris, Paris 1999, pp. 257-58.

[8] *Ibid.*, p. 258.

Nel 1943 nessun artista era comunque riuscito a realizzare pienamente questo ideale programmatico. Jackson Pollock fu il primo pittore al quale la critica riconobbe il merito di aver dato corpo alle idee sviluppate sulla scena americana. Nel 1947 egli introdusse una modifica importante nei processi pittorici. La tela, di formato molto grande, invece di essere disposta su un cavalletto o accostata a un muro, era stesa sul pavimento. Quanto al colore, Pollock lo proiettava sulla tela grazie a una tecnica che fece clamore: il *dripping*. Derivato dal verbo *to drip* («sgocciolare», «colare»), il termine designa un metodo già utilizzato dai surrealisti. Max Ernst ricordò il volo sinuoso di una mosca per spiegare la traiettoria degli impasti cromatici ottenuti partendo da una scatola di colori aperta e agitata al di sopra della tela (*Homme intrigué par le vol d'une mouche non euclidienne*, 1947). Lo stesso Pollock ha descritto la propria azione pittorica, popolarizzata dalla diffusione delle fotografie del pittore al lavoro scattate da Hans Namuth:

> Io non lavoro partendo da disegni o schizzi colorati. Dipingo direttamente. E dipingo solitamente sul pavimento. Mi piace lavorare su una tela grande. Mi sento meglio, piú a mio agio, in uno spazio grande. Con la tela stesa sul pavimento mi sento piú vicino al quadro, piú parte del quadro. In questo modo posso camminarvi intorno, aggredirlo da tutti e quattro i lati ed essere *dentro* il quadro, come gli Indiani dell'Ovest che lavorano sulla sabbia. A volte utilizzo un pennello, ma piú spesso preferisco utilizzare una stecca. Talvolta verso il colore direttamente dal contenitore. Mi piace usare una pittura fluida, che faccio gocciolare. Utilizzo anche sabbia, vetro sbriciolato, ciottoli, spago, chiodi e altri elementi estranei alla pittura. Il metodo pittorico si elabora naturalmente, partendo da una necessità. Voglio esprimere i miei sentimenti piú che illustrarli. La tecnica è solo un mezzo per riuscirci. Quando dipingo, lo faccio avendo un'idea complessiva di ciò che voglio fare. *Posso* controllare le sgocciolature del colore, non c'è casualità, non piú del fatto che non vi sia inizio né fine. A volte perdo di vista il quadro. Ma non ho paura dei cambiamenti, di distruggere l'immagine, perché un quadro vive di vita propria[9].

[9] Commento fuori campo al film a colori girato da H. Namuth e P. Falkenberg nel 1950, citato in *L'atelier de Jackson Pollock*, Macula, Paris 1978. Oltre a Max Ernst, fonte diretta del *dripping* pollockiano, altri artisti avevano utilizzato la tecnica degli spruzzi di colore, in particolare N. Gončarova: cfr. M. LARIONOV, *Une avant-garde explosive*, L'Âge d'Homme, Lausanne 1978, p. 103.

I primi esegeti dei *drip painting* hanno prestato la massima attenzione sia al processo pittorico sia al risultato plastico. L'arte di Pollock è emblematica dell'*action painting*, nuova categoria estetica canonizzata da Harold Rosenberg, il quale pone l'accento piú sull'atto del dipingere che sull'esito formale conseguito:

> A un certo momento i pittori americani, uno dopo l'altro, cominciarono a considerare la tela come un'arena in cui agire, invece che come uno spazio in cui riprodurre, ridisegnare, analizzare o «esprimere» un oggetto presente o immaginario. La tela non era piú dunque il supporto di una pittura, bensí un evento. Il pittore non si accostava piú al cavalletto con in testa un'immagine ma con in mano della materia per trasformare in qualche modo quell'altro pezzo di materia che gli stava di fronte. L'immagine sul quadro sarebbe stata appunto il risultato di tale incontro[10].

L'*action painting* implica una piena disponibilità e un impegno totale da parte dell'artista, il quale lavora direttamente sulla tela senza un disegno prestabilito o un'idea prefissata. In queste condizioni, vita e pittura intrattengono tra loro un rapporto strettissimo. E non è improprio parlare di espressionismo, se si segue il ragionamento di Rosenberg:

> Una pittura che è atto risulterà inseparabile dalla biografia dell'artista. La pittura stessa è un «momento» nel miscuglio composito della sua vita, sebbene il termine «momento» indichi tanto i pochi minuti effettivamente impiegati attorno alla tela quanto l'intera durata di un lucido dramma espresso nel linguaggio dei segni. La pittura d'azione (*action painting*) ha la stessa metafisica sostanza dell'esistenza dell'artista: la nuova pittura insomma ha tolto via ogni separazione fra arte e vita[11].

Clement Greenberg, invece, si interessò alla struttura *all-over* dei quadri e al particolare tipo di spazio da essi creato, piú visivo che tattile, in cui prevaleva l'«illusione di una profondità indefinita, ma in qualche modo definitivamente limitata, che [richiamava] ciò a cui erano pervenuti Picasso e Braque piú di trent'anni prima con le sfaccettatu-

[10] H. ROSENBERG, *I pittori d'azione americani* (1952), in ID., *La tradizione del nuovo* (1959), Feltrinelli, Milano 1964, pp. 14-15.

[11] *Ibid.*, p. 17.

re-piano del loro cubismo analitico»[12]. La danza gestuale al di sopra della superficie da dipingere – danza nella quale è coinvolto tutto il corpo e non solo la mano del pittore – genera un labirinto di impronte: una griglia aperta di linee intrecciate che pone termine all'opposizione tradizionale tra il fondo e la forma – qui, le linee non delimitano alcuna figura. Ecco perché, fa notare Greenberg, questa «fitta trama di schizzi e rivoli di colore» consente di eludere il modello gerarchico della composizione tradizionale, al quale fino a quel momento tutti i pittori si erano assoggettati.

Intraducibile, la locuzione *all-over* designa questo tipo di composizione pittorica che contravviene al modello occidentale, per il quale non tutte le zone del quadro hanno lo stesso valore e la stessa importanza. Per capire che cosa sta a indicare *all-over*, bisogna osservare tutte le zone e fare attenzione a come l'occupazione dello spazio plastico prevalente nei *drip painting* differisce da quella cui eravamo abituati. Greenberg coniò l'espressione *all-over* per definire quel «genere di pittura che, evidentemente, fa a meno di un principio, di una parte centrale e di una fine» e la cui superficie è «tenuta strettamente unita e consistente di elementi identici, o rigorosamente simili fra di loro, che si ripetono senza variazioni marcate da un'estremità all'altra del dipinto». Per cui «il pittore *all-over* rende ogni elemento e ogni zona del dipinto equivalente nell'accentuazione e nell'enfasi». Pollock introduce certo delle variazioni, ma, secondo Greenberg, lo spettatore, al primo impatto, rimane colpito dalla loro «allucinante uniformità»[13]. Il che è sicuramente un paradosso, subito accreditato dal critico alla specificità dell'arte americana:

> La nozione stessa di uniformità è antiestetica. Eppure molti dipinti *all-over* sembrano riusciti proprio grazie alla loro uniformità, alla loro pura monotonia. La dissoluzione del pittorico in una vera e proprio tessitura, in apparentemente semplice sensazione, in un'accumulazione di ripetizioni, sembra la testimonianza e la risposta a qualcosa di profondamente radicato nella sensibilità contemporanea[14].

[12] C. GREENBERG, *La pittura «di tipo americano»* (1955), in *Arte e cultura* (1961), Allemandi, Torino 1991, p. 205.

[13] ID., *La crisi della pittura di cavalletto* (1948), *ibid.*, pp. 155-56.

[14] *Ibid.*, p. 156.

È in effetti in gestazione, nella New York della fine degli anni quaranta, un cambiamento di prospettiva. Greenberg faceva risalire le origini della composizione *all-over* alle *Ninfee* di Claude Monet: genesi indicativa di una diversificazione strategica, perché contraddice al luogo comune di un'origine cézanniana, auspice il cubismo, dell'arte astratta europea. In forza di una diversa genealogia, l'arte elaborata negli Stati Uniti comincia ad affermare una propria identità, a rivendicare una propria autonomia. Greenberg, nel 1955, propose la locuzione «pittura "di tipo americano"» per designare le opere che gli artisti, ormai nel pieno possesso dei propri mezzi, e ormai affrancati da tutele preesistenti, potevano «firmare con il loro nome»[15].

Parecchi artisti, nondimeno, respingevano questa impostazione nazionalistica, da un lato appellandosi all'universalità dell'arte e dall'altro opponendosi all'estetica provinciale che si era andata sviluppando negli Stati Uniti prima della guerra. Pollock, ad esempio, dichiarò nel corso di un'intervista nel 1944: «L'idea di una pittura americana isolata, cosí popolare qui negli anni trenta, mi sembra assurda, come mi sembrerebbe assurda l'idea di creare una scienza matematica o fisica esclusivamente americana». Posto che i «problemi fondamentali della pittura» sono del tutto «indipendenti da qualsiasi nazionalità», si scatenò a quel punto una vera battaglia per eleggere New York capitale mondiale dell'arte moderna.

L'evoluzione di un critico prestigioso qual era Greenberg è significativa di una convinzione largamente condivisa oltre Atlantico. Nel 1946, egli identificava ancora in Parigi la «fonte dell'intera arte moderna»[16]. Due anni dopo, con la guerra fredda praticamente in atto, l'avvio del piano Marshall e i primi *drip painting* di Pollock, il cambio d'opinione:

> Si ha l'impressione – ma è solamente un'impressione – che l'immediato futuro dell'arte occidentale, se dovrà esservene uno, dipenda da quanto si fa nel nostro paese. Per quanto incerta sia ancora la nostra situazione, la pittura d'avanguardia americana – vale

[15] GREENBERG, *La pittura «di tipo americano»* cit., p. 198.
[16] ID., *La scuola di Parigi* (1946), in *Arte e cultura* cit., p. 133.

a dire la pittura astratta americana – ha in piú occasioni dato prova, negli ultimi sette anni, di una capacità di rinnovamento che né la Francia né la Gran Bretagna sembrano in grado di eguagliare[17].

Nel 1953, infine, alla domanda «La nuova pittura astratta americana è, nell'insieme, superiore alla sua omologa francese?», Greenberg rispondeva senza esitazioni: «Penso di sí»[18]. La conquista della leadership da parte degli Stati Uniti – un esito dalle conseguenze rimarchevoli – era sí dovuta alla potenza economica americana ma ancor piú al carattere innovativo delle opere e alla qualità dei commenti critici, al fermento teorico che essi suscitavano.

3. *L'espressionismo astratto*.

C'è una locuzione che designa l'arte astratta in auge negli Stati Uniti nel corso degli anni quaranta e cinquanta: *abstract expressionism* ed è sorprendente poter raccogliere sotto un'unica insegna o categoria estetica artisti che si sono sempre rifiutati di costituire una «scuola» o, peggio, di accettare una comune etichetta. A Willem De Kooning spetta la formulazione piú tagliente di tale rifiuto. In occasione di un pubblico dibattito (1950) intorno alla questione del nome piú appropriato, ebbe a dichiarare: «Affibbiarci un nome sarebbe una catastrofe», aggiungendo che tali classificazioni o nomenclature sono buone «per i manuali» di storia dell'arte e vanno respinte in blocco se si vuole preservare la propria totale libertà creativa.

Oltretutto, i dipinti etichettati, malgrado tutto, come espressionismo astratto possono comportare aspetti molto diversi. Quelli di Pollock o di De Kooning subordinano la materia pittorica a una gestualità intensa, a tratti violenta, mentre i quadri di Rothko, Still o Newman presentano ampie stesure di colore in cui la traccia del gesto, pur viva, sembra avere un'importanza meno decisiva. I primi ap-

[17] C. Greenberg, in S. GUILBAUT (a cura di), *Comment New York vola l'idée d'art moderne. Expressionisme abstrait, liberté et guerre froide*, Chambon, Nîmes 1988, p. 216.

[18] C. GREENBERG, *Contributo a un simposio* (1953), in *Arte e cultura* cit., p. 130.

prodano all'*action painting*. Per i secondi, Greenberg coniò il termine di *color field*. I loro dipinti si risolvono in puro colore per creare uno spazio meramente ottico, in cui scompare ogni illusione di profondità. È una concezione cromatica che la critica fa risalire a Turner, il pittore che «operò la prima rottura significativa con le convenzioni del chiaroscuro»[19] per annegare l'insieme del quadro in una nebbia luminosa, senza contrasti tonali. Larghe distese di colore, occupano, a intervalli, le tele di Clyfford Still. Mark Rothko dispone frontalmente strati di colore dai margini «sbavati», con un procedimento che ne esalta la componente luminosa, a volte attraversata da cupi bagliori. Gli *zip* di Barnett Newman raddoppiano le verticali del quadro: come bagliori di fiamma, essi attraversano da parte a parte i vasti campi cromatici. Questi *zip*, strisce sottili che dividono e strutturano il quadro, sono realizzati grazie al *masking tape*: alcuni, dopo che il foglio protettivo è stato tolto, appaiono in negativo, altri sono dipinti in positivo. L'estetica del *color field*, magnificata dalle pitture di Newman, suscitò l'entusiasmo di Greenberg:

> Quelli che qui vengono distrutti sono la nozione e il senso cubisti, e nello stesso tempo antichissimi, dei margini del dipinto intesi come limite; in Newman il margine del dipinto è replicato all'interno del dipinto stesso, e *costituisce* il dipinto, anziché essere semplicemente *riecheggiato* al suo interno. I margini di delimitazione delle piú grandi tele di Newman (...) agiscono esattamente come le linee al loro interno: servono a dividere, ma non a separare o a circoscrivere e avvolgere; servono a delimitare, non a limitare. I suoi dipinti non si fondono con l'ambiente circostante; essi conservano – quelli felicemente riusciti – la loro integrità e autonoma unità. Ma non stanno neppure nello spazio come oggetti distinti e isolati; in breve, non sono quasi piú dipinti di cavalletto, e non essendolo quasi piú evitano quelle associazioni con l'oggetto (e in particolare con l'oggetto di lusso) che sono sempre piú strettamente connesse con la pittura di cavalletto. Alla fine, i dipinti di Newman dovranno essere definiti «campi»[20].

Greenberg iscriveva cosí Newman in una storia generale delle belle arti polarizzata dal progressivo sviluppo dei

[19] ID., *La pittura «di tipo americano»* cit., p. 212.
[20] *Ibid.*, p. 208.

tratti peculiari a ogni singola disciplina. Il processo di «autopurificazione» al quale partecipano le piú importanti opere della modernità comporta che le «convenzioni non essenziali alla vitalità di un mezzo vengano scartate non appena riconosciute»[21]. L'arte astratta ha rappresentato in questo senso un passaggio decisivo sulla via del modernismo, impegnando la pittura a esercitare, con i mezzi suoi propri, una lettura autocritica. I pittori della generazione precedente, ancora condizionati dalla ricerca dell'illusionismo, tendevano a dissimulare la realtà materiale del mezzo: Manet ostenta gli splendori dell'impasto pittorico; i cubisti, invece, rompono con la ricerca di un'illusione volumetrica, scultorea, per affermare la natura piana del supporto; i grovigli di Pollock creano a loro volta un universo la cui profondità è ricondotta all'espressione piú elementare, e il *color field* di Newman elimina infine ogni disegno estrinseco agli elementi costitutivi del dipinto. Greenberg faceva esplicitamente appello a Kant per corroborare la logica del suo ragionamento:

> Assimilo il modernismo all'intensificazione, quasi all'esacerbazione, della tendenza all'autocritica, la cui origine risale a Kant. Poiché egli fu il primo a criticare i mezzi stessi della critica, io giudico questo filosofo il primo vero modernista[22].

L'interesse per il processo di autoriflessione porta a privilegiare esclusivamente i dati formali dell'opera. È un approccio che possiede pregi innegabili, in quanto consente di radicare la soggettività del giudizio di gusto in una realtà oggettiva di cui ognuno può verificare l'effettiva presenza considerando l'opera in discussione. Tuttavia la concezione essenzialista dell'arte ha anche un inconveniente, notorio: quello di ignorare l'intenzione espressiva, significante, delle opere, le quali si inscrivono certamente all'interno di un dibattito strettamente estetico ma possono anche avere l'ambizione di intrattenerci sul mondo, di svelarcene una parte di verità. Prendere in considerazione la questione del *contenuto* permette inoltre di comprendere l'unità profon-

[21] GREENBERG, *La pittura «di tipo americano»* cit., p. 196.

[22] ID., *La peinture moderniste* (1965), trad. in «Peinture. Cahiers théoriques», n. 8-9, 1974, pp. 33 sgg.

da degli espressionisti astratti, al di là di un'evidente disparità formale.

Negli Stati Uniti, l'*abstract expressionism* comparve per la prima volta nel 1929 in uno scritto di Alfred H. Barr jr, un commento ad alcuni quadri di Kandinskij. L'appellativo è perfettamente legittimo, in quanto l'artista russo condivideva con gli espressionisti tedeschi il gusto per i contrasti cromatici e per una certa veemenza del gesto, caratteri che hanno improntato il suo astrattismo per parecchi anni[23]. Del resto, un'effettiva consonanza lega, in profondità, le aspirazioni di Kandinskij e quelle degli artisti americani: entrambi intendono realizzare opere astratte cariche di significati.

Rivendicando la presenza «dello spirituale nell'arte», Kandinskij oppone il *che cosa* al *come*: il problema del «che cosa» viene meno nell'arte in tempi di decadenza spirituale, quando rimane «solo il problema di «come» l'oggetto materiale debba essere riprodotto dall'artista». Egli descrive pertanto i rischi a cui si va incontro quando «l'arte continua a procedere sulla via del "come"»:

> [L'arte] si specializza e diventa comprensibile solo agli artisti, che cominciano a lamentarsi dell'indifferenza del pubblico. Poiché in tempi simili l'artista medio non ha bisogno di dire molto e gli basta un minimo di «diversità» per farsi notare e osannare da certi gruppetti di mecenati e conoscitori (il che può comportare grandi vantaggi materiali), una gran massa di persone superficialmente dotate si butta sull'arte, che sembra cosí facile[24].

L'opposizione tra il *che cosa* e il *come* si riaffaccia negli Stati Uniti negli anni quaranta, mettendo sottosopra gli ambienti dell'espressionismo astratto. Wolfgang Paalen ne parla con estrema chiarezza:

> L'analisi plastica del contenuto (cubismo) ha condotto, attraverso una serie di deformazioni arbitrarie, alla degenerazione del

[23] William C. Seitz, il primo storico dell'espressionismo astratto americano, segnala l'uso del termine da parte di Alfred H. Barr jr nel 1929, nel corso di una conferenza e poi nel catalogo di una mostra, ma nota anche l'articolo di O. HERZOG, *Der Abstrakte Expressionismus*, in «Der Sturm» (Berlino), 1919; cfr. W. C. SEITZ, *Abstract Expressionist Painting in America*, Harvard University Press, Cambridge (Mass.) - London 1983, p. 171, n. 1.

[24] KANDINSKIJ, *Lo spirituale nell'arte* cit., p. 24.

> cubismo; la rivelazione poetica del contenuto per mezzo di giustapposizioni insolite (surrealismo) ha condotto all'accademismo letterario; la rinuncia, infine, al contenuto (astrattismo purista) ha ridotto la pittura a puri giochi di equilibrio ottico: ecco i principali aspetti della crisi del contenuto. Il che dimostra che il problema, in pittura, non è piú la sperimentazione sul *come* ma sul *che cosa*. Il problema non è piú l'invenzione di tecniche nuove ma la scoperta di temi nuovi[25].

Tutti gli espressionisti astratti possono riconoscersi in un'opinione come questa, che riconduce ogni fondamentale creazione artistica alla volontà di significare. Per Pollock, conta solo il risultato e «poco importa il modo in cui viene applicato il colore una volta che è stato detto qualcosa» La tecnica, per quanto soggettiva sia, «è solo un mezzo per arrivarci»[26].

Barnett Newman utilizzava una formula simile quando dichiarava: «L'importante è ciò che provo a dire [in pittura]»[27], anche se precisava che il significato deve «scaturire dal vero, non dalla parola». Egli si riferiva ai miti ma si richiamava anche all'estetica del sublime per riaffermare il «desiderio naturale dell'uomo per ciò che è elevato», i suoi legami con le «emozioni dell'assoluto»[28]. I dipinti che realizza a partire da questo momento cercano di dare forma ai sentimenti di fondo dell'uomo, di esprimere «il volto dell'inconoscibile», di levare un grido «di terrore e di collera» per la propria «tragica condizione». L'epoca, in effetti, non è molto adatta ai futili passatempi dei giochi meramente estetici. Dopo la scoperta dei campi di sterminio, dopo l'esplosione della bomba atomica su Hiroshima, la parola biblica pronunciata da Cristo sulla croce – «Perché mi hai abbandonato?» – risuona con una intensità tutta par-

[25] W. PAALEN, Introduzione a una sua personale presso la Art of This Century Gallery, New York, aprile-maggio 1945, citato in I. SANDLER, *Le triomphe de l'art américain* (1978), I. *L'expressionisme abstrait*, Éditions Carré, Paris 1990, p. 78, n. 3.

[26] J. Pollock, intervista di William Wright (1951), trad. (con lievi modifiche) in *L'atelier de Jackson Pollock* cit.

[27] B. NEWMAN, *'Frontiers of Space'. Interview with Dorothy Gees Seckler* (1962), in ID., *Selected Writings and Interviews*, a cura di J. P. O'Neill, Alfred A. Knopf, New York 1990, p. 248.

[28] ID., *The sublime is now* (1948), *ibid.*, p. 173.

ticolare. Newman dedicò alle *Stations of the Cross* una serie di quattordici quadri (1958-66), emblematici della sua opera e dei suoi programmi. Il problema del limite, esaminato da Greenberg sotto il segno della «riduzione modernista», è posto dall'artista in tutt'altri termini: «Il grido, il grido senza risposta, è mondo senza fine. Ma il quadro deve contenerlo, questo mondo senza fine, all'interno dei propri confini»[29]. L'aporia trova un equivalente plastico nella tensione tra la pienezza e la vacuità dei campi cromatici, nella violenza inaudita dello *zip* che taglia, separa, nel momento stesso in cui unisce. Dove è chiaro che per poter afferrare questi dipinti senza immagine bisogna disfarsi degli «occhiali nostalgici della storia» e prendere assolutamente sul serio le spiegazioni dell'artista, considerare le sue esplicite intenzioni, piú volte riproposte:

> Il contenuto è essenziale nella pittura; la storia della mia generazione comincia con il problema del che cosa dipingere[30].

Tutti, in fondo, avrebbero potuto controfirmare questa affermazione. Nel 1948, William Baziotes, David Hare, Robert Motherwell, Mark Rothko e Clyfford Still fondarono una scuola. Quando si trattò di trovarle un nome, tutti si riconobbero nel suggerimento di Newman. E la scuola si chiamò «The Subjects of the Artist».

In questo modo, e a dispetto delle loro brillanti invenzioni tecniche come dei loro folgoranti esiti formali, gli espressionisti astratti, sia che esibiscano una gestualità sia che elaborino con discrezione – ma senza geometrismo – vasti campi cromatici, condividono una medesima convinzione: l'importanza decisiva del contenuto. E hanno anche in comune, al di là delle singole scelte, un atteggiamento analogo in fatto di creazione. Individualisti e pragmatici, essi si gettano comunque a corpo morto nel confronto diretto con i materiali. Tutti rifiutano la pratica dell'abbozzo preliminare. Guidati dalla loro intuizione, coltivano il rischio, puntano a individuare, direttamente nell'atto crea-

[29] B. NEWMAN, *The fourteen 'Stations of the Cross', 1958-1966* (1966), *ibid.*, p. 190.

[30] ID., *A conversation: Barnett Newman and Thomas B. Hess* (1966), *ibid.*, p. 274.

tivo, un'intensità capace di «fare miracoli», perché il quadro diventi, per usare le parole di Rothko, «una rivelazione, la risposta inattesa e inedita a un bisogno eternamente familiare»[31].

La denominazione *abstract expressionism* deve il suo successo a un'ambiguità. Le opere che comprende sono sicuramente astratte e dotate di un'evidente espressività, ma il pubblico, con la complicità in questo di una parte della critica, ha a lungo creduto di poter ricondurre il termine «espressionismo» al significato di semplice «espressione *dell'* artista». In questo caso la sua valenza sarebbe assai minore, e s'è visto come gli espressionisti astratti coltivassero anche altre ambizioni. Altre forme di espressività trascendono infatti la persona privata dell'artista per attingere, in linea diretta con il surrealismo, le profondità della psiche umana, oppure per tradurre nella materia le emozioni e le angosce di un'epoca. Nondimeno, l'idea di un'espressione di se stessi da trasmettere attraverso l'opera rimane prevalente: a garanzia di un'*autenticità* considerata come un valore in sé. All'inizio del secolo, Benedetto Croce marcava con forza la differenza tra l'emozione provata e la sua espressione estetica, oggettivata in una forma. E sottolineava l'«abisso» esistente

> ... tra un uomo in preda all'ira con tutte le manifestazioni naturali di questa, e un altro uomo che la esprime esteticamente; tra l'aspetto, i gridi e i contorcimenti di chi è straziato dal dolore per la perdita di una persona cara, e le parole o il canto con cui lo stesso individuo ritrae, in un altro momento, il suo strazio; tra la smorfia della commozione e il gesto dell'attore[32].

Ecco il motivo per cui la volontà espressiva degli espressionisti astratti non è affatto in contraddizione con le loro intenzioni estetiche. In ciò, essi rivendicano – paradossalmente – l'ascendenza di Matisse, il quale professava un concetto di espressione, elemento centrale nella sua opera, esclusivamente fondata sull'espressività formale

[31] M. ROTHKO, *The romantic were prompted* (1947), in *Mark Rothko* cit., p. 261.

[32] B. CROCE, *Estetica come scienza dell'espressione e linguistica generale* (1907), Adelphi, Milano 1990, p. 120.

delle componenti plastiche attualizzate in ogni singola composizione:

> Ciò che io perseguo al di sopra di tutto è l'espressione. Talvolta mi è stata riconosciuta una certa competenza tecnica, pur dichiarando che le mie ambizioni erano modeste e non andavano al di là della soddisfazione di ordine puramente visivo che può procurare la vista di un quadro. Ma il pensiero di un pittore non può essere valutato prescindendo dai suoi mezzi, in quanto ha valore solo se è compensato da mezzi che devono essere tanto piú completi (e per completi intendo non complicati) quanto piú è profondo il suo pensiero. Non posso fare distinzioni tra il sentimento che ho della vita e il modo in cui lo traduco[33].

Possiamo cosí capire meglio come l'espressionismo astratto abbia dato luogo a interpretazioni opposte, alcune fortemente psicologizzanti, altre radicalmente formalistiche, tutte, in ogni caso, simmetricamente riduttive.

4. *In Europa: ricostruzione e battaglie.*

Dopo i traumi della guerra, in un'Europa mutilata, divisa da una «cortina di ferro», l'arte astratta rinasce, soprattutto in Francia, sotto forme che traducono il bisogno di liberarsi di ogni impaccio onde affermare e confermare una ritrovata libertà. A Parigi, parecchi membri del gruppo Abstraction-Création, fondato nel 1931, allestiscono nel 1946 un Salon riservato esclusivamente all'esposizione di opere d'arte «comunemente chiamata arte concreta, arte non figurativa o arte astratta, cioè arte totalmente svincolata dalla visione e dall'interpretazione della natura»[34]. Tali titubanze linguistiche, ricorrenti, tradiscono una vera e propria vaghezza concettuale, che non è comunque il caso di stigmatizzare: gli artisti non si preoccupano affatto di soddisfare le esigenze tassonomiche del pubblico, e se mai l'invenzione di nuove categorie è sintomo di fervore creativo.

[33] MATISSE, *Notes d'un peintre* cit., p. 42.

[34] Statuti del Salon des Réalités nouvelles (1946), citati in D. VIÉVILLE, *Vous avez dit géométrique? Le Salon des Réalités nouvelles 1946-1957*, catalogo della mostra «Paris/Paris 1937-1957», Centre Georges Pompidou, Paris 1981, nuova ed. Centre Georges Pompidou - Gallimard, Paris 1992, p. 407.

Alla fine del 1947, Camille Bryen e Georges Mathieu organizzano una mostra in cui figurano opere gestuali di Hartung e quadri di Wols, eruttivi, dai colori cupi, macchiati e graffiati piú che dipinti e disegnati. La loro astrazione venne definita «lirica», termine che ha il merito di evocare uno stato d'animo piú che designare un registro formale. Il rifiuto di forme chiaramente delimitate, dai colori netti, levigati e omogenei, accomuna un'intera generazione di artisti, per i quali la creazione non è tanto un problema di concezione intellettuale quanto di contatto fisico con i materiali, atto in cui è coinvolto un corpo disposto a lasciar traccia di un sé posto agli antipodi di qualunque sogno di purezza. La parentela tra questa sfera espressiva e l'*action painting* americana fu evidenziata dalla mostra «Véhémences confrontées» (1951), dove erano esposte opere di Bryen, Capogrossi, De Kooning, Hartung, Mathieu, Pollock, Riopelle, Russell e Wols. La «querelle del caldo e del freddo»[35] mette a fuoco l'antagonismo delle forze in campo, che, secondo Michel Seuphor, si richiamano rispettivamente allo «stile» e al «grido». In antitesi con un'arte tutta improntata alla padronanza e alla misura, l'esplosione di un'espressività debordante dà spazio al tocco, alla materia e alla gestualità dell'artista. L'astrazione «calda» contrapponeva all'astrazione «fredda» il gusto di una vitalità immediatamente percepibile.

Ognuna delle designazioni inventate all'epoca per cercare di definire le nuove correnti fu oggetto di polemiche. Nel novembre 1951 il critico Michel Tapié organizzava una mostra intitolata «Signifiants de l'informel» (Parigi, Galerie Paul Facchetti). L'aggettivo sostantivato «informale» qualificava in questo caso le opere di una galassia di artisti, come Wols ma anche Fautrier o Dubuffet, la cui arte non è per nulla astratta. La pertinenza del termine suscitò opinioni contrastanti ma, con il senno di poi, Hubert Damisch poteva renderle giustizia:

> Formula felice – al di là degli equivoci a cui ha dato luogo, a cominciare dal suo inventore, e al di là di quanto possono aver

[35] Dal titolo di un articolo di L. DEGAND, in «Art d'aujourd'hui», gennaio 1953.

detto o pensato coloro i quali, confondendo *significante* con *segno*, vi videro solo un non senso – che, anziché categorizzare l'informale, gli restituisce, al di qua di ogni articolazione simbolica e al di là di ogni *informazione*, la sua funzione di area semiotica primaria[36].

La tendenza rinnovava le problematiche pittoriche, e occupa oggi un posto nella storia dell'arte. Recentemente, una mostra, «L'informe. Mode d'emploi» (Parigi, 1996), ha rilanciato il dibattito. I suoi promotori, Yves-Alain Bois e Rosalind Krauss, hanno segnalato la possibilità di una diversa genealogia di una parte della pittura europea degli anni cinquanta. Restia alle classificazioni, essa sembrava piuttosto attirata dall'*informe*, cosí come lo definiva Georges Bataille in un articolo del *Dictionnaire critique*:

Un dizionario comincerebbe partendo dal momento in cui non indicherebbe piú il senso bensí i bisogni delle parole. Cosí *informe* non è solo un aggettivo con quel certo significato ma un termine che serve a squalificare, facendo appello, in genere, all'esigenza che ogni cosa abbia la sua forma. Ciò che esso designa non ha diritti in nessun senso e si fa schiacciare in ogni dove, come un ragno o un verme della terra. Per fare contenti gli uomini accademici, sarebbe infatti obbligatorio che l'universo assumesse una forma. L'intera filosofia non ha altro scopo: si tratta di fare indossare una redingote a ciò che è, una redingote matematica. Affermare invece che l'universo non assomiglia a nulla e non è che *informe* equivale a dire che l'universo è qualcosa come un ragno o uno sputo[37].

Pochi artisti si sono avventurati davvero sulla strada della derelizione, perché l'estetica dello sputo – simbolo stesso dell'*informe* secondo Michel Leiris, per la «sua inconsistenza, i suoi contorni indefiniti, la relativa imprecisione del suo colore» – conduce all'abisso. Bram Van Velde, benché i suoi dipinti non assomiglino affatto a degli sputi, fu

[36] H. DAMISCH, *Stratégies 1950-1960*, in *Paris/New York*, catalogo della mostra, Centre Georges Pompidou, Paris 1977, nuova ed. Centre Georges Pompidou - Gallimard, Paris 1991, p. 222.

[37] G. BATAILLE, *Informe*, in «Documents. Archéologie, Beaux-Arts, Ethnographie, Variétés», n. 7, 1929. Michel Ragon riferisce che nel 1948, allorché fece la conoscenza di Georges Mathieu, si diceva che questi dipingesse «degli scaracchi, dei feti, delle vagine»: cfr. M. RAGON, *Vingt-cinq ans d'art vivant*, Casterman, Paris 1969, p. 97.

uno dei pochissimi a valorizzarne il contenuto eversivo. Quando Charles Juliet gli chiedeva, nel 1965, se era soddisfatto delle sue ultime tele, egli rispondeva: «Oh... sí... sí... Sapete, è sempre cosí sgomentevole»[38].

Il *tachisme* offre invece una visione combattiva, che si colloca ben lontano dall'estetica dello sputo. Il termine, coniato con intento beffardo da Pierre Guéguen (per criticare una mostra di Degottex, Duvillier, Loubschansy e Messagier organizzata alla Galerie À l'étoile scellée nel 1953), venne ripreso nel 1954 da Charles Estienne con tutt'altra intenzione. La prospettiva era quella di riconciliare l'astrazione gestuale e l'automatismo surrealista. Georges Mathieu insorse contro il «recupero» ma finí per riconoscere che la formula non era peggiore di un'altra e indicare se stesso come inventore del genere: «Di fatto, io sono probabilmente il primo ad aver utilizzato piú sistematicamente di chiunque altro, nelle mie tele del 1951 e del 1952, macchie allo stato puro»[39].

Mathieu, polemista brillante, contribuí notevolmente alla diffusione di una nuova astrazione in Francia. Rifiutandosi di assegnare all'uomo «un totale affrancamento metafisico», dal momento che «la libertà è il vuoto», egli si rifiutava altresí di diluire le singole sensibilità nell'«universalità cosmica», per meglio fissare la loro esacerbazione nell'«impermeabilità delle coscienze individuali»[40]. L'esaltazione dell'io si coniugava con una volontà di significare, solo che Mathieu pretese di capovolgere le leggi della semantica:

> Finora, una volta data una cosa, si inventava un segno per significarla. D'ora in poi, una volta dato un segno, esso sarà veicolabile e quindi un vero segno solo se troverà la propria incarnazione[41].

La folgorazione del gesto sollecitava la creazione di forme in cerca di senso. Nel 1956 l'artista porta sulla scena la

[38] C. JULIET, *Rencontres avec Bram Van Velde*, Fata Morgana, Paris 1978, p. 26.

[39] G. MATHIEU, *Triomphe de l'abstraction lyrique: 1951-1956*, in ID., *De la révolte à la renaissance. Au-delà du tachisme*, Gallimard, Paris 1973, p. 91.

[40] ID., *La liberté, c'est le vide* (1948), *ibid.*, p. 162.

[41] ID., *Note sur le poétique et le signifiant* (1951), *ibid.*, p. 172.

sua «estetica della velocità». Al teatro Sarah Bernhardt, davanti a un pubblico di mille persone, egli dipinge in trenta minuti un quadro di grande formato (4 × 12 m).

L'eco suscitata da questo tipo di spettacolo fu considerevole: l'arte astratta era divenuta un «fenomeno di società». Per la sua diffusione si allestivano gallerie e si fondavano riviste specializzate, mentre l'editoria pubblicava, con buon successo di pubblico, le prime storie dell'arte astratta. Fatto ancor piú sintomatico del generale interesse, Dewasne e Pillet aprirono nel 1950 un atelier riservato all'insegnamento dell'astrattismo. In Gran Bretagna, Italia e Germania – dove la prima edizione di Documenta (Kassel, 1955) presentava i principali movimenti di avanguardia del XX secolo – l'arte astratta era in pieno sviluppo. In occasione dell'Esposizione Universale di Bruxelles (1958), un'ampia retrospettiva proponeva un panorama di «50 anni di arte moderna», dove Hartung, Poliakoff, Soulages, De Staël, Wols coabitavano con Kandinskij, Malevič, Mondrian e molti altri, figurativi o meno.

Un tale successo comportò una serie di dibattiti e contribuí a modificare sia gli atteggiamenti estetici sia i comportamenti artistici. Gli attacchi, ricorrenti, dei nostalgici del mestiere si indirizzavano all'arte moderna nel suo insieme, ma l'astrazione offriva loro un bersaglio privilegiato. Robert Rey, ad esempio, scriveva: «L'arte cosiddetta astratta apre la strada a ogni imperizia tecnica, ogni superficialità, ogni presunzione, ogni inettitudine, dal momento che queste sono diventate i segni, che dico, la garanzia stessa del genio»[42]. L'autore di questo attacco aveva sicuramente trascurato di leggere Jean Cassou, conservatore del Musée National d'Art Moderne, che fin dal 1950 aveva anticipato ogni eventuale obiezione:

> Ogni artista moderno inventa non soltanto la propria estetica, la propria sensibilità, ma anche la propria tecnica. Egli ignora che cosa significhi saper dipingere, saper disegnare, saper intagliare, saper scolpire. I suoi procedimenti sono del tutto empirici[43].

[42] R. REY, *Contre l'art abstract*, Flammarion, Paris 1957, pp. 38-39.

[43] J. CASSOU, *Situation de l'art moderne*, Minuit, Paris 1950, p. 125.

La questione dell'invenzione è essenziale. L'astrattismo, importante fenomeno di rottura, aveva prodotto una sensazione notevole e la sua pratica apparve per non pochi decenni un'avventura ad alto rischio. Dopo esser divenuto un fenomeno di successo, gli adepti piú giovani, che non possedevano piú la fede e l'energia dei pionieri, si piegarono però alle convenzioni, e l'astrazione divenne oggetto di un processo ineluttabile, l'accademismo. Charles Estienne denunciava il rischio di sclerosi già in un pamphlet del 1950, *L'art abstrait est-il un académisme?*, suscitando un coro di reazioni. Negli Stati Uniti si organizzarono, sul tema, numerosi seminari. Gli anni cinquanta segnano infatti una svolta nello sviluppo dell'arte astratta: agli inizi la sua vitalità era stata premiata da parecchi riconoscimenti ma ora era minacciata e penalizzata dal suo stesso successo. Svuotata di significato, essa rischiava di diventare una semplice «maniera», tutt'al piú un'espressione decorativa: proprio quello che fino ad allora aveva sempre cercato di evitare. E l'accademizzazione faceva evidentemente il gioco dei suoi piú decisi avversari, pronti ad approfittare della situazione per demonizzare *tutta* l'arte astratta, come Claude Lévi-Strauss. In una celebre nota, egli prendeva di mira l'insieme della pittura non figurativa. Colpevole di adottare «"maniere" a mo' di "soggetti"», essa non crea «opere reali – o anche piú che reali – come gli oggetti del mondo fisico, bensí imitazioni realistiche di modelli inesistenti». La conclusione dell'autore, inappellabile, fa di ogni erba un fascio confondendo i creatori e gli epigoni e omologando tutte le tendenze:

> È una scuola di pittura accademica, in cui ogni artista s'ingegna di rappresentare la maniera in cui eseguirebbe i propri quadri se per avventura ne dipingesse[44].

[44] C. LÉVI-STRAUSS, *La science du concret*, in *La pensée sauvage*, Plon, Paris 1962, p. 43; trad. it. *La scienza del concreto*, in *Il pensiero selvaggio*, Il Saggiatore, Milano 1964.

5. *Astrazione e libertà*.

Il processo di accademizzazione ebbe però un merito innegabile: costrinse a rivedere il luogo comune secondo il quale lo sviluppo artistico poteva assimilarsi a una progressione lineare. La fede nel progresso era stata, per l'avanguardia, uno stimolo a trasformare ogni rottura in conquista definitiva. Per cui i militanti dell'astrattismo hanno a lungo ritenuto la creazione figurativa estinta per sempre: dopo Kandinskij o Mondrian, nessun seguace della rappresentazione avrebbe potuto dirsi figlio del proprio tempo. Qualsiasi *ritorno* alla figurazione da parte di un artista astratto avrebbe significato un tradimento inspiegabile o, peggio, imperdonabile. L'accademismo astratto ha in realtà dimostrato che la discriminante non poteva passare tra le opere figurative e le altre, bensí tra le creazioni forti, riuscite, e le creazioni deboli, mediocri, astratte o non astratte che fossero.

Un fatto evidente, oggi unanimemente riconosciuto, che fa intendere meglio il percorso di artisti innanzitutto preoccupati della propria libertà. Se infatti Kandinskij, Mondrian e molti altri hanno rotto definitivamente con la mimesis, Delaunay, Klee o Picabia, invece, hanno sempre eluso, nel loro lavoro, la divaricazione tra arte astratta e arte figurativa. Malevič, dal canto suo, pone ai suoi esegeti un problema ancora piú complesso. Egli, alla fine degli anni venti, in un periodo in cui comincia a imperversare lo stalinismo, ritorna alla figurazione, ma se alcune sue opere danno l'impressione di una costrizione, altre esprimono al contrario la vitalità, l'incontenibilità di una sorta di ebbrezza.

Jackson Pollock gettò nello scompiglio gli incensatori dell'arte astratta quando espose presso la Betty Parsons Gallery, nel 1951, una serie di quadri bianchi e neri, alcuni dei quali nettamente figurativi. Una ventina d'anni dopo, la moglie, la pittrice Lee Krasner, interrogata in proposito, confidava come la sua intimità con l'opera del marito l'avesse aiutata a capire quei dipinti cosí poco canonici.

Proprio colei che aveva visto nascere la maggior parte della produzione astratta del marito spiegava:

> Molti quadri, tra i piú astratti, cominciavano con un'iconografia piú o meno riconoscibile – teste, parti del corpo, creature fantastiche. Una volta chiesi a Jackson perché non smettesse di dipingere i suoi quadri non appena una data immagine vi avesse preso forma. Mi rispose: «Quello che voglio è coprire le figure». Bene, questo valeva per i quadri di allora. Per i bianchi e neri, invece, quello che voleva era lasciare in gran parte scoperte le figure. Non so dire per quale ragione. E mi chiedo se egli stesso avesse saputo dirlo[45].

Willem De Kooning, in compenso, ha fornito, sul proprio percorso individuale, chiarimenti che ci permettono di capire meglio quello di Pollock. Nel 1953, alla Sidney Janis Gallery, egli espose una serie di dipinti sul tema della donna. Janis ricorda come queste *Women* fecero scandalo, «in quanto i pittori astratti, in gran parte amici di De Kooning, non gli perdonarono di essere, per usare le loro parole, "ritornato alla figura", quasi si fosse reso colpevole di un regresso»[46]. De Kooning, in verità, considerava lo stile una «soperchieria», qualcosa di cui diffidare:

> Ad alcuni pittori, me compreso, interessa assai poco sapere su quale sedia sono seduti. Non è neanche necessario che sia comoda. Essi sono troppo nervosi per scoprire dove dovrebbero sedere. Non intendono minimamente «stare seduti su uno stile»[47].

L'arte è per lui come una «grande zuppiera» nella quale basta «affondare le mani per trovare qualcosa per sé». Ma ognuno deve procedere all'operazione da solo, e senza preconcetti. Ad esempio la serie delle *Women* sopraggiunge nel momento in cui l'arte astratta, che aveva rappresentato un'enorme liberazione, tendeva a trasformarsi, sotto l'effetto della routine e del dogmatismo, in un pesante sistema di regole, in una disciplina a cui bisognava ribel-

[45] B. H. Friedman, conversazione con Lee Krasner Pollock (1969), in *L'atelier de Jackson Pollock* cit.

[46] Testimonianza di Sidney Janis citata in *Willem De Kooning*, catalogo della mostra, Centre Georges Pompidou, Paris 1984, p. 220.

[47] W. DE KOONING, *Ce que l'art abstrait signifie pour moi* (1951), poi in *Ecrits et propos*, a cura di M.-A. Sichère, École Nationale Supérieure des Beaux-Arts, Paris 1992, p. 32.

larsi. De Kooning lo fece, davanti alle sue tele, e ne spiegò i motivi con la scintillante ironia che caratterizzava i suoi assunti estetici:

> In qualche modo, intingere il pennello nel colore per dipingere il naso di qualcuno è un fatto abbastanza ridicolo, da un punto di vista teorico come da un punto di vista filosofico. È davvero assurdo, oggi, voler riprodurre un'immagine, ad esempio l'immagine umana, con del colore, potendo scegliere tra il farlo o il non farlo. Sennonché, all'improvviso, mi è parso ancora piú assurdo il fatto di non farlo. A questo punto, temo di dover obbedire ai miei impulsi[48].

Negli anni cinquanta la crisi dell'arte astratta trova un riscontro esemplare nel rifiuto di un quadro monocromo presentato da Yves Klein al Salon des Réalités nouvelles. Per l'artista era il primissimo tentativo di far conoscere il proprio lavoro nel mondo dell'arte, ma i membri del comitato organizzatore non seppero risolversi a considerare l'opera come un quadro, o quantomeno un quadro compiuto, completo. Cosí come non si risolsero positivamente le trattative tra le parti, in quanto Klein non acconsentí ad aggiungere al «fondo» color arancio una forma – punto, linea o macchia di altro colore –, come gli veniva richiesto perché il suo *Expression de l'univers de la couleur mine orange* fosse accettato. L'aneddoto illustra bene la persistenza di una nozione di astrattismo che implica, nella definizione dell'opera – pittura o scultura – come un composto di piú elementi plastici non necessariamente provvisti di funzioni iconiche, un'idea di continuità. In altri termini, l'astrazione, rappresentazione a parte, si inscriverebbe nel corso naturale della storia dell'arte. Il monocromo di Klein non corrispondeva in alcun modo a tale normativa, frutto della famosa definizione della pittura data da Maurice Denis. Cosí almeno pensavano i membri del comitato del Salon des Réalités nouvelles quando affermavano che «un solo colore uniforme, no, no, davvero non basta, è impossibile»[49].

[48] ID., *Entretien avec David Silvester* (1960), *ibid.*, p. 103.

[49] Citato in Y. KLEIN, *L'aventure monochrome*, riprodotto in parte in *Yves Klein*, catalogo della mostra, Centre Georges Pompidou, Paris 1983, p. 171.

Eppure, i monocromi di Klein erano un prodotto della tradizione non figurativa, benché l'artista, incline a prendere le distanze dalla generazione precedente, quella in particolare di Mathieu, scrivesse il contrario: «La pittura astratta non è altro che letteratura pittorica su determinati stati psicologici. È povera cosa. Io sono felice di non essere un pittore astratto»[50]. Le sue «proposte monocrome», inoltre, ignoravano deliberatamente un'altra tradizione, sia pure marginale, quella che Alphonse Allais aveva reso famosa con una burlesca serie di opere «monocroidali». Una delle piú celebri, presentata al Salon des Arts incohérents del 1883, era stata a suo tempo presa di mira da Félix Fénéon: «Sotto il titolo soave di *Prima comunione di fanciulle clorotiche per il clima di neve*, Alphonse Allais ha incollato al muro un foglio di carta assolutamente bianco»[51]. L'esistenza dell'astrattismo consente a Klein di collocare il suo lavoro in una diversa prospettiva e poi di proiettarlo «al di là della problematica dell'arte»[52].

[50] Y. Klein, frammento del diario (1957), *ibid.*, p. 178.
[51] F. FÉNÉON, *Les arts incohérents* (1883), in *Œuvres*, Gallimard, Paris 1948, p. 98.
[52] Cfr. Y. KLEIN, *Le dépassement de la problématique de l'art*, Éditions de Montbliart, La Louvière 1959.

Capitolo terzo

L'astrazione dopo i tempi eroici. Gli anni sessanta e oltre

Yves Klein aveva piú volte dichiarato, alla fine degli anni cinquanta: «I quadri sono solo la cenere della mia arte»[1]. La svalutazione del quadro, il tema della morte della pittura, tornavano allora di attualità. Piú in generale, l'edificio secolare delle belle arti cominciava a implodere sotto l'effetto di pratiche che non dipendevano né dalla pittura né dalla scultura. Un altro sisma fu quello della pop art: all'inizio degli anni sessanta apparve chiaro che la modernità artistica, ossia l'avanguardia, non era piú appannaggio esclusivo dell'astrattismo. I suoi pionieri erano scomparsi, e i loro eredi avevano come scelta obbligata quella di appartenere a una tradizione declinante. L'innovazione radicale non era piú alla loro portata. Ad Reinhardt, in pittura, trasse da questo dato di fatto le conclusioni piú nichilistiche. Altri – come Rothko, Newman, Soulages – continuarono a sviluppare il loro discorso artistico. I piú giovani adottarono una posizione analitica o critica, a volte attenuata da una salutare ironia.

1. *Le «Ultimate Paintings».*

Ad Reinhardt apparteneva alla generazione degli espressionisti astratti. Autore di corrosivi disegni satirici, temuto polemista, membro a suo tempo dell'AAA, non rinnegò mai l'astrazione. Dopo le sue *abstract paintings* degli anni trenta, adottò una tecnica piú libera. Alla fine degli anni qua-

[1] In particolare cfr. KLEIN, *Le dépassement de la problématique de l'art* cit., p. 3.

ranta i suoi quadri sono assolutamente *all-over*, poi la loro struttura si decanta, il colore evita la monocromia con il ricorso ai chiaroscuri tonali e alle sfumature timbriche. Un'evoluzione che lo porta a eliminare le suggestioni cromatiche: nel corso degli anni cinquanta, Reinhardt dipinse solo quadri scuri, quasi neri. Il loro formato era ancora variabile, spesso rettangolare; poi, all'inizio degli anni sessanta, pose fine anche a questo arbitrio e dedicò gli ultimi anni di vita a dipingere, sempre in nero, quadri che sembravano tutti identici e tutti rispondenti alla descrizione che ne diede nel 1961:

> Pittura astratta, 1960, 152 × 152 cm. Olio su tela. Una tela quadrata (neutra, senza forma), di un metro e cinquantadue di larghezza per un metro e cinquantadue di lunghezza, della taglia di un uomo, della larghezza delle braccia aperte di un uomo (né grande, né piccola, senza taglia), a triplice sezione (niente composizione), a forma orizzontale invece che a forma verticale (senza forma, senza alto e basso, senza direzione), a tre colori (piú o meno), scuri (senza luce) e senza contrasto (senza colori), con il tocco di pennello ritoccato per cancellare il tocco di pennello, con una superficie opaca, piana, dipinta a mani alzate (senza vernice, senza stratificazioni di colore, non lineare, senza contorni netti, senza contorni imprecisi), che non riflette l'ambiente – una pittura pura, astratta, non oggettiva, atemporale, senza spazio, senza cambiamento, senza riferimento ad altro, disinteressata –, un oggetto cosciente di se stesso (niente di inconscio), ideale, trascendentale, dimentico di tutto ciò che non è arte (assolutamente non anti-arte)[2].

La logica che presiede a questa drastica decantazione implica una fede senza fallo in due dogmi, l'autonomia dell'arte e lo storicismo. Soprannominato «il monaco nero», Reinhardt professava la religione dell'«arte in quanto arte» («Art as Art»), definitivamente scissa dalla vita, priva di funzione e di significato. Egli rivendicava l'autosufficienza di una pittura che doveva rispondere a questi requisiti:

> Un oggetto chiaramente definito, indipendente e distinto da tutti gli altri oggetti o circostanze, nel quale non si può scorgere nulla che dipenda da noi e del quale non si può fare ciò che si vuo-

[2] Questa definizione (qui leggermente modificata), ormai celebre, fu pubblicata per la prima volta in trad. francese in «Iris Time», n. 7, 1963, in occasione della mostra organizzata a Parigi presso la Galerie Iris Clert.

> le, il cui significato non è articolabile né traducibile. Un'icona libera, non manipolata né manipolabile, inutilizzabile, invendibile, irriducibile, non fotografabile né riproducibile, inesplicabile. Un non-divertissement, fatto né per l'arte commerciale né per l'arte di massa – non espressionista –, né per se stesso[3].

Il solo posto possibile per un simile oggetto è il museo, dove viene messo definitivamente in quarantena, dal momento che, come pensa Reinhardt, la presentazione delle opere al pubblico non è necessaria. L'unica giustificazione di una tale istituzione sarebbe dunque la conservazione di ciò che, già realizzato, non ha alcun bisogno di essere rifatto. La soddisfazione estetica cede il posto a una ricerca ontologica.

Reinhardt, figlio in questo della sua epoca, resta un seguace del modernismo, storia ordinata del processo di autopurificazione delle arti, tese tutte all'epifania della propria essenza, al disvelamento della propria verità. La «riduzione modernista» era circonfusa del prestigio legato a ogni impresa giudicata indispensabile, o salvifica. E Clement Greenberg aveva notevolmente contribuito alla sua elaborazione. Quali che fossero i rapporti tra l'artista e il critico, Reinhardt avrebbe potuto sottoscriverne gli enunciati:

> Sembra che una regola fissa del modernismo, applicabile a tutte le arti che restano effettivamente vive nel nostro tempo, sia che le convenzioni non essenziali alla vitalità di un mezzo (*medium*) vengano scartate non appena riconosciute[4].

Le sue «pitture nere» (*Black Paintings*) hanno eliminato tutto ciò che poteva essere pittura *prima* di sperimentare il monocromo, «muro assurdo, muto e cieco», presentato poco prima in questi termini da Tarabukin. Ecco perché sono davvero le *Ultimate Paintings* («ultime pitture») realizzabili. Nella loro insuperabilità, esse implicano il silenzio o la ripetizione. Ma Reinhardt non era uno sciocco, sapeva di essere parte di una storia individuale, la sua, e di una storia collettiva, quella del suo tempo, e sapeva che il corso del tempo riserva sempre delle sorprese. Quella che per lui risuonò come l'ultima parola della pittura poteva anche

[3] *Ibid.*

[4] GREENBERG, *La pittura «di tipo americano»* cit., p. 197.

diventare una formula tra tante altre[5]. La monocromia ebbe infatti dei seguaci, e la ricerca di una purezza essenzialista venne gettata alle ortiche.

2. *Pura visività*.

Mentre le varie forme di astrazione espressionista, devitalizzate dai manierismi, volgevano verso l'accademismo, si registrava un ritorno d'interesse per le qualità strettamente visive dell'opera. Una mostra presentata al MoMA nel 1965, «The Responsive Eye», si sforzava di offrire un panorama di tale orientamento. Al visitatore si mostravano opere assai diverse. Alcune, dovute ad esempio a Yaacov Agam, Bridget Riley o Victor Vasarely, erano riconducibili a una tendenza di notevole successo presso il pubblico, l'*op art* (*optical art*). Altre – firmate in particolare da Kenneth Noland, Larry Poons, Frank Stella, Ellsworth Kelly – sfuggivano a qualsiasi classificazione convenzionale. Tutte, comunque, privilegiavano la risultante visiva ed esibivano un'esecuzione «fredda», impersonale.

Nella designazione di *op artist* rientravano gli artisti piú diversi, interessati all'utilizzo delle tecniche piú disparate, dall'illusionismo ad altri giochi ottici, pur di introdurre nell'opera l'idea di movimento. Agam, ad esempio, si riallacciava, forse senza saperlo, alle «distorsioni» del XIX secolo. Il «quadro magico a tre facce» descritto da Gaston Tissandier[6] si fonda su questa semplice tecnica: tre figure tagliate a strisce verticali sono assemblate e piegate in modo tale che la prima appaia sullo sfondo, la seconda sulla faccia destra di un diedro e la terza sulla faccia sinistra; quando noi ci mettiamo esattamente davanti al quadro, percepiamo la figura del fondo, se invece ci spostiamo, questa scompare per lasciare il posto a quella di destra o di sini-

[5] «Last word must always be secretly the first», diceva Reinhardt: cfr. B. ROSE (a cura di), *Art as Art. The Selected Writings of Ad Reinhardt*, University of California, Berkeley - Los Angeles 1975, p. 155.

[6] G. TISSANDIER, *Les récréations scientifiques*, Masson, Paris 1888, pp. 280-81.

stra. Ed è proprio a tale dispositivo che ricorre Agam, sostituendo le figure con forme colorate astratte.

Vasarely, l'esponente piú celebre di questo cinetismo fondato sulle illusioni ottiche, insisteva sull'importanza delle stimolazioni retiniche:

> L'obiettivo non è il cuore ma la retina, lo spirito diventa soggetto della psicologia sperimentale. I forti contrasti nero/bianco, l'insostenibile vibrazione dei colori complementari, il baluginio dei reticoli ritmici e delle strutture modificate, il cinetismo ottico delle componenti plastiche: tutti fenomeni fisici presenti nelle nostre opere, il cui compito non è piú di suscitare meraviglia o di adagiarci in una dolce malinconia ma di stimolarci e procurarci gioie selvagge. Dobbiamo accontentarci della fenomenologia umana? Niente affatto! Eppure lo spirito immateriale, in quanto immanenza divina, è esistito. Ebbene, oggi l'uomo si presenta come la summa altamente complessa di un universo materiale, in cui ogni evento procede anch'esso dalla dualità onda-corpuscolo[7].

Le opere di Vasarely, variazioni seriali spesso eseguite dagli assistenti, possiedono l'incanto immediato delle ambiguità ottiche. La loro seduzione si esercita al di fuori di qualsiasi preoccupazione di contenuto, ma non è priva di finalità sociali. Secondo l'artista, infatti, «le "opere cinetiche" alimentano una concezione umanistica e filosofica delle arti plastiche, che riguarda al tempo stesso il loro aspetto estetico, etico, sociologico ed economico»[8].

Erede del Bauhaus, Vasarely propugnava un'integrazione delle arti nell'universo urbano. Sognava un'«arte sociale», capace di soddisfare, grazie all'immedesimazione dello spettatore con il quadro, «le naturali aspirazioni dell'uomo al godimento dei sensi»[9]. Ma Vasarely contribuí a sviluppare un'esperienza anche piú innovatrice: quella dei «multipli», opere originali, bi o tridimensionali, il cui principio di fabbricazione, artigianale o industriale, permette la moltiplicazione di esemplari equivalenti. In questo caso, la «mano», l'impronta dell'artista e le variazioni circostanziali che può produrre, non contano nulla. Anche queste ope-

[7] V. VASARELY, *Plasti-cité, l'œuvre plastique dans votre vie quotidienne*, Casterman, Paris 1970, p. 62.

[8] *Ibid.*, p. 93.

[9] *Ibid.*, p. 100.

re possono essere eseguite da personale specializzato e non dall'artista in persona: sempre, comunque, sotto la sua direzione, o quantomeno nel rispetto delle sue intenzioni. L'idea non è nuova. Già nel 1925 Moholy-Nagy si affidava a tecniche moderne per promuovere un sistema di diffusione dell'arte che tenesse conto delle potenzialità industriali dell'epoca:

> Una via per assicurare un'ampia diffusione agli «originali» ci viene offerta dalla tecnica attuale. Grazie all'intervento della produzione meccanica e di strumenti e procedimenti meccanicamente e tecnicamente esatti (pistola a spruzzo, lamiera smaltata, sagomature), oggi possiamo liberarci dal predominio del pezzo unico prodotto manualmente e del suo valore di mercato[10].

I multipli, *stricto sensu*, vengono alla luce nel momento in cui l'utopia di una democratizzazione dell'arte tocca il suo culmine. Abbastanza a buon mercato per essere accessibili a tutti, essi minano le fondamenta di una concezione dell'autenticità fondata sul valore unico e insostituibile del rapporto diretto tra l'artista e la sua opera. Alle creazioni di opere uniche, dotate di un'aura irripetibile, i multipli contrappongono le «ri-creazioni», le quali, benché prodotte in numerosissimi esemplari, godendo della supervisione dell'artista o del suo avallo, sono comunque da considerarsi «autentiche». Vasarely, anzi, si compiace di tale proliferazione:

> L'opera d'arte non si definirà piú come l'unica esaustiva fonte di diletto per pochi privilegiati, dotati di una sensibilità speciale, ma come onnipresenza di stimoli plastici sempre rinnovabili, quotidianamente indispensabili all'equilibrio collettivo[11].

Sempre assai lucido, Vasarely dimostra di non ignorare i limiti di questa «nuova mutazione artistica» quando constata: «Si tratta pur sempre di "belle arti", di "arte per l'arte", però con un allargamento del circuito della funzione poetica. Semplicemente, al posto di un unico quadro sulla parete di un unico amatore noi vediamo ora cento quadri simili su cento pareti di cento amatori diversi»[12]. Denise

[10] L. MOHOLY-NAGY, *Pittura Fotografia Film* (1925), Einaudi, Torino 1987, p. 23.

[11] VASARELY, *Plasti-cité* cit., p. 107.

[12] *Ibid.*, p. 108.

René, che commercializzò i multipli di Vasarely e quelli di altri artisti della sua galleria, tracciò tuttavia un bilancio non esaltante dell'operazione. Gli amatori non gradivano molto che riproduzioni di opere firmate e numerate, al pari di comunissime litografie, fossero considerate cosí importanti, e il grande pubblico snobbava riproduzioni che, per essere piú economiche, non erano firmate[13]. In compenso, l'*op art*, diffusa attraverso molteplici canali – oggetti di largo consumo, pubblicità, tessuti, poster, ecc. –, suscitò un vivo interessamento: un effetto di moda che tornò, ingiustamente, a suo demerito.

Parecchi artisti americani che parteciparono alla mostra «The Responsive Eye» si ispiravano, apparentemente, a modelli piú tradizionali. Frank Stella o Ellsworth Kelly, in particolare, non rimettevano affatto in discussione lo statuto dell'opera unica; prendevano di petto, piuttosto, l'*abstract expressionism* inteso come moderna attualizzazione di un'idea secolare: la forma come sostanzializzazione di una realtà nascosta, di un invisibile piú sostanziale delle apparenze. I dipinti di Stella presentati al MoMA nel 1959 fecero scalpore. Essi eludono la monocromia ricoprendo interamente la superficie con strisce nere contigue ma distinte, combinate secondo schemi elementari in composizioni *all-over*. Nel catalogo della mostra, un altro artista, Carl Andre, esplicita cosí le intenzioni del collega:

> L'arte esclude il non necessario. Frank Stella ha trovato necessario dipingere delle strisce. Non c'è altro nella sua pittura. Frank Stella non si interessa all'espressione o alla sensibilità. Si interessa alle necessità della pittura. I simboli sono gettoni che le persone si scambiano a vicenda. La pittura di Stella non è simbolica. Le sue strisce sono i percorsi del suo pennello sulla tela. Percorsi che non conducono che alla pittura[14].

Frank Stella affermava di voler trasferire sulla tela il colore «tale e quale» era nel vasetto. Il suo desiderio era dipingere opere sulle quali «non si potesse scrivere nulla»,

[13] Cfr. C. MILLET, *Conversations avec Denise René*, Adam Biro, Paris 1991, pp. 109-10.

[14] C. ANDRE, *Preface to Stripe Painting*, in *Sixteen Americans*, catalogo della mostra, The Museum of Modern Art, New York 1959, p. 76.

nulla almeno che avesse a che fare con interpretazioni di sapore metafisico. Stella preconizzava il ricorso a una visibilità intransitiva, che rimandasse solo a se stessa, non veicolasse alcun simbolismo, non aprisse su alcuna trascendenza: perché «se la pittura fosse sufficientemente incisiva, sufficientemente precisa, sufficientemente esatta, vi basterebbe semplicemente guardarla»[15]. Pur apprezzando i dipinti di Kandinskij, Mondrian e Malevič, egli respingeva i loro argomenti in favore dell'astrazione, «supporti teorici venati di teosofia e antimaterialismo». Ecco perché desiderava, per parte sua, cancellare qualsiasi traccia di simbolismo. Nel corso di una conversazione con Bruce Glaser, confermava tale scelta:

> Sono sempre stato in disaccordo con coloro che intendono salvaguardare i valori tradizionali della pittura: quei valori umanistici che sono sempre pronti a scoprire sulla tela. Se li incoraggiate nei loro ragionamenti, finiranno tutti per dichiarare che c'è qualcosa, là sulla tela, che trascende la pittura. La mia pittura è basata sul fatto che vi si trova solo quello che vi si può vedere[16].

Per molti aspetti antitetico, Kelly condivide con Stella un'analoga diffidenza nei confronti dell'invisibilità, che affligge l'arte astratta ove essa manifesti aspirazioni spirituali o religiose. Arruolato durante la guerra, egli beneficiò di un «G.I. Bill», una borsa di studio che gli permise di soggiornare in Francia a partire dal 1948. Privo di contatti diretti con la scena newyorkese fino al 1954, anno del suo ritorno negli Stati Uniti, egli elaborò la sua visione artistica rimanendo estraneo a ogni polemica con gli espressionisti astratti e finendo nondimeno per collocarsi agli antipodi del loro stile, dei loro metodi e dei loro criteri estetici, in particolare riguardo al problema del senso. Kelly non ha mai «aderito alla filosofia secondo la quale l'idea del contenuto è piú importante dell'aspetto visivo». Nella convinzione che «il visivo dev'essere preponderante», egli non ha mai coltivato «l'intenzione di spiegare il mondo». Kelly desidera «semplicemente provare a organizzare ciò che è vi-

[15] B. GLASER (a cura di), *Questions à Stella et Jude* (1964), in *Regards sur l'art américain des années soixante*, Éditions Territoires, Paris 1979, p. 58.
[16] *Ibid.*

sivamente alla [sua] portata»[17]. Spesso si ispira a ciò che ha visto per elaborare composizioni che sembrano rigorosamente astratte. Ma vedere non è interpretare, forse nemmeno identificare, e ancor meno cercare un senso al visibile, puro spettacolo muto, come ricorda Kelly in questa nota: «La mia prima lezione fu quella di vedere oggettivamente, di cancellare ogni "significato" della cosa vista. Solo allora si può capire e sentire il suo significato vero»[18].

Le opere di Kelly restano testimonianze emblematiche dello stile *hard edge*, anche se questa sigla non gode di molto favore. I grandi formati, il trattamento impersonale, l'intensità dei contrasti, la libertà d'invenzione formale, la semplicità, assicurano ai suoi quadri un impatto visivo che coniuga le virtú dell'ascetismo e i piaceri immediati della seduzione: la chiarezza dello stile *hard edge* radicalizza la lezione di Matisse. La locuzione *hard edge* (letteralmente «margine netto») comparve negli Stati Uniti alla fine degli anni cinquanta[19]. Siamo ovviamente lontani dall'estetica del *color field*, che lascia spesso spazio alle pulsioni della mano e del corpo – pur con immensa discrezione –, e soprattutto sviluppa una drammaturgia tragica, qui totalmente assente. L'astrattismo geometrico ricorreva in fondo già negli anni venti e trenta alle superfici perfettamente delimitate. E se è proprio indispensabile inventare una nuova categoria per i dipinti di Leon Polk Smith, Myron Stout, Al Held o Ellsworth Kelly, allora bisogna cercarla nello stile delle loro opere, che presenta caratteristiche sempre differenti. I piani cromatici abbinati alle forme stilizzate, anche se nón sempre geometriche, dei loro quadri non rimandano insomma alla tradizione iniziata da Mondrian o Van Doesburg.

[17] Cfr. A. HINDRY, *Conversation avec Ellsworth Kelly*, in «Art-studio», n. 24, speciale dedicato a Kelly, primavera 1992, p. 16.

[18] E. KELLY, *Notes de 1969*, poi in *Ellsworth Kelly, peintures et sculptures 1960-1979*, catalogo della mostra, Centre Georges Pompidou, Paris 1980, p. 34.

[19] Il critico Jules Langsner la usa, sicuramente per la prima volta, in un articolo del catalogo *Four Abstract Classicists*, Los Angeles County Museum, 1959, pubblicato nello stesso anno in cui Stella esponeva al MoMA i suoi quadri a strisce nere.

Il critico Irving Sandler non mancò di notarlo:

> Kelly e Smith non si differenziano da Mondrian solo per il loro atteggiamento di fondo. Anche le loro concezioni della pittura erano antitetiche (...) Essi semplificano la struttura delle loro tele, limitandosi spesso a due piani di colori differenti, ad esempio nero e bianco, nettamente giustapposti, invece di costruire composizioni complesse. Come dice Kelly, il loro obiettivo è dividere lo spazio del quadro, non organizzare forme. Il punto focale dell'astrazione *hard edge* non è la relazione tra le forme, bensí la forma colorata in quanto forma-colore[20].

Contrariamente a quanto certe superficiali analogie potrebbero suggerire, le opere di Kelly, ripetiamo, non hanno nulla a che vedere con la «riduzione modernista». L'interesse per la dimensione piana era un dato della generazione precedente. Ora, all'inizio degli anni sessanta, è piuttosto la concretezza del quadro, la sua qualità di oggetto, a interessare gli artisti e la critica. Kelly, del resto, dispiega le sue tele nello spazio reale. Le loro «forme-colore», invece di essere giustapposte sul piano del quadro, sono articolate nello spazio: un modo elegante per «condurre la pittura alla terza dimensione»[21]. E il loro statuto di oggetti resta ibrido, rispetto ai criteri istituzionalizzati. La scultura, tanto per dire, si distingue dalla pittura per il suo carattere tattile. Nella sua ostentata visibilità, essa richiama il contatto della mano, e può essere identificata con un semplice tocco. Le teorie dell'età classica davano questo per acquisito. Roger de Piles, ad esempio, ricordava la storia di uno scultore cieco dotato di incontestabile talento al quale un ammiratore aveva chiesto un autoritratto. Ebbene, l'artista si «dipinse un occhio su ciascuna punta delle dita, per far vedere che in ogni caso quelli che aveva erano per lui perfettamente inutili»[22]. Brâncuşi ignorava sicuramente questo aneddoto, ma quando realizzò la sua *Scultura per cieco* (1925) la chiuse in un sacco e fece in modo che la si potesse palpare introducendo le mani in due manicotti: una prova ulte-

[20] SANDLER, *Le triomphe de l'art américain* cit., III. *L'école de New York*, p. 186.

[21] Cfr. HINDRY, *Conversation avec Ellsworth Kelly* cit., p. 18.

[22] R. DE PILES, *Cours de peinture par principes* (1708), Gallimard, Paris 1989, p. 162.

riore della distinzione tra scultura, arte tattile, e pittura, arte visiva, distinzione sulla quale si fonda l'intero dibattito relativo alla specificità delle arti dal XVII secolo alle attuali analisi «moderniste». I piani cromatici di Kelly, ludicamente articolati nello spazio tridimensionale, sono invece proposte teoriche che invitano a interrogarsi sulla validità delle linee di demarcazione tracciate tra le arti e, per questa via, sulla fondatezza di una «riduzione modernista» promossa a legge intangibile di un ineluttabile progresso delle arti.

Con le opere di Kelly è anzi indispensabile un confronto diretto, per poterne percepire tutto l'impatto. Si rende necessario vivere direttamente l'esperienza della forma reale, essendo essa dotata di caratteristiche talmente intrinseche da non rimandare a nient'altro, a nessun contenuto esterno. È vero che le riproduzioni di un qualunque quadro di Kelly procurano comunque un'informazione, sia pure parziale. Ma, nel suo caso particolare, l'apprezzamento estetico non può andare disgiunto da un confronto pratico. L'artista si colloca infatti in una logica strettamente formalista quando scrive: «La forma della mia pittura è il contenuto»[23]. Un'asserzione fondata sulla pratica artistica e tuttavia vicina alle conclusioni dei teorici della «pura visibilità», in particolare quelle di Clive Bell, il quale si interrogava sulla «qualità che distingue le opere d'arte da qualsiasi altra categoria di oggetti». Occorre infatti che esse abbiano in comune qualche elemento distintivo per legittimare la loro appartenenza a una stessa categoria. Il metodo induttivo impiegato porta Bell a formulare il seguente verdetto:

> Una sola risposta sembra possibile: la forma significante. In ognuna di queste opere, una particolare combinazione di linee e colori, determinate forme e determinati rapporti formali, risvegliano le nostre emozioni estetiche. Questi rapporti e queste combinazioni di linee e colori, queste forme esteticamente coinvolgenti, io le chiamo «forme significanti»; ed è questa forma significante a costituire la qualità comune a tutte le opere d'arte visiva[24].

[23] KELLY, *Notes de 1969* cit., p. 33.

[24] C. BELL, *L'hypothèse esthétique*, in «Art», London 1914, citato in R. SALVINI, *Pure visibilité et formalisme dans la critique d'art au début du XXe siècle* (1949), Klinksieck, Paris 1988, p. 212.

Il discorso, per l'autore, è ovviamente valido per ogni opera, figurativa o meno, ma la rappresentazione, o quantomeno la collusione delle forme con l'universo dei segni, prevedeva la manifestazione di emozioni esclusivamente legate all'ordine del visivo.

3. *Una parentesi: l'arte «sull'»arte.*

Le prese di posizione in favore dell'«arte per l'arte» riuscirono ad affermarsi compiutamente nel momento in cui venne liquidato ogni rapporto con una realtà estranea all'esistenza dell'opera. L'astrazione aveva contribuito a sviluppare l'idea di un'autosufficienza delle forme, preoccupate unicamente di se stesse. Privata di contenuti correlati con il mondo, privata di ogni utilità sociale, esclusa dai rapporti con una qualunque trascendenza, l'arte poteva concentrare ogni suo interesse su se stessa. Reinhardt, inalberando il motto «Art as Art», aveva parimenti rotto con le mortificazioni dell'ascesi per consacrarsi completamente alle gioie del visibile. Senza volerle per questo accantonare, alcuni artisti adottano tuttavia un atteggiamento piú distaccato, analitico o critico. Le concrete modalità operative non sono piú soltanto un insieme di mezzi messi al servizio della creazione. Una volta esibite, diventano il contenuto stesso dell'opera.

Robert Ryman fu uno dei primi pittori importanti a suggerire, all'inizio degli anni settanta, questo modello concettuale. Naomi Spector constatava che a partire dal 1965 era intervenuto un «cambiamento radicale» nella progettualità dell'artista:

> Ormai il suo lavoro riguarda la natura della pittura: è questa la forma e insieme il contenuto dei quadri. Essi derivano il loro senso esclusivamente dalla pittura, dal suo supporto, dalla storia del suo processo applicativo. Si tratta a questo punto di dipingere la pittura[25].

[25] N. SPECTOR, *Robert Ryman: une chronologie*, in *Dossier Ryman*, in «Macula», n. 3-4, 1978, pp. 120-21.

I quadri di Ryman, generalmente bianchi, erano spesso considerati monocromi: un'interpretazione di fronte alla quale il pittore insorgeva. Essa tradiva infatti una lettura frettolosa delle sue opere, le quali esploravano le potenzialità dei pigmenti, degli utensili, dei supporti, dei modi di intervento, mettevano in mostra la struttura delle tele, e comportavano, perché si rendesse loro giustizia, la necessità di «identificarvi "il fare"». Contrariamente ai colleghi piú anziani, Ryman rifiutava ogni confronto circa il contenuto, affermando: «La questione non è mai: che cosa dipingere, ma solo: come dipingere»[26].

Lo spettatore deve capire il processo costitutivo dell'opera - un'opera autoreferenziale - per trarne piacere. E la critica d'arte gli dà una mano, trasformandosi spesso in un'etnografia delle pratiche di atelier. Gli artisti, infine, esperti in materia, incoraggiano volentieri questo approccio descrittivo, sospensivo del giudizio di valore, ma soprattutto agevolano il compito di chi guarda. Rifiutando i due opposti comandamenti attorno ai quali si era da sempre concentrato il dibattito - cancellare la nozione di arte per l'arte e ricondurre l'individualità dell'artista alla materia -, essi concordano con un imperativo nuovo: lasciar trasparire le manipolazioni alle quali i materiali sono stati sottoposti. Il *contenuto* dell'opera diventa allora l'insieme delle procedure utilizzate. È con queste premesse che Richard Serra pubblicò, nel 1972, un elenco di «cose da fare»: «Arrotolare, pieghettare, flettere, accumulare, curvare, accorciare, torcere, picchiettare, sgualcire, rifilare, strappare», ecc. In Francia, il gruppo Supports/Surfaces, fondato nel 1971, aggiunge alle ricerche sull'agire una dimensione politica. La praxis viene analizzata a partire dal marxismo-leninismo: un contesto nel quale la nozione di creazione lascia il posto a quella di lavoro.

Il termine *lavoro* designa insieme l'attività dell'artista e il risultato ottenuto. Le connotazioni polemiche del dibattito sono evidenti: sostituire *opera* con *lavoro* comporta una sconsacrazione della creazione artistica. Uno dei membri

[26] R. RYMAN, in catalogo della mostra «Art in Process IV», Finch College Museum of Art, New York, 1969, *ibid.*, p. 165.

del gruppo, Marc Devade, situa la *pratica* – termine, appartenente al medesimo vocabolario ideologico, la cui ricorrenza non sembra ancora oggi volersi esaurire – dei pittori nel quadro della lotta di classe:

> La sovversione formale introdotta nel mercato dal semplice fatto di insistere sul lavoro dei pittori sulla «pittura», e non la sua contestazione avanguardistico/accademica (sovversione di cui abbiamo già subito gli effetti), deve estendersi ai problemi teorici, filosofici e politici: sulla traiettoria che va dall'una all'altra si pone il riconoscimento (e non il misconoscimento ideologico) della classe operaia come forza motrice della storia, e della sua teoria: il materialismo storico e il materialismo dialettico. Il che dimostra, di fatto, che ogni pratica pittorica storicamente giusta conduce necessariamente a una politica giusta, quella della classe operaia[27].

Una volta svanite, col tempo, le giustificazioni politiche, restano l'intenzione critica e il concetto di autosufficienza dell'opera, cosí come li rivisita Claude Viallat, uno dei membri del gruppo:

> L'oggetto della pittura è la pittura stessa, e i quadri esposti si rapportano solo a se stessi. Non fanno minimamente appello a un «altrove» (ad esempio la personalità dell'artista, la sua biografia, la storia dell'arte). Non offrono la minima scappatoia, perché la superficie, per via delle rotture formali che vi sono state operate, impedisce le proiezioni mentali o le divagazioni oniriche dello spettatore. La pittura è un fatto in sé, ed è su questo terreno che devono porsi i problemi che la riguardano[28].

Gli artisti del gruppo Supports/Surfaces operano a volte con i materiali propri dell'arte tradizionale. Nel qual caso operano una decostruzione del quadro, di cui scompongono gli elementi costitutivi. Pierre Buraglio lavora su cornici (di finestra) senza tela, Noël Dolla espone tele libere (senza cornici) e Daniel Dezeuze inchioda su una cornice un foglio di plastica trasparente onde rivelarne la struttura nascosta o, come lui dice, porre «la questione del quadro nella sua dimensione storica». Accade loro di confon-

[27] M. DEVADE, *Pourquoi une revue?* (1975), in J.-M. POINSOT, *Supports/Surfaces*, Limage 2, Paris 1983, p. 87.

[28] C. Viallat, citato in D. SEMIN, *Le chaudron*, in *Les années Supports/Surfaces dans les collections du Centre Georges Pompidou*, catalogo della mostra, Galerie Nationale du Jeu de Paume, Paris 1998, p. 18.

dere le categorie. André-Pierre Arnal incolla e dipinge cinquecento quadrati di tela che ripiega e dispone a mucchi sul pavimento, come un cumulo di piccole sculture. In altri casi, infine, gli artisti del gruppo utilizzano materiali disparati, fili di ferro, spaghi, corde, mattoni, scorze d'albero, che poi sbriciolano, frammentano, ricompongono, ecc. Queste collezioni di oggetti, che hanno spesso il fascino delle testimonianze antropologiche, contravvengono alla tradizione dell'astrazione, non rimandando ad alcuna categoria dell'arte tradizionale.

La combinazione seriale è una delle conseguenze dell'uso di un insieme di regole procedurali. Artisti come Martin Barré, fanno di questa conseguenza una poetica:

> La serialità non si propone di produrre tele quasi uguali, bensí di produrre quadri il piú possibile differenti gli uni dagli altri, e quello che conta è il quadro. La serialità è il mezzo per produrli. Non sono tanto i quadri che fanno la serie quanto la serie che produce i quadri[29].

La serie, e le idee che presuppone, è uno dei tratti specifici del moderno. È opinione generale che sia stato Monet a introdurre il nuovo dispositivo, con gli abbozzi preparatori dei suoi quadri. I *Pagliai* (1890), i *Pioppi* (1891) o le *Cattedrali* (1894) atomizzano infatti gli esiti di un progetto essenzialmente inesauribile in una sequenza di opere il cui numero sarebbe, a rigore, illimitato. La logica del capolavoro prevede che tutti i lavori preparatori trovino il loro esito definitivo in una realizzazione compiuta, la quale diventa cosí un vero e proprio «microcosmo», riflesso al tempo stesso completo e unico di un mondo inteso come totalità. La serie, al contrario, sanziona l'impossibilità di una completa padronanza. Frammento di un tutto ipotetico, polverizzato e per sempre perduto, ogni singola opera rinvia a tutti gli altri componenti della stessa sequenza. Inoltre, come rileva Yves-Alain Bois in un saggio su Martin Barré, la serie modifica in profondità l'atteggiamento

[29] M. Barré, conversazione con C. Millet, in «Art Press», ottobre 1985, citato in Y.-A. BOIS, *L'inachèvement*, in *Martin Barré*, catalogo della mostra, Musée des Beaux-Arts, Tourcoing - Musée des Beaux-Arts, Nantes 1989, pp. 78-79.

estetico: «La serie trasforma necessariamente ogni quadro in un interrogativo sul funzionamento metonimico di ogni pittura, chiama a raccolta l'intera nostra memoria, evita l'atteggiamento puramente contemplativo»[30].

Da Monet in poi, moltissimi artisti (in particolare Picasso) si sono misurati, episodicamente o sistematicamente, con le serie. Altri hanno adottato del tutto consapevolmente una metodologia seriale, ma, contrariamente a Monet o Picasso, hanno preferito fondarsi su sistemi chiusi, che danno luogo a una declinazione perfettamente rigorosa di un numero limitato di soluzioni. Un programma come *All Combinations of Arcs from Corners and Sides, Straight Lines, Not-Straight Lines and Broken Lines* (1973) può essere realizzato compiutamente. Sol LeWitt intende e identifica in questo modo l'«artista seriale»:

> Si porterà avanti una premessa fino alla sua conclusione, evitando qualsiasi soggettività. Né il caso, né il gusto, né la memoria inconscia di possibili forme svolgeranno alcun ruolo, quanto al risultato. L'artista seriale non tenta di produrre un oggetto bello o misterioso; agisce come uno scritturale che consegna gli esiti del postulato di partenza[31].

La scomparsa del soggetto e del contenuto porta alla scomparsa dell'artista in quanto operatore singolo e insostituibile. O, piú esattamente, il ruolo del creatore diminuisce di grado: egli elabora sistemi di regole e l'opera non è che il frutto della loro «cieca» applicazione. LeWitt concepisce i suoi programmi sotto forma di testi prescrittivi che possono essere posti in atto da lui stesso o da altri. Per cui l'opera non può minimamente confondersi con questa o quella realizzazione esposta qua o là. Claude Rutault ha sicuramente fatto l'ultimo passo quando ha concepito, nel 1973, la sua prima «Definizione/metodo», testo che stipula le condizioni precise per una «attualizzazione» legittima dell'opera da parte di terzi, collezionista privato o istituzionale. Ogni opera risponde a regole che le sono proprie, ma tutte richiedono, per

[30] BOIS, *L'inachèvement* cit., p. 74.

[31] S. LEWITT, *Serial Project n. 1 (ABCD)*, in *L'art conceptuel, une perspective*, catalogo della mostra, Musée d'Art Moderne de la Ville de Paris, Paris 1989, p. 204.

esistere pienamente – accedere al visibile –, la complicità attiva dei loro acquirenti, i quali possono scegliere fra tre soluzioni, previste da *Un coup de peinture, un coup de jeunesse*:

1. ridipingere la tela con il colore del muro;
2. ridipingere il muro con il colore della tela;
3. ridipingere entrambi con lo stesso colore.

Una sequenza di «Definizioni/metodi», sistematicamente completata, stabilisce le regole che presiedono a ciascuna «attualizzazione», o esposizione di tele dipinte dello stesso colore del muro, la cui infinita varietà converte la monocromia, finora ultima tappa di un processo di decantazione, in un punto di partenza.

Il lavoro di produzione ha perduto, nel corso degli anni ottanta, parte di quel potere di attrazione ipnotica che aveva precedentemente esercitato sulla critica. Da quando essa si dimostra meno compiaciuta delle proprie indagini, è diventato piú facile accogliere le riserve che Ryman ha sempre espresso nei confronti di un interesse troppo esclusivo per i procedimenti tecnici. Se resta interessante conoscerli, «la cosa davvero importante» è osservare il «lavoro», starlo semplicemente a guardare[32]. In seguito, l'artista tesserà molte volte l'elogio di un'esperienza sensibile ed emotiva della sua opera:

> Dirò che la poesia della pittura appartiene alla sfera dell'emozione. Dev'essere una sorta di rivelazione, un'esperienza quasi sacra. Si esce dalla pittura con un'impressione di gioia, di rapimento (...) Ci si sente rafforzati, e l'effetto può durare giorni, a volte di piú. È un sentimento di benessere[33].

La severità rigorosa delle sue opere fu forse il prezzo pagato per il loro inserimento nella storia, quasi in risposta all'auspicio di Matisse, il quale sognava

> ... un'arte dell'equilibrio, della purezza, della tranquillità, priva di soggetti inquietanti o allarmanti, che sia, per ogni lavoratore

[32] P. TUCHMAN, *Entretiens avec Robert Ryman* (1971), in *Dossier Ryman* cit., p. 141.

[33] R. RYMAN, *Statements*, in «Art America», ottobre 1983, in *Art Minimal II*, catalogo della mostra, Centre Arts Plastiques Contemporains - Musée d'Art Contemporain, Bordeaux 1986, p. 95.

intellettuale, per l'uomo d'affari come per il letterato, un lenitivo, un calmante cerebrale, qualcosa di analogo a una buona poltrona che lo rilassi dalle sue fatiche fisiche[34].

La *pittura pittorica* apre qui lo spirito al puro piacere del guardare.

4. *La grata, il quadrato e la prigione.*

Quando le utopie che sottendevano l'astrazione divennero obsolete, si dovette contemporaneamente rinunciare a ogni fede nel progresso spirituale dell'umanità e abbandonare la speranza di costruire un mondo nuovo per un uomo nuovo. Quanto al «sentimento di benessere», e al piacere del guardare, molti non erano in grado di provarlo con piena serenità, in un mondo che sembrava loro mediocre e disilluso. I modelli formali o ermeneutici che avevano accompagnato lo sviluppo di una modernità trionfante smisero a quel punto di svolgere una funzione di stimolo. Per cui non pochi artisti lasciarono l'astrazione per recuperare le suggestioni dell'immagine, del racconto. Altri resistettero, cercando, ad esempio, di «infondere nel mondo ideale dell'arte geometrica» una risonanza del paesaggio sociale (Peter Halley), o passando incessantemente «da una cosa all'altra» (Gerhard Richter), o ancora introducendo un tocco di humour nel freddo rigore del geometrismo (François Morellet).

Per la loro semplicità, la loro leggibilità, la grata e il quadrato – o il cubo, il suo equivalente tridimensionale – occupano un posto privilegiato tra le figure piú rappresentative del radicalismo astratto. La grata non è un motivo o uno stile, bensí una struttura che ha le caratteristiche del mito: essa ha un valore euristico e si giova di infinite va-

[34] MATISSE, *Notes d'un peintre* cit., p. 50. Agnès Martin esprime preoccupazioni analoghe quando dichiara: «Il fine della vita è la felicità, e reagire alla vita come se essa fosse perfetta è il cammino della felicità. Nonché il cammino del lavoro artistico positivo», in A. MARTIN, *La beauté et le mystère de la vie*, testo della conferenza tenuta al Museo di Santa Fe, 1989, in *Agnès Martin*, catalogo della mostra, Musée d'Art Moderne de la Ville de Paris, Paris 1992, p. 137.

riazioni. Il suo successo è al tempo stesso quantitativo (vi hanno fatto ricorso molti artisti), qualitativo (la utilizzano alcune delle migliori opere di questo secolo) e ideologico (l'uso della grata dà un'impronta di modernità). Secondo Rosalind Krauss, la grata «annuncia, tra le altre cose, la volontà di silenzio dell'arte moderna, la sua ostilità verso la letteratura, il racconto e il discorso»[35]. La barriera da essa innalzata tra le arti visive e quelle del linguaggio «è quasi totalmente riuscita a circoscrivere le prime al campo della sola visività e a difenderle dall'intrusione della parola». Effettivamente presente nella struttura dell'opera, la grata, «bidimensionale, geometrica, ordinata», afferma, nel suo essere «antinaturale, antimimetica», l'autonomia dell'arte. «Quando volge le spalle alla natura», l'arte assume, secondo la Krauss, proprio questo aspetto antimimetico. E la grata, che è la risultante di un «decreto estetico», diventa un autentico «emblema della modernità». Cosí concepita, essa sembra appartenere a una saga eroica che impone il rispetto, e implica una certa gravità di tono. La Krauss non manca di notarlo:

> Le arti hanno pagato certamente caro questo successo, perché la fortezza che hanno costruito sulle fondamenta della grata ha assunto sempre piú la sembianza di un ghetto. Sempre meno voci, provenienti dall'establishment critico, si sono levate per sostenere, apprezzare o analizzare le arti plastiche contemporanee. Si può anche ipotizzare che, nell'intera produzione estetica moderna, nessuna forma si è mantenuta viva con altrettanto accanimento, restando al tempo stesso refrattaria al cambiamento. Non è solo il numero delle attività artistiche votate all'esplorazione della grata che impressiona. Impressiona il fatto che un'esplorazione non avrebbe mai potuto scegliere un terreno meno fertile[36].

Il quadrato e i suoi derivati partecipano di un'analoga valorizzazione dei segni in cui si riconosce la modernità artistica. In effetti, dal *Quadrato nero* (1915) di Malevič alla lunga sequenza degli *Homage to the Square* dipinti da Albers agli *Ultimate Paintings* di Reinhardt, l'elenco delle opere importanti che assegnano al quadrato un ruolo essenziale

[35] R. KRAUSS, *Grilles*, in «Communications», n. 34, 1981, p. 167.
[36] *Ibid.*, p. 169.

sarebbe imponente. Numerose furono le mostre – ad esempio «The Square in Painting», manifestazione organizzata dall'American Federation of Arts nel 1968 – dedicate al quadrato, promosso a «tematica» pittorica a tutto campo. Nel XX secolo, dopo l'invenzione del tubetto di colore, i formati e le dimensioni delle cornici vennero codificati, e le nuove norme industriali non prevedevano il quadrato, già prima utilizzato assai raramente dai pittori. François Morellet, grande utilizzatore di quadrati, rileva:

> Nell'ambito della mia ricerca inesorabile e sistematica, ricerca che può riassumersi in «Come lavorare il meno possibile» (...), avevo, fin dal 1952, optato per tele di forma quadrata. Il quadrato, si sa, necessita, per essere definito, di una decisione arbitraria, mentre il rettangolo necessita di un arbitrio due volte superiore. Per cui, per piú di trent'anni, ho utilizzato quasi esclusivamente tele quadrate, per le quali dovevo sempre procurarmi speciali cornici quadrate. Finché, dopo molti anni, il quadrato è finalmente entrato tra i formati standard (sarà per questo che ora gli riservo delle infedeltà?) Anche se rimane comunque un parente povero rispetto a «Figure», «Paesaggi» e «Marine», che è ben lungi dall'aver soppiantato[37].

Il quadrato è dunque diventato qualcosa di comune. Nessuno, oggi, oserebbe sottoscrivere le affermazioni di Van Doesburg, che ebbe a dichiarare, non senza enfasi: «Il quadrato è per noi quello che fu la croce per i primi cristiani»[38].

François Morellet pratica dagli anni cinquanta un'arte rigorosamente astratta, senza credere molto al «sol dell'avvenire». Definendo se stesso un «rigoroso-scherzoso», egli semina dubbi sulla validità delle interpretazioni canoniche, accettate da sempre, delle opere d'arte, sempre comunque mute. A voler credere ai loro cliché, esse sono come «angoli per il picnic, alberghi spagnoli dove si consuma quello che si porta con sé»[39]. Morellet ricorda di ave-

[37] F. MORELLET, *Figuration et défigurations* (1988), in ID., *Mais comment taire mes commentaires?*, École Nationale Supérieure des Beaux-Arts, Paris 1999, p. 155.

[38] T. Van Doesburg, in S. GABLIK, *Has Modernism Failed?* (1984), Thames and Hudson, London 1987, p. 21.

[39] F. MORELLET, *Du spectateur au spectateur ou l'art de déballer son pique-nique* (1971), in ID., *Mais comment taire mes commentaires?* cit., p. 47.

re amato i dipinti di Mondrian, prima di conoscere i suoi testi, «per il vuoto» che vi scorgeva. Dopo aver letto i vari scritti relativi al Neoplasticismo, capí che Mondrian coltivava altri progetti, ad esempio quello di «condensare il mondo intero» nei suoi quadri. Il ruolo assegnato ai testi pone in effetti problemi particolarmente spinosi qualora nessuna *immagine* suffraghi la validità delle interpretazioni proposte. Morellet giocò talvolta su queste debolezze. Nel 1983 presentò delle combinazioni di quadri bianchi la cui apparente austerità era smentita dai titoli, *Par derrière (à 2)*, *En levrette* o *À la missionnaire*. L'astrazione serviva a «camuffare (momentaneamente)» la figurazione per meglio de-figurarla. Le spiegazioni dell'artista non lasciano alcun dubbio: «In *La géométrie dans les spasmes* sono le figure geometriche a trovarsi de-figurate dalla figurazione antropomorfa, tendenza di per sé pornografica»[40].

Le opere di Peter Halley introducono, su un registro piú serio, una confusione dello stesso tipo. I suoi quadri quadrati, campiture uniformi dai colori contrastati, passano per astratti, espressione di una tendenza geometrica radicale. Un dettaglio di uno di essi, *Yellow Prison with Underground Conduit* (1985), fa tra l'altro da copertina a un'opera dedicata all'arte astratta[41]. Beninteso, come indica chiaramente il titolo, si tratta di un'*immagine* astratta di prigione. Tuttavia, a dispetto delle apparenze, non ha alcun rapporto con l'astrazione, con l'arte non figurativa. E nelle sue *Note sulla pittura* Halley lo dichiara senza mezzi termini: «1. Questi quadri rappresentano delle prigioni, delle celle e dei muri. 2. Qui, il quadrato ideale diventa una prigione. La geometria si rivela come internamento»[42]. L'artista è tornato a piú riprese sulle sue opere «apparentemente geometriche», il cui significato vuole costituire l'«antitesi dell'arte geometrica precedente». Se egli utilizza «i codici del minimalismo, della *color field painting* e del Costruttivismo», è per «rivelare il fondamento sociologi-

[40] F. MORELLET, *Au secours, la droite revient* (1987), *ibid.*, pp. 129-30.

[41] A. MOSZYNSKA, *Abstract Art*, Thames and Hudson, London 1990.

[42] P. HALLEY, *Notes sur la peinture* (1982), in ID., *La crise de la géométrie et autres essais, 1981-1987*, École Nationale Supérieure des Beaux-Arts, Paris 1992, p. 15.

co delle loro origini». L'arte astratta, rivoltata come un guanto contro le sue origini idealistiche, si dissolve.

La critica, pennello alla mano, dell'astrazione e delle speranze che ne rafforzerebbero la vitalità viene estesa all'arte intera, con il conforto di un bagaglio ideologico proprio della filosofia e delle scienze umane. In un primo tempo, Halley finge di pensare che «la morte di Dio abbia comportato la morte dell'arte»[43]. E in effetti è diventato difficile credere che l'arte partecipi di un ordine simbolico che mira «a collegare la materia di quaggiú al senso nascosto e all'unità del cosmo», permettendo cosí all'uomo di «avvicinarsi all'infinito». Piú sottilmente, però, l'artista avanza in seguito un'ipotesi assai piú malinconica e non meno sovversiva: Dio non è morto del tutto, è «entrato in un'agonia interminabile che prosegue tuttora». E questa fine sempre differita autorizza «i tentativi di ritorno al trascendente», introducendo un elemento di disincanto:

> L'arte è nella stessa situazione: sempre moribonda, mai morta, resuscitata dai preraffaelliti, dai postimpressionisti, dagli espressionisti astratti e dai postminimalisti, per non ricordare gli storici dell'arte e gli acquarellisti. Ma la magia non fa piú effetto[44].

La prigione, ridipinta anche con il *Day-Glo* – sistema di pitture fluorescenti in voga negli anni sessanta, utilizzato da Halley –, esemplifica questa condizione. La cella sotterranea è il luogo per eccellenza in cui si consuma un'attesa interminabile, una sorta di non-vita.

Da quando l'astrazione si è ritagliata uno spazio nella storia dell'arte, non può piú costituire l'oggetto di una conquista militante. Parecchi artisti prendono atto di tale realtà e, per salvaguardare comunque la propria libertà, scelgono indifferentemente di usare o non usare le immagini. Segno di una riconciliazione, il loro eclettismo non ha però nulla dell'atteggiamento neutrale e inoffensivo. Ovvero, non significa mancanza di coerenza quanto, piuttosto, chiara coscienza di un'evoluzione: l'astrazione è divenuta, nel corso dei decenni, un'opportunità come tante, un

[43] P. HALLEY, *Après l'art*, *ibid.*, p. 73.
[44] *Ibid.*, p. 74.

terreno di ricerca al pari di altri. L'opera di Gerhard Richter rappresenta bene le conseguenze di questa nuova disponibilità. Il suo modo di «passare da una cosa all'altra» è diventato quasi, per sua stessa ammissione, un «segno distintivo». Richter dipinge a partire da fotografie, paesaggi, personaggi noti o anonimi, nudi, finestre illuminate, crani o fiori. A volte riproduce, in pittura, le sfocature dei cliché scattati in fretta dai fotografi dilettanti. Ma realizza anche cartigli colorati chiusi nelle geometrie di una grata rigorosa, esegue grandi monocromi grigi, oppure cosparge la tela di grumi di colore fresco senza alcuna intenzione di rappresentare o esprimere alcunché.

Richter assegna alle opere figurative e alle opere astratte una finalità analoga. Entrambe concorrono a una conoscenza del mondo, creando «modelli senza i quali ignoreremmo tutto della realtà e saremmo ancora a uno stadio animale»[45]. Ecco perché l'astrazione non è affatto in concorrenza con la rappresentazione, mentre in teoria sarebbe stata destinata a soppiantarla, come aveva immaginato uno storicismo ingenuo durato troppo a lungo. L'arte astratta offre all'artista la possibilità di rendere percepibili «realtà che non possiamo né vedere né descrivere ma di cui possiamo intuire l'esistenza». Si è spesso portati a designare la pittura astratta con «nozioni negative: l'ig-noto, l'incomprensibile, l'in-finito, che per millenni si sono apprese per mezzo di immagini sostitutive come il cielo, l'inferno, le divinità e il diavolo», fa notare l'artista. Se è – come è probabile – nel giusto, l'astrazione, ultimo rifugio di un'aspirazione alla spiritualità in tempi in cui il diavolo e le stesse divinità tendono a diventare delle semplici immagini di Épinal, non è a questo punto un gioco per esteti frivoli. E non è nemmeno piú il sintomo di una decadenza. A dispetto delle apparenze, l'astrazione non ha ripudiato la mimesis per soddisfare un desiderio di rottura: anzi, essa è piuttosto un tentativo – non importa se fiducioso ed entusiasta, oppure nostalgico, o scettico e beffardo – di preservare le ambizioni, anch'esse di varia natura, dell'arte del passato.

[45] Cfr. G. Richter nel catalogo di Documenta VII, poi in ID., *Textes*, Les Presses du Réel, Dijon 1995, p. 113.

Parte seconda

La seduzione del reale

L'astrazione rompe, come abbiamo visto, con l'obbligo imposto da sempre alle arti visive di ricorrere, quali che siano le loro finalità ultime, all'imitazione del reale. Lo testimoniano le dispute linguistiche sorte immediatamente dopo la sua nascita: come chiamare questi quadri o queste sculture che non rappresentano nulla? «Astrazione» parve non porre a sufficienza l'accento sull'autonomia delle opere. Per cui le vennero preferite altre formule, come «non figurativo», che sottolineava la negazione, la frattura, o «non oggettivo», ecc. Étienne Gilson faceva notare:

> Da un certo punto di vista, «arte astratta» è una denominazione assurda, perché non c'è nulla di piú «concreto» di un quadro. Mondrian ha anche fatto osservare, con ragione, che un quadro cosiddetto astratto è piú concreto di un quadro naturalista: il primo è una cosa, il secondo è soltanto un'immagine. – «Arte non figurativa» è ugualmente equivoco, perché non c'è quadro che non sia composto di figure, siano esse immagini o meno. – «Arte non oggettiva» si scontra con il fatto che tale arte guarda al contrario agli oggetti come tali, non come semplici mezzi espressivi[1].

Theo Van Doesburg e parecchi suoi amici optarono, alla fine degli anni venti, per «arte concreta», e firmarono insieme un manifesto che proclamava: «Il quadro dev'essere interamente costruito con elementi puramente plastici, vale a dire piani e colori. Un elemento pittorico non ha altro significato che "se stesso"; di conseguenza il quadro non ha altro significato che "se stesso"»[2]. Successivamen-

[1] É. GILSON, *Peinture et réalité*, Vrin, Paris 1972[2], p. 154, n. 62.

[2] CARLSUND, VAN DOESBURG, HÉLION, SHWAB e TUTUNDJIAN, *Manifeste de l'art concret* (1929), in S. LEMOINE (a cura di), *Théo Van Doesburg*, Philippe Sers, Paris 1990, p. 207.

te, anche Max Bill pose l'insieme della sua opera sotto la sigla dell'«arte concreta». La locuzione non ha comunque sostituito quella di «arte astratta», di cui designa ormai solo una zona circoscritta.

Tuttavia, in arte, aveva iniziato a svilupparsi un modo completamente diverso di prospettare la questione del concreto. Picasso affermava: «Mezzi plastici? Non ne conosco»[3]. Bastava infatti fare ricorso all'«oggetto piú quotidiano» per farne un «veicolo del [proprio] pensiero»[4]. Molti studiosi dei papier collé cubisti hanno insistito sull'effettivo carattere piano dei vari elementi immessi nello spazio del disegno o della pittura. Da un lato essi tendono certamente a distruggere l'illusionismo spaziale, ma dall'altro visualizzano soprattutto una concretezza fisica, la quale è la migliore risposta, ironica, al problema della rappresentazione. Con i papier collé, frammenti di realtà bruta investono il tessuto delle opere: presentazione e rappresentazione si mescolano, si fronteggiano. Van Doesburg, che aveva sviluppato un'attività dadaista sotto lo pseudonimo di I. K. Bonset, non ne era certo all'oscuro. E dopo i papier collé, il ready-made confermò la possibilità, per l'arte, di intrattenere rapporti fondamentali con il «reale» senza ricorrere all'imitazione. Seguendo percorsi diametralmente opposti ma spesso intrecciati, l'astrazione e le diverse forme d'arte «concreta» giungevano a un risultato sostanzialmente simile: il rifiuto della rappresentazione.

[3] PICASSO, *Propos sur l'art* cit., p. 57.
[4] *Ibid.*, p. 122.

Papier collé - a painting technique and type of collage. The artist pastes pieces of flat material into a painting, similar to a collage, except the shape of the pasted pieces are objects themselves. Cubist painter George Braque, inspired by Picasso's collage method, invented the technique and first used it in a 1912 painting, Fruit bowl & Glass. Henri Matisse also sometimes used this style.

Capitolo primo

Rappresentare, presentare

Negli anni cinquanta, davanti a uno dei suoi vecchi collage, Pablo Picasso confidava a Henri Laurens:

> Dobbiamo essere stati abbastanza pazzi – o stanchi – per lasciar perdere tutto questo. Avevamo mezzi magnifici. Guardate come è bello – non perché è mio, intendiamoci –, avevamo questo, e io sono tornato alla pittura a olio, voi alla scultura. Roba da pazzi![1].

L'artista non spiegò mai le ragioni del suo entusiasmo per i «mezzi magnifici» che Braque ed egli stesso avevano inventato, all'inizio degli anni dieci. Ma molti esegeti ci hanno provato, e le conseguenze della presa di distanza di Braque e Picasso dai mezzi tradizionali si sono rivelate, nel corso del secolo, di notevole portata. Prima di passare in rassegna le loro opere piú rappresentative, è opportuno ritornare sulla complessa vicenda della genesi del collage e dei papier collé, mezzi nuovi frutto di una medesima tecnica, ma assai dissimili dal punto di vista delle prospettive estetiche che dischiudono.

1. *Braque e Picasso: «La battaglia è iniziata»*.

Al centro di un disegno realizzato nel 1908, Picasso incolla un pezzo di carta forse ricavato da una réclame per il Louvre, grande magazzino noto a tutti, sul quale dipinge una barca in modo che appaia in lontananza tra due bagnanti in primo piano. La scritta tipografica «Au Louvre», posta sul *verso*, rimane leggibile. L'artista gioca evidente-

[1] PICASSO, *Propos sur l'art* cit., p. 80.

mente sul doppio senso della scritta, ma un simile ricorso al collage resta un episodio isolato nella sua opera, oltre che circoscritto nel tempo, e non si discosta molto dagli artifici a volte impiegati da pittori come Turner, quando introduceva in qualcuna delle sue tele un piccolo personaggio precedentemente ritagliato da un foglio di carta.

Il procedimento utilizzato da Turner è, per la sua epoca, assolutamente atipico, e il divertente disegno «au Louvre» resta relativamente misconosciuto, mentre la *Natura morta con sedia impagliata*, realizzata da Picasso nel 1912, è famosissima. Generalmente considerata il primo vero collage, essa deve la celebrità proprio a questo fatto. Due elementi attirano l'attenzione. La composizione, di forma ovale, è contornata da un cordoncino, come a evocare la cornice di un quadro tradizionale. L'illusionistica impagliatura della sedia, inclusa in una natura morta dallo stile tipicamente cubista, non è dipinta. Si tratta di un pezzo di tela cerata, il cui motivo imita un'impagliatura, semplicemente riportato sul quadro. Questo frammento di tela, dozzinale e illusionistico, focalizzò l'attenzione del pubblico e degli esegeti. Alcuni rilevavano l'eterogeneità dei materiali impiegati – colore a olio e tela cerata –, altri insistevano sul contrasto tra l'immagine dell'impagliatura – una specie di *trompe-l'œil* – e la trasposizione cubista degli altri oggetti rappresentati dall'artista. Nel suo studio dei rapporti tra Picasso e Braque, William Rubin dimostra come questo collage, «opera unica rimasta priva di una continuità diretta», differisca dai papier collé cubisti, invenzione di Braque subito ripresa da Picasso, il cui uso si diffuse rapidamente, sia pure in forme diverse.

A Sorgues, durante l'estate del 1912, Braque realizzava sculture in carta e inseriva preferibilmente nelle sue composizioni l'effetto pittorico del finto legno, quando, in un negozio di Avignone, trovò un rotolo di carta da parati che imitava le nervature del legno di quercia e gli venne l'idea di sostituire l'artificio pittorico con l'impiego diretto della riproduzione su carta: un modo per preservare la coerenza della composizione cubista, per nulla inficiata dal collage, qui concepito come semplice artificio tecnico. La differenza rispetto alla *Natura morta con sedia impagliata*, anche se non salta agli occhi, è comunque sostanziale, e William Rubin ha ragione a opporre, nell'ambito del Cubismo, una logica del collage alla logica dei papier collé. Di lí a poco Picasso, in visita a Sorgues, posto di fronte alle recenti creazioni dell'amico, in particolare *Fruttiera e bicchiere* (settembre 1912), rimane vivamente impressionato. Appena tornato a Parigi, Picasso scrive a Braque: «Adotto i tuoi ultimi procedimenti papiracei e polverosi»[2]. Poi realizza *Chitarra, spartito e bicchiere* (novembre 1912), introducendovi un frammento di giornale sul quale si può leggere un titolo riferito alla guerra dei Balcani ma che suona anche come una sfida amichevole lanciata a Braque e, piú ancora, come la conferma di una volontà di confronto con l'arte del passato e i suoi mezzi espressivi dettati dalla tradizione: «La bataille s'est engagé[e]»[3].

Stimolati da una reciproca emulazione, i due artisti hanno gettato le basi di una rivoluzione artistica che deve la propria forza piú alla qualità nativa delle loro opere, alla loro fulminea riuscita, che all'elaborazione strettamente tecnica. Nei papier collé le componenti impiegate appartengono a tre categorie distinte: i materiali grezzi, i ritagli di carta stampata considerati in sé e per sé e le figure. I materiali bruti conferiscono alla composizione la propria impronta, il proprio colore, e si sposano facilmente agli elementi dipinti o disegnati che li accompagnano e li completano. I papier collé piú peculiari del Cubismo sono tutti composti di stampe: carta da parati, finto legno, spartiti musicali, giornali. E tutti rompono con l'idea di rappresentazione: nello spazio dell'opera essi si presentano per quello che sono. Questo vale evidentemente per i giornali e gli spartiti, ma è vero anche per il finto legno e la carta da parati, i quali, prima di trasformarsi in rappresentazioni, appaiono per quello che in effetti sono, elementi decorativi. André Salmon riferisce che Picasso e Braque si chiedevano: «Sarà opportuno, quando si dipinge un pezzo di

[2] Lettera del 9 ottobre 1912, in W. RUBIN, *Picasso et Braque. L'invention du cubisme*, Flammarion, Paris 1990, p. 385.

[3] Cfr. D. Cooper, in *Picasso & les choses*, catalogo della mostra, Réunion des Musées Nationaux, Paris 1992, p. 114.

giornale in mano a un personaggio, preoccuparsi di riprodurre le parole PETIT JOURNAL o limitarsi a incollare semplicemente il pezzo di giornale sulla tela?» Una strategia dell'appropriazione che non è affatto un artificio o una disinvoltura tecnica, ed è piuttosto il segno di un mutamento di rotta decisivo: invece di rappresentare le forme del mondo, l'opera plastica si elabora a partire da frammenti direttamente prelevati dalla trama del reale.

Bisognerà attendere molti decenni per vedere comparire chiaramente i caratteri piú rivoluzionari dei papier collé cubisti. Apollinaire, preoccupato di difendere artisti che ammirava, banalizzava un poco la loro invenzione quando scriveva:

> I mosaicisti dipingono con tessere di marmo o di legno colorato. Mi hanno parlato di un pittore italiano che dipingeva con le feci; durante la Rivoluzione francese, qualcuno dipingeva con il sangue. Si può dipingere con ciò che si vuole, pipe, francobolli, cartoline postali o carte da gioco, candelabri, pezzi di tela cerata, colletti di camicia, carta da parati, giornali[4].

L'uso dei giornali, che in molte opere di Picasso sembrano svolgere il ruolo secondario di semplice fondale, dà ragione al critico. Tuttavia il loro statuto è a volte, quando acquista importanza ciò che vi sta scritto, piú ambiguo. La sua *Bottiglia in tavola* (1912) coniuga un disegno a carboncino con una pagina di giornale, «La semaine économique & financière». E alcuni commentatori ritengono che l'artista avrebbe espresso nel quadro «certe sue inquietudini sulla stabilità finanziaria e politica dell'Europa»[5]. Laddove sembrerebbe piú saggio vedervi un'ironia relativa alle collusioni tra arte e denaro. Gli esempi di humour nella scelta dei ritagli di giornale abbondano, ma, per avvertirli, bisogna leggere le scritte stampate invece di considerarle semplici materiali esclusivamente al servizio di un'organizzazione plastica[6]. Lo spirito del collage – combinazione improbabile di componenti eterogenee – è imparentato,

[4] APOLLINAIRE, *Méditations esthétiques* cit., p. 80.

[5] Cfr. *Picasso & les choses* cit., p. 119.

[6] Cfr. J. WEISS, *The Popular Culture of Modern Art. Picasso, Duchamp and Avant-Gardism*, Yale University Press, New Haven - London 1994.

sotterraneamente, con quello dei papier collé, per la comune mescolanza dei generi e dei mezzi espressivi. La presenza di scritte nella pittura non è certo una novità, ma il loro innesto massiccio in numerosi papier collé cubisti rivitalizzò una tradizione destinata ad assumere una notevole importanza nell'arte del xx secolo.

In concomitanza con i materiali bruti e i diversi caratteri tipografici considerati in quanto tali, Picasso ricorre talvolta a figure e immagini – ad esempio quelle dei frutti in *Natura morta con frutta e violino* (1913). Contrariamente a un bouquet di fiori ripetuto su una carta da parati, semplice motivo di fronte al quale lo spettatore pensa piú alla «carta da parati» che al «bouquet di fiori», queste immagini hanno un duplice statuto. Non nascondono affatto la loro origine – sono figure ritagliate – e al tempo stesso raffigurano della frutta, posta in un vassoio costituito da un collage di fogli di giornale. Il gioco labirintico sulla rappresentazione, le sue modalità di esistenza e i diversi livelli di ricezione che può stimolare, sono il segno dello humour di Picasso, un'ironia che si rifà in gran parte alla maieutica socratica anche se si presenta spesso sotto forma di provocazione maliziosa. Il ricorso all'immagine «trovata», preesistente – procedimento nuovo applicato in maniera semplice in *Natura morta con sedia impagliata* e in maniera piú complessa in *Natura morta con frutta e violino* –, ebbe un successo folgorante.

2. *I collage, il surrealismo.*

L'uso impose una specializzazione della locuzione «papier collé», impiegata esclusivamente per le opere cubiste, mentre il termine «collage», piú generico, continuava a godere di un campo semantico piú esteso. «Collage» designa evidentemente una tecnica ma anche uno stato d'animo di fronte alla creazione artistica: elementi preesistenti, ricavati dal mondo dell'arte o dall'universo del quotidiano, vengono considerati idonei a un'integrazione diretta nell'opera in corso, a volte esclusivamente costruita partendo dalla loro iconografia. Non senza ingenerare una certa confusione concettuale, i critici e gli storici parlano di collage per creazioni che utilizzano entrambe le modalità inventate dal Cubismo – il ricorso ai materiali bruti e l'impiego dei ritagli tipografici in quanto tali –, modalità che non vengono però adoperate da tutti i cubisti. Ad esempio, certe illustrazioni ideate da Ol'ga Rozanova per *La guerra universale* (Kručënych, 1916) – composizioni di motivi decorativi ritagliati da cartoni colorati – o certi disegni ottenuti da Gaston Chaissac combinando frammenti di carta da parati vengono indistintamente denominati collage, in base a un criterio di valutazione essenzialmente tecnico.

Il termine collage riveste invece un senso piú propriamente estetico quando funge da criterio discriminante tra il realismo cubista e le finalità oniriche dei surrealisti. Louis Aragon, in un testo dedicato a «Max Ernst, pittore delle illusioni», sottolinea la funzione degli elementi piú frequentemente oggetto di collage da parte dei cubisti – e scrive che essi, quando non sostituiscono puramente e semplicemente «il colore e il colore soltanto», hanno «il valore di un test, di uno strumento di controllo della *realtà* stessa del quadro»[7]. Max Ernst usa una tecnica simile a quella del collage, assegnandole però finalità radicalmente differenti:

> Gli elementi che prende a prestito sono soprattutto elementi disegnati: è al disegno, infatti, che il collage attinge piú spesso. Il collage diventa cosí un dispositivo poetico, perfettamente antitetico nei suoi fini al collage cubista, il cui intento è puramente realistico. Max Ernst ricava i suoi elementi in particolare dalle figure stampate, disegni pubblicitari, illustrazioni di dizionari, immagini popolari, ritagli di giornale. Egli le incorpora cosí bene nel quadro che a volte non ce ne accorgiamo, mentre, altre volte, tutto sembra collage, tale è l'abilità minuziosa con la quale il pittore è riuscito a stabilire una continuità tra l'elemento estraneo e la sua opera[8].

Max Ernst aveva esposto una serie di collage alla libreria Au sang pareil (Parigi, 1921). L'evento, organizzato dal gruppo dei dadaisti parigini con la regia di Tzara, Soupault,

[7] L. ARAGON, *Max Ernst, peintre des illusions* (1923), in ID., *Les collages*, Hermann, Paris 1993, p. 25.

[8] *Ibid.*

Breton e Aragon, rimase nella memoria come una festa allegra e provocatoria. E se le opere non ebbero lí per lí molto successo, la loro eco fu notevole e si avvertí, alcuni anni dopo, quando prese forma il movimento surrealista. L'aspirazione al meraviglioso delle opere di Ernst sostanzierà, nel campo visivo, la fondatezza di quella poetica dell'«automatismo psichico» che sarà la nozione cardine del surrealismo. André Breton, autore con Philippe Soupault de *I campi magnetici* (1919), celebre esperimento di scrittura automatica, assegna all'automatismo un posto privilegiato nel suo *Manifesto del Surrealismo* (1924). Contemporaneamente, Breton scriveva:

> Si sa, fino a un certo punto, che cosa i miei amici e io intendiamo per *surrealismo*. La parola, che non è di nostra invenzione e che avremmo potuto tranquillamente lasciare nella consueta vaghezza della terminologia critica, è da noi impiegata in un senso preciso. Con essa abbiamo convenuto di designare un certo automatismo psichico, che corrisponde assai bene allo stato di sogno, stato che è oggi molto difficile definire[9].

La rimozione, almeno parziale, delle censure e delle autocensure che accompagnano lo stato di veglia dà accesso a energie psichiche finora sconosciute al soggetto. Ciò premesso, si pone il problema di sapere in quale misura le arti plastiche possano beneficiare degli apporti di un automatismo liberatorio. Su questo punto, le risposte sono varie. Nel terzo numero di «La révolution surréaliste» (aprile 1925), Pierre Naville scriveva: «Piú nessuno ignora che non esiste *pittura surrealista*. Né i colpi di matita tracciati a caso, né il disegno che raffigura le immagini del sogno, né le fantasie oniriche, possono a rigore essere qualificati in questo modo». Piú sfumato, Max Morice giudicava che «un quadro di De Chirico non può essere scambiato per un'opera tipica del surrealismo: le immagini sono surrealiste, la loro espressione no». Morice metteva a fuoco qui una distinzione fondamentale: alcuni, come Dalí, con l'arma del metodo «paranoico-critico», celebrano, per tradurre l'immaginario onirico, il ricorso alle tecniche illusionistiche; al-

[9] A. BRETON, *Entrée des médiums*, in ID., *Les pas perdus* (1924), Gallimard, Paris 1969, pp. 117-18.

tri, al contrario, per realizzare i benefici rivelati dalla scrittura automatica, inventano nuovi mezzi. André Masson fu sicuramente il primo ad adattare i principî dell'automatismo alle arti grafiche, tanto che la sua mano correva troppo veloce perché egli potesse controllarne l'esecuzione.

I collage e le impronte che Max Ernst ottiene con la tecnica del *frottage* corrispondono a una logica diversa: la realizzazione dell'immagine, in gran parte indipendente dalla mano, non deve molto alla perizia dell'artista e al controllo che essa implica. Numerose altre tecniche scoperte dai surrealisti adempiono a una funzione analoga, facilitando o suscitando la manifestazione di accostamenti incongrui. Lo stesso Ernst si è richiamato al «meccanismo del collage», facendo appello all'aforisma, tante volte ricordato, di Lautréamont – «Bello come l'incontro casuale di una macchina da cucire e di un ombrello su un tavolo operatorio» –, per esporre il proprio pensiero:

> Una realtà compiuta, di cui l'ingenua destinazione ha l'aria d'essere stata fissata per sempre (l'ombrello), trovandosi di colpo in presenza di un'altra realtà assai diversa e non meno assurda (una macchina da cucire) in un luogo in cui tutt'e due devono sentirsi *estranee* (un tavolo operatorio), sfuggirà per questo stesso fatto alla sua ingenua destinazione e alla sua identità; essa passerà dal suo falso assoluto, per il giro d'un relativo, a un assoluto nuovo, vero e poetico: ombrello e macchina da cucire faranno l'amore. Il meccanismo del procedimento mi sembra svelato da questo semplicissimo esempio. La trasmutazione completa, seguita da un atto puro come quello dell'amore, si produrrà forzatamente tutte le volte che le condizioni saranno rese favorevoli dai fatti dati: *accoppiamento di due realtà in apparenza inconciliabili su un piano che in apparenza non è conveniente per esse*[10].

3. *Dipinti-collages.*

Max Ernst creò tre «romanzi-collages», *La femme 100 têtes* (1929), *Rêve d'une petite fille qui voulut entrer au Carmel* (1930) e *Une semaine de bonté* (1934). Le tavole, rea-

[10] M. ERNST, *Au-delà de la peinture* (1936), in *Max Ernst. Œuvres de 1919 à 1936*, Éditions Cahiers d'Art, Paris 1937, p. 30; trad. it. in DE MICHELI, *Le avanguardie artistiche del Novecento* cit.

lizzate sulla base di immagini ricavate da cataloghi, opere scientifiche o racconti illustrati, occultano tanto bene gli artifici del montaggio che la loro riproduzione tipografica conferisce alla superficie l'apparenza di un'unità, voluta dall'artista. Tale dissimulazione delle fratture, funzionale al dispiegamento del contenuto onirico delle opere, le colloca agli antipodi dei papier collé cubisti. Una celebre dichiarazione di Ernst sottolinea del resto il fatto che il collage, cosí come egli lo concepisce, è meno una tecnica specifica che una poetica complessiva: «Se sono le piume a fare il piumaggio, non è però la colla a fare il collage»[11]. L'artista, nel complesso della sua opera, ne fece un uso massiccio. Molte tavole e dipinti mutuano dal collage le proprie caratteristiche formali o estetiche, esaltando l'eterogeneità e rivendicando l'incongruenza degli accostamenti, sottomessi alle leggi del caso. Potremmo rintracciare, nell'arco dell'intero secolo, esempi relativi a registri molto diversi tra loro. Magritte associa spesso immagini senza nesso apparente in uno spazio comune, Picasso struttura le sue nature morte secondo piani indipendenti; piú recentemente, Erró presenta conglomerati di immagini. Egli dipinge, del resto, rielaborando collage, ossia ingrandendone l'immagine e proiettandola sulla tela.

Questi dipinti-collage risultano tanto piú interessanti quanto piú mettono in luce, come *Bicchiere e bottiglia di Suze* (1912) di Picasso, una fondamentale differenza tra i collage e i papier collé. La bottiglia, piú evocata che rappresentata mediante una serie di superfici colorate, reca una vera etichetta, «Suze Apéritif à la gentiane». Prelevata da una bottiglia non meno «vera», essa occupa il posto e riveste il ruolo di un'immagine senza esserlo veramente. In altri termini, essa sostituisce la rappresentazione con la cosa stessa, assimilata al corpo dell'opera per effetto della legittimazione dell'arte. Braque confermava, a suo modo, questa assimilazione:

> I papier collé, l'imitazione del legno – e altri elementi della medesima natura – di cui mi sono servito in certi disegni, producono anch'essi il loro effetto attraverso la semplicità dei *fatti*, ed

[11] *Ibid.*, p. 31.

è questo che ha indotto la gente a confonderli con il *trompe-l'œil*, di cui essi sono esattamente l'opposto[12].

Nel momento in cui nasceva l'astrazione, i papier collé proponevano insomma un modo diverso di prescindere dalla figurazione e dai suoi espedienti. I collage invece non potrebbero essere eseguiti senza materiali individualizzati, frammenti prelevati dalla massa delle «cose» di cui fanno parte. E questa è una disciplina assai diversa da quelle che normalmente vigono in pittura. Se l'artista vuole un pezzo di giornale, deve accettarlo insieme alle sue caratteristiche, in particolare il testo, il quale intriga spesso Picasso, mentre sembra lasciare piú indifferente Braque. Arte occasionale, il collage presuppone l'incontro, prevede l'assemblaggio, implica il caso. La subordinazione al mondo dei manufatti è, per gli adepti del collage, una condizione vincolante, necessaria e accettata, garanzia di una libertà che ha trasformato la creazione artistica: ai materiali nobili, di numero limitato, possono ora aggiungersi tutti gli oggetti – un universo inesauribile – che il felice intuito dell'artista dichiara idonei all'uso. Il collage divenne cosí l'avanguardia di un movimento di vasta portata.

4. *Collages di tutti i tipi*.

L'uso del collage si è diffuso in fretta e in forme diverse. Molti sono gli artisti che hanno sfruttato le potenzialità della nuova tecnica, destinata in origine, secondo la fortunata formula di Aragon, a «sfidare la pittura». I futuristi si ispirano tendenzialmente al dispositivo inventato dai cubisti e assegnano un ruolo importante alle parole e ai caratteri tipografici, come dimostrano *Manifestazione interventista* (Carrà, 1914) o molte «parole in libertà» di Marinetti. In Russia, mentre compaiono le prime composizioni astratte realizzate in carta colorata, Kazimir Malevič inserisce in uno dei suoi dipinti – *Composizione con Monna Lisa* (1914) – una riproduzione de *La Gioconda* sbarrandone

[12] G. BRAQUE, *Pensieri sulla pittura* (1917), in E. FRY (a cura di), *Il cubismo*, Mazzotta, Milano 1967, p. 202 (corsivo dell'autore).

il volto con una croce, come per dire che una pagina si è chiusa. Nello stesso anno, le sue opere «alogiche», dipinte, ma elaborate come collage, con una sovrapposizione di rappresentazioni eterogenee, comportano a volte la presenza di oggetti. Il termometro del *Soldato di prima classe* è rimasto al suo posto, mentre *Un inglese a Mosca* ha perduto, oggi, il cucchiaio di legno che lo corredava.

Altri grandi artefici di collage, negli anni dieci, furono i dadaisti, che adottarono il nuovo mezzo espressivo in quanto offriva loro la possibilità di manifestare ancor meglio il loro desiderio di rottura, di esprimere il loro rifiuto dei valori consolidati e in particolare il loro disprezzo per la logica del buon senso. Hans Arp ritagliò le forme di alcuni suoi collage con una macchina apposita, onde eliminare qualsiasi contatto manuale, possibile veicolo dell'interiorità dell'artista. I collage di Arp sono dichiaratamente astratti, ma perlopiú i dadaisti hanno impiegato il collage per realizzare opere di rara pazienza, in cui le figure ritagliate sembrano in alcuni casi «amputate». Raoul Hausmann, ad esempio, concepisce il *Kunstkritiker* (1919), i cui occhi sono sostituiti da altri, troppo piccoli per la taglia del suo viso – un'immagine fotografica – mentre la bocca appare disegnata come una cavità spalancata. Troppo grande, stizzosa, essa mostra i denti dietro due labbroni sgraziati. In mano, il sinistro personaggio tiene una penna marca Venus. Sulla fronte, là dove dovrebbe risiedere l'edificio del pensiero, la riproduzione di un frammento di scarpa, metonimia del piede, completa la caricatura. I collage dadaisti, spesso disseminati di parole o frasi, utilizzano di preferenza la fotografia, procedimento sul quale ritorneremo.

Legata alla multiformità degli artisti e delle loro intenzioni, la modulazione delle varianti alle quali il collage dà luogo fa da corollario ai materiali di cui si dispone. Ritagli di ogni tipo, ma anche ali di farfalla o bucce trasformate in paesaggio da Jean Dubuffet, bottoni, stuzzicadenti o altri oggetti minimi con cui Francis Picabia riveste i suoi ritratti femminili o che mescola a dei bouquet. Tutto fa collage. Arthur G. Dove approfitta della connotazione simbolica degli oggetti per comporre un ritratto della nonna (*Grandmother*, 1925) in forma di natura morta mnemonica, dove

overlap
so that
awkward
pertaining to mnemonics or memory

prendono posto una tappezzeria trapuntata, un foglio stampato, dei fiori secchi. Che siano opere compiute, oppure abbozzi o modelli, combinati o meno con la pittura, i collage abbondano. Ci sono artisti che vi si dedicano in misura esclusiva, come Jiří Kolář, instancabile inventore di nuove metodologie.

Una delle ragioni del folgorante successo sta nella semplicità tecnica del procedimento, accessibile a chiunque. Non c'è bisogno di aver seguito alcun faticoso apprendistato. Bastano un po' di materiale, spesso assolutamente a portata di mano, e una gran voglia di fare per passare dall'intenzione all'atto. Alle abilità tradizionali il collage contrappone le virtú del bricolage, al quale Claude Lévi-Strauss – peraltro assai critico circa la «perdita del mestiere» – contribuí a conferire titoli di prestigio quando paragonò le sue caratteristiche a quelle della razionalità scientifica di cui fa uso l'ingegnere:

> Il *bricoleur* è capace di eseguire un gran numero di compiti differenziati, ma, diversamente dall'ingegnere, egli non li subordina al possesso di materie prime o di arnesi, concepiti e procurati espressamente per la realizzazione del suo progetto: il suo universo strumentale è chiuso, e, per lui, la regola del gioco consiste nell'adattarsi sempre all'equipaggiamento di cui dispone, cioè a un insieme via via «finito» di arnesi e materiali, peraltro eterocliti, dato che la composizione di questo insieme non è in rapporto col progetto del momento, né d'altronde con nessun progetto particolare, ma è il risultato contingente di tutte le occasioni che si sono presentate di rinnovare o di arricchire lo *stock* o di conservarlo con i residui di costruzioni e di distruzioni precedenti[13].

Le analisi dell'antropologo sono perfettamente applicabili alla pratica del collage, avventura creativa vissuta al livello delle disponibilità e delle coincidenze. Ma c'è anche un altro aspetto della motivazione di Lévi-Strauss che attira l'attenzione: la «scienza del concreto» si inserisce in un insieme strutturale autonomo e coerente. Il pensiero mitico che si manifesta «attraverso un repertorio dalla composizione eteroclita», oltreché limitata, funziona secondo le modalità dei bricolage. Si spiega allora come molti arti-

[13] C. LÉVI-STRAUSS, *Il pensiero «selvaggio»*, in *Il pensiero selvaggio* cit., p. 29.

sti del XX secolo abbiano avvertito un'intensa attrazione per il collage, vero e proprio bricolage artistico. Ed è inoltre sintomatico come l'invenzione del collage sia in relazione con il fascino che gli artisti provavano per il primitivismo.

Altre arti, in particolare la letteratura e la musica, hanno adottato la tecnica del collage o la sensibilità che essa comporta. Aragon racconta come, dopo aver ascoltato per caso una conversazione telefonica, immaginò di introdurre nella trama del romanzo che stava scrivendo quel frammento di realtà, «a mo' di collage, come un titolo di giornale o uno spartito musicale in un quadro di Picasso»[14]. Tzara prescrisse, per le composizioni poetiche, un metodo derivato direttamente dalle tecniche del collage plastico, una ricetta semplice che pone la poesia alla portata di tutti:

> Prendete un giornale. Prendete le forbici. Scegliete nel giornale un articolo della lunghezza che desiderate per la vostra poesia. Ritagliate l'articolo. Ritagliate poi accuratamente ognuna delle parole che compongono l'articolo e mettetele in un sacco. Agitate delicatamente. Tirate poi fuori un ritaglio dopo l'altro disponendoli nell'ordine in cui sono usciti dal sacco. Copiate scrupolosamente. La poesia vi somiglierà. Ed eccovi divenuto uno scrittore infinitamente originale e di squisita sensibilità, benché incompresa dal volgo[15].

I due esempi comportano un identico problema: come, per il lettore non avvertito, identificare il collage – e, inoltre, come acquisire la certezza che si tratti proprio di un collage e non di una sorta di *trompe-l'œil*? Mentre infatti le arti visive presentano in genere il collage in quanto tale, direttamente accessibile nella sua concretezza, suggellato dal marchio ben visibile dell'eterogeneità e realtà dei materiali, la letteratura si manifesta a noi nelle forme di una elaborazione indiretta, riprodotta secondo le procedure della stampa, un medium che, come nei «romanzi-collage» di

[14] L. ARAGON, *Collages dans le roman et dans le film*, in ID., *Les collages* cit., p. 95.

[15] T. TZARA, *Manifeste sur l'amour faible et l'amour amer* (1920), in *Sept manifestes Dada* (1924), Jean-Jacques Pauvert, Paris 1963, p. 64; trad. it. *Manifesto sull'amore debole e l'amore amaro*, VIII. *Per fare una poesia dadaista*, in DE MICHELI, *Le avanguardie artistiche del Novecento* cit.

Max Ernst, omologa gli apporti esterni, dissimula – o simula, a seconda dei casi – il mosaico di una scrittura polifonica. La musica, a sua volta, pone problemi analoghi, se non uguali: quale statuto conferire, ad esempio, all'innesto di un'aria popolare come *Elle avait une jambe de bois* nel *Petruška* di Stravinskij (1911): collage in senso stretto, citazione, montaggio? Una quantità di studi dibatte tali problemi, a riprova, se ve ne fosse bisogno, che il collage appare ormai un modello epistemologico generale, suscettibile di applicazioni retroattive a opere o generi anteriori alla sua stessa nascita, come ad esempio la forma letteraria del centone.

5. *Varianti: papier découpé e fotomontaggi.*

Negli anni quaranta, Matisse utilizzò massicciamente una variante tutta personale dei papier collé, il papier découpé. Contrariamente ai papier collé cubisti e ai collage surrealisti o di altro tipo, che impiegano un materiale neutro, i papier découpé di Matisse vengono precedentemente dipinti a tempera secondo le istruzioni dell'artista. Invece di disegnare le forme e poi colorarne le superfici, egli ritaglia direttamente «dentro il colore» – «Ritagliare dal vivo dentro il colore mi fa venire in mente il taglio diretto degli scultori»[16]: una soluzione tecnica che risolve un vecchio problema estetico, garbatamente definito da Matisse «l'eterno conflitto del disegno e del colore»:

> Il papier découpé mi consente di disegnare nel colore. Per me è una semplificazione. Invece di disegnare il contorno e introdurvi il colore – con l'uno che modifica l'altro – io disegno direttamente nel colore, che è tanto piú calibrato quanto meno è trasposto. La semplificazione garantisce una precisione, perché fonde insieme contorno e colore e ne fa una cosa sola[17].

Sintesi di un'esperienza accumulata nel corso di un'intera vita di lavoro, i papier découpé richiedono la semplice efficacia del gesto, impongono l'accordo infallibile tra

[16] H. MATISSE, *Jazz* (1947), in *Ecrits et propos sur l'art* cit., p. 237.
[17] ID., *Propos de Henri Matisse* (1951), *ibid.*, p. 243.

una forma e un colore. E si spiega come l'artista sconsigli ai debuttanti l'uso di questa tecnica, tanto naturale quanto rischiosa da adoperare. Si tratta infatti di una «conquista finale», che esige «un'infinita finezza e una lunga esperienza». Matisse non intendeva né includere la realtà bruta nel campo pittorico né stimolare i piaceri di un immaginario onirico con degli accostamenti incongrui. Desiderava solo procedere «dagli oggetti ai segni». Una fioritura di capolavori – l'album *Jazz* (1943-46), la serie dei *Nudi blu* (1952) o grandi composizioni come *La tristezza del re* (1952) – corona il suo successo.

Ulteriore variante dei collage, i fotomontaggi utilizzano un materiale che intrattiene un rapporto particolare con la realtà e il mondo dell'arte. Ottenuto mediante un collage di fotografie o frammenti di fotografia, il fotomontaggio può presentarsi come tale oppure essere oggetto di una ripresa e di un successivo sviluppo. Alcuni autori propongono di circoscrivere il termine fotomontaggio alle manipolazioni fotografiche effettuate nella camera oscura, e di chiamare *photocollage* i semplici assemblaggi effettuati sulla base di prove fotografiche: una distinzione che, per quanto fondata, non è entrata nell'uso. A partire dal 1860 circa, i ritrattisti avevano messo a punto un montaggio accurato di piú inquadrature per visualizzare il modello sotto diversi angoli di ripresa. Dal punto di vista tecnico, il fotomontaggio appare dunque una sorta di messa a punto dello sviluppo di cliché su carta a partire da un negativo. Tuttavia, all'epoca, i procedimenti fotografici non appartenevano ancora di diritto alla sfera dell'arte propriamente detta. Ecco perché il fotomontaggio irromperà nel mondo dell'arte solo dopo che il collage, da cui deriva, avrà conferito una legittimazione estetica a materiali e tecniche fino allora esclusi.

Raoul Hausmann spiegò il motivo per cui i dadaisti, e segnatamente egli stesso, ricorsero al «materiale fotografico» per elaborare immagini completamente inedite. I primi «fotomontatori» pensavano che tutti i precedenti movimenti artistici avessero fallito. D'altra parte, la catastrofe umana e le incertezze politiche subentrate alla fine del conflitto mondiale imponevano agli artisti l'obbligo di coltivare ambizioni del tutto nuove. Per cui anche la pittura, come le altre arti, doveva sottoporsi a un cambiamento radicale per potersi dire «in presa diretta con la vita». I dadaisti non pensavano affatto di sostituire le vecchie regole estetiche con altre. Puntavano semplicemente alla distruzione di tutti i valori. E il fotomontaggio dadaista, sovversivo nella forma e rivoluzionario nel contenuto, apriva la strada proponendo un «potere di propaganda»[18].

Tale potere si fonda sull'«effetto di realtà», sulla credibilità che si attribuisce all'immagine fotografica. I fotomontaggi antinazisti di John Heartfield utilizzavano, ad esempio, la carica emotiva e l'immediata efficacia visiva degli elementi fotografici a fini militanti, senza trascurare quella che Aragon chiama la «bellezza rivoluzionaria»:

> Di fronte al dissolvimento delle apparenze nell'arte moderna, rinasceva cosí, sotto le sembianze di un semplice gioco, un gusto nuovo, vivo, della realtà. Ciò che costituiva la forza e il fascino dei nuovi collage era questa specie di verosimiglianza che attingeva alla raffigurazione di oggetti reali, fino alla loro rappresentazione fotografica. L'artista giocava col fuoco della realtà. Tornava ad essere il maestro di quelle apparenze, in cui la tecnica della pittura a olio l'aveva a poco a poco fatto perdere e infine sprofondare[19]. smk

L'uso del fotomontaggio si è diffuso anche in Russia, dove Aleksandr Rodčenko e El′ Lisickij hanno concepito immagini la cui potenza plastica fa da supporto all'ambizione militante. Ma i procedimenti di *associazione*, già largamente impiegati dai surrealisti, hanno interessato artisti delle tendenze piú diverse. Moholy-Nagy, ad esempio, esprimeva nel 1925 la propria fiducia nell'avvenire delle *fotoplastiche* (era il termine che desiderava promuovere per designare gli sviluppi derivati dal fotomontaggio):

> Ottenute per composizione da fotografie diverse, esse costituiscono un metodo sperimentale di rappresentazione simultanea; una compenetrazione condensata, di gioco visuale e verbale. Inquietante unione che attinge all'immaginario, realizzata dallo stru-

[18] R. HAUSMANN, *Courrier Dada* (1948), citato in D. ADES, *Photomontage*, Chêne, Paris 1976, p. 11.

[19] L. ARAGON, *John Heartfield et la beauté révolutionnaire* (1935), in ID., *Les collages* cit., p. 67.

mento imitativo piú reale. Ma esse possono essere allo stesso tempo narrative, palpabili; piú vere «della vita stessa». Questo lavoro oggi ancora primitivo, manuale, con l'intervento di proiezioni e di nuovi procedimenti di stampa si potrà svolgere ben presto meccanicamente[20].

Oggi lo sviluppo tecnologico apre – in particolare con l'infografia, manipolazione delle immagini coordinata dal computer – prospettive feconde all'estetica del fotomontaggio, spesso utilizzata per affrancare l'arte dalla sua autonomia e conferirle finalità sociali o politiche immediatamente e universalmente comprensibili.

6. *Ready-made e oggetti*.

Picasso e Braque non esponevano nei Salon dove, dal 1911, si rivelarono i cubisti. L'innovazione dei collage ha comunque conosciuto una diffusione pressoché istantanea. Juan Gris, pittore della Galerie Kahnweiler, frequentava Picasso e fece presto ricorso alla nuova tecnica. Maurice Raynal ne dà conto in un articolo pubblicato nell'ottobre 1912:

> Attirerà l'attenzione la tela [di Gris] che rappresenta una toilette completa di tutti i suoi accessori. Per dimostrare che nella sua concezione di una pittura pura esistono degli oggetti assolutamente antipittorici, egli non ha esitato a introdurre diversi oggetti reali sulla tela[21].

Raynal si schiera con coloro che ritengono inutile copiare ciò che può essere direttamente posto sulla superficie del quadro – ad esempio uno specchio (*Il lavabo*, 1912). Alcuni mesi dopo (marzo 1913), apparve l'opera di Guillaume Apollinaire, *Méditations esthétiques. Les peintres cubistes*, la quale, come abbiamo visto, dedica ampio spazio ai papier collé di Picasso e riserva un capitolo all'opera di Marcel Duchamp esposta nell'ambito della Section d'or

[20] MOHOLY-NAGY, *Pittura Fotografia Film* cit., pp. 34-35.

[21] M. RAYNAL, *Conception et vision*, in «La Section d'or», 9 ottobre 1912; ampi estratti di questo articolo sono ripresi in FRY (a cura di), *Il cubismo* cit., p. 135.

nel 1912. Duchamp non poteva dunque ignorare l'esistenza del collage quando prese a montare una ruota di bicicletta su uno sgabello da cucina. Autentico collage tridimensionale, questa *Ruota di bicicletta* (1913) non era inizialmente destinata all'esposizione. «Era semplicemente un passatempo», dichiarò Duchamp, al quale piaceva guardare lo scintillio della luce sui raggi della ruota in movimento. Nel 1914, sempre per il suo atelier, l'artista compra uno scolabottiglie al bazar dell'Hôtel de Ville, e vi scrive sopra una breve frase, inaugurando cosí un'altra forma di collage (testo su oggetto). Dopo la dichiarazione di guerra, Duchamp, riformato, parte per gli Stati Uniti, dove la sua arte conobbe un duplice sviluppo, decisivo. Egli non solo realizzò altri «oggetti con scrittura», come *In Advance of the Broken Arm* («Anticipo per il braccio rotto», frase annotata sul manico di una pala da neve, 1915), ma adottò il termine inglese ready-made («manufatto di serie», e anche, riferito a un abito, «confezionato», in opposizione a «su misura») per designare «quelle cose che non erano opere d'arte, non erano abbozzi», e non corrispondevano a «nessuno dei termini accettati nel mondo dell'arte»[22].

Il *Dictionnaire abrégé du surréalisme* (1938) dà una definizione lapidaria del ready-made (*ready-made* si scrive con o senza trattino, o anche in un'unica parola): «Oggetto d'uso comune innalzato alla dignità di oggetto d'arte per la semplice scelta dell'artista». Tra il 1916 e il 1938, i ready-made duchampiani hanno dunque mutato statuto: possono ormai essere considerati opere d'arte a tutti gli effetti. Duchamp stesso fu il primo responsabile di tale conversione o, per usare la bella formula di Arthur Danto, di tale «trasfigurazione del banale»[23], riuscita malgrado l'assenza di qualsiasi intervento manuale.

Nel 1915 Duchamp espose la sua pala da neve in una galleria newyorkese, ma l'evento passò inosservato. In com-

[22] Per le citazioni di Duchamp sulla genesi del ready-made, cfr. P. CABANNE, *Entretiens avec Marcel Duchamp*, Belfond, Paris 1967, pp. 82-83. Coincidenza curiosa, nello stesso anno Malevič presentava il suo *Quadrato nero*, emblema di un'arte «senza oggetto», in altre parole di un'astrazione radicale.

[23] Cfr. A. DANTO, *La transfiguration du banal. Une philosophie de l'art*, Seuil, Paris 1989.

penso, quando sottopone (sotto pseudonimo: Richard Mutt) al comitato organizzatore della Society of Independent Artists (New York), della quale egli stesso fa parte, un orinatoio rovesciato con il titolo *Fountain* (1917), l'oggetto, giudicato scandaloso, viene rifiutato. La lunga epopea del ready-made, senza dubbio inaugurata da questo scandalo, ha inizio. Per procurarsi una testimonianza e una datazione dell'opera, l'artista la fa fotografare da Alfred Stieglitz, fotografo di fama e gallerista schierato con la modernità. Il documento compare su una rivista edita per la circostanza, il cui titolo evoca con humour le convinzioni antiretiniche di Duchamp: «The Blind Man». Nello stesso numero, Louise Norton offre una risposta inattesa all'«angosciante interrogativo» se l'artista sia o non sia serio: «Forse l'uno e l'altro. Non potrebbe essere?» La Norton ci suggerisce in questo modo di rinunciare ai nostri schemi abituali e di accettare l'inquietante coincidenza degli opposti, mentre un articolo intitolato *Le cas Richard Mutt* afferma:

> Che il Signor Mutt abbia fatto con le sue mani la *Fountain* o no, non ha nessuna importanza. È lui che l'ha SCELTA. Ha preso un articolo comune della vita di tutti i giorni e lo ha sistemato in modo che il suo significato utile scomparisse con il titolo nuovo e il nuovo punto di vista – ha creato un nuovo pensiero per questo oggetto[24].

Tutti i ready-made qui ricordati sono scomparsi. La *Ruota di bicicletta* e lo *Scolabottiglie* parigini sono stati gettati nella spazzatura dalla sorella e dalla cognata dell'artista, venute a far pulizia nell'atelier. La pala da neve e l'orinatoio «originale» sono andati perduti. In compenso, esistono diverse repliche di tutti questi oggetti, oggi disseminate in alcune grandi collezioni e nei musei d'arte moderna di tutto il mondo. Come Duchamp stesso aveva fatto notare, «la replica di un ready-made trasmette il medesimo messaggio dell'originale»[25]. In altre parole, l'opera non può essere con-

[24] In A. SCHWARZ, *La Sposa messa a nudo in Marcel Duchamp, anche*, Einaudi, Torino 1974, pp. 53-54.

[25] M. DUCHAMP, *À propos des «ready-mades»* (1961), in M. SANOUILLET (a cura di), *Duchamp du signe. Ecrits*, Flammarion, Paris 1975, p. 192. L'artista precisa inoltre che «quasi tutti i ready-made oggi esistenti non sono originali nel senso comune del termine».

fusa con l'oggetto, e noi dobbiamo rivedere la nostra nozione di autenticità. Tra le caratteristiche del ready-made che l'artista teneva a sottolineare è da rilevare la volontà di chiudere non solo con la categoria del bello ma anche con la nozione del gusto:

> C'è un punto che intendo fissare con grande chiarezza, ed è che la scelta di questi ready-made non fu mai dettata da un qualche compiacimento estetico. La scelta si fondava su una reazione di indifferenza *visiva*, combinata al tempo stesso con un'assenza totale di buono o cattivo gusto (...), di fatto un'anestesia completa[26].

Oggetto banale, votato all'indifferenza estetica, in rottura radicale con la tradizione della manualità artistica, il ready-made punta sull'efficacia dell'intenzionalità. E non smette di suscitare commenti e varianti artistiche. Thierry de Duve ha messo in luce una delle conseguenze piú importanti di questa impostazione strategica: mentre le arti come la pittura, la scultura, ecc. si caratterizzano per una precisa specificità – le opere si richiamano a oggetti specifici – il ready-made promuove un'arte generica, non specificabile a priori in base a una categoria determinata di artefatti[27]. Se si volesse considerare questo o quel ready-made una scultura, ad esempio, bisognerebbe in effetti ammettere che l'oggetto preso in esame partecipa dell'universo artistico. Anziché subordinare l'opera al giudizio del gusto, spazzato via dalla rivendicazione della «indifferenza estetica», il ready-made pone altri problemi: *Che cos'è l'arte? A quali criteri deve corrispondere un artefatto per appartenere a tale categoria?* Interrogativi che restano tuttora al centro dei dibattiti sull'arte contemporanea e che erano già presenti, *in nuce*, nella problematica dei collage, non certamente *disegni* né tantomeno *pitture* né ancor meno *sculture*.

A volte Duchamp, come i cubisti ma con un'infinita discrezione, aggiungeva all'oggetto prescelto alcuni segni grafici, ad esempio un paio di baffi e un pizzetto sulla ripro-

[26] *Ibid.*, p. 191.

[27] Cfr., in particolare, T. DE DUVE, *Résonances du readymade*, Chambon, Nîmes 1989.

duzione de *La Gioconda* (*L.H.O.O.Q.*, 1919), un tipo di ready-made *aided* («rettificato») che attira l'attenzione su uno degli esiti essenziali delle sue opere, rivoluzionarie non per i loro risvolti burleschi ma in sé e per sé. Duchamp, al pari di altri artisti del XX secolo, avrebbe potuto sottoscrivere l'appunto di Valéry:

> Gli stupidi credono che scherzare non significhi essere seri, e che un gioco di parole non sia una risposta. Perché questa loro convinzione? Perché è loro interesse che le cose stiano cosí. È la loro ragion di stato, ne va della loro esistenza[28].

La *vocazione* di Duchamp per le allitterazioni e altri giochi verbali va di pari passo con l'importanza che assegnava alle frasi brevi e spesso enigmatiche scritte sui ready-made. Esse non descrivono l'oggetto, e non precisano nemmeno il suo soggetto, come fanno abitualmente i titoli. L'artista si augura che trasferiscano «lo spirito dello spettatore verso altri territori piú verbali», contrade che, grazie a lui, apparivano spesso ridenti.

L'amico Picabia usa un dispositivo analogo nei suoi «disegni meccanomorfi». Egli, dal 1915, fa appello, dichiaratamente, alle virtualità del ready-made iconico, ma vi aggiunge, implicitamente, la pratica del ready-made grafico. Disegni industriali, a volte riproposti tali e quali, a volte ridisegnati, oppure illustrazioni di cataloghi, vengono combinati con brevi testi in modo da creare delle conflagrazioni significanti. Picabia, ad esempio, presenta allo spettatore questa «legenda» scritta sopra una candela di motore a scoppio denominato *For-ever*: «Ritratto di fanciulla americana in stato di nudità». Inoltre gli storici dell'arte hanno dimostrato come i suoi testi siano ricavati da locuzioni latine tradotte e spiegate sulle pagine rosa del *Petit Larousse*. Picabia, nondimeno, spesso li «rettifica», o li mutila, il che rende il riferimento oscuro e spiazzante. Il *Ritratto di De Zayas* (1915), uno strano macchinario, è composto da un piccolo schizzo marino sormontato dalla scritta «De Zayas! De Zayas!», sotto la quale si legge: «Sono giunto sulle ri-

[28] P. VALÉRY, *Choses tues* (1941), in ID., *Tel quel*, Gallimard, Paris 1996, p. 41.

ve del Ponto Eusino». L'insieme trova una spiegazione qualora lo riferiamo all'«esclamazione di gioia lanciata dai diecimila Greci condotti da Senofonte (*Anabasi*, IV.8) quando, spossati dalla fatica dopo una ritirata di sedici mesi, scorsero finalmente le rive del Ponto Eusino: *Thalassa! Thalassa!* »

«Un critico, oggetto ridicolo» (*Ritratto di Louis Vauxcelles*, 1917) sembrerebbe di piú agevole comprensione, ma lo spunto satirico proviene anch'esso da una fonte classica, sfruttata spudoratamente: «Parturient montes, nascetur ridiculus mus», un verso di Orazio (*Ars poetica*, 139) che, tradotto, suona cosí: «Le montagne hanno le doglie, ne nascerà un ridicolo topolino».

Il ready-made testuale, prolungamento del collage improntato a un'ispirazione sarcastica, partecipa di una messa in causa dei fondamenti dell'attività artistica che ha trovato, auspice il dadaismo, la propria formula nel termine «anti-arte», destinato ad avere un'eco durevole. Il «Bulletin dada» parigino annunciava cosí la nascita di un'istituzione regolare – che alla fine non ebbe luogo, poiché agli artisti della Section d'or non piaceva lo scandalo: «Il 2 marzo 1920, seconda manifestazione della Section d'or. *Anti-letteratura dada - Anti-musica dada - Anti-pittura dada*. Per la prima volta saranno esposti a Parigi quadri dada». Picabia utilizzava la locuzione «anti-arte» in maniera piú dissacratoria che argomentativa, secondo una logica che tuttavia appariva particolarmente indicata, trattandosi piú di uno slogan provocatorio che di un concetto:

> Tutti i nostri nemici parlano dell'Arte, della letteratura o dell'anti-letteratura, e voi vi affannate a sapere se le vostre opere sono arte o anti-arte? Le sole cose veramente ignobili, in verità, sono proprio l'Arte e l'anti-arte[29].

A proposito dell'aggressività anti-arte che caratterizzava le manifestazioni dada negli Stati Uniti, Duchamp precisa: «Si trattava soprattutto di rimettere in questione il comportamento dell'artista quale era concepito dalla gente comune. L'assurdità della tecnica, delle cose tradizio-

[29] FUNNY GUY (Picabia), *Chef = d'œuvre*, in ID., *Le Pilhaou-Thibaou* (1921), ristampa in «391», Paris 1975, p. 101.

nali...»[30]. La nozione di anti-arte conobbe un ritorno d'attualità quando il neodadaismo, apparso in America alla fine degli anni cinquanta, s'impose sulla scena internazionale, grazie in particolare al movimento Fluxus. L'anti-arte rimette in causa le definizioni standard dell'opera d'arte e le loro modalità istituzionali d'impiego. Nondimeno, per comprenderne la vera portata, occorre riconoscere il fatto che l'anti-arte, e le discussioni che l'accompagnano, restano interamente circoscritte al mondo dell'arte, anzi confinate in esso, al di là della volontà dichiarata di cambiarne radicalmente la natura. L'anti-arte appartiene dunque, con pieno diritto, all'arte, tanto tollerante da far posto anche alle proposte che manifestano l'intenzione di scardinarla. L'atteggiamento anti-arte è globale, e non si limita affatto all'ambito delle «belle arti» – uno dei suoi scopi è appunto quello di abbattere le frontiere tra le arti, cosí come tra l'arte e la vita. George Maciunas, uno dei principali esponenti di Fluxus, ne ha definito chiaramente i programmi:

> Le forme «anti-arte» si riferiscono innanzitutto all'arte come professione, alla separazione artificiale tra l'artista e il pubblico, o tra il creatore e lo spettatore, o tra la vita e l'arte: esse si contrappongono alle forme artificiali, ai modelli e ai metodi dell'arte stessa, alla ricerca della finalità, della forma e del senso dell'arte. L'anti-arte è la vita, la natura, la realtà vera – è l'uno in tutto. La pioggia che cade è anti-arte, il rumore della folla è anti-arte, uno starnuto è anti-arte, un volo di farfalla, i movimenti dei microbi sono anti-arte. Queste cose sono belle e meritano altrettanta considerazione da parte dell'arte. Se l'uomo potesse, nella stessa misura in cui vive l'arte, fare l'esperienza del mondo, del mondo concreto che lo circonda (dai concetti matematici fino alla materia fisica), non ci sarebbe piú alcun bisogno di arte, di artisti e di altri elementi «improduttivi»[31].

La vitalità dell'anti-arte attinge all'inventiva esuberante di artisti ansiosi di rompere con le forme canoniche. All'inizio del secolo, i dadaisti hanno moltiplicato i confronti tra l'arte e l'universo concreto, quello degli oggetti comu-

[30] CABANNE, *Entretiens avec Marcel Duchamp* cit., p. 100.

[31] G. MACIUNAS, *Néo-Dada en musique, théâtre, poésie et beaux-arts* (1962), in *L'esprit Fluxus*, catalogo della mostra, Musées de Marseille, Marseille 1995, p. 157.

ni. Raoul Hausmann, seguace del fotomontaggio, realizzò nel 1919 un vero collage in rilievo, *Der Geist unserer Zeit (Mechanischer Kopf)*. Su una testa di manichino in legno sono fissati un bicchiere pieghevole, un portamonete, un pezzo di centimetro da sartoria, un cartoncino con la cifra 22, ecc. Emblematico dello spirito dadaista, dell'incoerenza del tempo, la testa non è una scultura, benché venga spesso presentata su un ripiano, accuratamente conservata da mani protettive. Essa è anche la prova della difficoltà di classificare entro categorie ereditate dal passato opere refrattarie a qualunque rassicurante tassonomia, difficoltà stimolante ma che non facilita affatto il compito di chi è incaricato di spiegare semplicemente l'arte moderna. Non solo *Der Geist unserer Zeit* non è imparentato con la scultura: piuttosto, condivide certe istanze del ready-made *aided* e del collage tridimensionale, o ancora del semplice montaggio di elementi eterocliti.

Molti oggetti di Man Ray sono accompagnati da titoli che concorrono pienamente all'esistenza dell'opera. Essi presentano i tratti distintivi del ready-made (rettificato), nel senso che quest'arte – o anti-arte – del montaggio poetico fonde elementi visivi ed elementi linguistici. A *Trabocchetto* (1917) di Marcel Duchamp – un attaccapanni da parete fissato al pavimento – risponde *Ostruzione* (1920) di Man Ray – sessantatré «stampelle» di legno sospese e appese al soffitto una addosso all'altra. L'artista racconta nelle sue memorie come, la sera del vernissage della sua mostra alla libreria Six (Parigi, dicembre 1921), uscendo da un caffè in compagnia di Erik Satie, notò in una vetrina un ferro da stiro, lo acquistò, si procurò dei chiodi da tappezziere, li fissò in fila, con le punte sporgenti, sotto la piattaforma del ferro e, tornando alla galleria, aggiunse l'oggetto alle opere esposte, intitolandolo *Cadeau*, titolo che venne immediatamente preso alla lettera: il giorno seguente, infatti, l'oggetto era scomparso, probabilmente rubato o piuttosto «accettato» dal proprietario dei locali, Philippe Soupault[32]. Molti anni dopo, Hans de Vries prolungò il gio-

[32] È almeno quanto, amichevolmente, sospetta: cfr. il suo racconto in M. RAY, *Oggetti d'affezione*, a cura di Paolo Fossati, Einaudi, Torino 1983, pp. 39 e 51.

co: *Le cadeau renvoyé* (1970), ferro da stiro simile a quello utilizzato da Man Ray, reca i chiodi sull'impugnatura. Uno degli oggetti dada che esprimono meglio l'importanza del titolo assegnato è senza dubbio il tubo di zinco montato su una scatola da manicure – duplice omaggio al bricolage – e intitolato *God* (Morton Schamberg, fine anni dieci).

I surrealisti hanno coltivato sia i sortilegi dell'incontro fortuito sia la facoltà de-realizzante degli accostamenti organizzati in modo incongruo. Come le immagini del sogno, la *trouvaille* impone la sua magia. Tra i numerosi «oggetti surrealisti», gli «oggetti a funzionamento simbolico» occupano un posto di rilievo. Gli elementi che li compongono sono scelti per la loro capacità di rivelare il potere degli affetti o dei fantasmi che ci abitano, e la loro organizzazione si sottrae a ogni imperativo formale. Secondo Salvador Dalí, essi «non dipendono che dall'immaginazione amorosa di ciascuno e sono extra-plastici»[33]. Parecchie creazioni del movimento surrealista coltivano l'insolito delle associazioni, l'incongruo della messa in scena degli oggetti. I manichini (Esposizione internazionale del Surrealismo, Parigi, Galerie des Beaux-Arts, 1938), la *Bambola* (1932-45) maltrattata e fotografata da Hans Bellmer, la *Colazione in pelliccia* (1936), tazza, sottotazza e cucchiaino ricoperti di pelliccia da Meret Oppenheim, i numerosi *Shadow Boxes* di Joseph Cornell testimoniano la fecondità di questa vena, che pone la logica del collage al servizio dell'espressione dell'inconscio.

[33] S. DALÍ, *Objets surréalistes*, in «Le Surréalisme au service de la Révolution», n. 3, dicembre 1931, p. 16; trad. it. *Oggetti surrealisti*, in *La rivoluzione paranoico-critica. L'arcangelismo scientifico*, Rizzoli, Milano 1980.

Capitolo secondo

Il puro e l'impuro

Pittura a olio o ad acquerello, carboncino, punta metallica, grafite, pastello o stucco, pietra, bronzo, legno, ecc.: l'arte occidentale ricorse per un lungo periodo a un numero limitato di materiali, legittimati, nel corso dei secoli, dal loro impiego quotidiano. Molti artisti del XX secolo sono rimasti fedeli alla tradizione, ma molti altri hanno manifestato il loro desiderio di emancipazione con l'uso di qualsiasi tipo di materiale, in alcuni casi nuovo, in altri, i piú numerosi, completamente ignorato dalle pratiche artistiche precedenti. Nello stesso momento in cui Braque e Picasso inventavano il collage, uno scultore futurista, Umberto Boccioni, si proclamava favorevole a un'estensione indefinita delle possibilità di scelta e al diritto alle collusioni piú inaspettate:

> Distruggere la nobiltà tutta letteraria e tradizionale del marmo e del bronzo. Negare l'esclusività di una materia per la intera costruzione d'un insieme scultorio. Affermare che anche venti materie diverse possono concorrere in una sola opera allo scopo dell'emozione plastica. Ne enumeriamo alcune: vetro, legno, cartone, ferro, cemento, crine, cuoio, stoffa, specchi, luce elettrica, ecc. ecc.[1].

Boccioni, personalmente, non ebbe il tempo di mettere in pratica i contenuti del suo appello, ma essi trovarono un'accoglienza che andò ben al di là delle sue attese. Dal 1912 in poi, l'arte moderna e contemporanea ricorre, nel corso degli anni, ai materiali piú diversi: acciaio, alluminio, plexi-

[1] U. BOCCIONI, *Manifesto tecnico della scultura futurista* (1912), in L. DE MARIA (a cura di), *Filippo Tommaso Marinetti e il futurismo*, Mondadori, Milano 1973, p. 73.

glas o plastica, luce, ma anche gomma, cera, miele, feltro, oppure cioccolato, grasso, persino sperma o escrementi. Pare non esistano materie, solide o molli, durevoli o deperibili, nobili o ripugnanti, che non possano oggi concorrere all'elaborazione di un'opera. Le une, «pure», sono il referente ideale per le moderne tecnologie. Le altre, «impure», tendono a mescolare l'arte e la vita. Tutte agiscono con forza sulla creazione delle forme e sulla ricezione delle opere. L'estensione *ad libitum* delle possibilità d'ordine materiale o tecnico contribuisce a quel vasto processo di indistinzione tra le arti che è una delle caratteristiche dell'evoluzione estetica del XX secolo. I papier collé, i collage e i readymade avevano aperto una breccia. Dopodiché il cambiamento di prospettiva, iniziato con le arti visive, si estese ad altri settori. La musica, ad esempio, si aprí all'«arte dei rumori», a proposito della quale Luigi Russolo, nel 1913, scriveva:

> Ogni manifestazione della nostra vita è accompagnata dal rumore. Il rumore è quindi famigliare al nostro orecchio, ed ha il potere di richiamarci immediatamente alla vita stessa. Mentre il suono, estraneo alla vita, sempre musicale, cosa a sé, elemento occasionale non necessario, è divenuto ormai per il nostro orecchio quello che all'occhio è un viso troppo noto, il rumore invece, giungendoci confuso e irregolare dalla confusione irregolare della vita, non si rivela mai interamente a noi e ci serba innumerevoli sorprese. Siamo certi dunque che scegliendo, coordinando e dominando tutti i rumori, noi arricchiremo gli uomini di una nuova volontà insospettata[2].

Il primo concerto di musica dei rumori ebbe luogo a Modena nello stesso anno. Non potendo, a quel tempo, registrare rumori reali per le proprie composizioni, Russolo aveva costruito con Ugo Piatti una serie di strumenti «intonarumori». Negli anni quaranta, i progressi tecnici consentirono a Pierre Schæffer e Pierre Henry di promuovere una «musica concreta» – denominazione che indica chiaramente l'intento di abbandonare i mezzi specificamente estetici per sposare la concretezza di materiali eterogenei.

[2] L. RUSSOLO, *L'arte dei rumori* (1913), *ibid.*, p. 96.

1. *Assemblaggi e costruzioni*.

I papier collé cubisti sono nati, lo abbiamo ricordato, come «sculture di carta», che Braque elaborava prima di far «entrare la scultura dentro la tela»[3]. Nessuna di queste sculture è giunta fino a noi. Solo una fotografia, scattata nel 1914, e alcuni cenni negli scambi epistolari testimoniano oggi la loro esistenza. Picasso, invece, ha conservato gran parte delle sue opere tridimensionali, che portavano avanti le ricerche condotte sul piano della tela o del foglio di carta. La piú antica è certamente una *Chitarra* (fine 1912), costruita con cartone, cordoncino e fil di ferro, modello per una versione in cui il cartone, troppo fragile, sarà sostituito dalla lamina di metallo, piú solida ma meno volumetrica. Tutto infatti avviene come se l'artista dispiegasse sotto i nostri occhi, nel nostro spazio, le sue manipolazioni di materiali piani. La chitarra di cartone venne del resto utilizzata da Picasso come elemento per un assemblaggio realizzato sul muro del suo atelier, all'inizio del 1913: una sorta di grande papier collé effimero, per metà piano e per metà in rilievo ma assolutamente frontale. Un altro esperimento ancor piú spettacolare mescola lo schizzo – cubista – di un grande personaggio le cui braccia, in carta di giornale, escono letteralmente dalla superficie per imbracciare una vera chitarra, mentre in primo piano, su un tavolino, è posata una bottiglia assieme ad alcuni altri oggetti reali, componenti abituali delle nature morte dipinte all'epoca dall'artista.

Picasso moltiplicò questi artefatti a metà strada tra la pittura e la scultura propriamente detta. Una chitarra, un violino, un clarinetto, oppure bicchieri, bottiglie, un dado, ecc., sono altrettanti motivi per variazioni in cartone, lamina metallica, legno, cordoncino, fil di ferro e altri materiali la cui modestia valorizza il virtuosismo della loro composizione. L'artista vi aggiunge spesso del colore, della pittura, a volte degli oggetti ready-made – ora una fettuccia

[3] G. Braque, citato in J. PAULHAN, *Braque le patron*, Gallimard, Paris 1952, p. 47.

attorno a un tavolo (*Lo spuntino*, 1914), ora un vero cucchiaio (*Bicchiere di assenzio*, 1914). A tale contaminazione di elementi diversi si aggiunge poi un'altra modalità operativa, l'ibridazione di pittura e volume, un qualcosa che fino allora risultava del tutto estraneo alla tradizione della nostra scultura, tagliata nel marmo, o modellata, levigata e riprodotta nel bronzo, rappresentazione monocroma di soggetti piú «nobili» di semplici nature morte. Picasso taglia, sega, inchioda, incolla, dipinge materiali che rivendicano la loro identità, denunciano la loro eterogeneità. Ecco perché si rendono necessari i termini *costruzione* e *assemblaggio*. Essi non designano tanto il ricorso a tecniche che tutto sommato non sarebbero di per sé nuovissime, quanto l'uso che se ne fa in scultura, un uso talmente rivoluzionario per il mondo occidentale da esigere appunto una terminologia diversa: *costruzione* e *assemblaggio* corrispondono inoltre a un'estetica della mescolanza che non è senza legami con l'*arte negra* – espressione di uno degli aspetti piú rilevanti del primitivismo. Marcel Janco, del resto, preparava, per le serate dada del Cabaret Voltaire, delle maschere che, come le costruzioni cubiste e le sculture africane, si richiamavano a materiali volutamente eterocliti.

Picasso rimescola i confini tra i generi, e il volume gli permette di continuare a esplorare soluzioni di cui la pittura resta in ultima analisi il fondamento, come egli stesso noterà in seguito: «La scultura è il miglior commento che un pittore possa rivolgere alla pittura»[4]. Altri artisti, pittori o scultori, riprendono puntualmente le sue ricerche sull'abolizione delle frontiere tra le arti. Laurens assembla e dipinge forme in legno o in metallo (*Bouteille et verre*, 1917). Magnelli struttura piani in stucco ma li integra a volte con oggetti direttamente assunti dalla realtà, come la fruttiera in maiolica e la bottiglia di vetro che troneggiano in una *Natura morta* (1914). Ivan Puni assembla una tavola per lavare, delle tenaglie e una palla rossa (*La tenaglia*, 1915). Oppure dipinge di bianco una sfera e la fissa a un cassetto (*La palla bianca*, 1915), o incolla un piatto su una tavola (1915). In Russia, i tentativi di interdisciplinarietà

[4] PICASSO, *Propos sur l'art* cit., p. 129.

tra le arti suggeriscono varie sigle, significative di una volontà collettiva di farla finita con la logica soffocante delle specializzazioni: Aleksandr Archipenko progetta delle «sculto-pitture», Baranov-Rossiné presenta delle «sculture dipinte», Puni delle «sculture pittoriche», Miturič-Chlebnikova delle «pitture spaziali» e Tatlin realizza dei «rilievi pittorici». Tutte queste opere hanno in comune un intreccio fra pittura e rilievo o scultura propriamente detta.

2. *La cultura dei materiali*.

Tatlin aveva incontrato Picasso a Parigi nel 1914[5]. Ritornando in Russia, l'artista espone degli «assemblaggi di materiali». Uno di essi, *Bottiglia* (1914), è ancora figurativo, ma i piú rifiutano la rappresentazione per privilegiare il confronto tra forme, materie e colori, facendo appello non tanto all'astrazione – e all'astrazione spiritualista in particolare – quanto alla concretezza fisica, secondo una linea di rottura introdotta da Kandinskij e qualche altro. Tatlin adotta a questo punto un'altra sigla, «controrilievo», e concepisce delle costruzioni avulse dalla struttura piana: i suoi «controrilievi d'angolo» si espandono nello spazio, trattenuti ai muri da corde o aste. I materiali che entrano a par parte della loro fabbricazione, latta, alluminio, rame, zinco, legno, evocano l'universo della fabbrica piú che l'atelier dell'artista. Nette, lucenti, le strutture metalliche di Tatlin magnificano l'energia nativa della materia, glorificano la «cultura dei materiali»[6], una cultura che i teorici russi cominciano a promuovere.

Abbiamo visto come la fattura (*faktura*) potesse essere considerata un elemento plastico a tutti gli effetti e come in seno alla cultura rivoluzionaria sovietica essa divenne una nozione chiave. Nel 1922, Aleksej Gan mette in guardia

[5] Sull'incontro, e sulla controversa data, cfr. l'articolo particolarmente bene informato di A. STRIGALEV, *Berlin-Paris-Moscou. Le voyage à l'étranger de Vladimir Tatline* (1914), in «Les Cahiers du Musée National d'Art Moderne», n. 47, primavera 1994, pp. 7 sgg.

[6] L'espressione è dello stesso Tatlin, che aveva aperto nel quadro dell'Inchuk un atelier chiamato «Sezione per la cultura dei materiali».

dal fatto che si affronti la *faktura* «dal punto di vista professionale del pittore». Egli auspica che ne venga proposta una definizione nuova e ne venga liberata l'essenza partendo «dal materiale in generale»[7]. Lo studio congiunto del materiale e della fattura apre prospettive nuove. Il materiale e la forma erano giudicate entità relativamente indipendenti: la nozione di fattura crea tra loro un nesso dinamico. Inoltre induce a riconsiderare il processo creativo. Dichiaratamente materialista, Tarabukin rovescia il modello aristotelico della «causa formale» quando afferma: «È il materiale a dettare la forma all'artista e non il contrario. Il legno, il ferro, il vetro, ecc. determinano costruzioni diverse. Di conseguenza, il materiale determina l'organizzazione costruttiva dell'oggetto»[8].

Gli approcci alla *faktura* appaiono spesso confusi, ma il senso del dibattito che essa suscita si chiarisce quando guardiamo le opere, le quali dimostrano una fiducia illimitata nel progresso, soprattutto nel progresso scientifico e industriale. Lo stato d'animo che anima l'avanguardismo futurista, il cui impatto, in Russia, fu notevole, si fonde con le speranze nate dalla Rivoluzione. E il tutto si esalta nella scelta dei «materiali veri», la quale consente ad artisti come Tatlin di andare forse «piú lontano» di Picasso e Braque[9], e in particolare di assegnare finalità diverse all'attività artistica. L'edificazione di una società comunista ritenuta in grado di far nascere un uomo nuovo stimolava artisti e teorici a partecipare all'elaborazione di una cultura interamente nuova, a porre, ancora una volta, la questione delle funzioni sociali dell'arte.

Per imporre una modernità rivoluzionaria, bisognava combattere su tutti i fronti. Tarabukin, ad esempio, contrapponeva gli artisti russi ai pittori dell'Europa occidentale. Picasso, diceva, chiama le sue creazioni «quadri», men-

[7] GAN, *Le constructivisme* cit., p. 440.

[8] TARABOUKINE, *Pour une théorie de la peinture* cit., p. 191.

[9] Questa è almeno l'opinione di Tarabukin: «Braque e Picasso erano stati i primi a utilizzare la tecnica dei collage di carta, lettere e anche trucioli, stucco, ecc. per diversificare la fattura e accrescerne l'effetto, ma Tatlin andò piú lontano creando controrilievi partendo da materiali autentici»; cfr. TARABOUKINE, *Du chevalet à la machine* cit., p. 457.

tre Tatlin chiama le sue «assortimenti di materiali». E aggiungeva che «l'opera di Picasso può trovare posto solo in un museo, mentre Tatlin ha ogni ragione di omologare le sue costruzioni alle strutture della fabbrica e di considerarle quantomeno un problema tecnico risolto, e risolto sul piano dei materiali»[10]. Gli «artisti-ingegneri» non sono molto interessati all'antitesi tra il *che cosa* e il *come* (dipingere) sollevata da Kandinskij. L'attenzione rivolta al significato dell'opera o all'espressione, per il suo tramite, del creatore lascia il posto a una riflessione sulla finalità dell'arte. Mentre alcuni inneggiano all'utilitarismo per chiudere una volta per tutte con l'estetismo dell'arte per l'arte, altri, come i redattori della rivista «L'oggetto» (1920), tra i quali Il′ja Ehrenburg e El′ Lisickij, si dicono contrari a limitare «la produzione degli artisti agli oggetti utilitari», prendendo le distanze dai «poeti che propongono in versi di smettere di fare versi o [dai] pittori che predicano per mezzo dei quadri la rinuncia alla pittura».

La finalità delle opere d'arte occupa un posto centrale nei dibattiti condotti dagli adepti o dai propagandisti del Costruttivismo. Il termine, non a caso, compare per la prima volta nel corso delle discussioni tenute in seno all'Inchuk da Rodčenko e dai suoi giovani allievi, contrari alle tesi del primo direttore dell'Istituto, Kandinskij. Il Primo Gruppo di lavoro dei costruttivisti espone le proprie opere in occasione di una manifestazione organizzata a Mosca nel 1921 dall'Obmochu. Rodčenko vi presentava delle *Costruzioni spaziali*, ingegnose realizzazioni in legno, dipinte in argento, pieghevoli e appese al soffitto. Nel 1922, tre artisti che avevano partecipato alla manifestazione inaugurale, Medunetskij e i due fratelli Stenberg, espongono di nuovo e pubblicano per l'occasione un catalogo. Il loro testo, intitolato *I costruttivisti si rivolgono al mondo*, adotta il tono veemente dei manifesti programmatici. Piú suggestivo che dimostrativo, esso proclama in questo modo le loro convinzioni:

> Alla fabbrica! dove si prepara il trampolino inaudito che permetterà all'uomo di effettuare il salto nella cultura universale.

[10] *Ibid.*, p. 463.

Questo cammino si chiama COSTRUTTIVISMO. I grandi corruttori della natura umana – esteti e artisti – hanno distrutto i ponti severi di questo cammino sostituendoli con una narcosi dolciastra: l'arte e la bellezza[11].

Il Costruttivismo rinnega l'autonomia dell'arte. Di conseguenza, stigmatizza il quadro da cavalletto, sempre museale e, secondo Tarabukin, prodotto di un'epoca in cui la società era nettamente divisa in classi. Aleksej Gan auspica, nella nuova società comunista che sente sua e in cui ripone tutte le sue speranze, una connessione tra l'insieme delle attività sociali e lo «slancio collettivo dei doveri dell'uomo». Per quanto riguarda l'arte, l'orientamento è scontato: «Distaccarsi dalla propria attività speculativa e trovare le vie che conducono al lavoro reale, applicando conoscenze e capacità a un lavoro autentico, vivo e aderente alla funzione»[12].

L'accostamento dell'arte alla vita quotidiana (il *byt*) fu spinto alle estreme conseguenze da Tatlin quando decise di allontanarsi dai «controrilievi inutili» per elaborare delle «casseruole utili». Nel 1924, egli ideò una cucina per gli alloggi operai, realizzò dei vestiti e ne pubblicò i modelli. Animato da un entusiasmo analogo, Rodčenko presenta a Parigi (Exposition internationale des arts décoratifs et industriels modernes, 1925) il progetto di un «Club operaio». El′ Lisickij, forte della formazione di ingegnere, si colloca con i suoi *proun* – acronimo che sta per «Progetto per la fondazione di nuove opere artistiche» – a mezza strada tra la pittura e l'architettura. Nel 1924 immagina una tribuna per Lenin. A Berlino, all'Esposizione d'arte del 1923, presenta uno *Spazio proun* nel quale possono entrare gli spettatori, una sala trasformata nel 1928, a Hannover, in uno *Spazio degli astratti*, destinato alle esposizioni di arte contemporanea non figurativa.

I costruttivisti recano un importante contributo anche nel campo del teatro: un'ulteriore testimonianza della loro volontà di rompere con l'arte da museo e di tessere legami

[11] Citato in G. CONIO (a cura di), *La genèse et le sens du constructivisme russe*, in ID. (a cura di), *Le constructivisme russe* cit., p. 15.

[12] GAN, *Le constructivisme* cit., p. 434.

immediatamente percepibili con la vita, in tutte le sue forme. Per cui Rodčenko poteva esclamare:

> La pittura non figurativa ha abbandonato i musei; la pittura non figurativa è *la strada* stessa, *la città* e *il mondo intero*[13].

La «cultura dei materiali» sembrava condurre alla morte dell'arte. Non fu cosí, naturalmente, ma al prezzo di una modificazione importante, sicuramente irreversibile, di ciò che la nozione di *arte* rappresentava. Accanto alla pittura e alla scultura, si sono andati affermando tutti i tipi di oggetto, collage o *costruzione*, forme che, benché non sempre destinate al museo – alcune, come s'è visto, ne rifuggivano con forza – hanno finito spesso per trovarvi posto. I mezzi potenzialmente utilizzabili dagli artisti coprono ormai la totalità delle tecniche disponibili. E non tutte sono state ancora veramente adoperate: una parte della storia dell'arte del XX secolo si confonde con quella della loro acquisizione, della loro capacità di integrazione.

3. *Il movimento reale*.

Naum Gabo e Anton Pevsner affissero lungo le strade di Mosca, nel 1920, un *Manifesto realista* generalmente considerato il primo proclama costruttivista, sebbene il termine non vi compaia. Il «realismo» per il quale si battono i due artisti non ha nulla a che vedere con una qualsiasi nozione di rappresentazione. Gabo e Pevsner vogliono aprire l'arte alla realtà perché, scrivono, «la Realtà è la bellezza al suo grado piú elevato». Ora, la realtà vivente si incarna nel movimento.

Gli artisti si interessano da lunghissimo tempo alla rappresentazione del movimento, del quale i futuristi fecero uno dei loro cavalli di battaglia.

Marinetti desidera, nel 1909, «esaltare il movimento aggressivo». La sua apologia delle possibilità nuove offerte

[13] Dichiarazione (su un cartello) dell'artista in occasione della XIX Esposizione di Stato, Mosca, 1920; citata in CONIO (a cura di), *Le constructivisme russe* cit., p. 44.

dalle macchine apre prospettive allettanti ai pittori e scultori futuristi:

> Noi affermiamo che la magnificenza del mondo si è arricchita di una bellezza nuova: la bellezza della velocità. Un automobile da corsa col suo cofano adorno di grossi tubi simili a serpenti dall'alito esplosivo (...) un automobile ruggente, che sembra correre sulla mitraglia, è piú bello della *Vittoria di Samotracia*[14].

Gli artisti futuristi, o anche Marcel Duchamp nel suo famoso *Nudo che scende le scale n. 2* (1912), si sono ispirati alle cronofotografie realizzate alla fine del XIX secolo da Étienne-Jules Marey o Eadweard Muybridge per rappresentare il movimento o la velocità con l'ausilio di forme statiche. Malgrado la potenza evocativa e la pienezza plastica di opere firmate ad esempio da Balla, Boccioni o Russolo, la concezione che presiedeva alla loro elaborazione suscitò la critica sferzante di Gabo e Pevsner:

> Sappiamo tutti ormai che una semplice registrazione grafica di una sequenza di movimenti momentaneamente *fissati* non può ricreare il movimento in sé. Alla resa dei conti, l'assenza totale di un ritmo lineare fa di un quadro futurista qualcosa che assomiglia alla circolazione sanguigna di un cadavere[15].

Invece di proporre rappresentazioni, il loro manifesto indica una soluzione radicale:

> Affermiamo che in queste arti [le arti plastiche] vi è il nuovo elemento dei *ritmi cinetici* in quanto forme basilari della nostra percezione del tempo reale[16].

Gabo indica la strada. Utilizza un motore per imprimere un movimento circolare alla sua *Costruzione cinetica* – una semplice asta di metallo incurvata, posta su un ripiano che dissimula il meccanismo. Paradossalmente, gli storici dell'arte hanno spesso preferito evidenziare nell'opera la ma-

[14] F. T. MARINETTI, *Manifesto del futurismo*, in «Le Figaro», 20 febbraio 1909, citato in L. DE MARIA (a cura di), *Filippo Tommaso Marinetti e il futurismo* cit., p. 6.

[15] N. GABO e A. PEVSNER, *Manifeste réaliste* (1920), in *Naum Gabo*, catalogo della mostra, Musée de Peinture et de Sculpture, Grenoble - Museée National d'Art Moderne, Paris 1971; trad. it. *Manifesto del realismo 1920*, in DE MICHELI, *Le avanguardie artistiche del Novecento* cit.

[16] *Ibid.*

nifestazione di un volume virtuale, generato dalla rapida rotazione dell'asta. Il «cinetismo reale» introduce comunque nelle arti plastiche la realtà del movimento, una novità destinata a un grande avvenire.

Nel 1930, Alexander Calder suggerisce a Mondrian di «fare oscillare» i rettangoli dei suoi quadri. Va da sé che Mondrian non diede seguito alla cosa, e che invece fu proprio Calder a cominciare a realizzare, di lí a poco, opere provviste di motori. Dopodiché utilizzò esclusivamente la semplice forza dell'aria per muovere sottili equilibri di forme colorate, tagliate in lamine e montate su aste metalliche. Queste opere sono conosciute con il nome convenzionale di *Mobiles*, un appellativo dovuto a Marcel Duchamp, che lo propose nel 1932, in occasione della mostra di Calder alla Galerie Vignon di Parigi.

Molti artisti hanno esplorato le virtualità del movimento. Tra le costruzioni ludiche di Jean Tinguely, l'inquietante lentezza degli spostamenti quasi impercettibili programmati da Pol Bury o la violenta stranezza delle macchine di Rebecca Horn, non affiora alcuna unità estetica: il movimento reale affascinò artisti diversissimi come Duchamp, divertito, ci si ricordi, dai bagliori luminosi della sua *Ruota di bicicletta* (1913) e attratto anch'egli dai motori con *Lastre rotanti di vetro (ottica di precisione)* (1920), o Nicolas Schöffer, il cui progetto – non realizzato – di una *Tour lumière cybernetique* per la Défense manifestava un desiderio di integrazione dell'arte di avanguardia nello spazio pubblico. Denise René organizzò nel 1955, nella sua galleria parigina, una mostra che fece epoca, «Le mouvement». Pontus Hulten notava, nella circostanza:

> Una delle grandi innovazioni del nostro secolo è il fatto che l'arte si è appropriata del e utilizza il fattore tempo (precisamente la quarta dimensione). (...) Un'opera d'arte dotata di un ritmo cinetico che non si ripete mai è uno degli esseri piú liberi che si possano immaginare, una creazione che, affrancata da tutti i sistemi, vive di bellezza[17].

[17] P. HULTEN, *Mouvement-Temps ou les quatre dimensions de la plastique cinétique*, in *Le mouvement*, dépliant pubblicato in occasione della mostra, Galerie Denise René, Paris 1955.

L'introduzione di un parametro temporale nel campo delle belle arti è tanto piú importante in quanto contravviene alle teorie del modernismo, favorevoli a una netta separazione tra le arti del tempo e quelle dello spazio. Il cinetismo conobbe inoltre, presso il grande pubblico, un rapido successo: fenomeno evidentemente sospetto, secondo la logica delle avanguardie. Il suo carattere ludico risultava infatti seducente, anche se non contribuiva a suscitare l'attenzione che meritava. Giocattolo o utopia, l'«arte in movimento» (è il titolo di un'importante mostra tenuta alla Fondation Maeght nel 1992), pur largamente diffusa, tardava a imporsi veramente. La varietà delle scelte estetiche, il loro spessore teorico e la loro potenza plastica, la novità delle soluzioni proposte o la suggestione di molte opere hanno comunque finito per promuovere un interesse crescente per le tematiche e le problematiche legate al movimento.

La questione del tempo, nelle arti plastiche, si pone ormai in termini di minor subalternità rispetto alle analisi sviluppate da Lessing nel suo *Laocoonte* (1766). Parecchi artisti, in particolare quelli contrari a distinzioni troppo nette tra l'arte e la vita, non ricercano piú il contenuto specifico di ciascuna delle belle arti. Nello stesso momento in cui Gabo e Pevsner affiggevano il loro manifesto in favore del movimento reale, Paul Klee sviluppava i suoi argomenti a favore della presenza del tempo nelle arti plastiche:

> Ogni divenire si fonda sul movimento. Nel *Laocoonte* (sul quale abbiamo consumato non poche delle nostre riflessioni giovanili) Lessing riserva molta attenzione alla differenza tra arte del tempo e arte dello spazio. Ma a guardar bene, si tratta solo di una brillante illusione. Perché lo spazio è anche una nozione temporale. (...) Solo il punto morto è intemporale. Anche nell'universo il movimento preesiste a tutto. (Dove prendete allora forze simili? Domanda vana di un uomo illuso). La «pace sulla terra» è un arresto accidentale del movimento della materia. Considerare tale dato come una realtà prima, un'illusione. Il racconto biblico della Genesi offre un'ottima parabola del movimento, grazie alla quale la Creazione attinge una dimensione *storica*. Anche l'opera d'arte è prima di tutto genesi; mai afferrabile semplicemente come prodotto[18].

[18] KLEE, *Credo du créateur* cit., pp. 37-38.

4. *Il suono.*

Tra i materiali finora esclusi dalle arti visive, il suono e la luce occupano un posto importante. Il loro inserimento rafforza il processo di dissoluzione delle specificità delle singole discipline a vantaggio di opere d'arte se non «totali» almeno aperte alle sinestesie, pronte a proporre piaceri impuri per celebrare incontri felici. Marcel Duchamp scriveva, in una nota dedicata nel 1949 ai *Mobiles* di Calder: «La sinfonia è completa allorché entrano in gioco il colore e il suono e fanno appello a tutti i nostri sensi, pronti a seguire la partitura non scritta»[19].

Calder fu forse l'inventore delle «sculture sonore». In alcune sue opere, il suono è infatti una componente essenziale. *The White Frame* (1934), ad esempio, presenta un filo teso messo periodicamente in vibrazione da un motore. *A Black Ball, a White Ball* (1932 circa; opera perduta, ricostruita nel 1969) dà al suono un'importanza rilevante: quando le palline sospese alle estremità di un asse di ferro vengono messe in movimento, la piú piccola, quella bianca, va a colpire in modo casuale l'una o l'altra di una serie di palline di metallo di diametro diverso colorate di rosso: al che, si produce un suono piú o meno grave.

Lo stesso Duchamp valorizzò il suono nella sua opera. Oltre al celebre *Erratum musicale*, composizione dalle note tirate a sorte, egli indicava, in un appunto della sua *Boîte verte*: «Fare un ready-made con una scatola in cui chiudere qualcosa di indistinguibile e sigillare la scatola»[20], sulla scia di un progetto che solo il caso gli permetterà di concretizzare. Arensberg introdusse un oggetto non identificato al centro di un gomitolo di spago chiuso tra due placche metalliche, che poi avvitò definitivamente. Questo ready-made *aided* venne intitolato *Ready-made con rumore segreto* (1916).

Le infinite discussioni condotte nel XIX secolo intorno alla corrispondenza tra le arti e l'«opera d'arte totale» (*Ge-*

[19] M. DUCHAMP, *Catalogue de la Société Anonyme*, in SANOUILLET (a cura di), *Duchamp du signe* cit., p. 196.

[20] M. DUCHAMP, *La boîte verte*, *ibid.*, p. 49.

samtkunstwerk) hanno favorito gli accostamenti o le collaborazioni tra le arti visive e la musica (o il suono). Aleksandr Skrjabin compone *Prometeo*, o *Poema del fuoco* (1910-11), poema sinfonico la cui esecuzione doveva essere accompagnata da proiezioni luminose, e Kandinskij pubblica, nell'*Almanacco del Blaue Reiter* (1912), *Il suono giallo*, descrizione di una composizione scenica arricchita da effetti cromatici e sonori. Il *Piano optofonico* (1924) di Baranov-Rossiné dà corpo alle speranze di padre Castel, il quale, nel XVIII secolo, sognava una «musica per gli occhi».

Dopo la seconda guerra mondiale, si è progressivamente imposta una nuova categoria di opere: le «sculture sonore», riservate sia agli occhi che alle orecchie. Le prime furono concepite da musicisti, le seconde da scultori. Per le prime, si cita generalmente, tra i pionieri, Harry Partch. Egli si rammaricava che la musica occidentale fosse *uncorporal* (incorporea) e avrebbe desiderato che fosse attraente anche per gli occhi. Per cui inventò e costruí, per l'esecuzione delle sue partiture composte in una gamma di quarantatré toni, strumenti che rispondessero alle esigenze di questo doppio imperativo (musicale e plastico). Bernard e François Baschet, altri due pionieri, seguirono una linea differente. Costruirono, dagli anni cinquanta, delle vere «sculture sonore», esperimenti per giungere a un'effettiva «sintesi tra la scultura e i suoni».

Altri artisti si interessano ai suoni. Jean Tinguely espone *Le mie stelle - Concerto per sette dipinti* (Parigi, Galerie Iris Clert, 1958), in cui una serie di interruttori consente ai visitatori di azionare meccanismi che sprigionano effetti sonori. Alcune stazioni radio *registrano* l'esposizione. Due anni dopo, sempre Tinguely introduce nell'opera *Homage to New York* (MoMA, 1960), imperniata su una macchina che si autodistrugge, un piano mandato in pezzi da circa dieci bracci meccanici o, in alternativa, un apparecchio radio in legno destinato a essere segato in due. Takis presenta la sua prima opera musicale, realizzata con la collaborazione di Earl Brown, *Sound of Void* (1963), nella mostra «For Eyes and Ears» (New York, Cordier-Ekstrom Gallery, gennaio 1964). Alfred Pacquement è convinto di continuare a comportarsi «come uno scultore arcaico o come un drammaturgo o un musicista contemporaneo, in ogni caso un costruttore di forme e un artefice di suoni»[21] quando in molte sue opere, spesso spettacolari, incorpora il suono quale materiale essenziale. In *Attempt to Raise Hell* (1974), Dennis Oppenheim, a sua volta, mette in scena un manichino la cui testa metallica, animata da un movimento che pare casuale, va talvolta a battere contro una campana sospesa, producendo a quel punto «un baccano del diavolo». Parecchie mostre hanno dato conto di tale tematica. Il titolo di una di esse, «Écouter par les yeux, objets et environnements sonores» (Parigi, Musée d'Art Moderne de la Ville de Paris, 1980) si riferisce senza dubbio alla famosa opera di Paul Claudel *L'œil écoute* ma soprattutto si colloca in una linea di continuità rispetto alle indicazioni di Laszlo Moholy-Nagy, fiducioso nel futuro delle sue multiformi ricerche:

> Noi otterremo (...) un giorno (e tutte le nostre ricerche, cosí come l'opera dell'ex dadaista Raoul Hausmann, sembrano procedere in questo senso) un'arte opto-fonetica, che ci permetterà di *vedere la musica* e simultaneamente *ascoltare le immagini*[22].

Anche nuove forme d'arte – su cui torneremo – come l'environment, le installazioni, l'happening, o il ricorso a tecnologie nuove come il video, hanno favorito l'integrazione del suono nel campo delle arti plastiche. Discreto o fragoroso, esso non sempre si accontenta di far parte di un insieme nel quale gli elementi visivi restano preminenti: a volte svolge un ruolo autonomo. Max Neuhaus, ex percussionista di talento, è sicuramente il piú noto tra gli artisti che, a metà degli anni sessanta, hanno inaugurato tale tendenza. Inventore della locuzione «Sound Installation», Neuhaus realizza delle vere sculture sonore smaterializzate, invisibili, anche se programmate per agire sulla percezione dei luoghi per i quali sono state concepite.

[21] A. PACQUEMENT, *Un Socrate musicien*, in *Takis*, catalogo della mostra, Galerie Nationale du Jeu de Paume, Paris 1993, p. 10.

[22] L. MOHOLY-NAGY, *Peindre avec la lumière. Un nouveau moyen d'expression* (1939), in ID., *Peinture, Photographie, Film et autres écrits sur la photographie*, Chambon, Nîmes 1993, p. 209.

5. *La luce*.

Nelle grandi città cominciavano a proliferare le insegne e le pubblicità luminose quando Moholy-Nagy promosse l'utilizzo artistico della luce reale. Le sue realizzazioni e riflessioni in proposito sono molteplici, ma una delle opere piú notevoli in tal senso resta il *Modulatore spazio-luce*. Egli inizia nel 1922 a progettare questo complesso macchinario capace di produrre un vero e proprio spettacolo luminoso. Costruito con la collaborazione di un ingegnere e di un tecnico, l'apparecchio è in grado di funzionare nel 1930. E lo spettacolo si rivela talmente sorprendente che Moholy-Nagy crede di intuire tutte le potenzialità della sua opera ancor prima di metterla in moto: «L'apparecchio era talmente sorprendente per l'aspetto coordinato dei suoi movimenti e dei suoi giochi di luce e ombra che pensai alla magia!»[23].

La macchina è composta da una piattaforma mobile sulla quale sono montati fili, cornici, pannelli e grate di metallo dalle forme piú varie, tutti elementi messi in movimento da un sistema di ruote dentate. La luce dei proiettori che illuminano l'apparecchio si riflette sul metallo lucido e proietta sui muri della sala in cui è installato un gioco di ombre animate. Ecco perché la costruzione cinetica, a dispetto del suo innegabile fascino, non deve essere considerata una scultura. L'opera abbina lo spettacolo delle ombre e delle luci a quello dell'oggetto che le modula e le rinnova incessantemente. Moholy-Nagy aveva del resto pensato a un'installazione in cui la macchina sarebbe rimasta nascosta alla vista[24]. Che è poi quanto realizzò, in qualche modo, con il film *Lichtspiel: Schwarz-Weiss-Grau* (1930), registrazione cinematografica del gioco di luci prodotto dal *Modulatore spazio-luce*.

[23] L. MOHOLY-NAGY, *The New Vision and Abstract of an Artist* (1947), trad. in *L'art en mouvement*, catalogo della mostra, Fondation Maeght, Saint-Paul de Vence 1992, p. 142.

[24] Cfr. K. PASSUTH, *Les jeux de lumière*, in *Electra. L'électricité et l'électronique dans l'art du XXe siècle*, catalogo della mostra, Musée d'Art Moderne de la Ville de Paris, Paris 1984, p. 186.

La luce, a lungo oggetto di rappresentazione, condizione irrinunciabile della sua visibilità, diventa qui un elemento concreto nelle mani dell'artista. E i fotogrammi sono parte di questa conquista: assomigliano a «immagini» ma sono di fatto concrezioni di luce fissate su una pellicola, in base a una tecnica utilizzata agli albori della fotografia. Per realizzare i suoi disegni fotografici, Fox Talbot disponeva direttamente l'oggetto – generalmente piatto: un filo d'erba, una foglia d'albero, ecc. – sulla lastra fotosensibile, lo esponeva alla luce e procedeva allo sviluppo del cliché unico cosí ottenuto. Il dadaista Christian Schad, nel 1918, riprende per le sue *schadografie*, registrazioni delle profilature opache e delle alterazioni luminose prodotte da oggetti diversi, il procedimento talbotiano della fotografia senza apparecchio e dei negativi improvvisati.

Man Ray ha raccontato come, nel 1921, un caso fortunato gli fece scoprire le *rayografie*, termine costruito sul suo cognome che tuttavia evoca al tempo stesso il disegno luminoso, i cui effetti egli saprà variare con molte soluzioni ingegnose. Mentre stava sviluppando delle foto, un foglio di carta sensibile ancora vergine finí in mezzo agli altri: aspettando inutilmente che apparisse qualcosa, irritato, Ray appoggiò meccanicamente «un piccolo imbuto di vetro, un vetro graduato e il termometro nella bacinella, sulla carta a mollo», e accese la luce. Un'immagine prese forma: «Non si trattava di una semplice profilatura degli oggetti: questi risultavano deformati e rifratti dai vetri, a seconda che questi fossero piú o meno a contatto con la carta, e la parte direttamente esposta alla luce emergeva, quasi a rilievo, sul fondo nero»[25]. Ray ripeté l'esperimento il giorno stesso, fino all'esaurimento della carta in suo possesso, e riprese piú volte il procedimento, battezzando «rayogrammi» le opere cosí ottenute.

In una nota di *La peinture au défi* (1930) Louis Aragon afferma che i *rayogrammi* devono essere collegati ai collage, poiché «si tratta di un'operazione filosofica dello stesso tipo, al di là della pittura, e priva di un reale rapporto con la fotografia». Moholy-Nagy chiamava *fotogrammi* le

[25] RAY, *Oggetti d'affezione* cit., p. 268.

fotografie ottenute senza apparecchio, grazie alla «formalizzazione di una *materia conquistata di recente*, la luce, dotata di un forte potenziale creativo». Egli osserva che i fotogrammi di Man Ray tendono piú a «sondare il carattere enigmatico, stranamente inquietante e paradossale del quotidiano» che a «porre esplicitamente in evidenza l'essenza del mezzo fotografico». Al contrario, Moholy-Nagy cerca di sfruttare, per mezzo di tale tecnica, le potenzialità pienamente artistiche della luce:

> Il fotogramma sembra essere il mezzo d'accesso a un nuovo tipo di creazione, che non sarà piú realizzata con l'ausilio di una tela di lino, pennelli, tubetti di colore, bensí grazie a giochi di proiezioni, «affreschi luminosi». Il fotogramma abolisce la vecchia, laboriosa formalizzazione materiale della luce, la sua materializzazione mediata. La luce viene praticamente colta nella sua irradiazione immediata, fluttuante e oscillante[26].

Moholy-Nagy intravedeva la possibilità di «trasformare il procedimento fotografico di registrazione in un'attività artistica dichiarata», un programma nel quale è possibile cogliere il segnale di un cambio di atteggiamento da parte degli artisti, a lungo sprezzanti nei confronti della fotografia, un mezzo nuovo di cui, in seguito, faranno largo uso.

Fiducioso nel futuro, Moholy-Nagy si augurava che il «pittore progressista» giungesse a scambiare i colori con la luce. I colori non sono stati abbandonati, ma la luce reale è sicuramente entrata a far parte dell'arsenale dei materiali a disposizione degli artisti, alcuni dei quali elaborano le proprie opere esclusivamente sulla base delle possibilità che essa offre. Dan Flavin, ad esempio, utilizza i tubi fluorescenti. Una delle sue realizzazioni piú note, *Untitled (Monument 7 for Tatlin 1964-65)* (1975), omaggio al *Monumento alla III Internazionale*, testimonia i legami che uniscono le conquiste tecniche di una recente modernità alla «cultura dei materiali» esaltata a suo tempo dall'artista russo. Michel Verjux sposta il centro d'interesse dalla luce all'illuminazione, di cui fa un uso ascetico quanto affascinante. Le sue proiezioni, sempre visibili, popolano i muri di for-

[26] L. MOHOLY-NAGY, *Le photogramme et les techniques voisines* (1929), in ID., *Peinture, Photographie, Film et autres écrits sur la photographie* cit., p. 176.

me elementari, cerchi, quadrati o rettangoli di luce, che giocano con lo spazio architettonico. Altri artisti ricorrono alla luce episodicamente, come Lucio Fontana, quando installa un immenso arabesco al neon alla Terza Triennale di Milano (1951). Dopodiché i tubi fluorescenti, modellabili a piacere e dai colori variopinti, divengono sempre piú numerosi, adottati da artisti come François Morellet, Martial Raysse, Mario Merz, Joseph Kosuth, Bruce Nauman, James Turrell e tanti altri. Le loro opere sono diversissime, segno che le luci non dipendono da un'estetica: costituiscono semplicemente un materiale.

6. *L'arte dei detriti*.

Mentre gli artisti che abbiamo appena ricordato impiegano materiali o oggetti nuovi, altri seguono l'esempio di Picasso. Preferiscono, come lui, «gli oggetti senza valore, lo scarto, ciò che non costa caro»[27]. L'amico Aragon riferisce un aneddoto divertente. Il pittore aveva appena affisso su un pannello di legno dipinto un brandello di camicia, un bastoncino e uno spago, per trasformare il tutto in *Chitarra* (1926). Poco dopo, alcuni visitatori animati da buone intenzioni gli recarono «dei magnifici pezzi di stoffa *per farne dei quadri*». Il che lo fece arrabbiare, perché voleva lavorare con «i resti veri della quotidianità umana, qualcosa di povero, sporco, svilito»[28]. L'uso a fini artistici di oggetti e materiali destinati dal consorzio urbano alla spazzatura si inscrive nel quadro di una poetica tutta moderna. Baudelaire descriveva cosí il netturbino e il suo lavoro:

> Ecco qui un uomo incaricato di raccogliere i rifiuti prodotti in un giorno nella capitale. Tutto ciò che la grande città ha rifiutato, tutto ciò che essa ha perduto, disdegnato, consumato, egli lo cataloga, lo colleziona. Consulta gli archivi della dissolutezza, il cafarnao dei rifiuti. Fa una cernita, una scelta intelligente; raccatta, come un avaro fa con il suo tesoro, le immondizie che, ri-

[27] «E se ciò che non costa nulla costasse caro, mi sarei da tempo rovinato», aggiunge l'artista; cfr. PICASSO, *Propos sur l'art* cit., p. 163.

[28] L. ARAGON, *La peinture au défi* (1930), in ID., *Les collages* cit., p. 57.

masticate dalla divinità dell'Industria, si trasformeranno in oggetti di pubblica utilità o di piacere[29].

«Oggetti di piacere»: ecco qualcosa che non è senza relazione con le opere d'arte. Walter Benjamin ha messo in luce il carattere metaforico di questa descrizione del netturbino, dietro la quale trasparirebbe la figura del poeta che si sofferma qui sul «rifiuto della società» per trovarvi il proprio «soggetto eroico»[30]. L'allegoria baudelairiana disegna cosí i tratti salienti di molti artisti moderni, rovistatori di immondizie che riciclano rifiuti assolutamente reali e concreti, recuperati nel perimetro delle città e nelle loro discariche pubbliche.

Dopo Picasso, ma piú sistematicamente di lui, Kurt Schwitters fu uno dei primi importanti interpreti di tale poetica. La necessità di creare per la propria arte una sigla personale si fece per lui pressante dopo che, nel 1918, si vide respingere da Richard Huelsenbeck la domanda di ammissione al Club dada di Berlino. Nel 1919, egli optò, per designare l'insieme dei propri lavori, per il termine «Merz». Scelta a caso, la parola compare per la prima volta su un collage intitolato *Merzbild* (1919; perduto). Seconda sillaba della pubblicità di una banca – la Kommerz und Privatbank – essa è il frutto di una frattura sia letterale che estetica, avendo Schwitters orientato la sua creazione «al di fuori delle abituali nozioni di scuola»[31]. Egli fa derivare in seguito, dal «segno» Merz, diversi sostantivi e propone anche il verbo *merzer*. La pittura, il disegno, le pièce teatrali, le poesie, la rivista fondata nel 1923, l'opera che raccoglie senza posa nel suo studio, tutto viene contrassegnato con nomi convenzionali formati a partire dalla radice «merz»: *Merzbild*, *Merzzeichnung*, *Merzbühne*, *Merzdichtung*, *Merzbau*. L'impiego ricorrente del termine con-

[29] C. BAUDELAIRE, *Du vin et du hachisch, comparés comme moyens de multiplication de l'individualité* (1851), in *Œuvres complètes*, vol. I, Gallimard, Paris 1975, p. 381.

[30] W. BENJAMIN, *Charles Baudelaire, un poète lyrique à l'apogée du capitalisme*, Payot, Paris 1982, pp. 115-16.

[31] K. SCHWITTERS, *Watch your step* (1923), in ID., *Merz. Ecrits, suivi de Schwitters par ses amis*, a cura di M. Dachy, Éditions Gérard Lebovici, Paris 1990, p. 119.

ferma la rivendicazione di una strategia unificante e innovativa tutta personale:

> In sostanza, la parola Merz designa l'assemblaggio a fini artistici di tutti i materiali immaginabili e, per principio, l'equiparazione sul piano tecnico di ciascuno di questi materiali. La pittura Merz si serve dunque non soltanto del colore e della tela, del pennello e della tavolozza, ma di tutti i materiali visibili per l'occhio e di tutti gli strumenti utilizzabili. Da questo punto di vista, importa poco che in origine i materiali siano stati concepiti per altri scopi o meno. La ruota di un'auto per bambini, una rete metallica, dello spago o dell'ovatta sono elementi che hanno il medesimo valore del colore. L'artista crea mediante la scelta, la disposizione e la deformazione dei materiali[32].

Nel dopoguerra, libero di urlare la propria gioia in un mondo «distrutto e da ricostruire da capo ricomponendone le macerie», Schwitters utilizzò quello che gli capitava sotto mano, perché, diceva: «Si può anche creare con materiali degradati, ed è quello che faccio io, incollandoli e inchiodandoli insieme»[33]. Anche in seguito, l'artista non smise mai di raccogliere, ammucchiare e comporre gli oggetti piú vari. Gli amici rimanevano colpiti dalla sua insaziabile bulimia, che «gli faceva raccattare per le strade, come nei posacenere o nei cestini, ogni genere di oggetto, anche se spesso non aveva un odore particolarmente buono»[34]. Hans Richter ha raccontato un tragitto in autobus nel corso del quale vide l'amico armeggiare a lungo, con le mani nascoste dietro la schiena, per poi balzare giú dal mezzo: Schwitters era appena riuscito a staccare la placca metallica «Vietato fumare» con l'aiuto di un piccolo cacciavite che portava sempre con sé, in caso di necessità. Le testimonianze degli amici sottolineano di preferenza, non senza enfasi e indulgenze, il carattere repulsivo dei rimasugli che l'artista recuperava. Paul Bowles ricorda una sua spedizione in una discarica municipale, altri parlano esplicitamente di immondizie e Tristan Tzara nota che Schwitters raccoglieva per la strada «oggetti disparati e assurdi che persino gli addetti alla spazzatura avrebbero trattato con disgusto». Il

[32] K. SCHWITTERS, *La peinture Merz* (1919), *ibid.*, p. 45.
[33] Kurt Schwitters, testo autobiografico (1930) *ibid.*, p, 169.
[34] H. RICHTER, *Kurt Schwitters* (1958), *ibid.*, p. 338.

tono di questi racconti conferma il carattere atipico della fascinazione che Schwitters provava per il pattume, uno Schwitters che dal canto suo promuoveva questo «lirismo del sordido» con proclami come: «Sapete voi che cos'è l'arte? Un mucchio di merda, è questo, l'arte»[35].

L'artista incorporava nelle proprie opere tutto quello che accumulava – vera e propria immondizia o semplici materiali di scarto, poco importa. Egli sosteneva infatti che «la materia non conta», poiché «ciò che conta è darle forma»[36]. Per costruire un mondo nuovo con gli avanzi del vecchio Schwitters giocava con le campiture, i colori, i volumi, ma anche con le tracce dell'esistenza altrui lasciate su materiali che considerava non tanto «sudici» quanto piuttosto carichi di storia, una storia umile e insignificante ma autentica. L'arte e la vita, ancora una volta, finivano per coincidere. Come i rivoluzionari russi, o come Mondrian, Léger e altri, Schwitters era convinto che «la ragion d'essere, lo scopo dell'arte è la creazione degli uomini nuovi che formeranno la società di domani»[37].

Schwitters non si accontentò di ideare opere di ogni specie. Modificò anche il suo modello di vita con la costruzione del *Merzbau*, il piú particolare di tutti i suoi assemblaggi. Il primo *Merzbau* («costruzione Merz»), iniziato nel 1923, abbandonato quando l'artista dovette lasciare la Germania, andato distrutto nel 1943, è stato oggetto di una ricostruzione (Hannover, Sprengel Museum, 1988) che per molte ragioni assomiglia a un tradimento. La prima di queste ragioni consiste nel mancato rispetto della logica creativa richiesta da un'opera cosí personale. Costruito a partire da un nucleo originario, una *Colonna Merz*, il *Merzbau* proliferò come «una vegetazione che non smetteva di crescere». Le parti piú antiche, nel corso degli anni, scomparivano, nascoste dalle aggiunte successive. Nel 1927, lo studio dell'artista divenne inutilizzabile e il *Merzbau* finí per invadere il complesso della casa. Lo sviluppo della *Kathe-*

[35] K. SCHWITTERS, *Banalités* (1923), *ibid.*, p. 114.

[36] ID., *Merz* (1920), *ibid.*, p. 56.

[37] K. SCHWITTERS e altri artisti di Hannover, *Front contre Fronta* (1927), *ibid.*, p. 163.

drale des erotischen Elends («cattedrale della miseria erotica») – cosí l'artista chiamava l'opera – seguiva il corso della sua vita. Le forme si caricavano di ricordi. Ad ogni amico, da Arp a Van Doesburg, da El' Lisickij a Gabo, da Mondrian a Richter, Schwitters dedicava una «grotta». E ognuna di esse conteneva una sorta di reliquia – un pezzo di matita, l'estremità di una stringa, un mozzicone di sigaretta o il frammento di un'unghia appartenuti al dedicatario. Schwitters invitata volentieri gli amici nel suo *Merzbau*. Secondo uno di loro, quest'«opera non trasportabile» avrebbe dovuto essere «piú vissuta»[38] che visitata. Alcuni credono di avervi avvertito un odore di escrementi. I piú ricordano l'«urina del maestro», flacone mostrato, non senza malizia, ai visitatori di pregio. Durante l'esilio, l'artista riprese la «costruzione» nelle diverse sedi in cui abitò.

Come si sarà compreso, «per principio»[39] il *Merzbau* doveva rimanere incompiuto. In sintonia con la nozione di «Work in Progress» attinta da Joyce. Dopo la pubblicazione dell'*Ulisse* (1922), nel momento in cui Schwitters dà inizio al primo *Merzbau*, Joyce comincia la stesura di un'opera che intitola *Work in Progress*. Lo scrittore ne pubblica vari frammenti nel decennio 1920-30 e il libro apparirà nel 1939 con il titolo definivo di *Finnegans Wake*, ma la nozione di «Work in Progress» si è ormai affermata. E si applica a meraviglia alla costruzione proliferante, in costante evoluzione, di Schwitters, il quale non mirava assolutamente a una forma perpetua e definitiva. La pratica dell'incompiuto non deve con ciò essere compresa nella categoria estetica del *non finito*, che sarebbe solo una diversa modalità del compiuto. L'opera perennemente *in corso* rovescia, in realtà, il dogma della creazione. Anziché porre l'accento sull'esito di processi creativi finalizzati alla realizzazione definitiva di un oggetto sensibile, essa sposta l'accento sul processo medesimo. È questo, ad esempio, l'obiettivo dichiarato della mostra «Work in Progress» orga-

[38] F. Vordemberge-Gildewart, in RICHTER, *Kurt Schwitters* cit., p. 349.

[39] L'avvertenza è dello stesso Schwitters: cfr. D. ELGER, *L'œuvre d'une vie: les «Merzbau»*, in *Kurt Schwitters*, catalogo della mostra, Centre Georges Pompidou, Paris 1994, p. 140.

nizzata all'American Center (Parigi, 1969) da Christian Boltanski e Jean Le Gac[40].

Nessun contemporaneo di Schwitters ha praticato con tanta continuità l'arte di ricomporre le scorie. La presentazione della «Erste Internationale Dada-Messe» (Berlino, 1920) ha tutto l'aspetto di un bric-à-brac, e anche il *Grand Plasto-dio-dada-drame* di Johannes Baader, accumulo piramidale di residui scrupolosamente impilati, utilizza essenzialmente oggetti, giornali o manifesti che l'artista si è direttamente procurato e che, nelle testimonianze fotografiche – uniche tracce rimaste di quest'opera effimera – sembrano «nuovi». Nel dopoguerra, in compenso, l'«estetica dello scarto» conobbe un grande ritorno d'interesse, al punto che, negli anni cinquanta, negli Stati Uniti, è comparso un nuovo termine per qualificare le opere elaborate a partire da materiali di recupero: la *junk sculpture* («junk» = bric-à-brac, rottame). Richard Stankiewicz ideava sculture preparate con metalli arrugginiti, John Chamberlain utilizzava pezzi di automobili destinate alla rottamazione e Mark Di Suvero ricorreva a vecchi cavi, catene, corde o altri materiali abietti. L'«estetica dello scarto» si inserisce, in America, in un movimento culturale piú vasto, la *junk culture*, marcata da connotazioni ideologiche apertamente critiche verso la «società dei consumi», allora contestata. La cultura *junk* raccoglie in definitiva l'eredità dei papier collé e, ancor piú, del «merzage» schwittersiano.

[40] Il *process art* che si sviluppa contemporaneamente negli Stati Uniti rientra anch'esso nella stessa logica.

Capitolo terzo

L'assemblaggio: l'arte e la vita

Nel 1961 si apriva al MoMA di New York una mostra che fece epoca, «The Art of Assemblage». William C. Seitz, il suo coordinatore, presentava un ampio bilancio delle nuove tendenze artistiche che, in America e in Europa, attingevano agli oggetti del quotidiano. Arman, César, Spoerri, Tinguely, Baj, Burri, Dubuffet, Chamberlain, Cornell, Johns, Kienholz, Nevelson, Rauschenberg, Stankiewicz erano le figure di spicco dell'esposizione, comprendente circa centocinquanta artisti. E tutti avrebbero certamente potuto sottoscrivere le seguenti riflessioni di Man Ray, uno degli inventori del genere:

> La pittura, nel corso dei primi cinquant'anni del xx secolo, ha allargato le frontiere delle sue competenze. E ha cominciato anche a liberarsene. Ora, essa sta per rivoltarsi contro se stessa, non solo divenendo «astratta», ma violando altresí tutte le convenzioni estetiche che questo mezzo espressivo comporta. Il che ci porterà forse a rinunciare a dipingere, ad abbandonare la pittura stessa. Con l'introduzione di materiali diversi, le opere avranno sempre meno l'aspetto di opere d'arte[1].

Ma Seitz aveva anche cercato di indagare le radici del fenomeno. Il catalogo *The Art of Assemblage* presenta sul frontespizio la riproduzione di un'opera di Picasso, *Bottiglia di Suze* (1913), un omaggio che rinvia giustamente l'assemblage alla tradizione dei papier collé. Con il sottinteso che dopo il Cubismo altri artisti hanno esplorato le potenzialità di un dispositivo funzionale a molteplici prospettive estetiche.

[1] M. RAY, *Pensées tirées d'un carnet secret de Man Ray* (s.d.), in ID., *Objets de mon affection*, Philippe Sers, Paris 1983, p. 174.

Allan Kaprow ritiene che l'assemblaggio appartenga a un'area «resa familiare dal dada e dal surrealismo: il cestino di carta urbano e il sogno edipico»[2]. La mostra del MoMA aveva notevolmente contribuito ad accreditare questa idea, non omettendo nella sua genealogia né *Ruota di bicicletta* né le opere di Schwitters, alle quali aveva riservato ampio spazio, mentre, viceversa, il solo Malevič rappresentava gli artisti russi. Oggi, «assemblage» è il termine convenzionale con il quale si designa la categoria delle opere tridimensionali elaborate a partire da materiali e oggetti eterogenei: elementi presi a prestito, identificabili, che conservano in parte la propria integrità.

1. *Neodadaismo e pop art.*

La pubblicazione dell'antologia dedicata nel 1951 da Robert Motherwell al dada, *The Dada Painters and Poets: An Anthology*, aveva contribuito alla riattualizzazione del movimento. Ben presto, i giovani artisti ansiosi di rompere con un espressionismo astratto ormai moribondo trovarono in Marcel Duchamp da un lato e John Cage dall'altro i loro nuovi numi tutelari. La tendenza che si andava diffondendo fu infatti considerata una riproposizione del dada: nel gennaio 1958 la copertina della rivista «Art News» riprodusse un'opera di Jasper Johns, *Target with Four Faces* (1955), commentata nelle pagine interne con un breve testo:

> Jasper Johns, che dipinse *Target* con la tecnica dell'encausto su un fondo di giornale, e che vi aggiunse un ripiano di scatole con dei volti in gesso, è l'esponente piú recente di un movimento di giovani artisti americani che gravitano attorno a una specie di *new dada* – brillante o lirico, serio e scapigliato, privo di aggressività ideologica ma pieno di mordente sotto il profilo estetico.

Fece cosí la sua prima comparsa il termine «new dada», il quale, fondato o meno, caratterizza bene lo stato d'animo, i metodi e le intenzioni manifeste dei giovani artisti.

[2] A. KAPROW, *L'art expérimental* (1966), in ID., *L'art e la vie confondus*, a cura di J. Kelley, Centre Georges Pompidou, Paris 1996, p. 97.

Arruolare Jasper Johns sotto tale insegna può apparire sorprendente. A dispetto di una figurazione apparentemente tradizionale, le sue opere sviluppano comunque un humour corrosivo, indirizzato contro l'estetica dominante negli anni cinquanta. Egli fabbrica da sé gli elementi extrapittorici, tridimensionali, che aggiunge ai suoi quadri, calchi corrispondenti a un modello di rappresentazione estraneo a qualsiasi criterio mimetico. La materia dei suoi dipinti, manipolata con la spatola, occulta solo a metà il collage di giornali che fa da sfondo, con un rimando velato al Cubismo. E soprattutto i suoi oggetti, apparentemente banali, si rivelano un terreno insidioso per quel modernismo pittorico le cui teorie si vanno rapidamente affermando e alle quali l'artista si ingegna di contrapporre, nella pratica pittorica, risposte ironiche.

Il modernismo condanna ogni forma di rappresentazione; Johns adotta invece come *motivo* delle sue opere oggetti comuni, caratterizzati da un'evidente banalità. È cosí che arriva a dipingere, frontalmente, disinvoltamente, bandiere americane distese l'una sull'altra, bersagli o cifre con il normografo, realizzando opere figurative e al tempo stesso opere perfettamente piatte, uniformi. Durante una riunione tra amici, gli venne chiesto che cosa avrebbe fatto se non fosse diventato pittore, e lui rispose: «Organizzerei una mostra volante di quadri che manderei in giro per gli Stati Uniti. L'aereo si chiamerebbe "The Picture Plane"»[3]. Gli espressionisti astratti utilizzavano preferibilmente scatole da caffè per ripulire i loro pennelli nell'acquaragia; Johns fa ricavare, da tutto ciò, un calco in bronzo e poi lo dipinge completamente. Il trompe-l'œil, a metà strada tra scultura e pittura, fa il verso ai grumi e alle chiazze di colore tipiche dell'estetica espressionista, qui accuratamente mimate (*Painted Bronze (Savarin Can)*, 1960).

L'opera giovanile di Robert Rauschenberg, piú direttamente debitrice dello spirito dada, comporta anch'essa una critica esplicita all'estetica espressionista, considerata, a questo punto, letale. Nel 1953, Rauschenberg chiede un

[3] Cfr. L. STEINBERG, *Other Criteria*, Oxford University Press, New York 1972, p. 52.

disegno a Willem De Kooning avvertendolo preventivamente che glielo cancellerà. De Kooning si presta al gioco: in fondo, Rauschenberg intendeva semplicemente dimostrargli che l'altra estremità della matita non è meno buona della punta – le matite americane sono generalmente gommate. *Erased De Kooning Drawing* (1953) fa tabula rasa del recente passato. E *Factum I* e *Factum II* (1957) confermano l'esperienza precedente. L'artista «confeziona» due quadri identici, con gli stessi collage ma anche le stesse macchie, le stesse chiazze di colore, per smantellare la convinzione che esista un rapporto consustanziale tra autenticità e veemenza (presunta) del gesto; e dimostrare che l'espressionismo, reificato, ridotto a «stile», anziché tradurre i tumulti di un'interiorità inquieta, può essere tranquillamente fabbricato a tavolino.

Rauschenberg opta fin dall'inizio per una proliferazione di tecniche e di estetiche. Da un lato realizza riproduzioni serigrafiche di fotografie e dipinge quadri sia in bianco che in nero, a volte su carta di giornale. Dall'altro elabora assemblaggi con materiali di riporto e oggetti «trovati». Il fango e i rifiuti si coprono di foglie d'oro gualcite. Muffe del piú bell'effetto pittorico invadono il celebre *Dirt Painting* (1953), dedicato a John Cage. Pallottole di carta – Cy Twombly sostiene che provengono da scatole di scarpe – finiscono ammucchiate dentro un parallelepipedo di vetro: *Untitled (Paper Painting)* (1953). Vecchi chiodi vengono piantati in pezzi di travi malandate. Comunissimi ciottoli vanno a disporsi su delle tavole. L'interesse di Rauschenberg è attratto anche dall'elemento sonoro: una cassetta è munita di chiodi rivolti verso l'esterno, tra i quali, al minimo movimento, vibra e stride una pietra (*Music Box*, 1953).

Questa profusione di idee ed esperienze induce Rauschenberg a introdurre la nozione di *combine painting* per qualificare opere miste che ricorrono sia a tecniche pittoriche tradizionali sia all'assemblaggio di oggetti reali. L'artista intende sottrarsi agli schemi e restituire all'arte una vitalità perduta, perché, dice, «quando una tecnica diventa un luogo comune, l'arte è morta». In occasione della sua prima mostra a Parigi (Galerie Daniel Cordier, maggio 1961),

Rauschenberg dà a André Parinaud – che lo intervista sui *combine painting* – la seguente risposta:

> Non è né Arte per l'Arte né Arte contro l'Arte. Io sono per l'Arte, ma per l'Arte che non ha niente a che vedere con l'Arte. L'Arte ha tutto a che vedere con la vita, ma non ha niente a che vedere con l'Arte[4].

Nella sua lucidità, l'artista si rende comunque conto che la pittura rimane «legata sia all'arte che alla vita». Le avanguardie storiche hanno spesso voluto tessere legami tra l'arte e la vita. In quel caso, si trattava, per l'arte, di cambiare il mondo. Per cui Mondrian o, in modo assai diverso, i costruttivisti russi auspicavano, come piú volte abbiamo sottolineato, un dissolvimento dell'arte nella vita. Rauschenberg segue il cammino inverso: vuole introdurre la vita nell'arte, onde modificarne la fisionomia. Il mondo intero sembra potervisi riversare per fondersi con la pittura. Giornali, ritagli, riproduzioni a stampa, graffiti, stoffe, uccelli o altri animali impagliati, sedie, sgabelli, porte, finestre, letti, guanciali, valigie, scarponi, orologi, bidoni, casse, bottiglie di Coca, ombrelli, scope, mollette, gomme, targhe d'immatricolazione, pannelli di segnalazione, lampadine elettriche, ecc. propongono uno stravagante caleidoscopio in cui rifulge il ciarpame di ciò che è stato buttato e reca per questo le stimmate dell'uso.

Esposti a volte sul pavimento, piú spesso appesi a un muro, i *combine painting* mantengono rapporti con l'orizzontalità, con la pesantezza del mondo concreto, dove gli oggetti cadono facilmente a terra. Leo Steinberg lesse questa nuova topica, evidente nelle opere di Rauschenberg ma presente anche in quelle di Dubuffet, in particolare nelle sue *Texturologies* (1958), come una «celebrazione del suolo», una ricostruzione della sua pelle, della sua materialità e dei suoi accidenti, dove sprofonda l'opposizione tra l'alto e il basso. *Bed* (Rauschenberg, 1955) sembra essere un vero letto: la coperta-patchwork dell'artista e il suo guanciale macchiato di tracce «espressioniste» di colore, rigato da tratti di carboncino, sono issati su un tavolo di legno. Il tutto,

[4] In *Paris/New York* cit., p. 726.

contornato da un supporto che funge da cornice, è appeso al muro. L'opera è sconvolgente. Il letto, in particolare, attirò l'attenzione di Steinberg:

> Messo là, nella posizione verticale propria dell'«arte», esso continua a evocare l'eterno compagno della nostra orizzontalità – quest'altro modo di essere – a evocare il letto – il piano su cui procreiamo, concepiamo, sogniamo. L'orizzontalità del letto si rapporta al «fare», mentre la verticalità del piano del quadro del Rinascimento si rapportava al fatto di guardare[5].

Alla pura visività del quadro, «finestra» aperta nel muro, si contrappone la corporeità del «fare». Si eclissa, alla lettera, un'intera concezione dell'arte, con quello che Steinberg ha chiamato il *flatbed*, termine che allude certamente a *letto* ma che è coniato sulla base del lessico tipografico: *horizontal bed* è infatti il nome dato al supporto di base, orizzontale, della macchina per la stampa, quello su cui si elabora la composizione dei caratteri da riprodurre e su cui scorre il foglio da stampare: una bella metafora, secondo Steinberg, dei procedimenti che i *combine painting* e anche molte opere contemporanee ci fanno intuire, malgrado la loro presentazione in verticale:

> Il *flatbed* del quadro allude simbolicamente a superfici piane solide – piano superiore di un tavolo, pavimento di un atelier, diagrammi, quadri da affissione –, tutte superfici ricettive sulle quali si possono disporre oggetti, introdurre dati, ricevere, stampare, riportare informazioni, coerentemente o confusamente[6].

Dalle *Ninfee* di Claude Monet ai *drip painting* di Jackson Pollock sino al *flatbed* di Rauschenberg, è tutta una tradizione che a poco a poco cambia volto e prospettiva. Gli artisti non si accontentano di guardare verso il basso, raccattano i rifiuti che coprono il terreno delle discariche pubbliche e dei depositi di ferri vecchi per integrarli nelle loro opere, a rischio di sublimare il banale, di estetizzare il sordido. Il processo di trivializzazione a cui essi sottopongono l'arte apre a questo punto nuove dimensioni. Alcuni si

[5] STEINBERG, *Other Criteria* cit., poi in *Regards sur l'art américain des années soixante* cit., pp. 48-49.

[6] *Ibid.*, pp. 46-47.

rivolgono verso le forme degradate della cultura di massa, altri verso quelle altrettanto degradate del mercato, non per rappresentarle, si badi, spettacolarizzate in superbe nature morte, quanto per farsi gioco dei (e giocare con i) loro meccanismi.

Claes Oldenburg è uno di loro. Nel 1961 affitta un locale, lo battezza The Store e lo apre al pubblico. In questo, che è un autentico magazzino, mette in vendita le proprie opere, repliche approssimativamente modellate in calchi di gesso dei prodotti di consumo offerti nei negozi del quartiere, fette di torta, gelati, lecca-lecca giganti, hamburger, cotolette e salsicce, o anche berretti, vestiti, cravatte, completi, orologi da polso, ecc. Il tutto ridipinto frettolosamente, non senza concrezioni di colore – ulteriore allusione al passato espressionismo –, con un cromatismo chiassoso, di un «cattivo gusto» esemplare. Oldenburg ritiene che una «discarica pubblica urbana valga tutti i depositi di forniture artistiche del mondo»[7], anche se preferisce fabbricare egli stesso questi oggetti, surrogati che poi, seduta stante, mette in bella mostra quando si presenta un cliente per acquistarli. Oldenburg dissacra le opere – oggetti fatti in fretta da un artista-artigiano che lavora nel suo laboratorio, senza mistero, sotto gli occhi di tutti. O, meglio, smonta il processo di valorizzazione delle opere istituito dalle gallerie d'arte o dai musei, sottomettendo le stesse alle regole e alle abitudini di uno scambio di mercato quanto mai ordinario – o quasi, poiché né l'artista né gli acquirenti ignorano il carattere fittizio dell'operazione, direttamente legata al mondo dell'arte. Oldenburg vuole liberarlo delle sue cattive abitudini, introdurvi la vita, il riso:

> La pittura che ha dormito tanto a lungo nelle sue cripte dorate, nelle sue tombe di vetro, è invitata a uscire per andare a nuotare, le offrono una sigaretta, una bottiglia di birra, è tutta spettinata, le danno una spinta, le fanno lo sgambetto, le insegnano a ridere, le regalano vestiti di ogni genere e la invitano a fare un giro in bicicletta, trova una ragazza in un angolino e la palpa...[8].

[7] C. Oldenburg, citato in Y.-A. BOIS, *L'informe*, catalogo della mostra, Centre Georges Pompidou, Paris 1996, p. 168.

[8] C. Oldenburg (1965), citato in L. R. LIPPARD, *Pop Art*, Mazzotta, Milano 1978[2], p. 141.

Parallelamente alle attività nel suo Store, Oldenburg faceva collezione di Ray Guns, riproduzioni di revolver inizialmente costruiti con il concorso di materiali d'accatto, oggetti recuperati a una nuova funzione, in seguito, semplici forme evocative, raccolte andando a spasso o fornite da amici. E dal momento che la collezione cresceva inesorabilmente, l'artista ideò nel 1965 un museo parodistico destinato a conservare e a presentare una simile massa di oggetti: il Mouse Museum, edificio con una facciata e un pianterreno disegnati a imitazione del muso e delle grandi orecchie di Mickey Mouse – altra collusione con un universo da sempre vilipeso dall'arte, dalla cultura «alta».

Gli artisti raggruppati sotto l'insegna della pop art hanno sistematicamente attinto al mondo del mercato e del consumo – o del tempo libero – di massa. Ricordarli in un capitolo dedicato al «reale» rischia di creare confusioni, dal momento che le loro opere sono generalmente delle rappresentazioni, molte volte pittoriche, e solo raramente fanno appello a oggetti concreti o a materiali bruti. Tuttavia un Tom Wesselman, ad esempio, abbina ai suoi dipinti nature morte o immagini stilizzate e provocanti di donne, elementi quanto mai reali, come una tenda di doccia, una spugna e un tappetino da bagno posato sul pavimento davanti all'immagine dipinta di una donna che si sta asciugando (*Bathtub Collage No. 3*, 1963), oppure un radiatore, un telefono a muro, tende di stoffa a corredo di una finestra aperta su un ridente paesaggio – un manifesto turistico. O un George Segal non fa nulla di sostanzialmente diverso, se non sostituire i personaggi (o i paesaggi) dipinti con calchi a grandezza naturale in gesso bianco.

Un Andy Warhol, invece, mette in campo strategie piú complesse, o piú perverse. Nel 1962, ad esempio, depone delle tele su un marciapiede per raccogliere le impronte dei passi delle persone: il «vero» non è semplicemente «trovato», si fa da sé, e la sua manifestazione, pur provocata, è frutto di una registrazione. Nello stesso anno, Warhol effettua i primi esperimenti di «pitture da ossidazione». Questa volta, si tratta di urinare davvero su delle tele coperte di pittura metallizzata, ossidabile, deposte a livello del pavimento. Ma sono opere poco conosciute. Mentre l'artista deve il suo immenso successo alle opere che esibiscono oggetti di largo consumo o immagini pescate nella marea dei rotocalchi. Egli non si appropria però direttamente degli oggetti o delle immagini prescelte. Le riproduce con un procedimento mutuato dall'industria pubblicitaria, la serigrafia. Al posto di un oggetto concreto, è una tecnica «trovata» a entrare discretamente, quasi di soppiatto, nell'opera. Il nome del suo atelier, la Factory – in funzione dal 1963 –, attira l'attenzione proprio su questo spostamento d'accento, i cui giochi culminano con le copie delle casse d'imballaggio, autentici «veri-falsi» ready-made. Da lontano, i visitatori della Stable Gallery (New York, 1964) si trovavano di fronte qualcosa che credevano essere gli scatoloni per la dispensa di zuppe di pomodoro Campbell's, di detersivo Brillo o di ketchup Heinz. Da vicino, lo spettatore un po' attento constatava che non si trattava di niente del genere. E infatti Warhol, dopo essersi procurato diversi imballaggi di cartone nei parcheggi dei supermercati, aveva ordinato a una fabbrica delle riproduzioni in legno sintetico. Dipinte con il colore dello scatolone, esse potevano accogliere una copia del modello grafico originale, stampato in serigrafia: il gioco illusionistico è straordinario, e queste opere, malgrado la loro somiglianza con i ready-made, risultano interamente realizzate per il mondo dell'arte.

2. *Appropriazione: un «nouveau réalisme».*

Il riferimento al dada, esplicitamente indicato negli Stati Uniti, si affermò anche in Europa, e il titolo della mostra parigina «À 40° au-dessus de Dada» (1961) è solo un segnale fra i tanti. Il suo organizzatore, Pierre Restany, aveva raggruppato l'anno precedente una schiera di artisti – Arman, François Dufrêne, Raymond Hains, Yves Klein, Martial Raysse, Daniel Spoerri, Jean Tinguely, Jacques Mahé de La Villeglé. Tutti firmatari di questa dichiarazione: «Giovedí 27 ottobre 1960, i Nouveaux réalistes hanno preso coscienza della loro singolarità collettiva. Nouveau réalisme = nuovi approcci percettivi al reale». César, Gérard Deschamps, Mimmo Rotella, Niki de Saint-Phalle e, nel 1963, Christo, parteciparono alle manifestazioni del gruppo. A parte Klein, l'insieme era pienamente in sintonia con il criterio fondamentale proposto dal loro mentore nel momento in cui lo costituí: il procedimento per appropriazione. Remota conseguenza del ready-made, questa strategia se ne distacca sia per una piú spiccata intenzione di espressività sia per l'ammirazione per l'universo urbano, assunto nel suo complesso.

> I Nouveaux réalistes considerano il Mondo come un Quadro, la Grande Opera fondamentale dei cui frammenti essi si appropriano, ritenendoli dotati di un significato universale. Essi mettono in mostra il reale nei diversi aspetti della sua totalità espressiva. E con la mediazione di queste immagini specifiche, sono l'intera realtà sociologica, il bene comune dell'attività degli uomini, la grande repubblica dei nostri scambi sociali, del nostro commercio collettivo ad essere chiamati sulla scena[9].

Come i loro omologhi americani, alcuni giovani artisti, alla fine degli anni cinquanta, reagivano cosí agli eccessi dell'espressività gestuale. E ricorrevano alla concretezza e all'anonimato degli oggetti per tornare in prima linea. Dada o Merz, i riferimenti piú importanti, fungevano da modello per chi rifiutava qualsiasi esuberanza ma non disdegnava il piacere di un humour venato di provocazione. Arman recupera «residui, rifiuti, oggetti desueti, in una parola: gli inutilizzati», e realizza la serie delle *Poubelles*, cianfrusaglie premute dentro una scatola di avanzi incorniciata da un vetro, dopodiché inventa la serie delle *Accumulations*. Contrariamente alle *Poubelles*, esposte nel 1959, le *Accumulations*, esposte alla Galerie Iris Clert nel 1960, mettono insieme oggetti d'uso di tipo analogo: una collezione di vecchie dentiere (*La vie à pleines dents*, 1960), maschere a gas (*Homme, Sweet Home*, 1960) o supposte (*En direct de la lune*, 1960). Successivamente ricorre alla tecnica dell'inclusione, che gli consente di lavorare con rifiuti organici. L'artista riconobbe spontaneamente che l'«ispirazione» gli era stata suggerita dalle opere di Schwitters – ope-

[9] P. RESTANY, *À 40° au-dessus de Dada* (1961), in *1960 Les Nouveaux Réalistes*, catalogo della mostra, Musée d'Art Moderne de la Ville de Paris, Paris 1986, pp. 266-67.

re che aveva scoperto sulle riviste prima di visionarle di persona –, tenendo tuttavia a precisare:

> In Kurt Schwitters noi assistiamo a una ricerca deliberata di armonie e assemblaggi estetici; per lui, ancora piú importante dei materiali è la possibilità del valore plastico degli oggetti e quella della loro combinazione; di piú, Kurt Schwitters fu sempre sensibile al senso letterario degli elementi prescelti. Io affermo invece che l'espressività degli avanzi, degli oggetti di scarto, possiede un valore in sé, direttamente, senza quell'intenzione di ricomposizione estetica che secondo me li oblitera e li rende simili ai colori di una tavolozza[10].

Daniel Spoerri, ballerino, traduttore di Tzara[11], nel 1960 immagina un gesto ancora piú radicale: incollare gli oggetti sul supporto su cui si trovavano in quel momento, senza permettersi la minima scelta, la piú piccola modifica. Dopo essere stato rifilato, l'insieme viene appeso al muro, dove diventa un *tableau-piège* («quadro-trappola»). I titoli, infine, completano la trasformazione in opere d'arte di «situazioni che si sono prodotte accidentalmente». Spesso ridondanti – *Le petit déjeuner de Kichka* (1960) è esposto su una tavola posata su una sedia –, aggiungono a volte un pizzico di humour o di irrisione – gli avanzi d'un pasto, pane compreso, s'intitolano *Le croûtisme* (1960). Spoerri aveva creato nel 1959 le edizioni MAT - Moltiplication d'Art Transformable[12] – alle quali collaborò Marcel Duchamp. «Rivelatore di realtà», egli attualizza il gesto del ready-made e prolunga una riflessione divertita sulla sua attività ma anche sull'arte in generale:

> Non guardate questi tableau-piège come fossero arte. Sono piuttosto una sorta di informazione, di provocazione, dirigono lo sguardo verso regioni alle quali di solito non presta attenzione, ecco tutto. E l'arte che cos'è? Sarebbe forse una forma di vita? Vi sembra possibile, in questo caso?[13].

[10] ARMAN, *Réalisme des accumulations*, in «Zero», n. 3, luglio 1961; riedizione dei tre numeri della rivista in *Zero*, introduzione di L. Alloway, Mit Press, Cambridge 1973, p. 208; cfr. ora il catalogo della retrospettiva «Arman», Musée d'Art Moderne et Contemporain, Nice 2001.

[11] Cfr. *Daniel Spoerri, interview conducted by Susan Hapgood*, in *Neo-Dada: Redefining Art, 1958-62*, catalogo della mostra, The American Federation of Art, New York 1994, p. 131.

[12] MAT divenne una sigla importante nella storia dei multipli.

[13] D. SPOERRI, *Tableaux-pièges*, in «Zero», n. 3, luglio 1961, p. 217.

Spoerri accetta gli incerti del caso, fortunato o meno. Il tempo può snaturare le sue opere, ma non importa. Una volta dei topi si erano «attaccati» a due di esse, depositate in una cantina. L'artista si accontentò di aggiungere alla propria firma: «Con la collaborazione dei topi». Va da sé, e lo conferma egli stesso, che «chiunque può scegliere una combinazione fortuita e farne un quadro». Per cui Spoerri fa stampare dei «certificati di garanzia» che autorizzano chiunque a fabbricare, su licenza, i suoi tableau-piège. Una procedura particolarmente scaltra che gli consente di manifestare i propri «dubbi nei confronti dell'atto creativo», dubbi che assumono una forma spettacolare in occasione della mostra alla Köpcke Galerie di Copenaghen (1961) intitolata «L'épicerie», dove Spoerri non prende in trappola nulla, non fissa nulla. Si accontenta di prelevare prodotti di consumo corrente acquistati in una vicina drogheria. Sola modifica, la dicitura, apposta a ciascuna marca, «Attenzione, opera d'arte», seguita dalla firma dell'artista. E la clausola secondo cui i prodotti devono essere venduti allo stesso prezzo del negozio da cui provengono. Viene cosí irrisa la stessa logica del ready-made, coniugata da Spoerri con una ironizzazione delle manipolazioni finanziarie che accompagnano le operazioni artistiche.

Spoerri realizzò anche, con un altro ammiccamento a Duchamp, alcuni tableau-piège «rettificati». È infatti possibile far rientrare nella rubrica dei *tableau-piège* la categoria dei *détrompe-l'œil*, che si distinguono dai tableau-piège per la scelta intenzionale degli oggetti raccolti. Il détrompe-l'œil è l'esatto contrario del trompe-l'œil, prodezza tecnica che porta l'imitazione al suo culmine. L'artista propone come esempio di détrompe-l'œil «una veduta romantica delle Alpi – una vallata con un ruscello che scorre in direzione dello spettatore», «modificata» dall'«aggiunta di rubinetti e di una doccia». Altro esempio: un dipinto molto semplice, l'immagine di un nudo femminile, sul quale viene incollata una vera piccola medicazione, diventa un *Nu blessé* (1962). Lo scherzo da collegiale, cosí come appare in queste opere volutamente derisorie, ha via via acquisito un suo diritto di cittadinanza in seno all'universo artistico, da sempre improntato a nobiltà, preoccupato dell'elevatezza morale, contrassegnato per secoli da una gravità di tono alla quale pochi artisti derogavano. L'arte ha sempre emarginato il riso, in particolare quello legato alla caricatura. A partire forse da Manet, probabilmente da Picasso, sicuramente dal dada, il riso si è saldamente insediato nell'arte moderna, introducendovi un senso di spaesamento da cui essa stenta tuttora a riprendersi.

Un'altra forma di appropriazione è il *décollage* sperimentato da Raymond Hains. Nel 1949, andando a zonzo per le strade, strappa i manifesti incollati; in seguito recupera anche pannelli da affissione e staccionate depositate nei magazzini (1957) e, con la collaborazione dell'amico Jacques Mahé de La Villeglé, Hains finisce per conferire al *décollage* la dimensione di un gesto artistico, un tratto creativo che incanta Pierre Restany: «Quello che Hains e Villeglé mi hanno fatto vedere è il mondo divenuto quadro»[14]. Anche Mimmo Rotella, indipendentemente dai due artisti francesi, espone a metà degli anni cinquanta una serie di manifesti pubblicitari strappati dai muri. Già nel *Dictionnaire abrégé du surréalisme* (1938), Léo Malet proponeva, sotto la rubrica *décollage*, di promuovere l'«incontro fortuito» di manifesti sovrapposti e piú o meno strappati. E La Villeglé avanza la nozione di «lacéré anonyme» per identificare e raggruppare i «laceratori, trafugatori, guardoni e collezionisti», la cui opera anonima è una manifestazione dell'inconscio collettivo. L'artista situa il gesto del laceratore e quello del *décollagiste* lungo una linea duchampiana che a questo punto comincia a dare la misura delle sue facoltà costituzionalmente rivoluzionarie – il che, evidentemente, non pregiudica affatto il suo valore intrinseco: «La lacerazione implica il rifiuto di ogni scala di valori tra l'oggetto creato e il ready-made, anche se noi teniamo in gran conto il criterio di scelta»[15].

Hains, La Villeglé e Dufrêne avevano presentato alla prima Biennale des Jeunes (Parigi, 1959) una sala *décollagiste*

[14] Cfr. *La prise en compte réaliste d'une situation nouvelle*, conversazione con P. Restany, in *1960 Les Nouveaux Réalistes* cit., p. 18.

[15] J. M. DE LA VILLEGLÉ, *Des réalités collectives* (1958), in *1960 Les Nouveaux Réalistes* cit., p. 259.

che fece scandalo. E la partecipazione di César al Salon de Mai (Parigi, 1960) conobbe un esito analogo. Lo scultore, che iniziava a godere di buona reputazione per le sue opere figurative elaborate sulla base di relitti industriali di metallo saldati ad arco, espose le sue prime *Compressions*, carrozzerie di automobili pressate e ridotte allo stato di parallelogrammi compatti. Queste sculture completamente colorate, uscite direttamente dalla potente pressa americana di un meccanico, si distaccano dalla logica duchampiana per una volontà di scelta estetica: a partire dal 1961 César opera infatti una selezione dei materiali e dei loro colori per realizzare molte *Compressions dirigées*, di diverso formato.

Gli altri artisti riuniti da Restany nel 1960 non hanno mai ricondotto la loro arte a un puro gesto di appropriazione. Essi amalgamano piuttosto oggetti o materiali, ciascuno ovviamente privilegiando questo o quell'elemento: Gérard Deschamps le stoffe e la biancheria intima femminile; Martial Raysse, i prodotti della società dei consumi e la pubblicità che li accompagna; Jean Tinguely e Niki de Saint-Phalle, il ciarpame dei ripostigli o dei mercatini delle pulci. Christo impacchetta prima piccoli oggetti, per poi intraprendere progetti di grande respiro. Yves Klein, dal canto suo, si mostra, a buon diritto, contrario all'arruolamento nelle file del nouveau réalisme. Mentre Piero Manzoni, che pure non è mai stato invitato ad aggiungersi al gruppo, impronta molte sue opere al criterio dell'appropriazione. Con la *Base magica* (1961) promuove a opera d'arte ogni persona o oggetto che vi trovi posto. Sempre nel 1961, trasforma le persone sulle quali appone la propria firma in *Sculture viventi*. E rilascia loro dei «certificati di autenticità» cosí concepiti: «Si certifica che X è stato/a vidimato/a dalla mia mano e va quindi considerato/a a partire dalla data sotto indicata autentica e vera opera d'arte». Tale cattura di persone e cose a vantaggio dell'arte culmina nel *Socle du monde*, semplice parallelepipedo con una scritta, rovesciata, che ne garantisce la funzione: «BASE DEL MONDO, base magica n. 3 di Piero Manzoni - 1961 - omaggio a Galileo». Quali che siano le loro differenze, tutti questi artisti condividono un'identica volontà di ridefinire i loro rapporti con il mondo dell'arte, di introdurvi, grazie a un contatto piú diretto, piú concreto con la vita, un'energia che la pittura o la scultura non sembravano piú in grado di assicurare.

Sarcastici, buffi o provocatori, sempre esuberanti, gli assemblaggi esposti negli Stati Uniti o in Europa nei primi anni sessanta non hanno quella dimensione di utopia, specialmente di utopia sociale, che caratterizzava quelli dei loro predecessori negli anni dieci e venti. I loro creatori pensano di contribuire ad avvicinare l'arte e la vita, ma non spiegano in che senso privilegiare tale programma. Di piú. Con il trascorrere del tempo, appare chiaro che le loro opere nascono piú da una riflessione sull'arte, sulla sua natura, che sulle sue funzioni. In tutt'altro clima storico, ideologico e politico esse non fanno che rifarsi alle tecniche elaborate dalle avanguardie precedenti, contribuendo, con ciò, a creare una tradizione: ossia a perpetuare innovazioni che avrebbero potuto restare lettera morta e che invece, in questo modo, diventano dei modelli importanti. È cosí che nascono le genealogie, per filiazione retroattiva. L'assemblage si trasforma insomma in una categoria generale, la quale, piú che annunciare la fine della pittura, focalizza l'attenzione su altre forme di espressione. La frenesia tassonomica e l'introduzione di molte nozioni nuove nel vocabolario critico dimostrano in quale misura apparve necessario, a quel punto, allargare, nel campo dell'arte, l'orizzonte dei possibili.

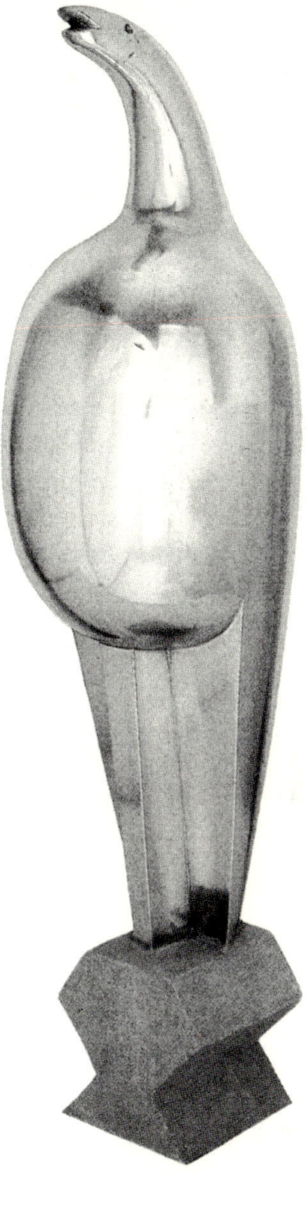

1. Constantin Brâncuşi, *Maiastra*, ottone lucidato, 1912.

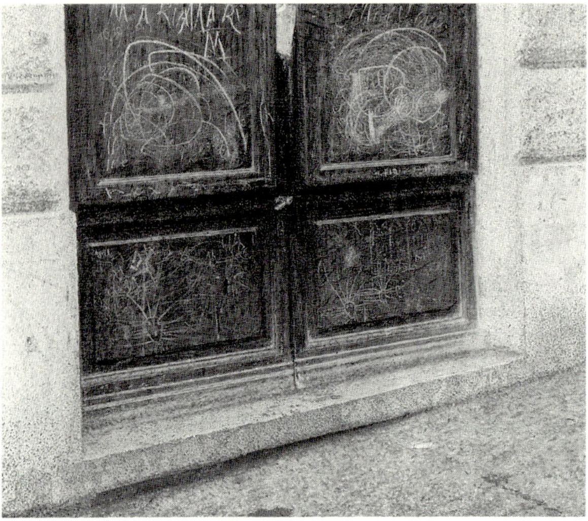

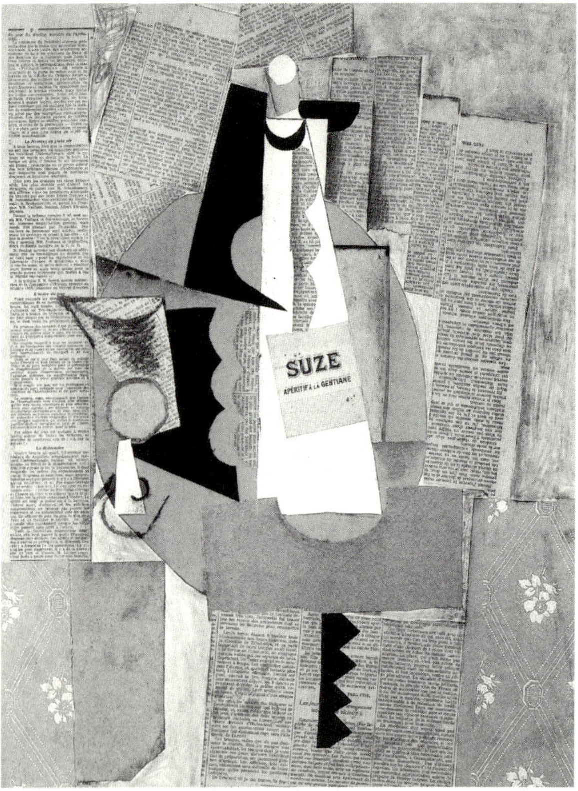
SUZE
APÉRITIF À LA GENTIANE

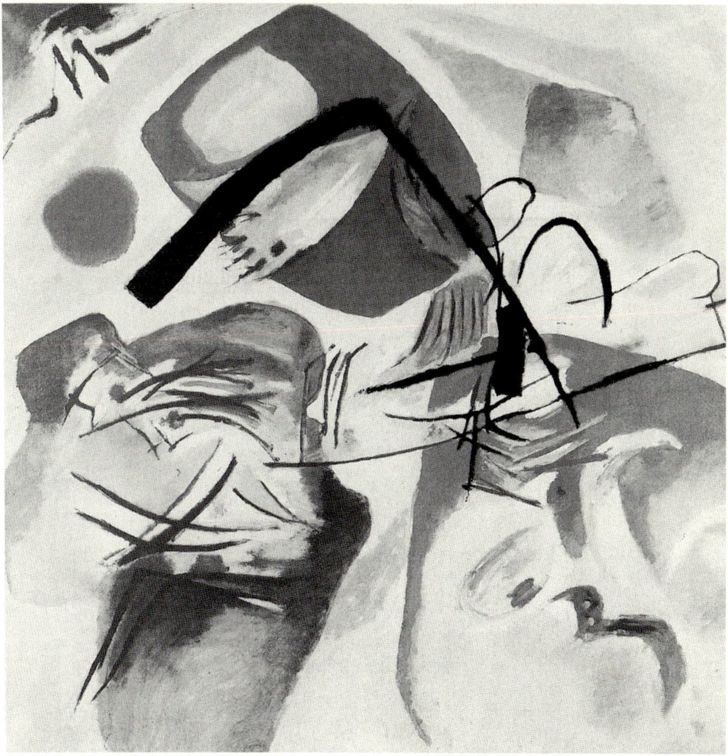

2. Giacomo Balla, *Fallimento*, olio su tela, 1912.
3. Pablo Picasso, *Bicchiere e bottiglia di Suze*, papier collée, gouache e carboncino, 1912.
4. Vasilij Kandinskij, *Dipinto con arco nero*, olio su tela, 1912.

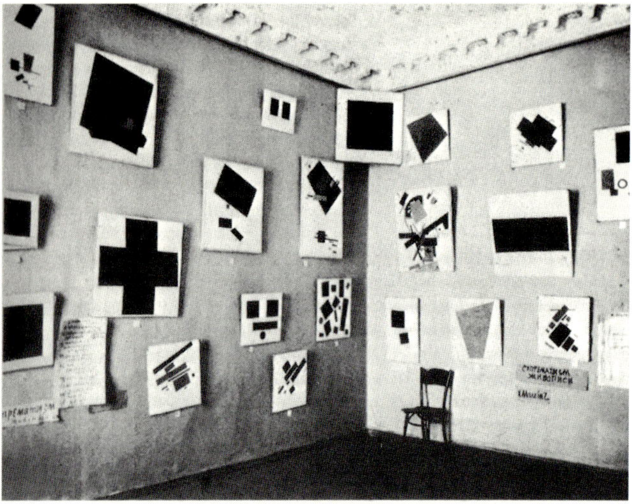

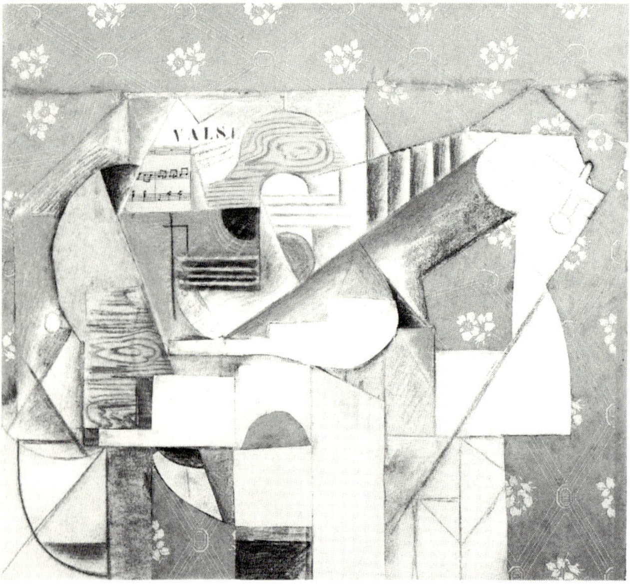

5. Kazimir Malevič, *Quadrato nero* e altre opere suprematiste alla «Seconda esposizione futurista di quadri 0,10» di Pietrogrado, 1915.

6. Pablo Picasso, *Chitarra, spartito e bicchiere*, papier collée, gouache e carboncino su carta, 1912.

7. Marcel Duchamp, *Trabocchetto*, ready-made: appendiabiti in legno e metallo fissato al suolo, 1917.

8. Marcel Duchamp, *Fountain*, 1917, fotografia di Alfred Stieglitz.

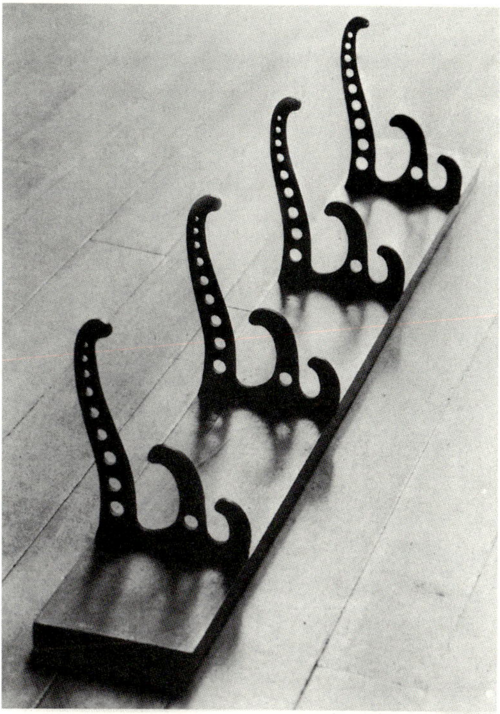

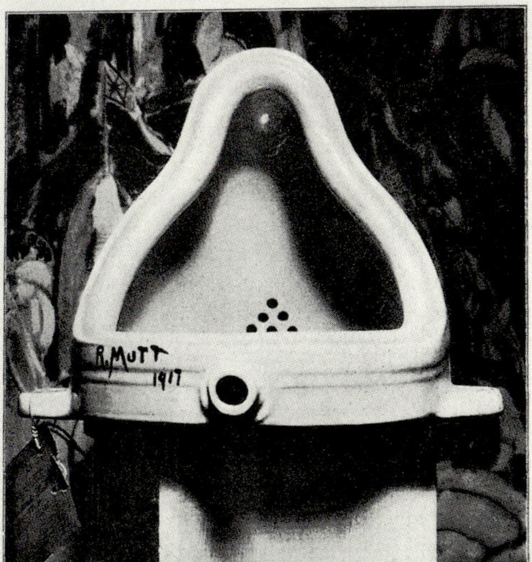

Fountain by R. Mutt

Photograph by Alfred Stieglitz

THE EXHIBIT REFUSED BY THE INDEPENDENTS

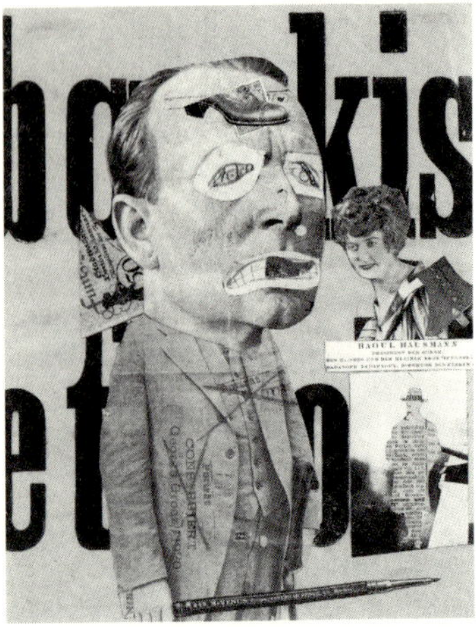

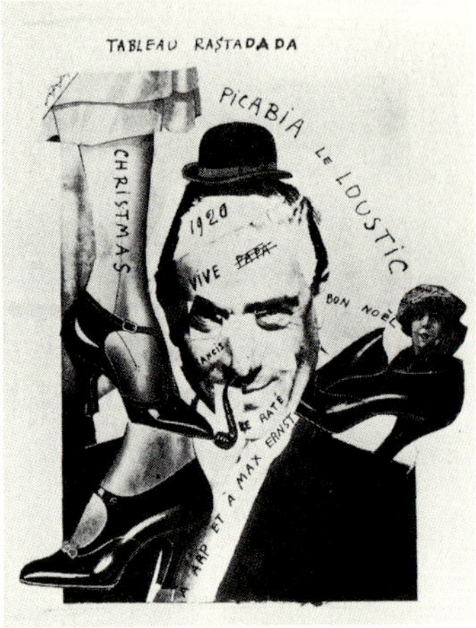

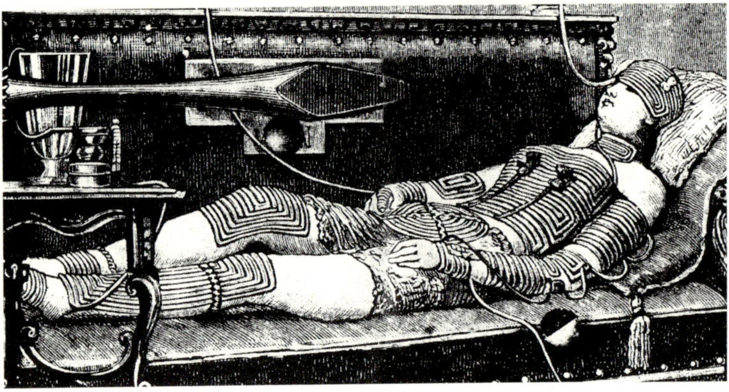

9. Raoul Hausmann, *Kunstkritiker*, fotomontaggio, 1919-20.
10. Francis Picabia, *Tableau rastadada*, collage su carta, 1920.
11. Max Ernst, *La préparation de la colle d'os*, collage, 1921.

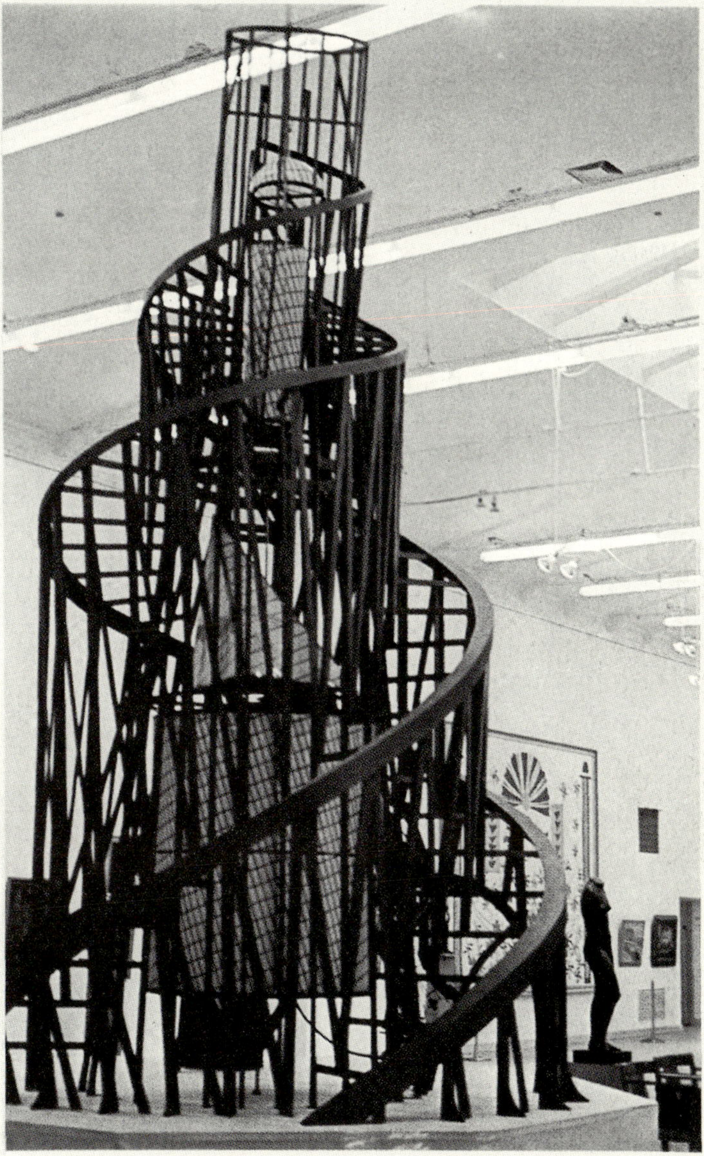

12. Vladimir Tatlin, modello per il *Monumento alla III Internazionale*, metallo e legno dipinto, 1919-20.

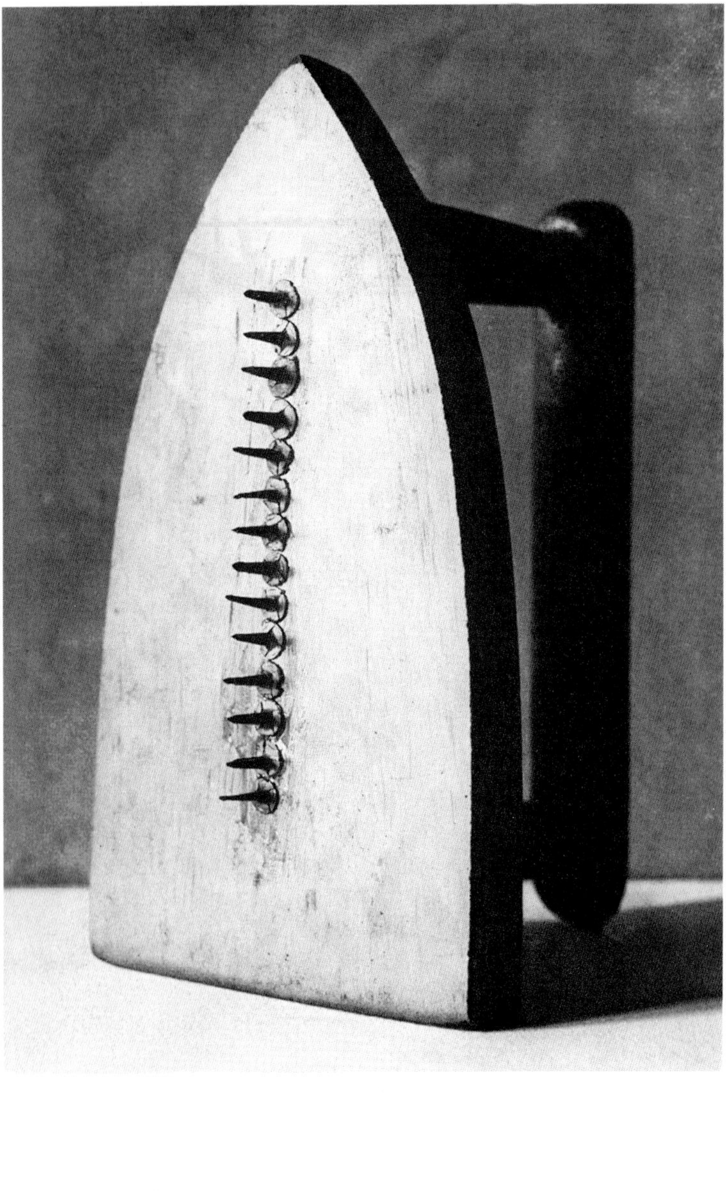

13. Man Ray, *Cadeau*, ferro da stiro e chiodi, 1921.
14. Laszlo Moholy-Nagy, *Modulatore spazio-luce*, 1922-30.
15. Lo studio di Piet Mondrian a Parigi, 26, rue du Départ, 1930.

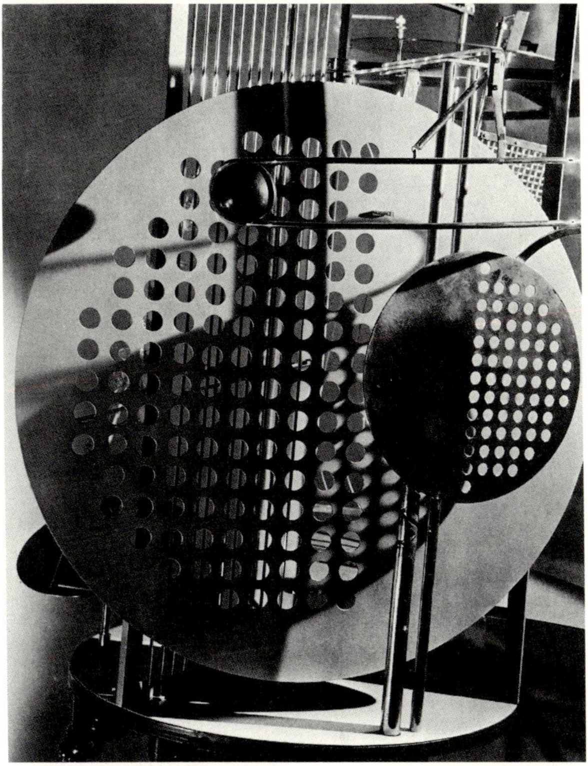

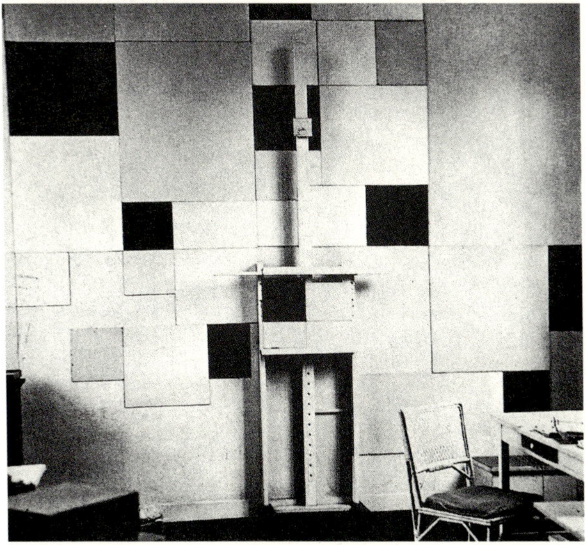

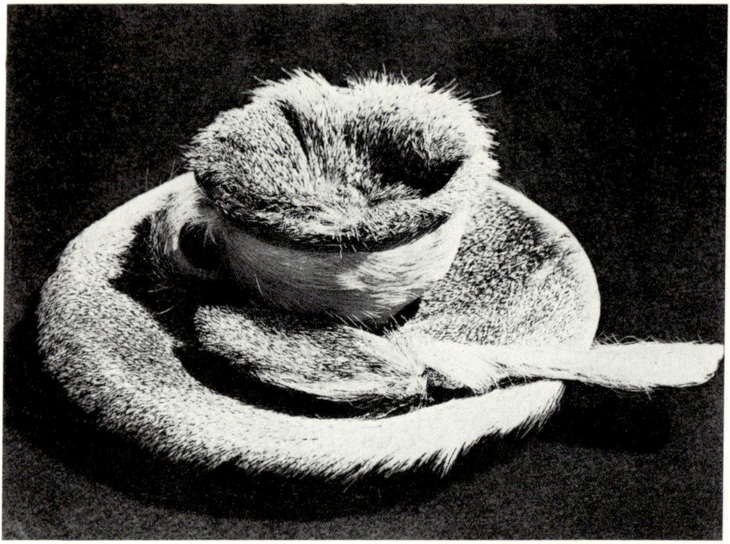

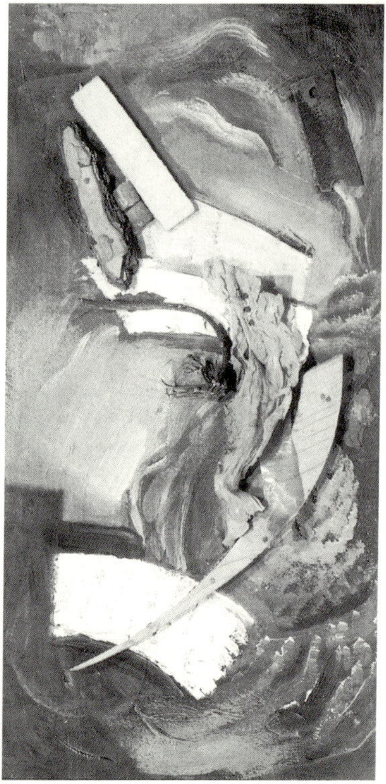

16. Meret Oppenheim, *Colazione in pelliccia*, 1936, fotografia di Man Ray.
17. Kurt Schwitters, *Merzbild mit Algen*, assemblage, 1938.

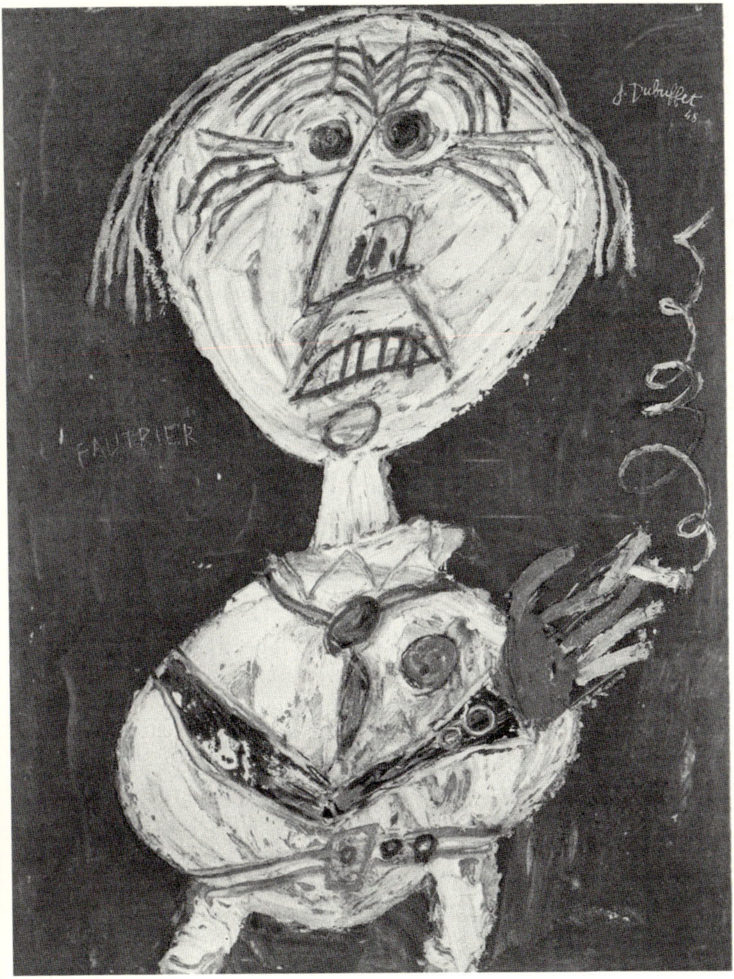

18. Jean Dubuffet, *Fautrier araignée au front*, olio su tela, 1947.

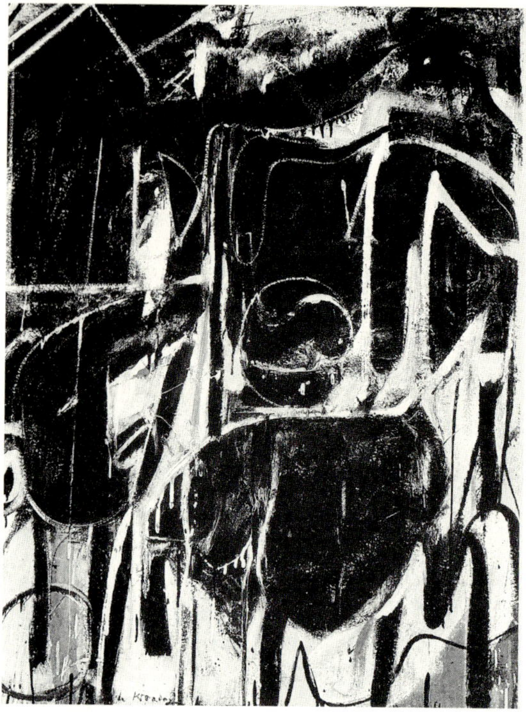

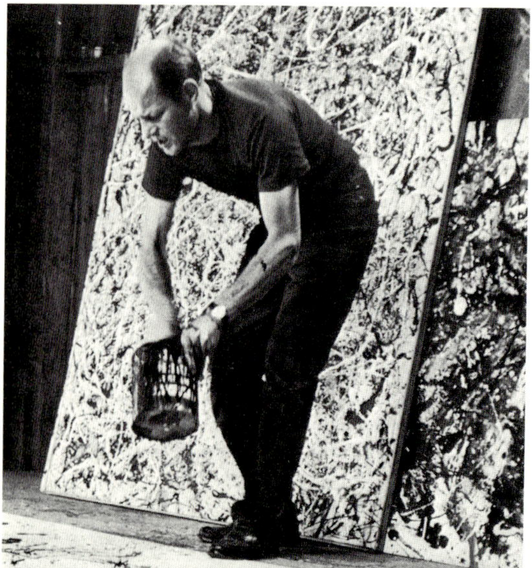

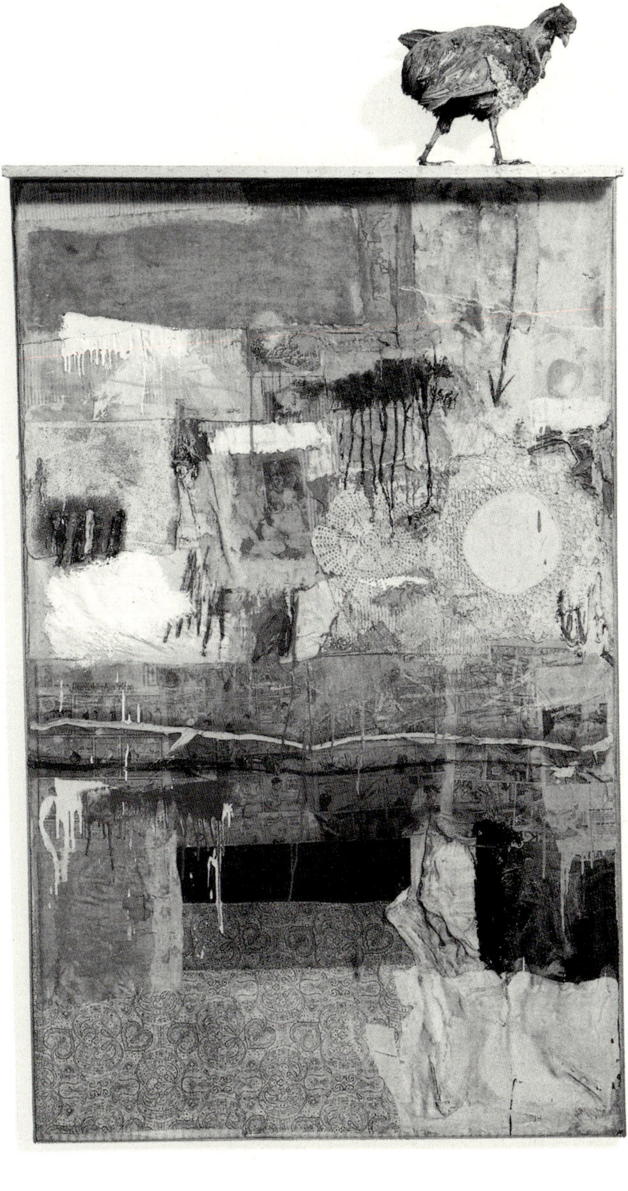

19. Willem De Kooning, *Black Friday*, olio e smalto su pannello, 1948.
20. Jackson Pollock al lavoro.
21. Robert Rauschenberg, *Satellite*, olio, stoffa, carta e legno su tela con fagiano impagliato, 1955.

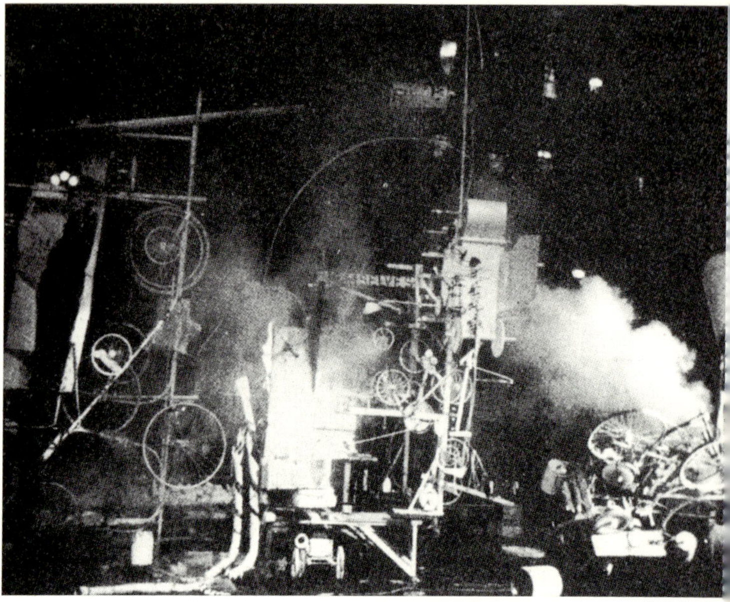

22. Jean Tinguely, *Homage to New York*, 17 marzo 1960.
23. Yves Klein, *Monochrome, M27 (red)*, 1956.
24. Piero Manzoni, *Scultura vivente*, 1961.
25. Jasper Johns, *Painted bronze (Savarin Can)*, 1960.

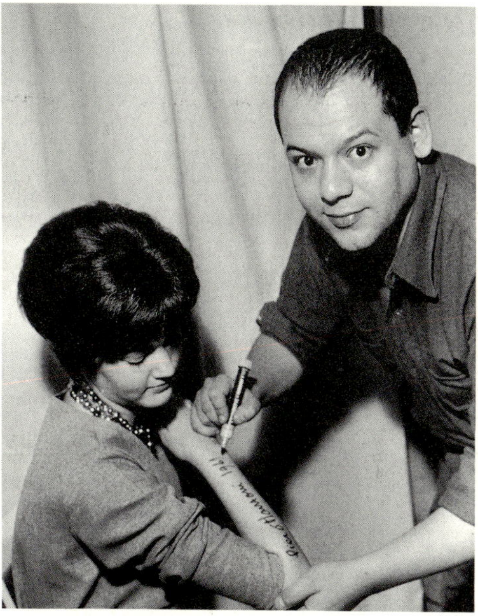

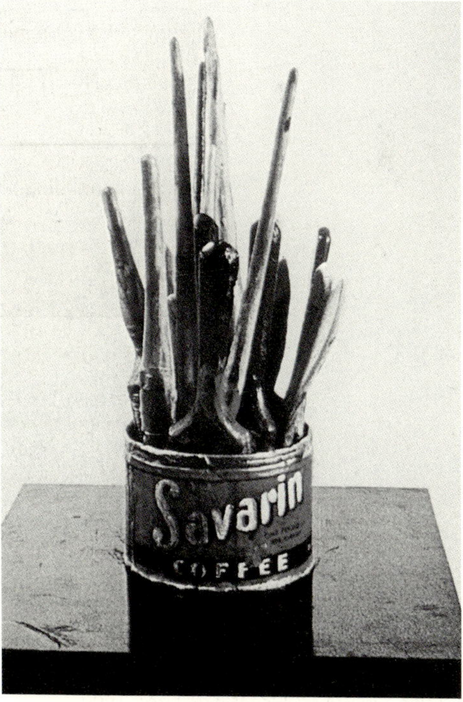
Savarin
COFFEE

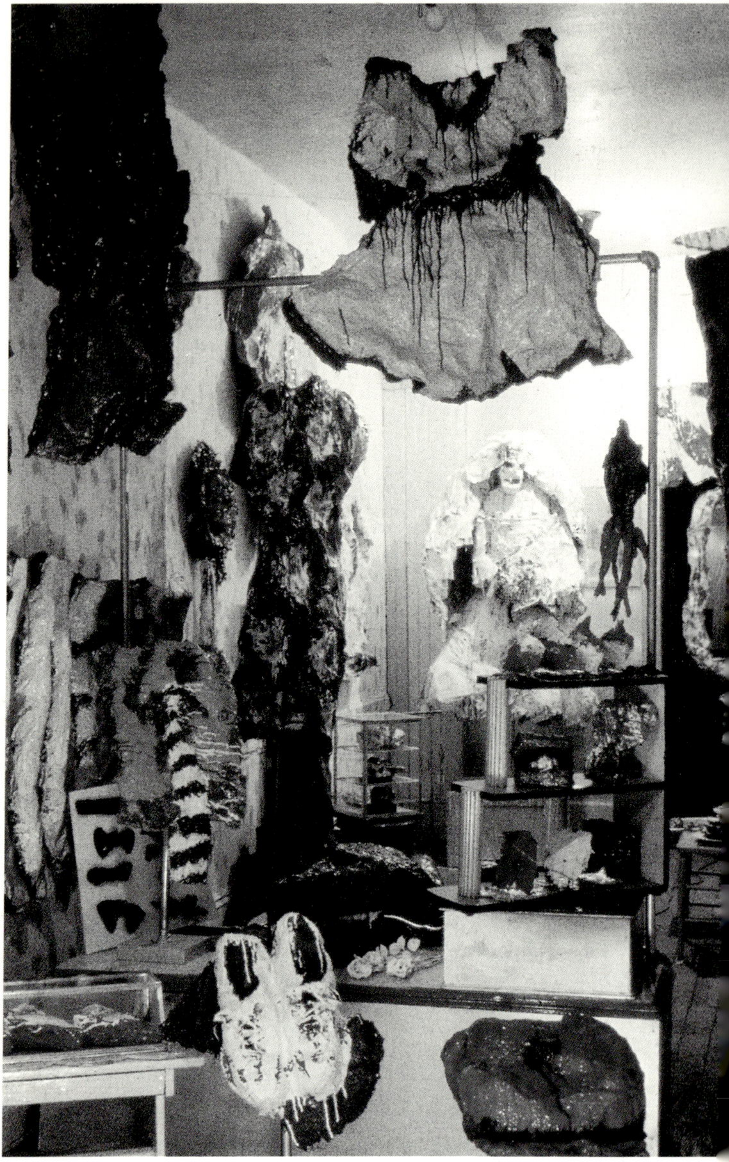

26. Claes Oldenburg, *The Store*, 107 East 2nd Street, New York, 1961.

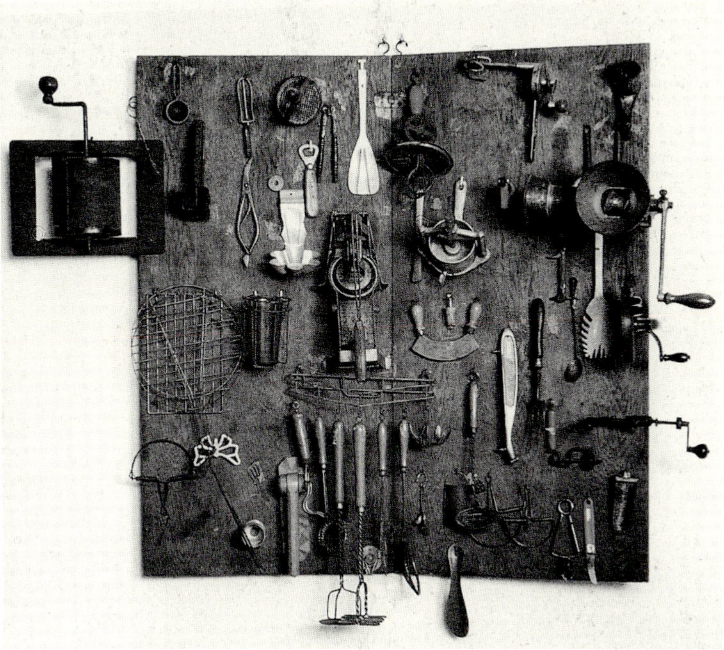

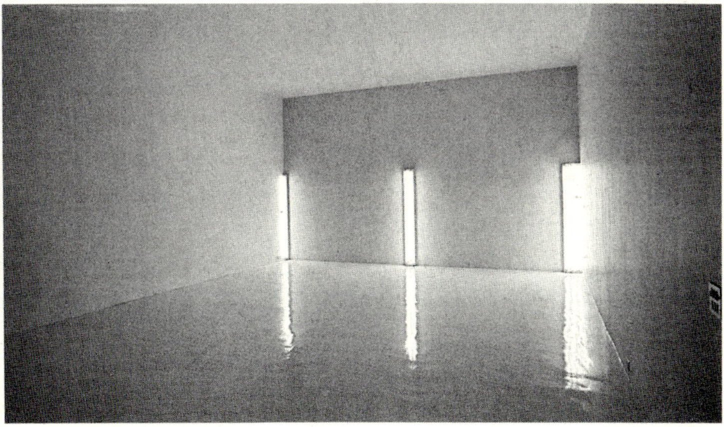

27. Daniel Spoerri, *Utensili da cucina*, tableau-piège, 1962.
28. Dan Flavin, *The Nominal Three (to William of Ockham)*, installazione, 1963.

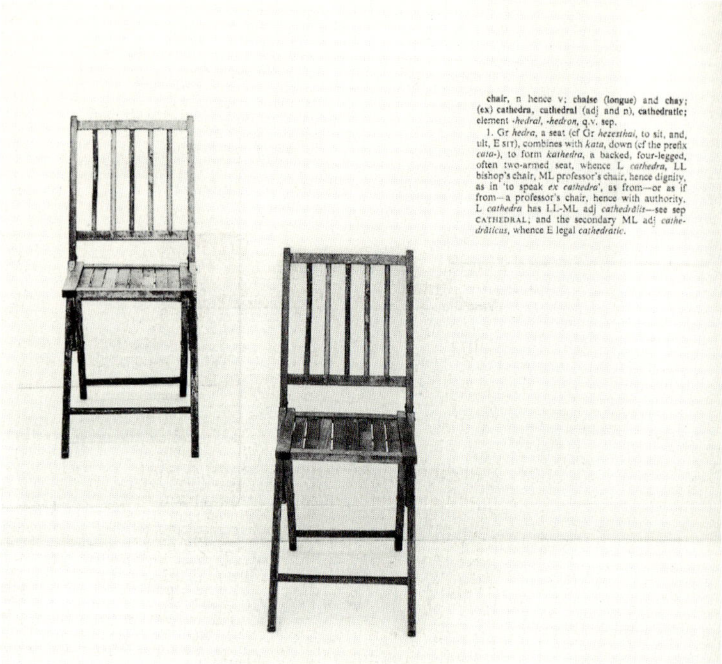

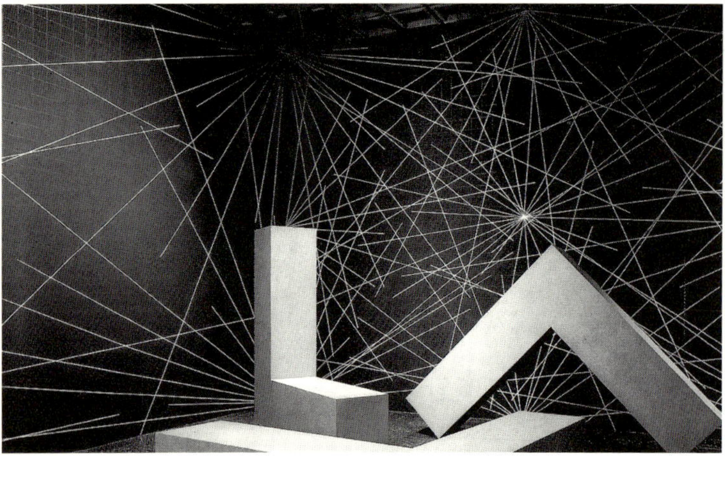

29. Joseph Kosuth, *One and Three Chairs*, 1965.
30. Robert Morris, *L-Beams*, acciaio inossidabile, tre elementi, 1965.

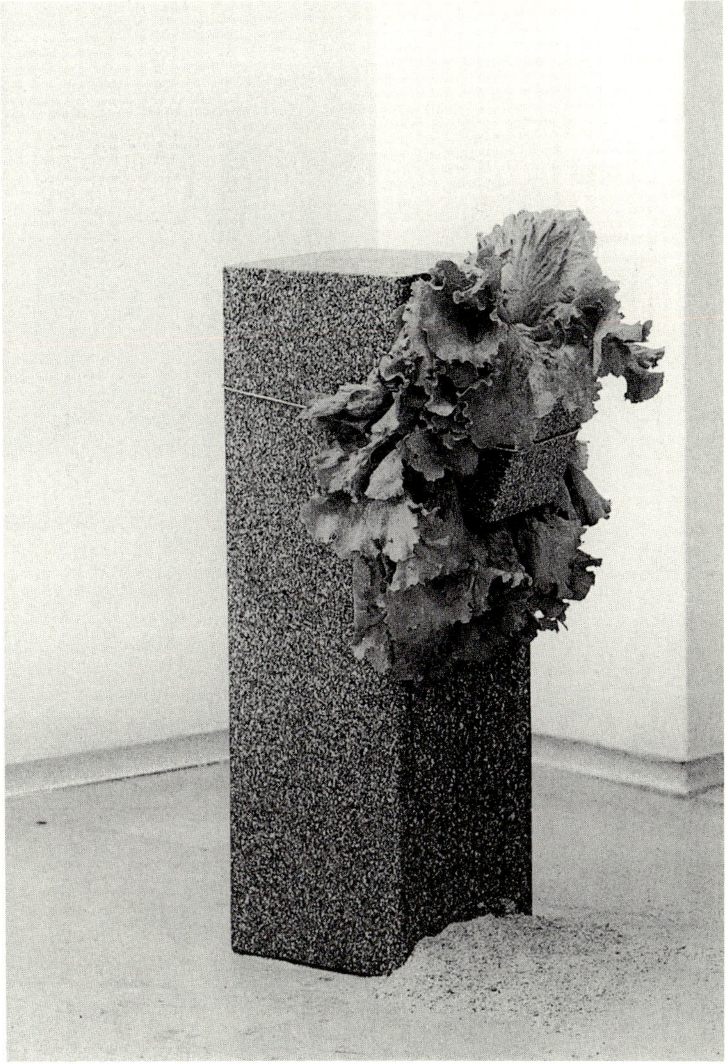

31. Giovanni Anselmo, *Senza titolo*, granito, lattuga, filo di rame, 1968.

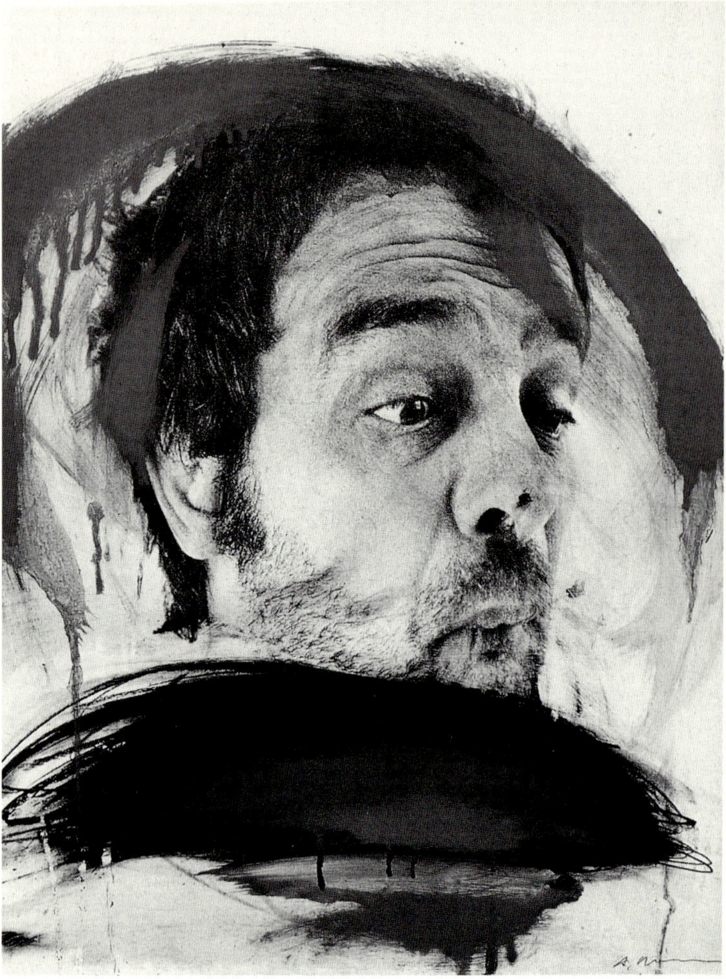

32. Arnulf Rainer, *Ohne titel*, grafite, gessetto a olio, olio su foto, 1971.

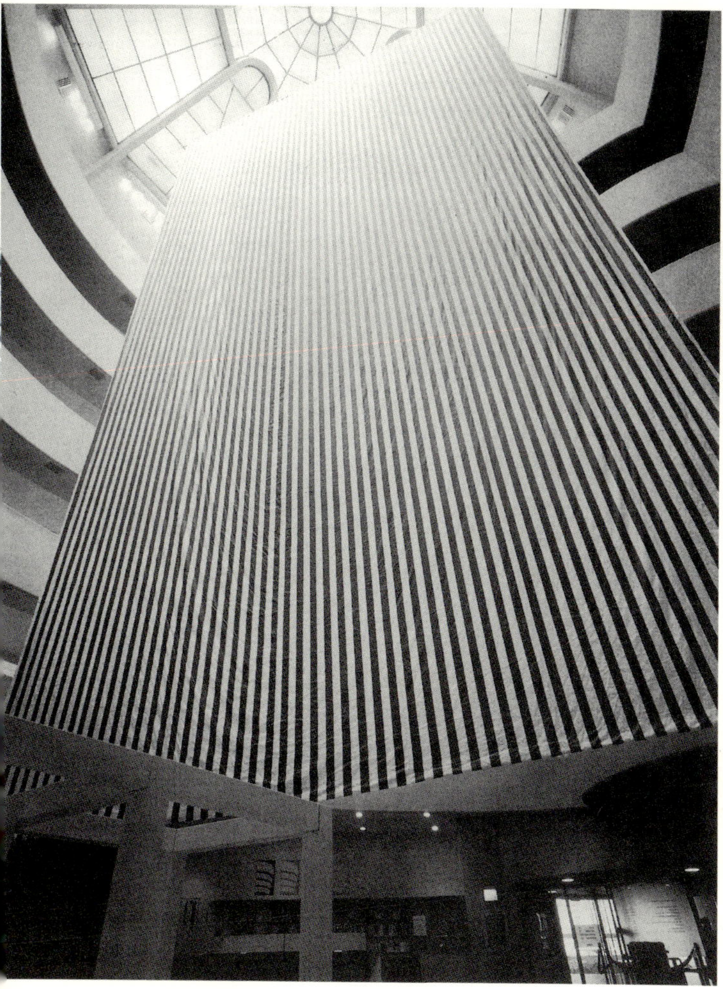

33. Daniel Buren, *Inside (Centre of Guggenheim)*, acrilico, 1971.

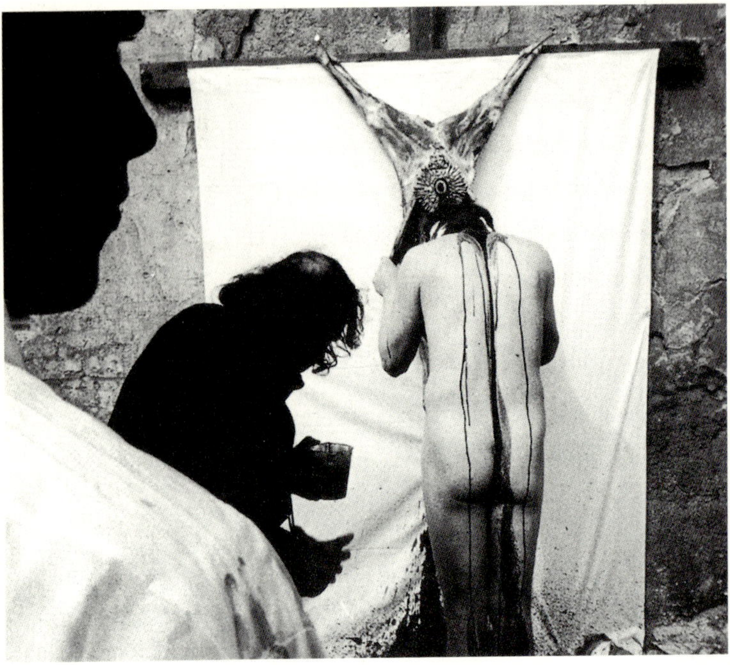

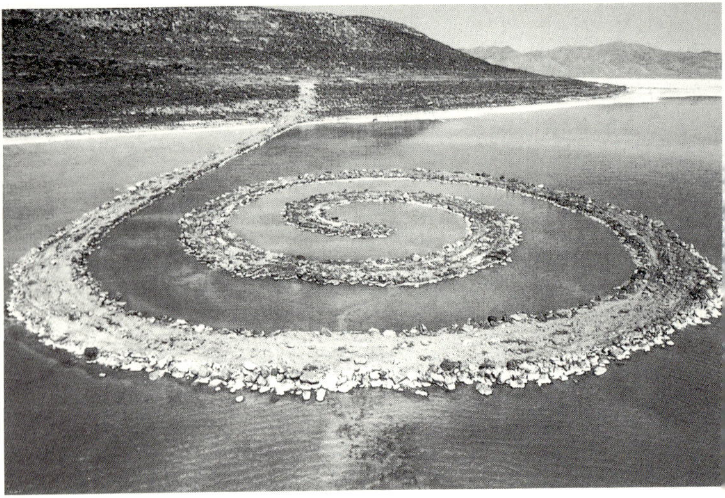

34. Hermann Nitsch, *2 Aktion*, 1974.

35. Robert Smithson, *Spiral Jetty*, rocce, sale, cristalli, terra, alghe e acqua, 1970.

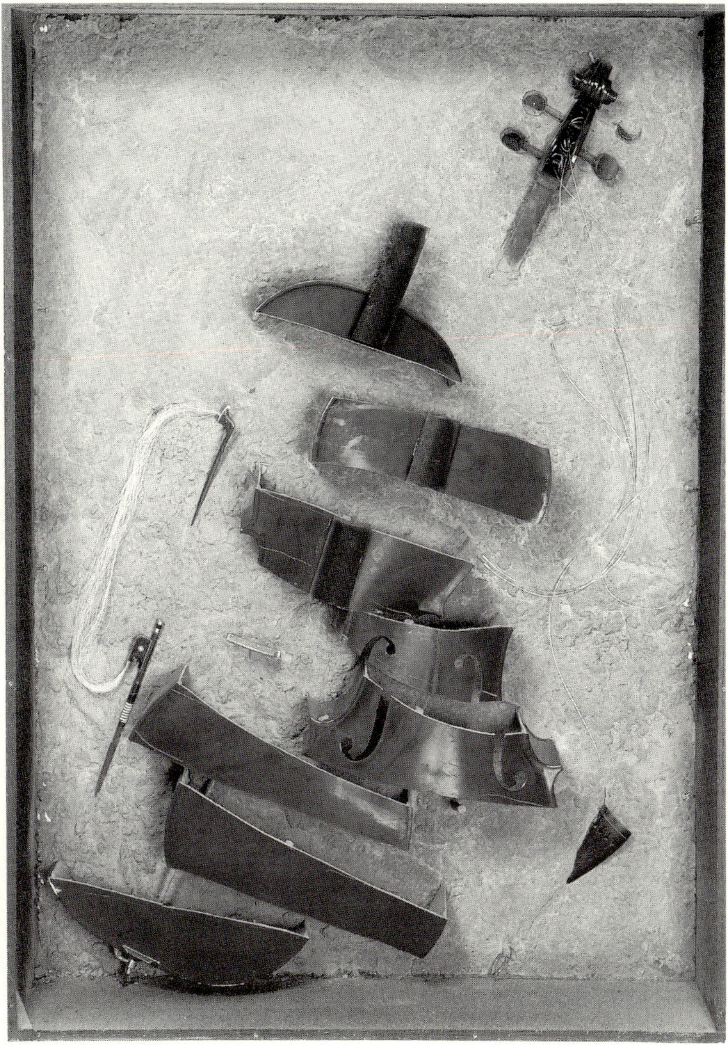

36. Arman, *Colère du violon*, violino tagliato incluso in calcestruzzo, 1974.

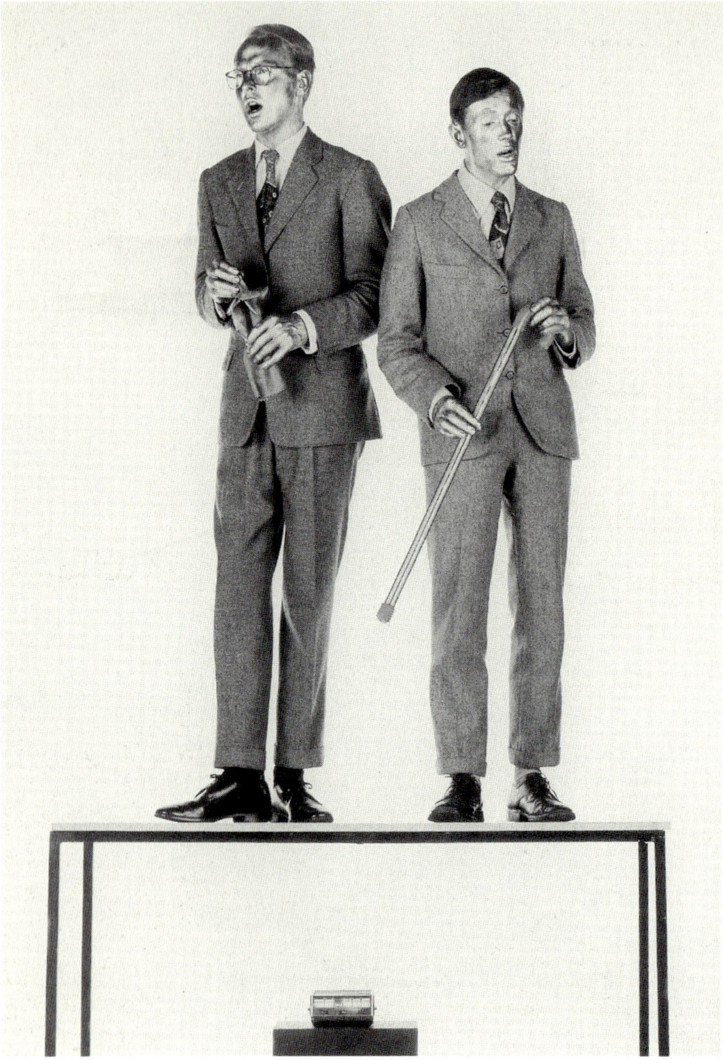

37. Gilbert & George, *The Singing Sculpture*, 1970.

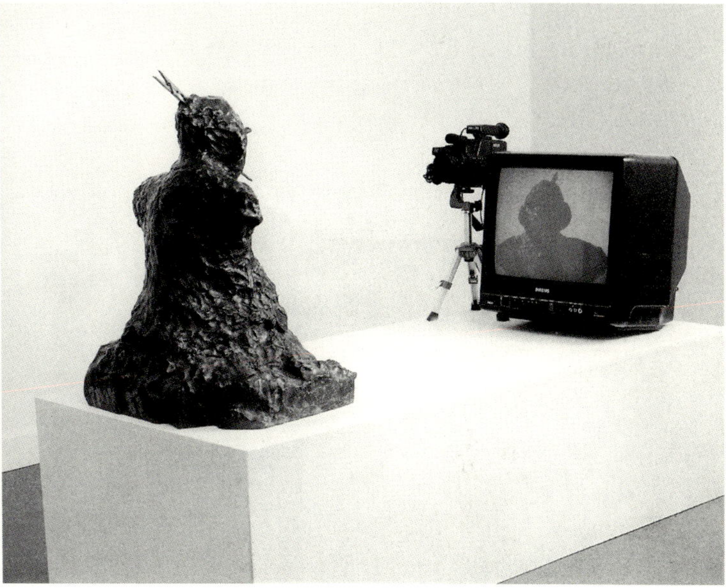

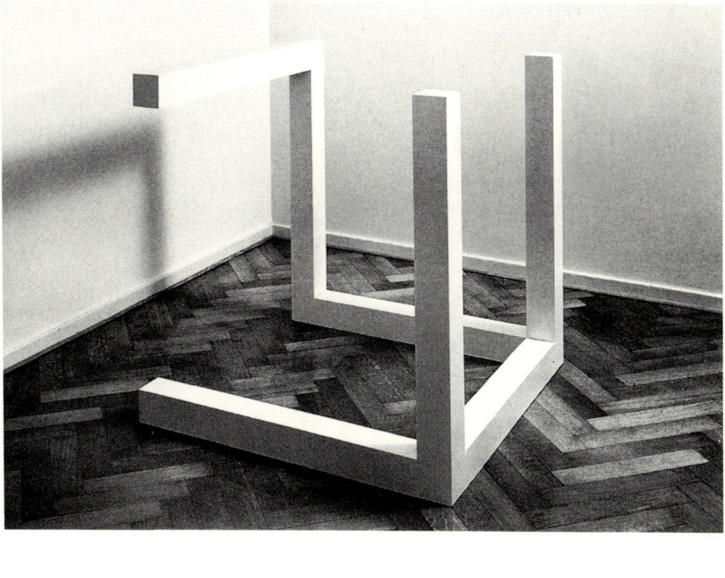

38. Nam June Paik, *TV Buddha*, bronzo, video, videocamera, 1989.
39. Sol LeWitt, *Open Cube*, alluminio verniciato, 1974.

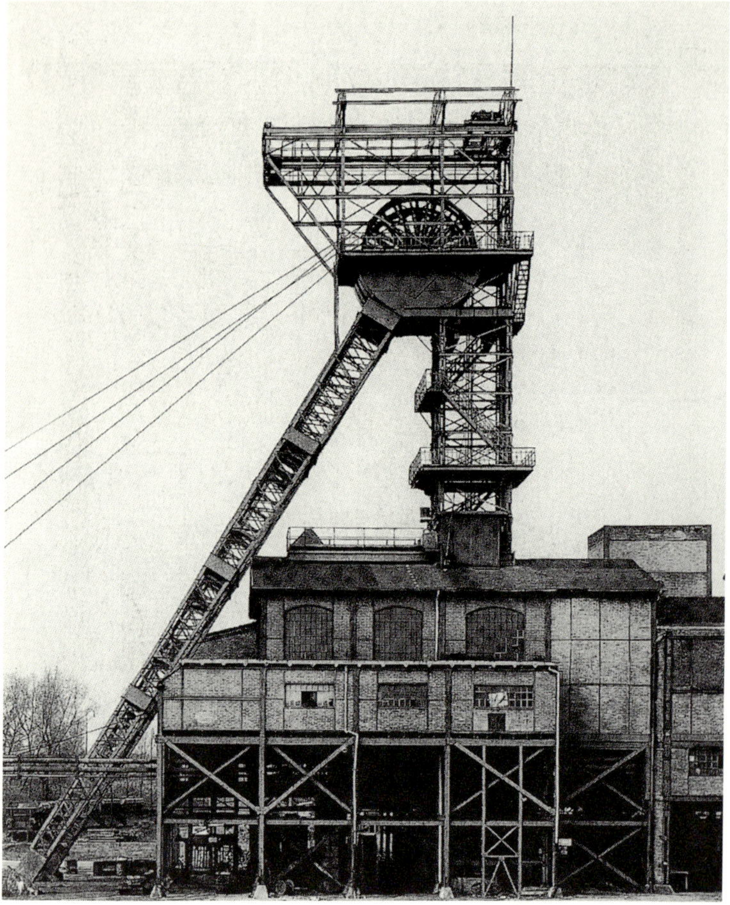

40. Bernd e Hilla Becher, *Impianto minerario*, fotografia, 1982.

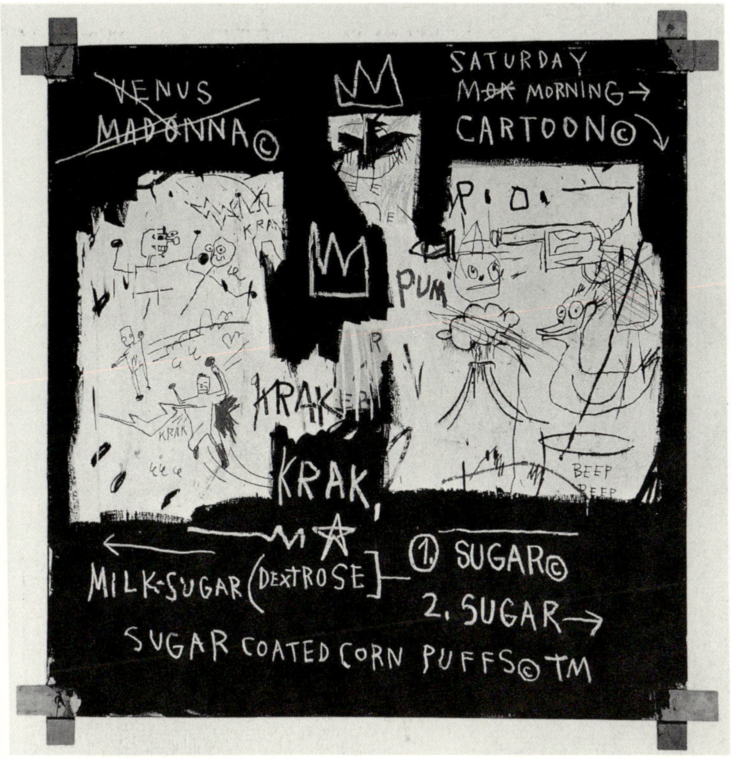

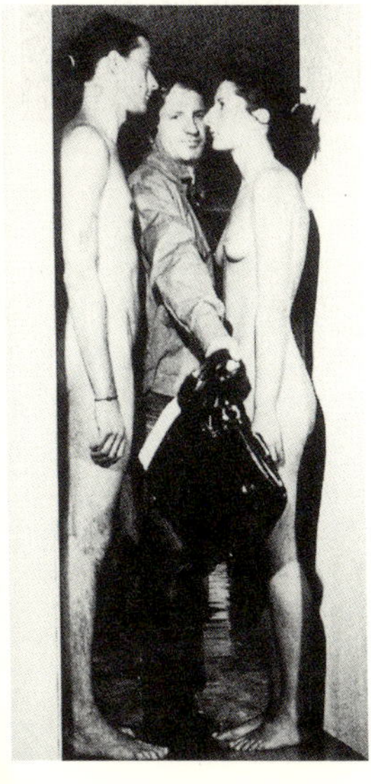

41. Jean-Michel Basquiat, *A Panel of Experts*, acrilico, carboncino e collage di carta su tela montata su supporti ad angolo retto, 1982.

42. Marina Abramovič e Ulay, *Imponderabilia*, 1977.

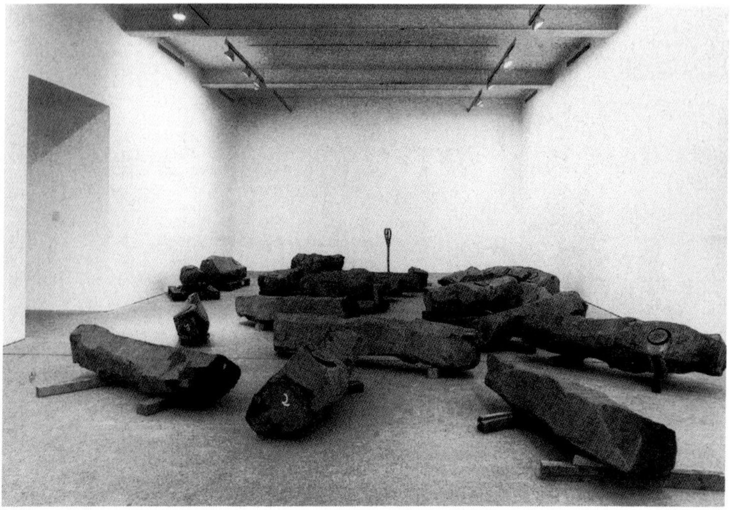

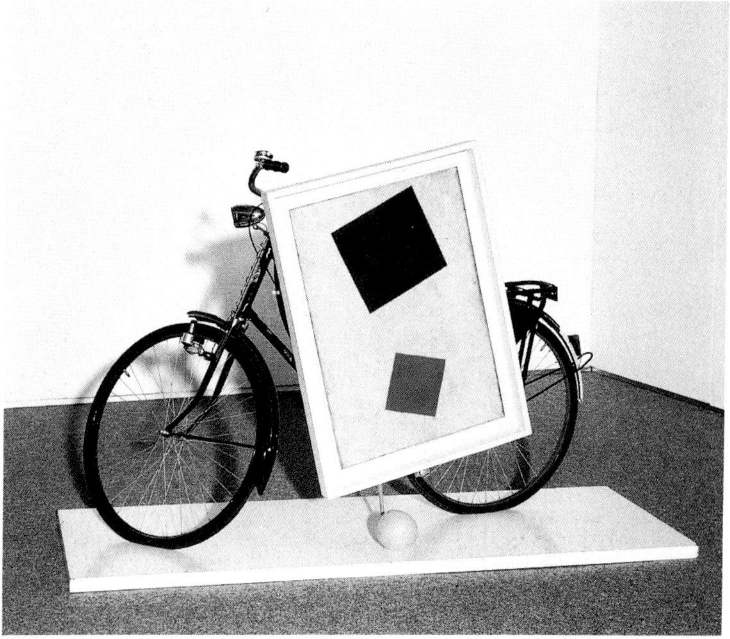

43. Joseph Beuys, *Das Ende des 20. Jahrhunderts*, 21 pietre di basalto, feltro, argilla, carriola, legno squadrato, 1983.

44. Braco Dimitrijevič, *Triptychos post historicus*, installazione, 1985.

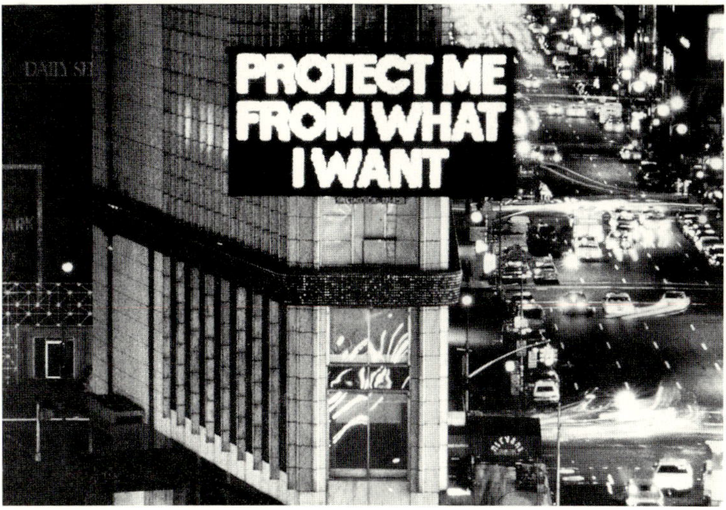

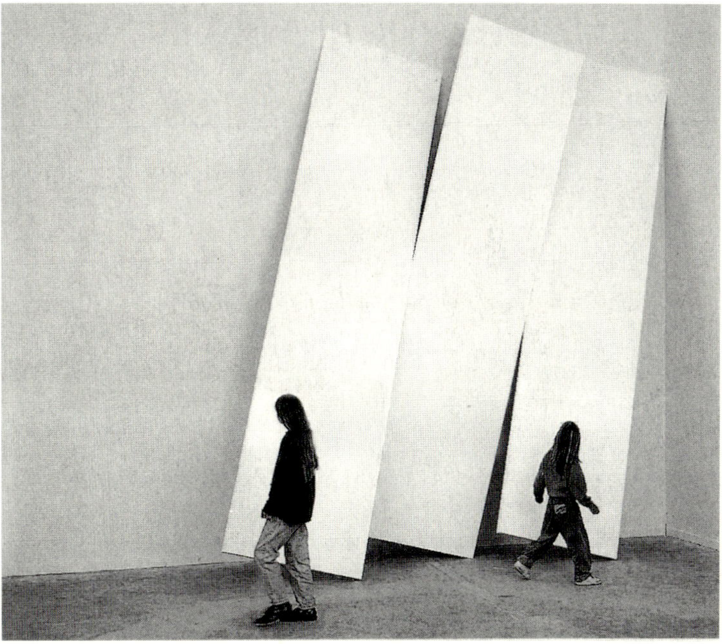

45. Jenny Holzer, *Protect me from what I want*, selezione da *The Survival Series*, installazione, Times Square, New York, 1986.

46. François Morellet, *Par derrière (à 3)*, 1986.

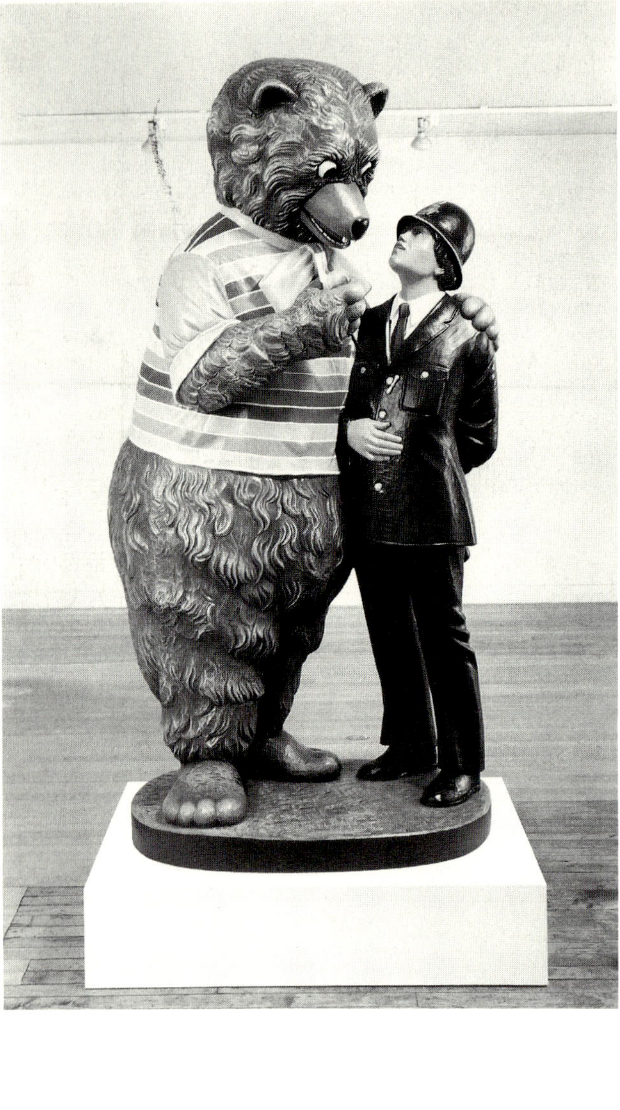

47. Jeff Koons, *Bear and Policeman*, legno policromo, 1988.

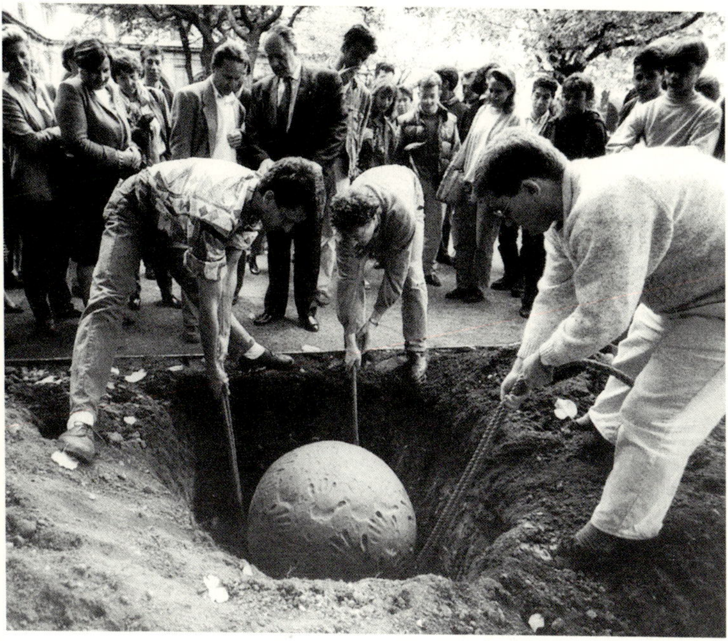

48. Claudio Parmiggiani, *Terra*, 1988, sotterramento dell'opera, 25 settembre 1990.

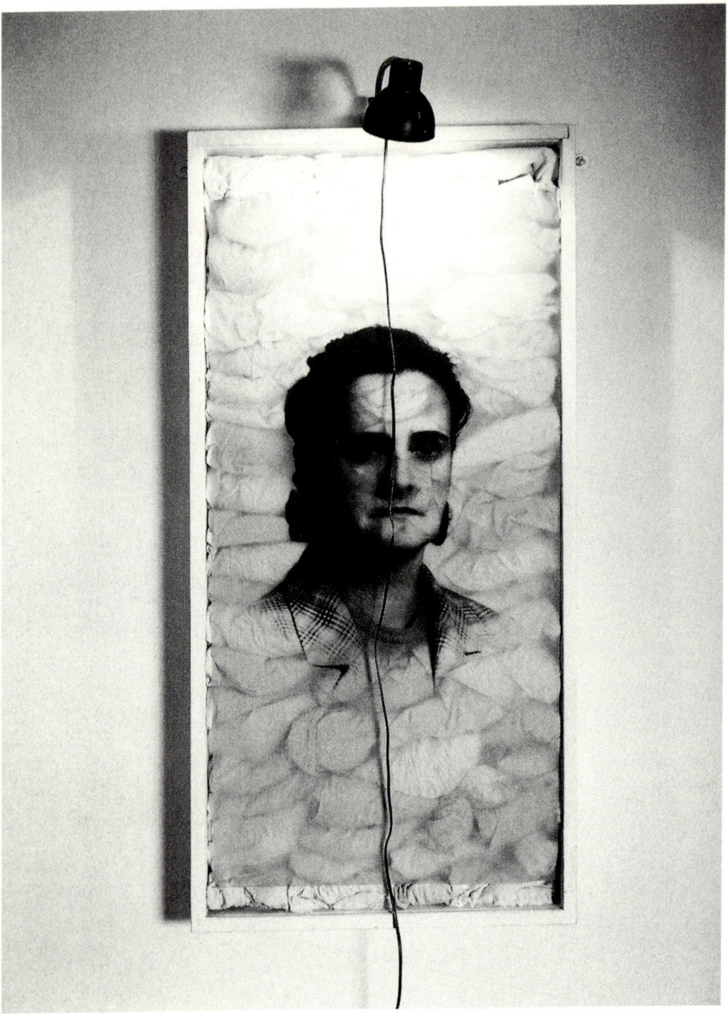

49. Christian Boltanski, *Padre Mariano*, 1994.

Capitolo quarto

L'arte del reale

Alcuni anni dopo aver organizzato «The Art of Assemblage», il MoMA presenta in Francia un'altra mostra importante: «L'art du réel» (Parigi, Galeries Nationales d'Exposition du Grand Palais, 1968). Il visitatore attratto dal titolo rimaneva indubbiamente sorpreso, non trovandovi nulla che assomigliasse anche solo lontanamente al «reale» della cui dignità estetica abbiamo appena parlato. E il responsabile della mostra si era mostrato sufficientemente consapevole del possibile disappunto del pubblico quando aveva scritto nel catalogo:

> Porre come principio che un'arte è piú «reale» di un'altra può sembrare temerario. Eppure questo è il postulato su cui si fonda l'opera di molti artisti americani degli ultimi anni, i quali non hanno mai nascosto la loro aspirazione a confrontare le esperienze e gli oggetti del quotidiano con la loro esatta equivalenza estetica (...) Il «reale» di oggi non fa direttamente appello alle emozioni, e nemmeno vuole che lo si pensi. A dire il vero, non sembra avere il minimo desiderio di giustificarsi. In compenso, si offre in tutta la sua unicità – in forma di oggetto semplice, irriducibile, irrefutabile[1].

L'arte del reale cosí definita non riproduce gli oggetti del mondo, non li integra piú al proprio interno. Costruisce semplici artefatti che ci propongono di vivere l'esperienza empirica di un confronto con la loro realtà fisica, inscritta nello spazio reale in cui ci muoviamo. Essi non han-

[1] E. C. GOOSSEN, in *L'art du réel USA 1948-1968*, catalogo della mostra, Centre National d'Art Contemporain, Paris 1968, p. 11. Precisiamo che «l'arte del reale» propriamente detta compare all'inizio degli anni sessanta: la mostra coglieva l'occasione per presentare un panorama dell'arte americana degli ultimi vent'anni.

no alcun significato estrinseco né alcun impiego pratico. Sono, ecco tutto. Insistiamo: tangibili, sono lí, realmente. Lontani eredi dell'arte concreta, procedono in qualche modo da una *epochè*: se infatti non discendono da alcuna ermeneutica, da alcuna pragmatica, rivendicano comunque i loro rapporti con la fenomenologia.

1. *Specific objects, opere letterali*.

Abbiamo notato, nella parte dedicata all'arte astratta, che Frank Stella rifiutava ogni simbolismo: desiderava che i suoi *Black Paintings* del 1958-59 fossero solamente oggetti messi in mostra. Per sottolineare questo loro carattere oggettuale, egli fece costruire delle cornici a tacche simmetriche, la cui configurazione definisce la composizione del disegno in esse contenuto, una composizione a strisce anch'esse simmetriche. Il metodo consente di eliminare il carattere «relazionale» tipico delle composizioni fondate su un equilibrio tra forme diverse e assicura una maggiore neutralità alla superficie. L'implacabile correlazione tra forma esterna e disegno interno esalta il carattere piano del supporto. Michael Fried ammirava i *Black Paintings* di Stella presentati in occasione della mostra «16 Américains en 1960» perché mettevano in evidenza «l'importanza, per la determinazione della struttura pittorica, del carattere letterale del supporto». In un celebre articolo, egli rende merito al progresso compiuto dall'artista e qualifica in termini di «struttura deduttiva» i nuovi rapporti instaurati da Stella tra il disegno e la forma del quadro:

> Nelle serie che si sono succedute – quadri eseguiti in alluminio, rame e pittura metallica rispettivamente nel 1960, 1961 e 1963 – Stella affronta la struttura deduttiva in maniera sempre piú decisa: fino a fare in modo che i quadri risultino prodotti nella loro totalità dalle differenti forme della cornice e la variazione si manifesti pertanto solo all'interno della serie complessiva e non di una singola forma di cornice[2].

[2] M. FRIED, *Trois peintres américains*, in «Peindre. Revue d'esthétique», n. 1, 1976, pp. 321-22.

Stella aveva infatti continuato le proprie ricerche adottando per le sue cornici le forme piú diverse. Il *shaped canvas* ha anche un'altra caratteristica importante: il suo spessore inconsueto. Tanto che il dipinto si presenta come un oggetto, un'opera a tre dimensioni. Donald Judd rileva che una simile collusione tra pittura e scultura non è isolata. Un'intera costellazione di opere disparate – dovute in particolare a Rauschenberg, Oldenburg, Flavin, Stella o Judd stesso – cerca una via d'uscita dalla crisi del quadro, al quale il dogma modernista, allora dominante, imponeva una rigorosa forma piana. Ora, pensa Judd, «forse non si può fare di piú con una superficie rettangolare verticale da una parte e l'assenza di spazio e di profondità dall'altra»[3].

Ed è proprio nel contesto americano, dominato dall'imperativo della «riduzione modernista», che la nozione di «specific object» proposta da Judd nel suo articolo del 1965 acquista tutto il suo significato. Non sono mancate, negli ultimi decenni, opere estranee ai canoni tradizionali, ma gli *specific objects*, per quanto «somiglianti piú alla scultura che alla pittura»[4], rappresentano un tentativo di risolvere una volta per tutte i problemi posti da un quadro che si rifiuta di proporre uno spazio immaginario e al contempo non si accontenta piú della pura monocromia. L'insieme di questi *specific objects* non costituisce «né un movimento né una scuola né uno stile». Tutti hanno comunque un punto in comune. Rifiutano la tensione che scaturisce dall'opposizione tra l'illusione di uno spazio fittizio e la realtà dello spazio nel quale l'opera trova posto:

> Le tre dimensioni sono lo spazio reale. Questo elimina il problema dell'illusionismo e dello spazio letterale, dello spazio che contiene o è contenuto nei segni e nei colori – il che vuol dire che ci siamo liberati di uno dei residui piú imbarazzanti e inaffidabili lasciatici in eredità dall'arte europea. Le molteplici limitazioni della pittura non esistono piú. Un'opera può essere forte quanto si vuole che sia. Lo spazio reale è intrinsecamente piú potente, piú specifico di qualsiasi pigmento spalmato su una superficie piana[5].

[3] D. JUDD, *Specific Objects* (1965), in *Ecrits 1963-1990* cit., p. 11.
[4] *Ibid.*, p. 13.
[5] *Ibid.*, p. 16.

Queste opere possono adottare qualsiasi forma e ricorrere a qualsiasi materiale e, contrariamente ai quadri tradizionali, concepiti come «finestre» aperte su spazi immaginari, si dispiegano sempre nello stesso spazio dello spettatore. La semplificazione delle forme, deliberatamente spogliate di ogni mistero, private di ogni interiorità, esenti da pathos, facilita la percezione del loro carattere specifico. Una mostra di Robert Morris alla Green Gallery (New York, 1964) giocava sulla varietà delle possibili situazioni. L'artista aveva disposto nella galleria sette volumi geometrici, alcuni sul pavimento (*Floor Beam*), altri fra due muri (*Corner Piece*), altri ancora sospesi sopra lo sguardo dello spettatore (*Cloud*, in forma di parallelepipedo). Le opere, costruite in legno sintetico, dipinte in grigio neutro, dovevano essere distrutte alla conclusione della mostra, ma potevano essere rifatte per ulteriori esposizioni.

Come Morris, anche altri colleghi hanno voluto farci sapere che non costruivano personalmente gli artefatti che esponevano. Judd li faceva realizzare in fabbrica, e Tony Smith precisa di aver ordinato per telefono *Die* (1962), un cubo in acciaio a grandezza umana (183 × 183 × 183). L'artista non ha assolutamente bisogno di possedere una competenza tecnica specifica. La procedura separa l'ideazione dalla realizzazione e consente di scindere ogni rapporto diretto tra l'artista e l'oggetto. Rimuove l'eventualità di un'espressività per contatto diretto che porta inevitabilmente a feticizzare l'opera, intesa come esemplare insostituibile.

L'idea non è nuova. I *Telefonbilder* (1922) di Moholy-Nagy non sono certo stati ordinati per telefono alla fabbrica di materiali smaltati che li ha prodotti ma avrebbero potuto esserlo, come il loro autore non ha mancato di rilevare. La geometrizzazione delle forme facilitava la dettatura del disegno, e il ricorso a un catalogo di colori permetteva di indicare a distanza quelli da impiegare per ogni forma voluta. In quanto riproduzioni a priori, simili realizzazioni plastiche rinunciano per principio a uno dei piú importanti attributi delle opere originali, quello dell'*aura*, a cui Benjamin aveva dedicato a suo tempo una celebre analisi. Il benjaminiano «singolare intreccio di spazio e di tempo: l'apparizione unica di una lontananza, per quanto possa essere vicina»[6] è organicamente legata alla nozione di autenticità, a lungo giudicata l'attributo essenziale delle opere d'arte, premessa indispensabile a un godimento estetico legittimo e discreto, insidiosamente minacciato dalle copie, schernito dal falso. Ma quando il valore dell'arte non si fonda piú su qualità misteriosamente trasmesse all'opera dal suo creatore sul filo di un'elaborazione che ne mobilita sia il corpo che la mente, occorre trovare criteri diversi. Donald Judd propose il seguente: «Basta che un'opera sia interessante»[7].

La figura dell'artista divenuto ideatore è già presente in nuce nella pratica del collage. Alexander Partens, commentando questa tecnica nell'*Almanacco dada* pubblicato a Berlino nel 1920, elogiava Hans Arp per aver considerato «il mestiere stesso come un problema». E proseguiva:

> Non si stabiliva piú nessuna differenza di principio tra dipingere e stirare fazzoletti. Il fatto di dipingere era valutato come qualsiasi altra funzione e si riconosceva il pittore di vaglia per esempio dal fatto che commissionava i suoi quadri presso l'artigiano di fiducia secondo indicazioni impartite per telefono. L'importante non era piú concepire delle cose che si potevano vedere bensí sapere come metterle in rapporto diretto con le persone[8].

Robert Morris o Donald Judd si collocano su questa linea, benché le loro opere non assomiglino assolutamente a quelle dei dadaisti, anzi, si avvicinino piuttosto alle realizzazioni costruttiviste. Le tre *L-Beams* (1965) di Morris sono un esempio molto didattico delle ambizioni di un'arte «letterale» – l'opera non è nient'altro che quello che è. Morris vanta l'impiego di «forme unitarie», sufficientemente semplici perché la loro *Gestalt* possa essere percepita, capaci di offrirsi allo spettatore nell'evidenza della loro essenza: contrariamente a un poliedro complesso, un cubo viene immediatamente identificato come tale, diviene nominabile. L'artista riconosce che «la forma, le proporzioni,

[6] W. BENJAMIN, *Piccola storia della fotografia* (1931), in ID., *L'opera d'arte nell'epoca della sua riproducibilità tecnica*, Einaudi, Torino 1966, p. 70.

[7] JUDD, *Specific Objects* cit., p. 16.

[8] A. PARTENS, *L'art dada*, in *Almanach Dada* (1920), a cura di R. Huelsenbeck, Champ Libre, Paris 1980, p. 244.

le dimensioni e le superfici specifiche di un dato oggetto continuano ad avere un'influenza fondamentale sulle particolari qualità dell'opera», ma pone al tempo stesso l'accento sulle modalità della sua presenza fisica, importante quanto le sue qualità intrinseche, e tende ad attirare l'attenzione sulla dialettica di tale articolazione:

> In questo modo, per molte opere nuove dalle forme unitarie, il tipo di installazione ha acquisito, nella determinazione delle qualità particolari dell'opera, un'importanza che non aveva mai avuto prima. Una trave posta alle due estremità non è la stessa trave posta su uno dei suoi lati[9].

Le tre *L-Beams*, identiche, furono presentate insieme, ciascuna in una posizione diversa. Una era posta di piatto, la seconda su uno dei bracci della L e la terza in equilibrio sulle due estremità. La maggioranza degli osservatori avrebbe potuto concordare con l'impressione di Rosalind Krauss: «Per quanto siamo sicuri di *capire* che queste tre L sono identiche (per la struttura, le dimensioni), ci è impossibile *vederle* come tali»[10]. La studiosa dava cosí ragione a Morris quando affermava:

> La semplicità della forma non si traduce necessariamente in un'eguale semplicità a livello di esperienza. Le forme unitarie non riducono i rapporti. Li ordinano[11].

Le opere di questo tipo si moltiplicarono. Barbara Rose notava che, a dispetto delle loro strutture geometriche, esse non assomigliavano piú di tanto a quelle delle precedenti forme di astrazione. I giovani artisti, diceva, hanno la «tendenza a realizzare pitture e sculture talmente somiglianti a dei pannelli o a delle scatole che è sempre consigliabile prenderle per una cosa diversa dall'arte»[12]. Tale ambiguità stimola però l'interesse: parecchi musei e gallerie newyor-

[9] R. MORRIS, *Notes on Sculpture* (1966), poi in *Regards sur l'art américain des années soixante* cit., p. 90.

[10] R. KRAUSS, *Sense and Sensibility: reflection on post '60s sculpture* (1973), in ID., *Passages. Une histoire de la sculpture de Rodin à Smithson*, Macula, Paris 1997, p. 275; trad. it. *Passaggi. Storia della scultura da Rodin alla Land Art*, Bruno Mondadori, Milano 1998.

[11] MORRIS, *Notes on Sculpture* cit., p. 88.

[12] B. ROSE, *ABC Art* (1965), poi in *Regards sur l'art américain des années soixante* cit., p. 78.

kesi propongono a caldo delle mostre collettive dedicate alla nuova tendenza in atto. I loro titoli sottolineano le preoccupazioni, i centri d'interesse o i metodi del movimento: «Shape and Structure» (Tibor de Nagy Gallery, 1965), «Primary Structures: Younger American and British Sculptors» (Jewish Museum, 1966), «Art in Process» (Finch College, 1966), «Systemic Painting» (Solomon R. Guggenheim Museum, 1966).

Il filosofo Richard Wollheim pubblicò su «Arts Magazine», gennaio 1965, un articolo intitolato *Minimal Art*, nel quale faceva riferimento ai ready-made di Duchamp e ai *Black Paintings* di Reinhardt per individuare le origini del processo di distruzione in atto nell'arte, un'arte promotrice del quasi-nulla, dotata di una «misura *minima* di contenuto artistico». L'aggettivo, impiegato da Wollheim in chiave negativa, per effetto di un malinteso conobbe un successo immediato e la locuzione «minimal art» si affermò rapidamente. Forme semplici idonee a un'esperienza estetica insieme leggibile e raffinata, il loro dimensionamento in uno spazio reale, la totale assenza di simbolismo, la trasparenza dei procedimenti usati, un'esecuzione fredda e metodica (spesso realizzata con mezzi industriali) che non deve nulla all'«abilità manuale»: ecco gli elementi caratterizzanti le opere *minimal*.

2. *Letteralità o teatralità?*

Il successo delle mostre *minimaliste* era dovuto sia alla novità delle opere presentate sia all'abilità degli artisti nel teorizzare le loro pratiche estetiche, capaci di suscitare interesse e di sollecitare un dibattito critico. Gli attacchi di Michael Fried, ad esempio, contribuirono a rafforzare il prestigio della *minimal art*. Nel 1967, in un articolo che conobbe un'immediata e inconsueta celebrità, *Art and Objecthood*, il critico si lasciava andare a una feroce stroncatura della *minimal art* – che preferiva chiamare *literalist art* –, senza sottoscrivere nessuno degli argomenti di Donald Judd a favore degli *specific objects* quale risposta all'impasse del modernismo e nessuna delle spiegazioni di Robert Morris circa le *opere nuo-*

ve stimolatrici della presenza attiva dello spettatore. Fried recuperava anzi il filo rosso del formalismo greenberghiano per condannare senza appello le opere minimaliste. Perché sono «antitetiche all'arte»?, si chiedeva Fried:

> La risposta che vorrei proporre è la seguente: l'adesione *literalist* all'oggettività è di fatto solo un pretesto per un nuovo genere di teatro, e il teatro è allo stato attuale la negazione dell'arte.
>
> La sensibilità *literalist* è teatrale, innanzitutto perché tiene conto delle circostanze reali dell'incontro tra l'opera d'arte *literalist* e il suo spettatore. Su questo punto Morris è esplicito: mentre prima, in arte, «ciò che si poteva cogliere di un'opera si trovava rigorosamente contenuto in essa, ora l'esperienza della *literalist art* è quella di un oggetto posto in una *situazione* che per definizione, o quasi, *include lo spettatore*»[13].

Quello che Michael Fried rimprovera a queste opere non è solo l'inclusione dello spettatore ma anche il fatto che esse ne diventino suddite e rimangano «incomplete senza di lui». L'opera d'arte degna di questo nome sarebbe invece autosufficiente. Di fronte a noi, essa si costituisce come oggetto autonomo, un oggetto singolo che afferma con il suo «essere presente» una pienezza capace di incantare lo spettatore, di sottrarlo al flusso temporale per proiettarlo in un «presente continuo e perpetuo». Per contro, l'«adesione *literalist*» comporta la durata. L'articolo di Fried si conclude del resto con una professione di fede: «Presentness is Grace»(«Essere presenti è una grazia»). Un'intera porzione della nostra modernità si uniformò all'opinione di Lessing secondo cui «la pittura, in ragione dei caratteri o dei mezzi di imitazione che le sono propri e che possono essere composti solo nello spazio, deve completamente rinunciare al tempo»[14]. Sicché l'esclusione del tempo divenne uno dei dogmi del moderno.

In che cosa la temporalità è condannabile? Quali ragioni abbiamo per pensare che «le espressioni artistiche degenerano nella misura in cui diventano teatro»?[15]. Non c'è

[13] M. FRIED, *Art and Objecthood* (1967), trad. in «Artstudio», n. 6, autunno 1987, p. 14.

[14] G. E. LESSING, *Laocoonte ovvero Sui limiti della pittura e della poesia* (1766), Rizzoli, Milano 1997, p. 156.

[15] FRIED, *Art and Objecthood* cit., p. 24.

nessun argomento che avalli questa petizione di principio. In un'opera successiva, *Absorption and Theatricality*, Michael Fried è tornato sulla questione appellandosi all'autorità di Diderot, acceso nemico della teatralità in pittura, il quale commentava cosí l'arte di Gérard de Lairesse:

> Lairesse pretende che si permetta all'artista di far entrare lo spettatore nella scena del suo quadro. Io non sono affatto d'accordo; ed esistono cosí poche eccezioni che farei volentieri una regola generale del contrario. Il fatto mi sembrerebbe di cattivo gusto come la recitazione di un attore che si rivolgesse alla platea. La tela racchiude tutto intero lo spazio, e non c'è nessuno al di là di essa. Susanna, quando si offre nuda al mio sguardo, opponendo agli sguardi dei vecchioni tutti i veli che l'avvolgono, è casta quanto il pittore che l'ha dipinta; e nessuno dei due prevedeva la mia presenza[16].

La citazione da Diderot consente forse di afferrare meglio il motivo per cui Fried condanna le opere che includono lo spettatore. Le estetiche che celebrano l'autonomia dell'opera escludono qualunque possibilità di connivenza diretta tra il tempo e lo spazio dello spettatore e quello del quadro o della scultura. Michael Fried condivide questa opinione e aggiunge altre due considerazioni al dossier della teatralità minimalista, le cui opere hanno in primo luogo dimensioni vicine a quelle del corpo umano e, in secondo luogo – altro dato antropomorfico –, danno generalmente l'impressione di contenere uno spazio vuoto, sembrano «avere un interno». Robert Morris aveva vissuto, in effetti, un'esperienza di ballerino, culminata nel 1961 nella partecipazione a uno spettacolo del Living Theatre, *Column*: una scatola verticale nella quale egli si teneva in piedi prendeva di colpo ad animarsi, mossa dal corpo dell'artista, e cadeva rovinosamente sulla scena.

Fried rivendica l'esercizio del giudizio di gusto. La questione del valore o del livello qualitativo è – sostiene con pieno diritto – «capitale». E con pieno diritto egli non apprezza né la musica di John Cage né i *combine painting* di

[16] D. DIDEROT, *Pensées détachées sur la peinture, la sculpture, l'architecture et la poésie pour servir de suite aux Salons* (1777), citato in M. FRIED, *Absorption and Theatricality* (1980), trad. fr. *La place du spectateur*, Gallimard, Paris 1990, p. 100.

Robert Rauschenberg: l'insieme delle sue osservazioni sulla *literalist art* è del tutto pertinente, ma le conclusioni che ne trae si fondano su un'avversione personale che nulla ci obbliga a condividere. Una replica veemente al suo articolo *Art and Objecthood* apparve nel numero di ottobre (1967) della stessa rivista, «Artforum». L'autore, Robert Smithson, rimproverava in particolare al «custode del vangelo di Clement Greenberg» di essere contagiato dal «virus dell'eternità». Smithson, come ebbe a dire in altre occasioni, desiderava riabilitare il tempo, l'entropia:

> Molti vorrebbero semplicemente dimenticare il tempo, perché il tempo nasconde il «principio di morte» (tutti i veri artisti lo sanno). In questa corrente temporale fluttuano i resti della storia dell'arte, con un «presente» che non può difendere né le culture dell'Europa né tantomeno le civiltà primitive o arcaiche; e deve, in compenso, esplorare lo spirito pre- e post-storico, andando là dove i lontani futuri incontrano i lontani passati[17].

Nel periodo in cui Fried scriveva il suo articolo, artisti molto diversi tessevano legami tra plasticità e temporalità. Gli happening facevano molto rumore, e gli esponenti del gruppo Fluxus moltiplicavano le loro azioni: tutte pratiche che volgevano le spalle al modernismo, le cui teorie cominciavano ad apparire datate. L'idea di fondo del modernismo non era stata quella di un percorso lineare, fondato sulla netta distinzione tra le arti e le discipline artistiche? Lungo questa linea, l'astrazione aveva appunto rappresentato un momento capitale del processo di autonomizzazione della pittura o della scultura, ciascuna in cerca della propria specificità. Apparso in concomitanza con l'astrattismo, il collage cubista, che rinunciava, almeno in parte, alla rappresentazione senza peraltro intraprendere il cammino della non-figurazione, gettava le basi di una storia parallela, per molti aspetti concorrenziale. Il ready-made, l'immissione degli oggetti nell'universo estetico, portò infine alla deflagrazione del vecchio edificio delle «belle arti»: nessuna delle discipline insegnate poteva infatti accogliere

[17] R. SMITHSON, *Une sédimentation de l'esprit: «Earth Projects»* (1968), in *Robert Smithson*, catalogo della mostra, Musées de Marseille - Réunion des Musées Nationaux, Marseille 1994, p. 197.

quelle opere ibride, bisognose di ben diverse categorie concettuali.

All'inizio degli anni cinquanta, Tony Smith correva su un'autostrada in costruzione. La notte era buia e la carreggiata non era dotata di linee bianche e di guardrail. L'asfalto nudo attraversava «un paesaggio campestre contornato da colline in lontananza, ma punteggiato da piloni, ciminiere di fabbriche, fumi e luci colorate». E il percorso divenne per lui un'«esperienza rivelatrice», che lo indusse a interrogarsi sulla natura e i limiti dell'arte:

> La strada e gran parte del paesaggio erano artificiali, e tuttavia non si poteva definire questo un'opera d'arte. Tuttavia avvertivo in essi qualcosa che l'arte non mi aveva mai fatto avvertire. All'inizio non seppi cos'era, ma era abbastanza per liberarmi della maggior parte delle opinioni che avevo sull'arte. C'era là, sembrava, una realtà che non aveva alcuna rispondenza nell'arte. L'esperienza della strada rappresentava certamente qualcosa di definito, ma era qualcosa di non socialmente riconosciuto. Io pensavo dentro di me: è chiaro che è la fine dell'arte[18].

Beninteso, non era la fine dell'arte, anche se la quasi totalità della pittura sembrò a Smith, dopo una simile esperienza, «quanto mai "pittorica" e convenzionale». Come diceva già Tarabukin nel 1923, «la morte della pittura, la morte dell'arte da cavalletto, non significa in ogni caso la morte dell'arte in generale». Apparve comunque chiaro che la nozione di «belle arti» era divenuta troppo angusta: e che sarebbe stata presto sostituita da quella di «arti plastiche». La pittura e la scultura proseguirono il loro corso, ma comparvero al loro fianco numerose pratiche *altre* che le arti plastiche, ampiamente ricettive, non potevano non assimilare.

[18] T. Smith, dichiarazione riportata in S. WAGSTAFF, *Talking to Tony Smith*, in «Artforum», dicembre 1966.

Parte terza

Riferimenti e modelli

L'invenzione di forme nuove, l'utilizzo di materiali accantonati dalla tradizione e l'annessione di mezzi espressivi insoliti sono stati accompagnati da una ricerca di modelli di riferimento. Come ha notato acutamente André Malraux, «a Chartres come in Egitto, a Firenze come a Babilonia, l'arte non nasce dalla vita se non con la mediazione di un'arte preesistente»[1]. La creazione non si produce *ex nihilo*. Essa comporta lo scambio, la condivisione, gli stimoli della competitività. Ecco perché gli artisti hanno sempre cercato un punto d'appoggio nell'arte del passato. I pittori, gli scultori, gli architetti del Rinascimento si rivolgevano all'antichità greco-romana. Charles Le Brun e una parte dell'Accademia, nel XVII secolo, celebravano Poussin contro Rubens. Delacroix esaltava il colore dei Veneziani. Ingres considerava Raffaello il vertice assoluto, mentre i preraffaelliti tendevano a recuperare i primitivi del Rinascimento.

E quando spinsero le loro innovazioni fino a sentire il bisogno di evadere dalla propria cultura, gli artisti si volsero verso altre civiltà. Gli impressionisti si ispiravano alle stampe giapponesi, alla freschezza dei loro colori, delle loro prospettive o dei loro motivi. Ma non intendevano affatto imitarle. Quelle stampe offrivano loro una conferma, un modo per sentirsi meno isolati, o insicuri. Gauguin, i *fauve*, gli espressionisti tedeschi, i cubisti, hanno invece rivolto la loro attenzione alle culture figurative piú «selvagge». Kandinskij, Klee, Marc e molti altri amavano le

[1] A. MALRAUX, *Les voix du silence*, Gallimard, Paris 1951, p. 309; trad. it. *Il museo dei musei*, Bompiani, Milano 1959.

illustrazioni popolari, la pittura *naïve* o i disegni infantili, allora sottovalutati. Altri guardavano con interesse le produzioni artistiche degli alienati, le selezionavano e le presentavano al pubblico. Grosz, Picasso o Jorn erano attratti dai graffiti, generalmente screditati e denigrati.

Questo miscuglio di riferimenti si accompagna a una rivoluzione dei valori. Si dà spazio all'intervento del caso. Si valorizzano l'effimero e il fallimentare. Dagli anni dieci agli anni cinquanta il paesaggio artistico si è notevolmente modificato, diversificato, allargato. La «riproducibilità tecnica» stigmatizzata da Benjamin prima della seconda guerra mondiale celebra, con l'affermazione del «museo immaginario», il suo trionfo. Questo «museo dei musei» avrebbe dovuto promuovere la diffusione delle opere famose o conosciute dai soli specialisti, e invece contribuí a sua volta a modificare, almeno in parte, il quadro della stessa attività creativa.

Capitolo primo

Una storia dell'arte allargata

La storia dell'arte, nata in Occidente, prestò interesse, per secoli, esclusivamente alle opere prodotte dalla cultura occidentale. Il resto del mondo rimaneva *terra incognita*. Tale etnocentrismo, conseguenza dell'egemonia europea in campo scientifico ed economico, cominciò ad attenuarsi nel momento in cui l'affermazione del colonialismo, a dispetto dell'assoggettamento politico, facilitò i contatti tra le civiltà e stimolò curiosità e interessi culturali. Le cineserie del XVIII secolo o l'orientalismo del XIX si erano limitati a integrare le suggestioni provenienti dall'esterno entro quadri di riferimento modellati dalla tradizionale visione eurocentrica del mondo e dell'arte. Di conseguenza, l'autentico interesse estetico dimostrato nel XX secolo per una pittura, una scultura e un disegno fino allora esclusi dalla storia dell'arte diventa comprensibile solo se si mette in relazione con la crisi di valori che coinvolge la creazione artistica ma investe prima di tutto altri campi di pensiero, in particolare quelli della politica e dell'ideologia.

1. *Primitivismi*.

Nel XIX secolo, quando gli artisti si rivolgono ai «primitivi», lo fanno, come s'è visto, pensando ai loro predecessori del primissimo Rinascimento. Con Gauguin, al contrario, la qualifica di «primitivo» o «selvaggio» cambia completamente di segno: designa il carattere delle arti non occidentali. A partire dal Cubismo, poi, il termine «primitivismo» rimanda all'insieme delle arti delle società cosiddette «primitive», ed essendo connotato da una qualche condiscendenza neocolonialista dev'essere usato con cautela, perché potrebbe suscitare numerose e legittime riserve. Esso mantiene comunque un suo valore storico, e il fenomeno al quale fa riferimento è un fenomeno reale. Una mostra organizzata al MoMA nel 1984, «'Primitivism' in 20th-Century Art: Affinity of the Tribal and Modern», si proponeva di esplorarne i diversi aspetti. William Rubin, l'organizzatore della mostra, ne tracciava e definiva i contenuti nei seguenti termini:

> Il primitivismo, vale a dire il marcato interesse da parte degli artisti moderni per l'arte e la cultura delle società tribali, cosí come si manifesta nelle loro opere e nelle loro intenzioni, rappresenta la sola tematica fondamentale dell'arte del XX secolo che non sia stata approfondita a sufficienza. I primi decenni del XX secolo hanno visto un'accentuazione e nello stesso tempo un restringimento del campo d'interesse relativo all'arte primitiva. Con la «scoperta» delle statue e delle maschere dell'Africa e dell'Oceania da parte di Matisse, Derain, Vlaminck e Picasso, intorno al 1906-907, si è fatta strada un'interpretazione modernista del termine. Il suo campo semantico è tornato a incentrarsi sull'arte tribale, ma le precedenti interpretazioni non sono scomparse del tutto. Semplicemente, nel corso dei successivi venticinque anni, l'«arte primitiva» ha finito per coincidere sempre di piú con gli oggetti tribali. Mentre per l'avanguardia artistica d'inizio secolo si trattava innanzitutto dell'arte dell'Oceania e dell'Africa, alla quale si aggiungeva, in Germania, prima degli anni venti o trenta, una campionatura dell'arte degli Indiani d'America e degli Eschimesi (pochissimo conosciuta dagli artisti parigini)[1].

Un tale «riposizionamento» del primitivismo – in mancanza di meglio, utilizzerei il termine «storico» – pone due ordini di problemi: da un lato circoscrive il fenomeno agli anni 1906-907, dall'altro esclude un certo primitivismo introspettivo che si sofferma sulle forme misconosciute dell'arte popolare, ignorate dagli storici dell'arte e raramente presenti nelle loro riflessioni estetiche, ma affascinanti per gli artisti interessati alle espressioni artistiche non europee.

L'interesse per le opere provenienti da altri orizzonti culturali sembra precedere l'incontro dei *fauve* con la scul-

[1] W. RUBIN, *Le primitivisme moderne, une introduction. Le primitivisme dans l'art du XXe siècle. Les artistes modernes devant l'art tribal*, catalogo della mostra, Flammarion, Paris 1987, pp. 1-2.

tura africana, e non è un fatto esclusivamente estetico. Philippe Dagen ricorda, in un'opera recente, come l'interesse per la preistoria, l'archeologia e l'etnografia abbia favorito, a partire dal 1880, un approccio piú globale alle arti estranee alla cultura europea. Egli cita in particolare questa opinione del sociologo Ernst Grosse, in un libro dedicato a *Les débuts de l'art*: «Per quanto riguarda i motivi, i fini e i mezzi, l'arte delle età primitive non è diversa da quella di qualsiasi altra epoca»[2].

Il tema di una universalità delle forme artistiche è chiamato in causa spesso dai fautori di una cultura allargata. Tra le fonti piú antiche di questa nuova sensibilità possiamo ricordare anche Rodolphe Töpffer, il quale scrive intorno al 1840 una «difesa» dell'arte dei «selvaggi». Dopo essere rimasto conquistato dalle statue dell'isola di Pasqua, egli sottolinea «la contraddizione che esplode a proposito di questi idoli, a seconda che li si consideri dal punto di vista dell'imitazione o piuttosto da quello dell'invenzione»[3]. A un primo sguardo, è ovvio, questi «macachi sbozzati» sembrano rozzi e deformi, ma, guardandoli meglio, le cose si mettono altrimenti:

> Si tratta di esseri insieme crudeli, duri e superiori, divinità brute ma pur sempre divinità, nelle quali si indovina la grandezza e si intuisce la bellezza: in quanto segni di un'invenzione, dunque, questi segni hanno già la chiarezza e insieme il vigore del senso; vivono, parlano, dichiarano a gran voce che un pensiero creativo si è infuso in loro per manifestarsi attraverso la loro presenza[4].

Le idee presenti nel libro di Töpffer vengono messe in pratica da Gauguin quando decide di fondare l'«atelier dei Tropici». Già in Bretagna egli aveva sperato di trovare «il selvaggio, il primitivo», e lí aveva dipinto un'opera come

[2] E. GROSSE, *Les débuts de l'art* (ed. ingl. 1894; ed. fr. 1902), citato in P. DAGEN, *Le peintre, le poète, le sauvage*, Flammarion, Paris 1998, p. 37.

[3] R. TÖPFFER, *Réflexions et menus propos d'un peintre genevois* (1865), École Nationale Supérieure des Beaux-Arts, Paris 1998. Ci si può chiedere se Guillaume Apollinaire e gli altri difensori del Cubismo, i quali contrappongono «un'arte d'invenzione» a «un'arte di imitazione», avessero letto Töpffer, il cui libro ebbe molte edizioni e venne pubblicato in particolare da Hachette nel 1901.

[4] *Ibid.*

Bambini che si azzuffano, che, in una lettera all'amico Schuffenecker, il pittore descrive come «una lotta di due monelli vicino alla riva del mare, ritratta in stile prettamente giapponese da un selvaggio del Perú»[5]. In Francia, Gauguin si sentí sempre uno «straniero, un indiano in esilio». Il periodo «giapponese» ebbe però vita breve e all'artista si imposero altri modelli, i piú diversi, tanto che, quando partí per il Pacifico, portò con sé molte riproduzioni di quadri e sculture – un «museo immaginario» avanti lettera al quale attingeva senza remore. A Tahiti, dove trovò un mondo la cui identità ancestrale era stata distrutta dall'effetto combinato di amministrazione coloniale e missionari, Gauguin si ispirò sí ai paesaggi e agli abitanti del luogo ma procedette soprattutto per contaminazioni o ibridazioni sulla base della documentazione del suo «museo»: affreschi egizi, fregi del tempio di Borobudur, tatuaggi di indigeni delle Marchesi, sculture assire, ecc.

L'arte africana era però ancora tutta da scoprire. Quando Maurice De Vlaminck appese sopra il letto una maschera africana, ricorda di esserne rimasto «al tempo stesso incantato e turbato». L'«arte negra»[6] gli apparve in «tutto il suo primitivismo e in tutta la sua grandezza». Invitato a vedere l'opera, Derain «rimase interdetto». Picasso visitò in compagnia di Derain il Museo etnografico del Trocadéro certamente durante l'inverno 1906-907. A dispetto di un insopportabile «odore di muffa e di abbandono» che lo prese alla gola, Picasso ricorda di non essersi dato alla fuga:

> Mi sono sforzato di restare, di esaminare quelle maschere, tutti quegli oggetti che gli uomini avevano eseguito secondo un disegno sacro, magico, perché servissero da tramite tra sé e le forze sconosciute, ostili, da cui si sentivano circondati, cercando di esorcizzare la paura conferendole una forma e un colore. E in quel momento compresi che proprio lí stava il senso della pittura. Non è un processo estetico, è una forma di magia che si interpone tra

[5] P. Gauguin, lettera dell'8 luglio 1888, in parte ripresa in *Oviri. Ecrits d'un sauvage*, Gallimard/Folio, Paris 1974, p. 40; trad. it. *Scritti di un selvaggio*, Guanda, Parma-Milano 1983.

[6] Mi uniformo qui all'uso convenzionale del termine, basato sulla distinzione operata da Jean Laude tra le arti dell'Africa nera e l'«arte negra», la produzione di maschere e statue conosciute e apprezzate dagli artisti europei nei primi decenni del XX secolo.

l'universo oscuro e noi, un modo di impossessarsi del potere imponendo una forma ai nostri terrori come ai nostri desideri. Il giorno in cui compresi questo, seppi di avere trovato la mia strada[7].

La dichiarazione di Picasso è fondamentale. Consente di capire la natura del rapporto da lui intrattenuto con l'«arte negra» e di apprendere la sua concezione dell'arte in generale. Mentre egli sostiene che per Derain, Matisse o Braque le maschere sono «sculture come le altre», conferma implicitamente che per lui rivestono un'importanza ben altrimenti decisiva. *Les demoiselles d'Avignon* (1907) fu il suo «primo quadro di esorcismo», anche se Picasso ha sempre negato di essersi ispirato, per le soluzioni formali in esso adottate, alle sculture africane. Alcune figure picassiane ne riecheggiano il tratto, anche se, come pare, tali opere saranno conosciute, in Occidente, solo parecchi anni dopo. Picasso vedeva, nei feticci, «delle armi» con le quali gli indigeni riuscivano «a non sentirsi sottomessi agli spiriti, a divenire indipendenti». In compenso, l'artista ammise un prestito formale al quale nessuno aveva pensato prima che lui lo rivelasse. Una maschera «grebo» della Costa d'Avorio presenta due occhi dipinti su dei cilindri sporgenti rispetto al volto: una formula plastica – trasporre un'orbita vuota in una forma rilevata – che serví a Picasso nell'elaborazione di una *Chitarra* in metallo (1912), dove un cilindro va a occupare il posto che dovrebbe essere occupato dal foro dello strumento.

In Germania, i membri del gruppo Die Brücke fanno visita tra l'altro anche ai musei etnografici. All'epoca, tutti coloro che intendevano, come Picasso, opporsi «a quella che nei musei si chiamava la "bellezza"» cercavano una conferma e un avallo in forme *altre* che i musei ignoravano o, tutt'al piú, consideravano pure curiosità. Cosí Ernst Ludwig Kirchner «trovò nelle sculture africane e nelle statuette lignee dei Mari del Sud esposte al Museo etnografico [di Dresda] un parallelo con la propria attività creativa»[8].

[7] Cfr. PICASSO, *Propos sur l'art* cit., p. 116.

[8] E. L. KIRCHNER, *Chronique de la Brücke* (1913), in *Figures du moderne. L'expressionisme en Allemagne 1905-1914*, catalogo della mostra, Musée d'Art Moderne de la Ville de Paris, Paris 1992, p. 354.

Picasso, in un'intervista a Florent Fels, utilizzò un'altra formula: «Le statue africane che sono presenti un po' ovunque nella mia opera sono per me *piú delle testimonianze che degli esempi*»[9]. Insomma, piú che essere stata la causa prima di un'influenza a venire, l'arte dell'Africa e dell'Oceania attirò l'attenzione degli artisti e dei critici sia perché erano predisposti a gustarne la bellezza o ad apprezzarne l'inquietante forza espressiva sia perché cercavano alleati fuori dalle piste troppo battute.

Il contatto con l'arte spontanea e una sempre maggiore familiarità con le opere dei primitivi contribuí anche allo sviluppo del dibattito critico. Nel 1912, ad esempio, Guillaume Apollinaire scriveva:

> Sempre a caccia di curiosità estetiche, De Vlaminck aveva acquistato dai rigattieri, durante i suoi giri attraverso i villaggi lungo la Senna, sculture, maschere, feticci lignei lavorati da artisti neri dell'Africa francese e recapitati in Francia da marinai o esploratori. Il pittore trovava sicuramente in queste opere grottesche ed elementarmente mistiche delle analogie con i dipinti, le incisioni e le sculture che aveva eseguito Gauguin ispirandosi sia ai calvari bretoni sia alle sculture «selvagge» dell'Oceania, dove si era ritirato per tagliare i ponti con la civiltà europea[10].

Alcuni anni dopo, quando nel 1915 apparve il saggio di Carl Einstein *Negerplastik*, del *fauvisme* restava solo un lontano ricordo, il gruppo Die Brücke si era sciolto e il Cubismo era divenuto una scuola come tante altre. L'opera conteneva una lucida, rigorosa, valutazione estetica dell'«arte negra». A conferma che la sua conoscenza si diffondeva, di pari passo con l'evoluzione degli atteggiamenti e delle opinioni. Ad esempio, il tono con cui tre anni prima ne aveva parlato Apollinaire non poteva piú essere lo stesso.

Alcune di quelle «curiosità estetiche», di quelle «opere grottesche ed elementarmente mistiche», erano ormai considerate dei capisaldi della cultura universale, sculture che

[9] P. PICASSO, *Entretien avec Florent Fels* (1923), in RUBIN, *Le primitivisme moderne, une introduction* cit., p. 17.

[10] G. APOLLINAIRE, *Art et curiosité: les commencements du cubisme*, in «Le Temps», 14 ottobre 1912, citato in *Chroniques d'art* cit., p. 341.

potevano reggere il confronto con i capolavori dell'arte occidentale:

> Non è tanto questione di rivaleggiare con i modelli dell'antichità classica, quanto di rinnovare i soggetti e le forme riconducendo l'osservazione artistica ai principî stessi della grande arte. (...) Interessandosi all'arte dei feticci, gli intenditori e i pittori si appassionano ai principî stessi delle nostre arti, ritemprano alla luce della scultura africana il proprio gusto estetico. Del resto, certi capolavori dell'arte negra possono essere tranquillamente affiancati a quelli della migliore scultura europea[11].

In seguito, le conoscenze si sono notevolmente affinate ma il dibattito non è progredito di molto. Da allora i grandi musei – alcuni, come il Louvre, non senza riserve[12] – hanno ospitato nelle loro collezioni i campioni dell'arte africana. E la mostra del MoMA «'Primitivism' in 20th-Century Art» ha ulteriormente approfondito il tema dei molteplici apporti extraeuropei all'arte occidentale, con una iniziativa che tutti hanno riconosciuto di alta qualità scientifica ma che alcuni hanno molto criticato, intravedendo nel progetto una sorta di neocolonialismo culturale. Quando, nel 1989, Jean-Hubert Martin ha organizzato «Les magiciens de la terre» (Parigi, Musée National d'Art Moderne), ha cosí optato per un progetto di segno opposto: ha presentato insieme i campioni dell'una e dell'altra arte, quali oggetti di comune diletto estetico, suscitando un dibattito non meno acceso tra chi era disposto ad ammettere che in nome dell'universalità dell'arte non si dessero informazioni circa il contesto culturale di oggetti dalle origini e funzioni molto differenti e chi riteneva che un approccio piú antropologico rispettasse maggiormente la specificità delle due opposte sensibilità – con l'«innocenza dell'occhio» che tornava a essere al centro delle discussioni.

[11] ID., *Sculptures d'Afrique et d'Océanie*, in «Les Arts à Paris», 15 luglio 1918, citato *ibid.*, p. 553.

[12] Nessuno sa, allo stato attuale, se la mostra di capolavori dell'arte primitiva allestita al Louvre, interpretata come prova generale di uno specifico museo destinato a ospitare entro breve tempo le testimonianze delle culture primitive, è stata solo un episodio o se prefigura un reale cambiamento di atteggiamento; finora, i responsabili del Louvre hanno sistematicamente emarginato l'arte primitiva.

Dopo che Gauguin, i *fauve*, Die Brücke, i cubisti e il Blaue Reiter («Cavaliere Azzurro») ebbero introdotto massicciamente le arti dell'Oceania e dell'Africa in seno al dibattito estetico, presero corpo tre diversi atteggiamenti o posizioni, a sostegno di altrettanti criteri di giudizio:

1. un criterio formalistico: le opere considerate fanno parte d'un repertorio formale a cui gli artisti moderni possono liberamente attingere e da cui si sentono confortati nel loro sforzo creativo;
2. un criterio etico-estetico: le opere sono «armi» destinate a sublimare i nostri terrori e i nostri desideri, svolgendo cosí una funzione apotropaica;
3. un criterio esistenziale: Gauguin non intende solo comunicare, a distanza, con i selvaggi; egli ha la «sublime ingenuità»[13] di consumare una rivolta, di sancire una rottura, partendo in cerca di un Eden introvabile.

Per tutto il secolo si affermeranno, ora opponendosi ora intrecciandosi, questi tre registri di lettura, e sostanzieranno intere aree creative. Constantin Brâncuşi, Jacob Epstein, Alberto Giacometti o Henry Moore non mancano di evocare le forme del primitivo, la loro bellezza plastica come la loro carica emotiva. Marcel Janco, Hans Arp e Sophie Täuber Arp fabbricano maschere o costumi da «selvaggi» per le loro serate dada. André Breton colleziona oggetti d'arte primitiva e, come lui, tutti i surrealisti sono affascinati da queste categorie espressive che sfuggono ai canoni e alle convenzioni occidentali. Abbiamo ricordato l'interesse degli espressionisti astratti per i miti. Barnett Newman, organizzando e introducendo una mostra d'arte indiana (1946), ebbe ad affermare che fu un'«immagine di Dio, e non un oggetto d'argilla, la prima creazione manuale»[14] dell'uomo. Piú in generale, colpisce il fatto che la sua nozione dell'arte, immune da influenze formalistiche di ascendenza primitivista, concordi perfettamente con quella di Picasso, il quale, di fronte alle sculture africane, sco-

[13] Cito da CACHIN, *Gauguin* cit., p. 148.

[14] B. NEWMAN, *The First Man Was an Artist* (1947), in ID., *Selected Writings and Interviews* cit., p. 159.

pre invece qualcosa che va oltre le funzioni estetiche, un territorio in cui l'arte diventa un tramite in grado di dare «forma ai nostri terrori»: a proposito delle sue *Stations of the Cross*, Newman evocava – come abbiamo ricordato – il «grido senza risposta», quel mondo illimitato che il quadro deve comunque contenere «all'interno dei propri confini». E il suo elogio del sublime procede evidentemente nello stesso senso, poiché questa provincia del bello non è meno insidiata dal terrore. Il lavoro dell'artista consiste dunque, anche per Newman, nel padroneggiare lo sgomento, nel «dare forma all'informe»[15] e alle angosce che trasmette.

I rapporti degli artisti con le arti primitive hanno avuto un seguito. Negli anni sessanta e settanta l'interesse per gli oggetti piú specificamente etnografici è assai vivo. Si moltiplicano i lavori sui nodi e gli intrecci, le trappole o i semplici impasti di argilla. A volte funge da modello il tipo di presentazione in vigore nei musei etnografici. In compenso, sono pochi gli artisti che tentano di materializzare forme elementari riferibili a un *altrove*, generalmente mitico. Joseph Beuys è stato a suo tempo uno di questi, prima di adottare l'atteggiamento a lui piú congeniale del *maître à penser*, dell'agitatore politico. Negli anni sessanta, Beuys inventò rituali dalle consonanze sciamaniche finalizzati al ripristino dell'armonia del mondo tramite la rigenerazione del pensiero, e per riuscirvi stabiliva nessi inattesi tra forze tradizionalmente antagoniste.

Per la sua azione intitolata *Coyote. I Like America and America Likes Me* (1974), Beuys parte in ambulanza dalla sua abitazione, avvolto in una coperta di panno. La barella sulla quale è allungato viene caricata su un aereo della Croce Rossa che attraversa l'America. L'artista raggiunge cosí la René Block Gallery di New York, sempre sulla sua barella installata ora su un'altra ambulanza. Lí incontra un coyote catturato da poco nel deserto. La performance consiste nella coabitazione con l'animale selvaggio, anche se, contrariamente a quanto a volte si dice, l'artista non vive in permanenza nello spazio chiuso che dovrebbe condividere con il coyote – e un film lo prova ampiamente. La sto-

[15] ID., *The sublime is now* cit., p. 171.

ria non dice che cosa fa Beuys quando lascia quello spazio. L'artista arriva comunque a stabilire rapporti con l'animale, simbolo di un'America primordiale, anteriore alla conquista dei bianchi. Dopo aver realizzato questo confronto tra i diversi livelli della cultura e della natura, Beuys lascia New York e torna a Düsseldorf, sempre sulla sua barella, sempre avvolto nella sua coperta. Alcune superbe fotografie testimoniano i momenti forti della performance.

I rituali organizzati da Beuys sono piú complessi di quanto la nostra rapida descrizione riesca a suggerire. Fondamentalmente, sotto lo schermo di determinate modalità inventive, essi tendono a ricucire comunque una ferita e a ritessere legami interrotti onde facilitare gli scambi di energia. In altri termini, l'artista promosso terapeuta si assume il ruolo di «sciamano» – ed è questa l'immagine che emerge di lui. Vittima di ferite o malattie, lo sciamano delle società tradizionali è colui che è sopravvissuto al male e ha acquisito, attraverso le tragiche circostanze che l'hanno colpito, poteri superiori. Poteri che ora pone al servizio della comunità, mantenendo tuttavia in seno al gruppo di cui fa parte una posizione di preminenza. Piú o meno l'inverso di quanto cercò di fare Gérard Gasiorowski quando divenne Kiga, l'indiana: un caso di regressione primitivista, sottomettendosi alla quale egli si riprometteva di divenire un *borderline*.

Dopo i promettenti inizi, Gasiorowski fonda nel 1976 una scuola d'arte (fittizia), l'Academy Worosis-Kiga (AWK), alla quale vengono ammessi solo artisti conosciuti. Tutti devono dipingere un cappello sotto la ferula del professor Hammer, un mostro di ottusità autoritaria. Kiga, l'indiana, occupa con la sua tribú un territorio vicino a quello in cui è situata l'Accademia: fomenta rivolte e finisce per assassinare Hammer (1981). Gérard Gasiorowski si è schierato dalla parte di Kiga. Nel 1977, a un visitatore di passaggio sul set egli dice «di aver smesso di lavorare, essendoci questa strana indiana che utilizza il suo atelier per fare delle cose bizzarre»[16]. Egli/ella realizza costruzioni effime-

[16] Testimonianza di Mickaël Nickell, ripresa in *Gérard Gasiorowski*, catalogo della mostra, Centre Georges Pompidou, Paris 1995, p. 249.

re, fragili assemblaggi, oggetti insignificanti o stravaganti. Altri testimoni riferiscono che egli si è davvero identificato con l'indiana, riserva femminile di selvatichezza e innocenza fuse insieme. L'Occidente fallocratico viene cancellato, e l'avventura durerà parecchi anni prima che l'artista torni a riconciliarsi con il nostro mondo. In quegli anni Gasiorowski-Kiga ha attinto in se stesso/a l'alimento della propria arte, cucinando i propri escrementi, raccogliendo i residui dei cibi per farne dei disegni e modellandoli a forma di torta, quasi nature morte alla Cézanne, il quale, come recita un celebre aneddoto, disse una volta a Manet che avrebbe voluto mandare al Salon un «vassoio di merda»[17].

Dopo queste esperienze limite, Gasiorowski, appoggiato dalla Galerie Maeght, riannodò i legami con la pittura, anzi, dichiarò a quel punto di «vivere nell'intimità piú completa con la "PITTURA"». Mentre l'isolamento con Kiga lo aveva escluso «dalle convenienze sociali e dalle loro fosse comuni», facendogli vivere una forma di primitivismo che lo aveva condotto, come confessava a Suzanne Pagé nel 1983, ben al di là delle dispute estetiche:

> Dopo aver fatto TUTTO QUESTO e toccato con mano l'ordine selvaggio di Kiga, pensate che per lui le parole «classico», «modernità», «avanguardia» abbiano ancora una qualche necessità?[18].

La situazione si è notevolmente modificata dopo che lavori di artisti operanti al di fuori di ogni egemonia culturale – africani o oceanici, naturalmente, ma anche indios o aborigeni dell'Australia – sono stati messi a confronto con quelli dei loro contemporanei del mondo occidentalizzato – essendo l'Occidente, in questo caso, un'area economica.

[17] Maurice Denis riferisce la conversazione in una lettera a André Gide dell'11 giugno 1919: cfr. M. DENIS, *Journal*, La Colombe, Paris 1957, vol. II, p. 212. L'artista esprime peraltro un giudizio severo non solo sulla battuta ma anche sull'arte del giovane Cézanne: «Verso il 1870, a Manet che gli chiedeva che cosa contava di mandare al Salon, egli rispondeva: un vassoio di merda. È penoso e stupido. E bisogna anche ammettere che la sua pittura di questo periodo (schizzi scuri, nature morte eseguite con la spatola, falsi Ingres alla *Jas de Bouffan*) dà a volte questa brutta impressione, di greve e di becero».

[18] G. GASIOROWSKI, *Entretien Gasiorowski/Suzanne Pagé*, in *Gasiorowski Peinture*, catalogo della mostra, Musée d'Art Moderne de la Ville de Paris - ARC, Paris 1983, pp. 94, 96 e 98.

E ne sono nate mostre e prese di posizione della stampa specializzata. Gli artisti extraeuropei si sono trasferiti in Europa o negli Stati Uniti per studiare, anche se in genere non hanno manifestato alcuna intenzione di rinunciare alle proprie radici, la propria cultura: il «primitivismo» in ogni caso ha contribuito ad assottigliare le distanze tra le diverse esperienze estetiche.

Esistono tuttavia, come abbiamo indicato, altri primitivismi, molto meno riconducibili agli scambi con il mondo dell'arte. Nel suo studio pionieristico, *Primitivism in Modern Painting* (1938), Robert Goldwater aveva preso in esame l'arte popolare, i disegni infantili, le opere degli alienati[19], seguendo, in questo, un percorso inaugurato dagli stessi artisti. Vasilij Kandinskij, ad esempio, in un passaggio di *Lo spirituale nell'arte*, aveva espresso la propria «simpatia» per i primitivi, sottolineando «le proprie affinità spirituali» con «questi artisti puri [che] nelle loro opere miravano all'Essenziale e rinunciavano ai particolari esteriori»[20]. Di quali primitivi si parla qui? La risposta è data dall'*Almanacco del Blaue Reiter* che Kandinskij stava preparando con Franz Marc e che fu pubblicato anch'esso nel 1912. In esso non solo Kandinskij fa appello alla parola evangelica – «Lasciate che i pargoli vengano a me, perché di loro è il Regno dei Cieli» – per elogiare i disegni infantili, ma vanta altresí i meriti dei dipinti realizzati da persone sprovviste di «obiettive conoscenze estetiche»[21]. August Macke pubblicò nello stesso *Almanacco* un testo entusiasta su *Le maschere*, nel quale mescolava una quantità di riferimenti:

> Le forme artistiche dei contadini, dei primitivi italiani, degli olandesi, dei giapponesi, dei tahitiani, sono divenute stimoli operanti allo stesso modo delle forme naturali[22].

[19] R. GOLDWATER, *Primitivism in Modern Painting* (1938); trad. fr. (sull'ed. accresciuta del 1986) *Le primitivisme dans l'art moderne*, Puf, Paris 1988.

[20] KANDINSKIJ, *Lo spirituale nell'arte* cit., p. 17.

[21] Kandinskij scrive: «Quando un individuo privo di cultura artistica e quindi libero da obiettive conoscenze estetiche dipinge qualcosa, non ne viene mai fuori una vuota apparenza»: cfr. V. KANDINSKIJ, *Il problema delle forme*, in V. KANDINSKIJ e F. MARC, *Il Cavaliere Azzurro*, De Donato, Bari 1967, p. 159, dove figura anche il riferimento evangelico citato.

[22] A. MACKE, *Le maschere*, *ibid.*, p. 52.

L'*Almanacco del Blaue Reiter*, aperto alle arti visive, alla musica e al teatro, è opera di artisti convinti che, per il loro progetto, «il principio d'internazionalità è l'unico possibile». Nel 1911, Kandinskij e Marc giustificavano tale scelta con l'universalità dell'arte: «Quell'opera globale che si chiama Arte, non conosce né confini né popoli: conosce l'Umanità»[23]. L'internazionalismo artistico prende corpo nelle circa centoquaranta illustrazioni dell'*Almanacco*, un corredo iconografico che costituisce un vero e proprio manifesto artistico. Dove è significativo che siano riprodotte opere di Kandinskij, Marc, Macke, Klee, Gončarova, Picasso, Matisse, Arp, Kirchner, Nolde, Pechstein, Kokoschka, Delaunay, Gauguin, Van Gogh o Cézanne, ma anche quelle di Henri Rousseau il Doganiere e soprattutto un gran numero di oggetti finora raramente accostati alle pitture occidentali, ancorché d'avanguardia. Il lettore sfoglia il volume e incrocia, sapientemente impaginate e combinate, opere d'arte popolare – dipinti su vetro, ex voto, illustrazioni e incisioni –, disegni a china giapponesi, un collare di capotribú dell'Alaska, figure di teatro d'ombre egiziano, sculture del Benin, del Camerun, del Borneo, dell'Isola di Pasqua, della Nuova Caledonia, del Messico, della Malesia, ecc. I disegni infantili, in verità assai evoluti, occupano un posto non trascurabile, e alcuni «disegni di dilettanti» completano un insieme già molto eteroclito. È però importante sottolineare che cosa, in esso, non ha trovato posto.

La tradizione occidentale è rappresentata da sculture antiche – una Gorgone arcaica (etrusca), e la copia probabilmente romana di un dipinto «greco» (una Menade) –, sculture del Medioevo, un mosaico bizantino-veneziano. In altri termini, come si sarà capito, nulla, assolutamente nulla che testimoni l'arte classica: nessun Apollo, nessuna Afrodite, nessuna pittura del Rinascimento italiano, né Raffaello né Poussin, né tantomeno Rubens, Chardin o David. Il pantheon dell'*Almanacco del Blaue Reiter* getta tra l'arte moderna e le sue eclettiche fonti un ponte che ignora l'arte celebrata nelle scuole e nei musei, quell'arte che è sempre

[23] V. KANDINSKIJ e F. MARC, *Prefazione* per *L'almanacco del Cavaliere Azzurro* (1911), *ibid.*, p. 287.

servita da pietra di paragone per tanti critici e storici. Le due rilevanti eccezioni a questa intenzionale cecità confermano la scelta implicitamente polemica di Kandinskij e Marc: la riproduzione di una xilografia attribuita a Hans Baldung Grien – un groviglio di cavalli selvaggi – priva di qualsiasi riferimento «classico», e di un quadro di El Greco – un *San Giovanni* –, pittore da poco riscoperto dopo un lungo periodo di oblio[24].

L'arte popolare era stata oggetto di studi minuziosi nel corso del XIX secolo. Meyer Schapiro ha del resto dimostrato quanto essa abbia influito, anche se ancora in forma sotterranea, su Courbet[25]. E proprio un amico di Courbet, Champfleury, scrittore, critico d'arte – fu uno dei principali promotori del realismo – ma anche storico della caricatura, dedicando un importante studio all'*Histoire de l'imagerie populaire* (1869), aveva cosí replicato allo stereotipo secondo cui i colori appariscenti delle immagini popolari risulterebbero troppo «barbari» agli occhi delicati delle persone colte:

> Sempre meno barbari dell'arte mediocre delle nostre mostre, dove una universale abilità manuale fa sí che duemila quadri sembrino usciti da uno stesso stampo. L'imperizia artistica è piú vicina all'opera degli uomini di genio di queste composizioni senz'arte né parte, prodotte dalle scuole e dalle false tradizioni. Voglio dire che un idolo intagliato in un tronco d'albero dai selvaggi è molto piú vicino al *Mosè* di Michelangelo della maggior parte delle statue esposte ogni anno al Salon. Nel selvaggio come nell'uomo di genio spiccano un'audacia, un'ignoranza, un desiderio di contravvenire a tutte le regole che finiscono per accomunarli; ma occorre penetrare a fondo in queste forme embrionali e incoltivate, e lasciare da parte gli *indirizzi* e le *abilità* di tanti operai a giornata che si fregiano del nome di *artisti*[26].

[24] La riscoperta di El Greco, i cui dipinti sono sempre stati in gran parte visibili, è avvenuta nella seconda metà del XIX secolo, ma ha trovato una clamorosa conferma solo con la pubblicazione del libro di M. BARRÈS, *Greco, ou Le secret de Tolède*, Emile-Paul, Paris 1912.

[25] M. SCHAPIRO, *Courbet et l'imagerie populaire. Etude sur le réalisme et la naïveté* (1940), poi in ID., *Style, artiste et société*, Gallimard, Paris 1982, pp. 273 sgg.

[26] CHAMPFLEURY, *L'imagerie populaire*, introduzione a *Histoire de l'imagerie populaire* (1869), riprodotta in parte in G. e J. LACAMBRE (a cura di), *Champfleury. Son regard et celui de Baudelaire*, Hermann, Paris 1990, p. 215.

La connessione tra arte popolare e arte dei «selvaggi», suggerita dal fatto che entrambe si prestano molto bene per combattere l'accademismo, è uno dei segnali che accompagnano la nascita del moderno.

Anche Rimbaud dichiara di amare «i dipinti idioti, soprapporte, scenari, tele di saltimbanchi, insegne, miniature popolari». Nondimeno, questo paragrafo di *Una stagione all'inferno* (1873) rimane ambiguo. Rimbaud, è vero, protesta contro il gusto «borghese», ma ammette che questi dipinti sono «idioti». Nulla di simile nell'*Almanacco del Blaue Reiter*. Il testo di Kandinskij *Il problema della forma* mette in evidenza l'importanza di queste opere e dimostra come il pittore le prenda assolutamente sul serio. Egli sottolinea la freschezza sentimentale di persone semplici mosse da una «necessità interiore», capaci di comunicare alle loro creazioni, per quanto maldestre possano sembrare, una «risonanza interiore» che le rende preziose. Gli artisti russi, ad esempio, hanno ammirato i *lubki*, stampe popolari simili alle nostre immagini di Épinal, e trasferiscono spesso nelle loro opere l'espressività, a volte umoristica, che le caratterizza. Natalja Gončarova e Michail Larionov le misero a confronto con le proprie opere in una mostra che organizzarono a Mosca nel 1913.

Al pari dell'arte popolare, e per ragioni non dissimili, anche i disegni infantili attirano l'attenzione di Kandinskij, colpito dalla loro naturale tendenza a ignorare la somiglianza esteriore e a eliminare l'accessorio per arrivare all'essenziale. L'artista, dice, «somiglia molto al bambino, e per tutta la vita». Baudelaire usava una formula piú incisiva nel suo studio dedicato a *Il pittore della vita moderna* (1863): «Il genio non è che l'*infanzia ritrovata* per un atto di volontà». Nel bene e nel male, questa intuizione trasformata presto in luogo comune attraversò il secolo: mentre molti artisti dichiaravano di voler dipingere con la stessa naturalezza dei bambini, il pubblico gli rinfacciava di dipingere o, meglio, di scarabocchiare, di pasticciare, come degli infanti. L'interesse per questi disegni si sviluppa a partire dal 1880, anche se già in precedenza essi hanno suscitato l'interesse di Töpffer, indotto dalla sua grande sensibilità e coerenza concettuale a vantare i meriti dei «selvaggi», dei bambini e dei disegnatori di graffiti. Il nesso tra le qualità dell'arte dei «selvaggi» e quella dei bambini che, come i «selvaggi», non hanno subito alcuna forma di acculturazione, è ormai scontato. Quando Maurice Denis ricorda gli anni novanta dell'Ottocento, quelli che videro lo sviluppo del Neoimpressionismo, la partenza di Gauguin, l'affermarsi della «legenda aurea» cresciuta attorno a Van Gogh (morto proprio nel 1890) e la fondazione da parte dei «ribelli dell'atelier Julian» del gruppo dei Nabis («profeti»), descrive cosí la loro linea di condotta:

> I critici allora ci rimproveravano di voler regredire all'infanzia. E infatti noi tornavamo all'infanzia, giocavamo all'ignoranza, il che, in quel momento, era sicuramente quanto di piú intelligente si potesse fare. La nostra arte era un'arte di «selvaggi», di primitivi[27].

Paul Klee segue una logica identica quando commenta la mostra del Blaue Reiter alla Galerie Tannhäuser di Monaco (1911), cogliendo anche l'occasione per tornare preventivamente sull'argomento dei filistei:

> Non dimentichiamo che l'arte, come possiamo constatare, ha le sue origini nei musei etnografici o in casa nostra, nella camera dei bambini (non ridere, lettore); anche i bambini possono fare arte e il valore delle tendenze artistiche piú recenti non esce per nulla diminuito da questo dato di fatto. Anzi. Questo dato di fatto comporta una concretezza positiva: piú i bambini vengono lasciati a se stessi, piú l'arte che producono è ricca di insegnamenti; perché anche qui è già in atto un processo di corruzione: nel caso i bambini si mettano ad assimilare le opere degli adulti, oppure a imitarle[28].

Molti artisti hanno osservato con tenerezza la fantasia istintiva dei disegni infantili per cercare di coglierne l'essenza. Le illustrazioni dell'*Almanacco del Blaue Reiter* confermano tale contiguità. Klee, Miró, Picasso, Dubuffet o Baj, solo per citare qualche nome tra quelli piú spesso ri-

[27] M. DENIS, *De Gauguin et de Van Gogh au classicisme* (1909), in ID., *Le Ciel e l'Arcadie* cit., p. 157.

[28] Per questo passaggio del resoconto di Klee, cfr. J. BOISSEL, *Quand les enfants se mirent à dessiner, 1880-1914: un fragment de l'histoire des idées*, in «Les Cahiers du Musée National d'Art Moderne», n. 31, primavera 1990, p. 16.

cordati, non disegnano affatto come bambini, piuttosto ci insegnano a vedere e apprezzare quello che fanno i bambini quando li si lascia liberi[29]. Picasso aveva tra l'altro contribuito a diffondere, suo malgrado, delle interpretazioni affrettate che lo irritavano. Visitando una mostra di disegni infantili, ebbe per esempio a dichiarare: «Quando avevo la loro età disegnavo come Raffaello, dopodiché mi ci è voluta tutta la vita per imparare a disegnare come loro»[30]. Un'osservazione che può essere interamente apprezzata solo se si trascurano i caratteri esteriori delle opere del pittore e ci si sofferma sullo stato d'animo che le anima. Da ragazzo dotato, Picasso poteva disegnare come i maestri del Rinascimento. E proprio questo talento dovette disimparare quando decise di diventare se stesso. In sostanza, dal punto di vista del modello formale, i disegni infantili non gli sono serviti piú dell'«arte negra». Tuttavia, esattamente come l'«arte negra», gli hanno indicato il cammino. Un cammino, a suo modo, non meno sovversivo, anche se in modo diverso, perché i bambini non combattono contro Raffaello.

2. *I graffiti.*

Contrariamente ai disegni infantili, generalmente valorizzati, i graffiti, scritte o disegni tracciati senza autorizzazione negli spazi pubblici, sono oggetto di riprovazione sociale, una condanna non destituita di fondamento e sancita dalla legge, che infatti li vieta. Il loro risvolto pittoresco o, piuttosto, la loro carica eversiva attirano da sempre gli artisti. Angelica e Medoro, i due eroi dell'Ariosto, incidono le loro iniziali intrecciate su tronchi d'albero o capanne. Oggetto di frequenti interpretazioni nel XVII e XVIII

[29] Klee segnalava già la «corruzione» di cui potevano rimanere vittime i disegni dei bambini. Molti anni dopo, Picasso faceva notare: «Ci dicono che bisogna lasciare ampia libertà ai bambini. Il rischio, in realtà, è quello di costringerli a eseguire dei disegni alla maniera dei bambini. Spesso gli si insegna proprio questo. Gli si è anche insegnato a eseguire dei disegni infantili astratti...»: PICASSO, *Propos sur l'art* cit., p. 149.

[30] *Ibid.*, p. 160.

secolo, il motivo favolistico fu un buon veicolo per introdurre il tema dei graffiti nello spazio della rappresentazione pittorica: un tema che da allora non doveva essere piú abbandonato. I graffiti infantili disegnati sui pilastri delle chiese in certe vedute di Pieter Saenredam (*La Bunrkerk a Utrecht*, 1644) o di Gerrit Houckgeest (*Il Mausoleo di Guglielmo d'Orange a Delft*, 1651) hanno forse una funzione polemica: alluderebbero alla relativa assenza di immagini nei templi protestanti. Un quadro di David Allan mette a confronto, su un registro ironico, l'arte infantile con i trucchi del mestiere: *The Uncultivated Genius* (1775) presenta un mediocre pittore al lavoro, accanto a un bambino che sta disegnando per terra una caricatura maschile. Dove si può cogliere, da un lato, l'antitesi tra l'immagine di un mestiere male acquisito nel corso di un lungo tirocinio e quella dell'innocenza infantile, dall'altro, il trionfo dell'artista vero, maestro nella mimesis, che dipinge la scena.

Nel XIX secolo, Rodolphe Töpffer si lascia andare senza remore a un'apologia delle figure disegnate a carboncino sui muri. Egli contrappone l'espressività naturale delle caricature disegnate senza alcuna preoccupazione artistica all'insipida fedeltà di una rappresentazione governata da modelli acquisiti. All'epoca, le immagini dei graffiti, unite a quelle dei ritratti, delle scene di genere o dei paesaggi, fanno anche da indicatori sociali. Se il segno è ridondante, si ribadisce il carattere popolare del luogo; se è trasgressivo, si manifesta una volontà di rottura con l'ordine costituito, con le convenzioni sociali dominanti. In *Le déjeuner sur l'herbe* di Monet (1865-66) spicca un cuore sormontato dalla lettera P, inciso sul tronco di un albero del bosco che accoglie i convenuti alla festa. Hans Speckter, quando dipinge il *Passaggio della vecchia aula di anatomia a Weimar* (1882), non omette di riprodurre i graffiti tracciati sul muro dagli studenti. Piú aggressivo, il *Pisseur* (1887) di James Ensor urina davanti a un muro che reca anche dei disegni grossolani e la scritta: «Ensor è un pazzo». Giacomo Balla non è meno eversivo quando trivializza in effigie, in *Fallimento* (1902), un simbolo della società capitalistica: la porta di un negozio. Il suo tipo di raffigurazione attira doppiamente la nostra attenzione verso il basso: perché Balla non solo mostra esclusivamente la parte inferiore della porta ma la presenta anche coperta di graffiti o scritte. Michail Larionov opera invece in modo diverso. Le sue raffigurazioni di donne del popolo, soldati o parrucchieri, presentate alla mostra «La coda d'asino» (Mosca, 1912), appaiono imbrattate di scritte, a volte scatologiche, «come quelle che si vedono sui muri»[31].

Altri artisti operano, nei primi decenni del XX secolo, un'autentica mutazione concettuale, nel senso che i graffiti smettono di apparire come eventuali oggetti da riprodurre per diventare un modello operativo, un esempio da meditare e da seguire per pervenire a un'espressione piú originale. Non si tratta piú di copiare le scritte illecite ma di assimilarne lo spirito, quell'impulso che le fa comparire all'improvviso sui muri. Scrive George Grosz:

> Per maturare uno stile che riproducesse la cruda, feroce durezza, cosí come la disumanità dei miei soggetti, andavo in cerca delle manifestazioni brute dell'istinto artistico. Andavo ad esempio nei vespasiani per copiarne i pittoreschi disegni, che mi apparivano l'espressione piú immediata e la traduzione piú diretta di sentimenti forti ed elementari. Mi attiravano anche i disegni infantili, per la limpidezza del loro significato. Arrivavo cosí poco alla volta a quello stile grafico duro come l'acciaio che mi consentiva di esprimere notazioni dettate da un odio assoluto per gli esseri umani[32].

L'osservazione dei graffiti, incomparabile fonte d'informazioni sul risvolto nascosto dei pensieri e delle pulsioni umane, sostituisce con profitto lo studio delle statue antiche. Picasso, al quale Brassaï mostra le sue foto di muri coperti di scritte, si meraviglia: «Sono davvero stupefacenti i vostri graffiti! Quale prodigiosa invenzione in ognuno di essi!»[33]. E ammette al contempo di averne copiato e tracciato egli stesso, in gioventú. L'urgenza del gesto, l'autenticità del proposito e la forza inventiva che presiedono al-

[31] E. EGANBURY, *Natalie Gontcharova e Michel Larionov* (1913), in LARIONOV, *Une avant-garde explosive* cit., p. 109.

[32] G. GROSZ, *Devidage* (1924), citato in U. M. SCHNEEDE, G. BUSSMANN e M. SCHNEEDE-SCZESNY, *George Grosz, vie et œuvre* (1975), Maspero, Paris 1979, p. 44.

[33] BRASSAÏ, *Graffiti* (1960), Flammarion, Paris 1993, p. 137.

la loro traduzione grafica diventano altrettante qualità nel momento in cui la violenza e la provocazione acquisiscono una dignità e un valore estetico.

Jean Dubuffet adotta nel 1944 uno stile in parte ispirato ai graffiti. «Cacciatore di occasioni», egli «tiene in grande considerazione i valori della naturalità: istinto, passione, capriccio, violenza, delirio». Egli ama «l'embrionale, il malformato, l'imperfetto, l'ibrido», e preferisce «i diamanti grezzi, ancora avviluppati nella loro ganga, difettosi». Detestando l'arte in alta uniforme, l'arte agghindata, egli intende «nutrirsi delle impronte, delle tracce istintive», onde «assecondare le pulsioni, i moti ancestrali della mano umana quando traccia i propri segni»[34]. Negli anni cinquanta Asger Jorn, membro del gruppo CoBrA, fonda l'Istituto Scandinavo del Vandalismo Comparato. Un modo per rispondere a tutti coloro che considerano la «graffitomania» una delle forme piú nocive del «vandalismo imbecille» denunciato da Louis Réau nella sua *Histoire du vandalisme*. Dopo la seconda guerra mondiale, i graffiti, da sempre rimossi, trovano cosí una loro forma di legittimazione. Basti pensare a quali infiniti rapporti tra arte e graffiti siano tessuti nelle opere di Antoni Tápies, Joan Miró e molti altri. Cy Twombly magnifica le potenzialità estetiche del gesto graffitico, e strappa a uno dei suoi migliori esegeti, Roland Barthes, questa confessione: «La sventura dello scrittore, la sua differenza (in relazione al pittore, e specialmente al pittore di scritture, come TW), consiste nel fatto che il graffito gli è proibito»[35].

L'ultimo episodio dell'avventura congiunta dell'arte e dei graffiti vide pittori realizzare opere fuorilegge nelle strade e graffitisti esporre nelle gallerie, diventare artisti. Gérard Zlotykamien fu uno dei primissimi a saldare la frattura, riuscendo in un'operazione da sempre giudicata impossibile. I suoi *Ephémères* sorgono all'improvviso sui muri delle città d'Europa. «Ombre» leggere ma persistenti, que-

[34] J. DUBUFFET, *L'homme du commun à l'ouvrage*, Gallimard, Paris 1973, pp. 32, 36, 65 e 67.

[35] R. BARTHES, *Cy Twombly o «Non multa sed multum»*, in *L'ovvio e l'ottuso. Saggi critici III*, Einaudi, Torino 1985, p. 166.

sti personaggi restano testimonianze valide per sempre. La fantasia del loro disegno invita al sorriso, suggerisce una connivenza. Zlotykamien getta un ponte tra l'universo urbano e il mondo dell'arte. E non si accontenta di esporre i suoi *Ephémères* alle intemperie: li espone anche nelle gallerie. Nonostante ciò, le autorità drammatizzano, trasformano l'artista in «imputato», lo citano in giudizio. Nel 1984, la XVII sezione del tribunale civile di Parigi lo condanna a un'ammenda simbolica per avere tracciato i suoi *Ephémères* sui muri esterni della Fondation Nationale des Arts Plastiques, istituzione che tra l'altro gli aveva acquistato anni prima un'opera analoga, solo eseguita su pannello, in studio.

Le opere murali, artistiche e trasgressive, sarebbero forse rimaste episodiche se il grande movimento graffitista che scosse gli Stati Uniti nei primi anni settanta non avesse assunto dimensioni inattese. Sugli spazi di tutta New York i giovani usciti dai ghetti lasciano le loro firme pseudonime, spesso abbinate ai numeri delle loro strade. Nasce cosí la *tag*, un marchio che invade la metropolitana e percorre l'intera città. Le bande dei quartieri rivaleggiano tra loro in energia creativa. La polizia le reprime, ma gli intellettuali si schierano dalla loro parte. Norman Mailer scrive:

> A un certo punto si sarebbe potuto credere che i graffiti si espandessero nel mondo intero, quando questo movimento – che venne alla luce come espressione di gruppi di esiliati dei Tropici condannati a vivere in un degrado urbano dai colori opachi e sporchi, in un grigiore monotono e ferroso, affondati nell'asfalto, nel cemento e nel frastuono metallico – esplose all'improvviso con la forza di un'eruzione biologica, come per salvaguardare la carnalità e la sensualità di una generazione di diversi dal rischio della cementificazione della psiche, salvare i loro cervelli malnutriti dai muri vuoti della città ricoprendo questi stessi muri con alberi giganti o piccole piante di una foresta tropicale[36].

Da allora le *tag* non smisero di diffondersi. Alcune, anzi, acquisirono un aspetto monumentale, che permise loro di imporsi all'attenzione di tutti. Si trasformarono cosí in

[36] N. MAILER, *La religion des graffiti*, in ID., *Graffiti de New York*, Chêne, Paris 1974.

graph, complesse elaborazioni grafiche le cui dimensioni impressionanti sottendevano una precisa ambizione estetica. Ancora oggi il nome dell'autore rimane spesso l'unico motivo conduttore di questi disegni, che ricorrono alle fonti iconografiche piú popolari, dalle immagini dei fumetti a quelle della pubblicità. A volte riprendono dipinti celebri, altre volte inventano da sé il proprio linguaggio. E il fenomeno non poteva non suscitare l'immediato interesse delle gallerie d'arte, le quali invitarono i migliori graffitisti a lavorare sia su tela che su carta. Ogni creatore di *tag* portava allora nel suo zainetto, oltre a gessetti e spray, la speranza di una possibile ascesa sociale, realizzabile in virtú dell'arte, del suo mercato, del suo sistema di valorizzazione di ogni tipo di devianza.

Su una carrozza della metropolitana newyorkese un graffitista che si firmava Freedom aveva riprodotto il gesto della creazione dell'uomo immaginato da Michelangelo per la Cappella Sistina. E aveva scritto sotto le due mani tese l'una verso l'altra questa doppia domanda: «What Is Art? Why Is Art?» Una domanda effettivamente decisiva. Perché, a meno che non sia stato tracciato di nascosto sul muro d'ingresso, un graffito accolto in un museo non è piú un intruso. Perde anzi una componente essenziale della sua identità. I graffiti sono infatti connotati da alcune pertinenze, funzionali o strutturali. Una di queste li rende antitetici ai quadri, per i quali sono stati concepiti i musei: i graffiti ignorano il canone del quadro, «non tengono conto del campo di cui si sono appropriati»[37]. La percezione ottica del graffito, punto di focalizzazione dello sguardo, è sempre accompagnata, almeno virtualmente, da uno zoom all'indietro, che orienta l'occhio dal segno al muro, dal muro al caseggiato, dal caseggiato alla strada, dalla strada all'intera città. Tale visione in estensione incoraggia la deriva associativa e stimola le fantasticherie del *flâneur*. Inquadrato dalla fotografia, il graffito guadagna in concentrazione quello che perde in estensione: trasformato dalla

[37] M. SCHAPIRO, *Sur quelques problèmes de sémiotique de l'art visuel: champ et véhicule dans les signes iconiques* (1969), poi in ID., *Style, artiste et société* cit., p. 10.

riproduzione in «arte fittizia», assomiglia al quadro, campo iconico chiuso. I graffiti, dal momento in cui vengono dipinti su tela, subiscono gli inconvenienti e accettano i vantaggi di questa metamorfosi. Jurij M. Lotman, sottolineando l'importanza dei «confini», descrive la struttura fondamentale dell'opera d'arte tradizionale:

> La cornice del quadro, la ribalta teatrale, l'inizio e la fine di un'opera letteraria o musicale, le superfici che delimitano una scultura o un edificio architettonico rispetto allo spazio che ne è artisticamente escluso – sono tutte forme differenti di una regola generale dell'arte: l'opera d'arte rappresenta un modello finito di un mondo infinito[38].

Il museo raccoglie e conserva opere di questo tipo, spazialmente delimitate. E nel caso di opere plastiche alternative che intendono contestare l'ordine del quadro, la struttura chiusa del museo assicura loro, malgrado tutto, una tutela che salvaguarda la loro identità artistica. Tra il graffito, *stricto sensu*, e l'arte, la differenza non è soltanto relativa alla qualità – passibile del giudizio di gusto, e dunque sempre modificabile. Intrasportabili – pena il loro snaturamento – i graffiti dipendono da un'arte *in situ*: e il loro sviluppo, a partire dagli anni sessanta, ha facilitato i confronti tra gli autori.

Nel 1980 alcuni giovani organizzano a New York, in una sala abbandonata, il Times Square Show, una riunione di artisti in rotta con l'establishment. La *street art* si sviluppa cosí, da una presa di coscienza e da una vocazione per le soluzioni alternative. Un'opera con questo titolo[39] rispecchia la vitalità e la varietà di queste pratiche di strada. Una serie di artisti, riconosciuti come tali, opera indifferentemente negli atelier e nello spazio pubblico, senza committenti, a suo rischio e pericolo. E offre il frutto del suo lavoro ai passanti, senza mediazioni, senza retribuzione. Richard Ambleton percorre le strade e disegna i suoi personaggi neri sui muri piú sordidi. Altri incidono le loro testimonianze nel cemento fresco dei marciapiedi o dispongono le pro-

[38] J. M. LOTMAN, *La struttura del testo poetico* (1970), a cura di E. Bazzarelli, Mursia, Milano 1972, p. 280.

[39] Cfr. A. SCHWARTZMAN, *Street Art*, The Dial Press, New York 1985.

prie sculture su lampioni, cornicioni o finestre di edifici abbandonati. Manifesti o staccionate offrono spazi ideali all'inventiva politica, e il muro di Berlino fu uno dei luoghi simbolo, prima del suo abbattimento, delle testimonianze «selvagge» di una libertà che poteva esprimersi solo a Ovest. Nel progetto *street art* trovano posto lavori di strada dovuti a Jenny Holzer, Barbara Kruger o Charles Simonds, artisti oggi ampiamente riconosciuti e integrati nell'establishment. Accanto a loro, Keith Haring e Jean-Michel Basquiat. Il primo, ex allievo di una scuola d'arte, si fece conoscere ridisegnando con il gesso i cartelloni ricoperti da manifesti monocromi – indicatori di spazi pubblicitari ancora vuoti – della metropolitana di New York, prima di diventare famoso per il suo virtuosismo e la sua originalità. Il secondo, di madre portoricana e di padre haitiano, esordí direttamente nella strada.

Basquiat aveva fondato con degli amici, nel 1978, un gruppo informale che inondava Manhattan di scritte firmate SAMO©. I messaggi, di stampo giovanilistico, non nascondevano un tono ribelle: «SAMO© (...) per farla finita con / lo stupido / il nuovo a cinque stelle / lo sciupare la propria vita / il congiungere le due estremità / il rientrare a casa / la sera davanti alla televisione a colori», oppure «SAMO© per farla finita / con il fantasma / che si chiama "vita"». Un altro messaggio proclamava quello che si stava praticamente avverando: «SAMO© (...) onnipresente». Nel 1979 un graffito segnalava: «SAMO© is dead». Basquiat continuò a scrivere da solo le riflessioni di SAMO© sui muri: riflessioni che riguardano spesso l'arte e ironizzano sulle abitudini in voga nell'ambiente dei graffitisti; finché non si accontentò piú di disegnare graffiti. Dipingeva, scriveva, realizzava collage su supporti indipendenti. Nel 1982, divenuto artista a tutti gli effetti, inizia un'ascesa davvero folgorante. E la collaborazione con Andy Warhol – nel 1984 realizzano insieme una serie di dipinti – rafforza la sua leggenda.

Nel 1990, la mostra «High & Low» (New York, MoMA) prevede una sezione dedicata ai rapporti tra arte e graffiti. Il visitatore può ammirare opere di Balla, Pollock, Dubuffet, Hains, Miró, Jorn, Rauschenberg o Twombly, ma nessuna di Haring e Basquiat, morto a ventisei anni nel 1986. In compenso, il catalogo aggiunge allo spazio riservato alla mostra propriamente detta un capitolo, *Contemporary Reflections*, in cui riproduce le loro opere, affiancate a numerose immagini di graffiti e *tag* recenti. Il tema, insomma, resta oggetto di polemica, in particolare a New York, ma anche a Parigi o altrove. Oggi, le opere di Basquiat figurano nelle prestigiose collezioni dei grandi musei e, per altro verso, le *tag* hanno conquistato il mondo.

3. *L'art brut.*

Non poche collezioni, a partire dalla fine del XIX secolo, hanno raccolto le produzioni plastiche e letterarie degli alienati. La psichiatria era una disciplina ancora giovane, e l'«arte dei folli» suscitava l'interesse dei medici. Due erano gli atteggiamenti prevalenti. Marcel Réja, ad esempio, pubblicò *L'art chez les fous*. L'intento del libro, come è chiaramente indicato nell'introduzione, è quello di studiare un'«arte» specifica, o, piú precisamente, un'infanzia dell'arte, per riuscire a illuminare i meccanismi del genio. A tale scopo l'autore esamina anche i «disegni dei bambini e dei primitivi», ne rileva le differenze e constata che hanno in comune un certo «disprezzo» della realtà: non mirano a «evocare le forme in sé, ma solamente la loro *idea*»[40]. Opporre i due tipi di rappresentazione, quella degli alienati e quella dei «primitivi», è la regola, e Réja vi si uniforma. Altri, come Clive Bell, ritengono piú giusto il contrario. Bell, tra l'altro, apprezza l'arte primitiva, «sprovvista di talento descrittivo», perché non vi trova posto «alcuna esattezza di rappresentazione», solo la «forma significante»[41].

Hans Prinzhorn condivideva le convinzioni di Bell. Incaricato presso la clinica universitaria di Heidelberg, egli contribuí ad accrescere notevolmente le collezioni che erano oggetto dei suoi studi e nel 1922 pubblicò *Espressioni della follia*, divenuto poi un testo di riferimento in mate-

[40] M. RÉJA, *L'art chez les fous* (1907), Z'éditions, Nice 1994, p. 31.
[41] BELL, *L'hypothèse esthétique* cit., p. 217.

ria. Prinzhorn apprezzava l'arte del suo tempo e incoraggiava i malati a esprimere se stessi mediante la pittura e la scultura. Tuttavia non confuse mai i due registri e rifiutò sempre analisi troppo superficiali:

> È assai piú proficuo, sembra, rilevare i tratti comuni alla sensibilità artistica contemporanea. Constatiamo infatti che l'avversione a un'idea semplicistica del mondo, un disconoscimento sistematico delle apparenze esteriori alle quali l'arte occidentale era rimasta da sempre fedele, in definitiva un deciso ritorno all'io, sono i tratti fondamentali della nuova ricerca artistica. Ebbene, tali termini ci sono stati resi familiari grazie agli sforzi dello schizofrenico per descrivere il suo sentimento del mondo[42].

Il libro e i lavori di Prinzhorn testimoniano sia un approccio nuovo alla creatività – di qualunque specie essa sia –, destinato a propiziare una maggiore comprensione dell'arte moderna, sia un mutato atteggiamento nei confronti della «follia»[43]. Ne seguirono mostre, attentamente visitate dagli artisti, in particolare gli espressionisti tedeschi. E ne seguí un maggiore interesse per l'arte dei malati di mente. Paul Klee, in un suo resoconto della mostra del Blaue Reiter (1911), in calce alla sua apologia dei disegni infantili, scriveva:

> Fenomeni paralleli si ritrovano negli alienati, e sarebbe malevolo usare termini come puerilità o follia per determinare esattamente quello che si cerca di esprimere qui[44].

Dai folli ai marginali, ai balzani, agli ostinati ritenuti un po' «fissati» che s'intestano a produrre disegni, dipinti, mosaici, oggetti o costruzioni piú o meno strane, il passo è breve.

La fama del Palais Idéal edificato tra il 1879 e il 1912 da Ferdinand Cheval, detto Le Facteur, aveva presto scavalcato i confini della Drôme, anche se nel suo paese Cheval fu a lungo considerato «un povero pazzo che riempie di pietre il suo giardino». Artisti e poeti hanno sempre ma-

[42] H. PRINZHORN, *Expressions de la folie* (1922), Gallimard, Paris 1984, p. 365.

[43] L'uno e l'altro aspetto furono abbinati nella mostra «Entartete Kunst», in cui figuravano anche opere appartenenti alla collezione psichiatrica istituita a Heidelberg.

[44] P. KLEE, *Journal* (s.d.), Grasset, Paris 1992, p. 253.

nifestato interesse per le opere prodotte da una creatività sregolata, ma nessuno è mai sembrato preoccuparsi della loro conservazione. Possiamo vedere ancora oggi, per ovvie ragioni, i disegni «spiritici» di Victor Hugo o le figure scolpite nel granito dall'abate Adolphe-Julien Fouré sulla scogliera di Rothéneuf perché sono molto resistenti, ma la maggior parte delle opere marginali è scomparsa. Le collezioni psichiatriche, in questo senso, hanno avuto un ruolo determinante. Jean Dubuffet ne visitò parecchie quando pensava di scrivere un'opera sulle creazioni degli «irregolari». Dopodiché il suo progetto iniziale si modificò. E il pittore decise di farsi promotore di una collezione che consentisse la conservazione e lo studio dell'*art brut*, che egli definí in questi termini:

> Noi intendiamo con ciò opere eseguite da persone prive di cultura artistica, nelle quali il mimetismo, contrariamente a quanto accade negli intellettuali, ha dunque scarsa o nessuna importanza, dal momento che i loro autori attingono tutto quanto (soggetti, scelta dei materiali adoperati, mezzi di trasposizione, ritmi, modelli di scrittura, ecc.) dal fondo di se stessi e non dagli stereotipi dell'arte classica o dell'arte alla moda. Noi assistiamo qui all'atto artistico assolutamente puro, bruto, reinventato dall'autore nella totalità delle sue fasi, muovendo unicamente dai propri impulsi. Arte, dunque, dove si manifesta la sola funzione dell'invenzione e non quella, costante nell'arte colta, del camaleonte e della scimmia[45].

Onde prevenire un equivoco frequente, occorre insistere sul fatto che l'arte di Dubuffet stesso – uomo di cultura se ve ne sono – non può in alcun caso appartenere all'*art brut*, quantunque il suo interesse per questa espressione artistica non sia stato senza conseguenze sulle sue personali scelte estetiche:

> Un'opera è interessante, a mio avviso, solo se è una proiezione molto immediata e diretta di quanto si agita nelle profondità di un essere; e, naturalmente, di quanto è venuto alla luce in questo essere, senza aver mai subito un qualche addomesticamento[46].

[45] J. DUBUFFET, *L'art brut préféré aux arts culturels* (1949), in ID., *L'homme du commun* cit., pp. 91-92.

[46] ID., *Honneur aux valeurs sauvages* (1951), *ibid*, p. 104.

Dubuffet non si è mai scostato da queste «posizioni anticulturali», che gli fanno tenere «in grande considerazione i valori della naturalità: istinto, passione, capriccio, violenza, delirio»[47]. Dopo alcuni sondaggi in Svizzera, Dubuffet riuní la propria nascente collezione presso il Foyer de l'Art Brut, accolto in un primo tempo nei sotterranei della Galerie René Drouin (Parigi, 1947) e in seguito in un locale messo a disposizione dalle Éditions Gallimard. Nel 1948 si costituí la Compagnie de l'Art Brut, un'associazione che contava tra i membri fondatori, oltre a Dubuffet, André Breton, Jean Paulhan, Charles Ratton, Pierre-Henri Roché, Michel Tapié. Nel 1972, dopo varie vicissitudini, la collezione dell'art brut fu trasferita a Losanna, dove, per la sua tutela e conservazione, venne acquisito e trasformato in museo aperto al pubblico un palazzo del XVIII secolo.

L'*art brut* non è un movimento: per definizione, nessuno può ambire a dedicarvisi. Le opere realizzate al di fuori della sfera artistica vengono raggruppate sotto tale etichetta da coloro che, obbedendo a precisi schemi culturali, vi scorgono il segno di una creatività che si manifesta a dispetto dell'esclusione sociale di cui soffrono i loro autori, alienati, medium, marginali o semplicemente persone modeste animate dalla passione o dal bisogno di creare. La nozione di «art brut» si fonda dunque sullo statuto personale del creatore e non sui criteri stilistici delle sue opere – come accade per l'arte *naïve*, ad esempio. Viene applicata alle arti plastiche ma, comportando spesso la mescolanza dei generi, coinvolge anche altri settori, in particolare quello della scrittura. E non sono mancate altre denominazioni per qualificare meglio questo subcontinente della creazione.

Una mostra presentata al Musée d'Art Moderne de la Ville de Paris (1978) si intitolava «Les singuliers de l'art». Suzanne Pagé, nel catalogo, si cautelava contro chi potesse accusarla di aver voluto proporre un'«alternativa all'"Arte degli Artisti"». Si trattava, a suo parere, di contribuire a rinnovare i nostri criteri di lettura, per abituarci a «ri-

[47] J. DUBUFFET, *Positions anticulturelles* (1951), *ibid.*, p. 67.

trovare quanto vi è di "selvaggio" nell'arte colta». I confini, del resto, rimangono incerti. Quadri di Gaston Chaissac, ad esempio, figurano nella collezione del Musée de l'Art Brut di Losanna, una raccolta che, nel 1971, come precisa il direttore, Michel Thévoz, contava oltre quattromila titoli, piú un migliaio di opere «a metà strada fra l'*art brut* e l'arte colta», classificate nelle collezioni annesse. Con questo, Thévoz non fa che riproporre l'opposizione di fondo tra i due registri creativi. E lo fa rifacendosi agli scritti di Dubuffet, laddove essi prevedono la possibilità di una «liberazione» che abolirebbe i modelli di pensiero consolidatisi in Occidente nel corso dei millenni:

> È possibile che, sulle macerie della cultura, rinasca una creatività artistica nuova, orfana, popolare, estranea a ogni circuito istituzionale e a ogni definizione sociale, deliberatamente anarchica, intensa, effimera, affrancata da qualsiasi presunzione di genio personale, prestigio, specializzazione, appartenenza o esclusione, distinzione tra produzione e consumo. Sarebbe il crollo di ogni valore e l'avvento dell'«uomo comune», di un uomo senza modelli, radicalmente irrispettoso e di conseguenza creativo, capace di realizzare l'utopia del *Prospectus aux amateurs de tout genre* [di Jean Dubuffet]: «Non esistono piú grandi uomini, non esistono piú geni. Eccoci liberati da questi manichini nefasti: era un'invenzione dei Greci, come i centauri e gli ippogrifi. Niente piú geni come niente piú liocorni. Ne abbiamo avuto cosí paura per tremila anni!»[48].

4. *Il museo immaginario*.

La riproduzione delle opere d'arte non è un fatto recente, e sia gli artisti che gli amatori hanno sempre posseduto, dal Rinascimento in poi, degli album nei quali raccoglievano gli elementi visivi di una cultura artistica «universale». Le illustrazioni in essi contenute potevano offrire un panorama di quanto, in questa o quell'epoca, era stato considerato degno di attenzione. Costituivano, in qualche modo, un museo portatile. Finché la scoperta e gli sviluppi della fotografia contribuirono a sconvolgere le gerarchie.

[48] M. THÉVOZ, *L'art brut*, Skira-Flammarion, Genève 1980, p. 210.

Essa introdusse un elemento di notevole democratizzazione nell'accesso al patrimonio artistico, che era in grado di riprodurre con una fedeltà mai raggiunta fino allora, permettendo cosí di diversificare le conoscenze. Con il progresso tecnico, le riproduzioni fotografiche a stampa conobbero una diffusione larghissima. André Malraux mise in luce i cambiamenti intervenuti:

> Si è aperto un museo immaginario, che porterà alle estreme conseguenze il confronto, incompleto, con i musei veri: rispondendo all'appello e al pressante invito di questi, le arti plastiche hanno inventato la loro stampa[49].

La nozione di «museo immaginario» proposta da Malraux ha avuto fortuna. Accanto al museo reale, dove vengono presentate le opere autentiche, ha preso posto un museo *immaginario*, che ha modificato in profondità i rapporti che noi intratteniamo con l'arte. Le opere sembrano avere acquisito un vero dono dell'ubiquità. Stampate o selezionate su cd-rom, le loro immagini sono disponibili in qualsiasi momento. Anche la musica, tramite il disco, beneficia di tale dono, e un Paul Valéry ne godeva:

> Poter scegliere un momento di puro piacere, poterlo gustare quando esso è non solo desiderabile dallo spirito ma obbligato e come già sbocciato dall'anima e dall'essere, è offrire la piú grande opportunità alle intenzioni del compositore[50].

La riproducibilità delle opere comporta numerose conseguenze. Walter Benjamin aveva analizzato, in un celebre saggio pubblicato nel 1936, gli effetti del cinema – arte, al contrario della pittura, concepita fin dalle origini per essere riprodotta –, mentre il problema è diverso per le sculture, che possono dar luogo a copie dal numero limitato a seconda dell'uso. Riprodotti, i dipinti perdono in particolare quell'autenticità che deriva dall'«unicità della loro presenza nel luogo di loro competenza», in altri termini, l'*aura*. In senso proprio, l'*aura* è un fluido sottile che si ritiene emani da un corpo. In senso figurato – atmosfera immate-

[49] MALRAUX, *Les voix du silence* cit., p. 14.

[50] P. VALÉRY, *La conquête de l'ubiquité* (1929), poi in ID., *Pièces sur l'art*, Gallimard, Paris 1934, p. 87.

riale che circonda gli esseri d'eccezione –, l'*aura* diventa sotto la penna di Benjamin un concetto estetico. L'*aura* di un'opera è quell'elemento che le appartiene propriamente ed esclusivamente, in quanto traccia irripetibile di una storia sedimentatasi con il tempo nel fondo della sua struttura materiale. L'*aura* – «apparizione unica di una lontananza» – rappresenta una lacuna irrimediabile per le riproduzioni:

> La tecnica della riproduzione, cosí si potrebbe formulare la cosa, sottrae il riprodotto all'ambito della tradizione. Moltiplicando la riproduzione, essa pone al posto di un evento unico una serie quantitativa di eventi. E permettendo alla riproduzione di venire incontro a colui che ne fruisce nella sua particolare situazione, attualizza il riprodotto. Entrambi i processi portano a un violento rivolgimento che investe ciò che viene tramandato – a un rivolgimento della tradizione, che è l'altra faccia della crisi attuale e dell'attuale rinnovamento dell'umanità[51].

Alla fine degli anni quaranta il fenomeno aveva assunto una tale importanza che Malraux affermava: «La storia dell'arte da cent'anni a questa parte, da quando è stata sottratta agli specialisti, è la storia *di quanto è fotografabile*»[52]. Malraux amplia inoltre le riflessioni di Valéry e Benjamin quando descrive le trasformazioni subite dalle opere in seno al «museo immaginario». I formati delle riproduzioni, tutti uguali, omologano sculture monumentali a una figurina di Tanagra, miniature a grandi tappezzerie o affreschi, una medaglia a bassorilievi architettonici. La fotografia isola l'opera dal suo contesto e avvicina allo sguardo le decorazioni dei soffitti o vetrate poste talvolta ad altezze inaccessibili, o quasi. Di piú: i dettagli creano dei quadri che non esistono – Pol Bury notava che basta avvicinarsi a sufficienza a un qualsiasi dipinto per farne un monocromo[53]. Per le sculture, l'inquadratura, l'illuminazione, l'angolo di ripresa diventano determinanti. Inoltre, mentre la copia, dall'esecuzione lenta, laboriosa, «sembrava dover confer-

[51] BENJAMIN, *L'opera d'arte nell'epoca della sua riproducibilità tecnica* cit., p. 23.

[52] MALRAUX, *Les voix du silence* cit., p. 28.

[53] Cfr. P. BURY, *Le monochrome bariolé*, L'Echoppe, Paris 1991, p. 13.

mare i valori acquisiti», la fotografia amplia sempre di piú il suo campo prospettico,

> ... sostituisce molte volte l'opera significativa con il capolavoro, e il piacere di conoscere con quello di ammirare; una volta si copiava Michelangelo, ora si fotografano i minori, la pittura *naïve* e le arti sconosciute – si fotografa tutto quello che si può codificare in base a uno stile[54].

Forte di queste osservazioni, Malraux constata che le fotografie del «museo immaginario» non si limitano affatto a riprodurre le opere:

> La riproduzione ha creato degli artifici (cosí il romanzo mette la realtà al servizio dell'immaginazione), falsando sistematicamente la scala degli oggetti, presentando effigi di sigilli orientali e monete come fossero impronte di colonne, amuleti come fossero statue; l'incompiutezza dell'esecuzione, dovuta alle piccole dimensioni dell'oggetto, acquisisce in virtú dell'ingrandimento uno stile grandioso, di respiro moderno. L'oreficeria romana assume le dimensioni della scultura, trova finalmente il suo significato in serie fotografiche in cui astucci e statue rivestono la medesima importanza. Esperimenti da riviste specializzate? Senza dubbio, ma fatti da artisti, per artisti, e non senza conseguenze. Talvolta le riproduzioni scaturite da opere minori suggeriscono grandi stili scomparsi o «possibili»[55].

Poco dopo la pubblicazione del libro di Malraux, Jean Bazaine stigmatizzava

> ... il profilo scheletrico di un museo dell'immagine che sancirebbe la confusione mortale tra immagine e quadro: tante buone intenzioni minacciano la pittura nella sua stessa essenza.

Il pittore se la prende con il «miscuglio di immagini morte» che mette in pericolo l'integrità dell'arte:

> Esse non hanno altro scopo se non quello di fare di tale immagine moltiplicata la sola realtà, mentre il quadro è solamente il prototipo, come il manoscritto dell'autore è l'originale del libro. Se per i grandi capolavori dell'arte questo equivale a un massacro metodicamente organizzato, per la cattiva pittura, invece, equivale a un vantaggio: il che lascia immaginare quali prospettive di successo si aprono all'industria della riproduzione. Mai co-

[54] MALRAUX, *Les voix du silence* cit., p. 15.
[55] *Ibid.*, p. 22.

me adesso la fascinazione, la dittatura della cosa stampata hanno rischiato di rendere gli uomini piú ciechi[56].

Se ne deduce, necessariamente, che il «museo immaginario», anziché aiutare a percepire l'«essenza» della pittura, contribuisce a trasformare le pratiche estetiche. Non nel senso che gli artisti lavorano *per* il «museo» – cosa che comunque potrebbe capitare –; nel senso piuttosto che lavorano *con* il «museo». Marcel Duchamp, che si interessava di fotografia, fece appello alle potenzialità del «museo immaginario» (avanti lettera) quando fece fotografare da Alfred Stieglitz *Fountain* (1917) e ne stampò la riproduzione sulla rivista creata per l'occasione, «The Blind Man», affidando all'immagine la testimonianza dell'«oggetto smarrito». Anche un altro ready-made, *La Gioconda* con baffi e pizzetto, venne divulgato tramite riproduzione fotografica, e molto prima dell'esposizione dell'originale – ammesso che l'«originale» esistesse ancora. I ready-made «originali» perduti – quasi tutti – hanno infatti dato luogo a copie, il cui numero è rimasto limitato per ovvie ragioni di mercato. Duchamp ha spinto anche piú lontano il gioco delle riproduzioni. La sua *Boîte en valise* (1938-48) è una sorta di opera di lusso, con una tiratura di trecento esemplari, nella quale viene riprodotto in miniatura quanto di essenziale ha realizzato l'artista fino al 1938. Anziché essere considerate un tentativo di commercializzazione legato alla nozione di «museo immaginario», queste «valigie», sostanzialmente simili a quelle dei viaggiatori di commercio, vennero incluse nel *corpus* duchampiano ed esposte nei musei, in tutta la loro realtà e concretezza: un esito non meno felice dell'esperienza dei multipli, e un'ulteriore affermazione, destinata a un lungo avvenire, della tendenza ad abolire la distinzione tra l'opera, tradizionalmente intesa come qualcosa di sacro, e la sua riproduzione, tradizionalmente intesa come qualcosa di svalutato.

Yves Klein fu senza dubbio uno dei primi artisti a giocare consapevolmente con l'idea di «museo immaginario». Poco dopo la pubblicazione dell'opera di Malraux, Klein

[56] J. BAZAINE, *Notes sur la peinture d'aujourd'hui* (1953), Seuil, Paris 1959, p. VII.

fece stampare in Spagna, dove insegnava judo, un piccolo libro intitolato *Yves Peintures* (1954). Sotto la copertina, oltre alla prefazione senza parole di Claude Pascal, dieci tavole libere, ognuna delle quali regge, trattenuto da un semplice tratto di colla, un rettangolo di carta sottile, a un solo colore, in calce al quale, con grande sobrietà tipografica, è indicato il nome dell'autore, «Yves», e sono precisati il luogo, la data e le dimensioni dell'opera: ad esempio, «Tokyo 1953 (100×65)». Formati diversi, nomi di città dove Klein ha effettivamente soggiornato – Tokyo, Madrid, Londra, Parigi, Nizza –, un tipo di presentazione allora privilegiato nei libri d'arte: tutto concorre a confermare che queste superfici unite sono proprio riproduzioni di quadri. Solo che non si tratta di fotografie sviluppate e stampate bensí di fogli stampati industrialmente, sicuramente ritagliati in modo assolutamente artigianale da fogli di grande formato, né si è mai trovato alcun dipinto di Klein corrispondente alle dimensioni indicate nella raccolta. Di piú: a tutto il 1954, il pittore non aveva ancora allestito nessuna mostra nei normali circuiti espositivi. E a quel punto la consacrazione dell'idea di «museo immaginario» rappresentava per lui un utile avallo per accreditare la serietà della propria «avventura monocroma». *Yves Peintures*, con la sua vena anticipatrice, risultò anzi per Klein un ottimo test per saggiare le reazioni del pubblico. Ora che il pittore si era impadronito della nozione di «museo immaginario», non gli restava che rovesciare fino in fondo l'ordine temporale convenuto e, dopo aver mostrato le «riproduzioni», dipingere gli «originali» delle «riproduzioni» stesse.

Anni dopo, alcuni artisti organizzeranno degli happening, effimeri; altri, i minimalisti, daranno vita ad esperienze intrasportabili, lontano dalle città e dai loro musei; altri ancora, i concettuali, sostituiranno l'oggetto artistico con un documento, ad esempio una dichiarazione stampata su un catalogo. Per quanto diverse, tali pratiche estetiche hanno in comune il fatto di rendere impossibile l'esposizione in una galleria o in un museo dell'opera in sé, qualora esista. E non è certamente un caso se esse si sviluppano all'ombra del «museo immaginario»: si tratterà solo di invertirne la logica. Le arti plastiche, nell'era della fotografia, possono rinunciare a esibire un oggetto tangibile, visibile, ma non a presentare tracce della sua assenza: il «museo immaginario» non procede diversamente[57], salvo dare garanzie per un accesso alla presenza reale, a un confronto diretto con l'opera auratica, ovunque essa si trovi.

Le fotografie di Louise Lawler giocano su questi incontri tra diversi livelli di realtà. I suoi scatti mostrano opere inserite nel loro ambiente, nel loro contesto, in particolare presso collezionisti. Un quadro monocromo è mimetizzato da fronde verdi, una scultura di Donald Judd fa da frontone a una porta, i fiori delicati di una preziosa porcellana posta su un mobile dinanzi a un Pollock rivaleggiano con i suoi *dripping*. Ognuno può constatare che la funzione ornamentale delle opere non è scomparsa. Alcuni appendono alle loro pareti immagini o quadri senza uno specifico rapporto, sembra, con l'arte, mentre altri fanno esattamente la stessa cosa ma con «opere da museo». Louise Lawler porta all'estremo le sue collusioni quando espone all'interno di un museo fotografie di opere appartenenti a collezioni private nel momento stesso in cui gli originali vengono appesi ai loro sostegni in una sala vicina. Consideriamo «Home/Museum - Arranged for Living and Viewing» (1984). Da un lato il Wadsworth Atheneum (Hartford, Conn.) presentava una parte della collezione Tremaine. Dall'altro, Louise Lawler vi esponeva foto che mostravano l'ordine museale della mostra – cioè quello che si poteva vedere direttamente a pochi metri di distanza – e foto in cui si riconoscevano le stesse opere disposte questa volta presso le abitazioni dei collezionisti. Un *Disco* di Robert Delaunay, esaltato dalla sua collocazione isolata su una parete, poteva cosí ricomparire in fotografia seminascosto da un abat-jour e dallo schermo di un televisore acceso. Il lavoro della Lawler ci suggerisce che, immaginario o no, il museo è sempre parte di una finzione.

[57] Il «museo immaginario» assimila anche opere definitivamente assenti ma riprodotte fotograficamente. *Gli spaccapietre* (1849), quadro già alla Gemäldegalerie di Dresda e andato distrutto durante i bombardamenti della città, o *Il ritorno dalla conferenza* (1862), caricatura anticlericale, quadro ugualmente perduto, fanno parte in tutto e per tutto del corpus delle opere di Courbet.

Capitolo secondo
Dalla casualità al fallimento

Gli artisti della prima metà del secolo, alla ricerca di modelli alternativi, attenti agli incontri che potevano legittimare le loro visioni personali, fecero sí che si avvertisse il bisogno di costruire un'altra storia dell'arte, notevolmente allargata. «Dateci i Greci e i Romani!»: questo grido di guerra, lanciato senza posa contro l'Accademia nel corso del XIX secolo, non implicava una negazione del loro valore. Picasso fu intensamente toccato dall'«arte negra» e ammirava Delacroix. Il che non gli impedí di dipingere alla fine della prima guerra mondiale ritratti definiti, non senza ragione, «neoclassici». Le innovazioni hanno modificato il paesaggio artistico senza però cancellare le sue componenti piú antiche. Lo stesso discorso vale per i concetti relativi alla creazione: l'importanza senza precedenti assegnata al caso o l'accettazione del fallimento non rappresentano dei nuovi dogmi, solo l'offerta di nuove possibilità.

1. *La casualità*.

Introdurre la casualità nel processo creativo vuol dire opporsi all'idea di un pieno controllo del proprio mestiere e, ancora piú radicalmente, all'idea di un controllo assoluto esercitato dall'artista sulla sua opera, controllo che mette in gioco una responsabilità e sul quale si fonda in parte l'ammirazione degli esperti. La rivendicazione della casualità ha fatto, provocatoriamente, il suo ingresso nel campo artistico all'inizio del XX secolo. Gli artisti dada sono i primi a celebrare le sue virtú e a trarne vantaggio. Nel 1916 Hans Arp, allora dadaista, insoddisfatto di un disegno già molto travagliato, strappa il foglio e ne getta i brandelli sul pavimento. Colpito dall'effetto inatteso prodotto dalla loro disposizione, Arp li incolla su un supporto in modo da conservare traccia dell'«ordine voluto dal caso». L'aneddoto, riferito da Hans Richter[1], somiglia troppo a un *racconto esemplare* perché gli si possa credere completamente. Tuttavia mette in luce un dato significativo: il caso, anziché recitare il ruolo di una componente irrilevante nel processo creativo, diventa protagonista. Arp confermò, nei suoi ricordi, l'importanza che gli accordava:

> Continuai a sviluppare la tecnica dei papier collé bandendo del tutto, nel comporli, la volontà, e rimettendomi a un'esecuzione automatica. Chiamavo questo, «lavorare secondo la legge del caso», legge che comprende tutte le altre e che ci sfugge, cosí come ci sfugge la causa prima che è al principio di ogni cosa e che può essere conosciuta solo abbandonandosi totalmente all'inconscio. Ero convinto che chi seguiva tale legge creava la vita allo stato puro[2].

Marcel Duchamp occupa, nella storia della legittimazione del caso, un posto centrale. Egli fu uno dei primi e piú importanti apologeti del caso del XX secolo e, soprattutto, contribuí largamente a imporne il successo, in particolare negli Stati Uniti, dove il suo amico John Cage, anch'egli grande interprete della casualità, divenne per Duchamp un punto di riferimento decisivo. Nel 1913 Duchamp crea *Erratum musicale*, testo da cantare tre volte, da tre persone diverse, a partire da tre partiture le cui note sono state tirate a sorte dentro un cappello. Nello stesso anno realizza *3 Stoppages Etalons*, da lui definiti «casualità in scatola». Tre fili di un metro di lunghezza, tesi orizzontalmente, tenuti a un metro d'altezza, vengono lasciati cadere su un piano orizzontale. Arrotolandosi «a piacere», danno un'altra immagine dell'unità di lunghezza e seminano un «dubbio metafisico». Dopodiché vengono fissati cosí come sono su un supporto, e tre righelli di legno dal bordo ricurvo, fabbricati apposta, registrano le forme del nuovo modello, un campione ottenuto «per puro caso». Duchamp considera-

[1] H. RICHTER, *Dada. Arte e antiarte*, Mazzotta, Milano 1966, p. 61.

[2] J. ARP, *On my way* (1948), poi in ID., *Jours effeuillés, poèmes, essais, souvenirs, 1920-1965*, Gallimard, Paris 1966, p. 328.

va infatti il «puro caso» un «modo per violare l'ordine logico» e trovava altresí «divertente immortalare il caso»[3].

La nozione di gioco s'insinua in piú occasioni nella moderna invenzione artistica e, se un tempo restava un elemento marginale, assume ora una valenza primaria. Casualità e gioco sono anzi in stretta relazione tra loro. I surrealisti, grandi cultori della «casualità oggettiva», avevano messo a punto una bizzarria significativa, il *cadavre exquis*. Il *Dictionnaire abrégé du surréalisme* (1938) ne dà questa definizione:

> Gioco fatto con un foglio di carta piegato, che consiste nel far comporre a piú persone una frase o un disegno senza che nessuna di esse possa tener conto del contributo o dei contributi precedenti. L'esempio divenuto classico che ha dato il nome al gioco è legato alla prima frase che ne scaturí, articolata in questo modo: *Le cadavre - exquis - boira - le vin - nouveau*.

Pratica collettiva, il *cadavre exquis* non è che un passatempo, anche se venne molto valorizzato dai surrealisti a partire dal 1925.

Molto piú serio, l'automatismo psichico al quale Breton assegna un posto decisivo nell'ambito del surrealismo non si identifica con la casualità, ma concorre come la casualità a modificare l'atteggiamento nei confronti della padronanza creativa e operativa dell'artista. La frase di Lautréamont trasformata in slogan – «L'incontro *casuale* di una macchina da cucire e di un ombrello su un tavolo operatorio» – sottolinea chiaramente il ruolo del caso, e molti artisti legati o collegati al movimento hanno sviluppato tecniche che le riservano ampio spazio. Anche chi, come Salvador Dalí, dipingeva con un virtuosismo tutto «accademico», le accordava non poca importanza.

Dalí, distinguendo nelle proprie opere pittoriche l'invenzione dall'esecuzione, perfettamente controllata e «scrupolosamente realistica», giungeva alla seguente definizione:

> Fotografia istantanea a colori e a mano delle immagini superfini, stravaganti, extra-plastiche, extra-pittoriche, inesplorate, super-pittoriche, super-plastiche, deludenti, iper-normali, labili immagini dell'irrazionalità concreta: immagini che provvisoriamente

[3] CABANNE, *Entretiens avec Marcel Duchamp* cit., p. 82.

non sono spiegabili né riducibili in base ai sistemi dell'intuizione logica né attraverso i meccanismi razionali[4].

Come molti artisti del passato, Dalí avrebbe potuto sottoscrivere senza riserve la norma enunciata da Ingres: «Abbiate già tutta quanta negli occhi, nello spirito, la figura che intendete rappresentare, e l'esecuzione sia solo il compimento di questa immagine prestabilita e preesistente»[5]. Tuttavia il metodo creativo di Dalí, da lui definito «paranoico-critico», era fondato sulla «forza istantanea delle associazioni sistematiche propria dei fenomeni deliranti». E tale metodo, cosí come egli lo ha descritto, includeva, a monte dell'esecuzione, la casualità:

> L'attività critica interviene unicamente come liquido rivelatore di immagini, associazioni, coerenze e finezze sistematiche, gravi e già esistenti nel momento in cui si produce l'istantaneità delirante, che solo l'attività paranoico-critica permette di restituire alla luce oggettiva. L'attività paranoico-critica è una forza organizzatrice e produttrice di casualità oggettiva[6].

La casualità celebrata e praticata dai surrealisti e dai dadaisti bandisce, oltre alla volontà di controllo, qualsiasi razionalità. La casualità sostituisce il rigore della necessità con l'anomia generalizzata. Legata al gioco, essa è anche fortuna e, nel passato, gli artisti non hanno mancato di attingervi. La sua rimozione, anzi, non è mai stata completa. Certi racconti canonici di suoi provvidenziali interventi risalgono addirittura all'antichità. Plinio il Vecchio racconta come Protogene, insoddisfatto di come aveva reso la bava di un cane, troppo «dipinta» per sembrare vera, gettò la spugna sul quadro con un gesto di rabbia. Imbevuta di colore, la spugna «diede vita all'effetto tanto cercato, per cui, in questo dipinto, il caso riprodusse la natura»[7]. Il *topos* venne ripreso piú volte. Botticelli utilizza

[4] S. DALÍ, *La conquista dell'irrazionale* (1935), in *La rivoluzione paranoico-critica* cit., p. 264.

[5] J.-A.-D. Ingres, citato in H. DELABORDE, *Ingres, sa vie, ses travaux, sa doctrine* (1870), Gérard Monfort, Brionne 1984, p. 124. Ingres riprende qui concetti formulati dall'estetica classica, da Federico Zuccari in poi.

[6] DALÍ, *La conquista dell'irrazionale* cit., p. 266.

[7] PLINIO IL VECCHIO, *Naturalis Historia*, XXXV.101.

ancora la spugna per riuscire a comporre un paesaggio sulla tela; Hokusai immerge le zampe di un gallo nell'inchiostro rosso per poi calcarne le impronte su un grande foglio di carta tinto di blu, dove esse raffigureranno delle superbe foglie d'acero trasportate, in autunno, dalle acque del fiume Tatsuta[8].

La casualità appariva comunque ancora secondaria o marginale quando August Strindberg le dedicò un articolo intitolato *Del caso nella produzione artistica* (1894). Scrittore, fotografo, pittore, egli immagina il rinnovato incanto di una sonata di Beethoven eseguita su un pianoforte accordato «alla buona», augura ai fabbricanti di organi di Barberia di ottenere un «caleidoscopio musicale» disponendo i tasti «alla rinfusa, a casaccio» e, piú tradizionalmente, vanta i meriti delle «raschiature a colpi di spazzola». La sua «teoria dell'"arte automatica"» termina con queste parole:

> La formula dell'arte a venire (come di tutto il resto, in fin dei conti!) è imitare la natura in modo approssimativo: e soprattutto imitare il modo approssimativo in cui crea la natura[9].

Nel corso del XX secolo, dopo le provocazioni dadaiste, il caso si è visto attribuire il ruolo di alleato e la sua presenza nel processo creativo sembra, in effetti, «naturale». Esso non si accontenta piú di arricchire o perfezionare un progetto già ampiamente preordinato. La forte rivendicazione del suo ruolo l'ha promosso al rango di attore di primo piano, pronto a recitare una parte importante. Molti artisti sperano di beneficiare di circostanze fortuite legate al suo intervento. Jean Dubuffet, ad esempio, descrive il salto nell'ignoto del pittore che inizia a dipingere il proprio quadro, felice di non sapere dove l'avventura lo condurrà, perché «il suo interesse si affievolirebbe se sapesse già prima, e con precisione, il risultato, se dovesse eseguire un'opera già concepita in precedenza nel suo spirito». Eccolo dunque «apparigliato al caso».

[8] Per questo aneddoto, cfr. H. FOCILLON, *Vita delle forme*, seguito da *Elogio della mano*, Einaudi, Torino 1990, p. 155.

[9] A. STRINDBERG, *Du hasard dans la production artistique*, in «La revue des revues», Parigi, 1894; poi in *Le hasard*, L'Echoppe, Paris 1990.

Dubuffet riassume peraltro un'opinione largamente condivisa quando scrive:

> Tuttavia non bisogna parlare qui propriamente di casualità. Né qui né altrove. Il caso non esiste. L'uomo chiama caso tutto quel che scaturisce dal gran buco nero delle cause poco conosciute. E l'artista è alle prese non proprio con un caso qualsiasi ma con un caso particolare, intrinseco alla natura del materiale impiegato. La parola caso è inesatta: occorre parlare piuttosto di velleità e aspirazioni di un materiale che fa resistenza[10].

Molti artisti diffidano del caso. Ricordiamoci che Jackson Pollock dichiarava di «controllare le sgocciolature del colore» nei suoi *dripping*. Piú che altro, sono aumentate le possibilità di scelta, come notava François Morellet nel 1972. Alcuni – e sono la maggioranza – possono optare, come egli scrive, per la «scelta meditata e consapevole». Altri, come i surrealisti, privilegeranno la «scelta inconscia e intuitiva». Altri ancora accoglieranno l'opzione che ci viene proposta, da ultimo, dalla modernità tecnologica, la «scelta cibernetica». Una scelta che avrebbe sicuramente conquistato Tristan Tzara, il cui metodo «per fare una poesia dadaista» risultava quanto mai artigianale rispetto alle possibilità di assemblaggio verbale previste da un programma di computer. Comunque sia, l'artista mantiene sempre un ruolo determinante: sta a lui mettere in moto o meno quei meccanismi che promuovono il gioco del caso, sta a lui accoglierne o meno le risultanze, e, in definitiva, sta a lui assumersene la responsabilità, firmando il tutto con il proprio nome.

2. *L'effimero*.

Gli artisti hanno sempre desiderato che le loro opere sfidassero il tempo. Gli scultori hanno sempre lavorato su materiali resistenti; i pittori hanno sempre preparato con cura i supporti delle loro tele e i colori per dipingerle. Le civiltà si sono sempre comportate come se fossero immortali. Non-

[10] J. DUBUFFET, *Notes pour les fins-lettrés*, in ID., *L'homme du commun à l'ouvrage* cit., pp. 28-29.

dimeno, molte di esse sono scomparse, e quelle che sono subentrate non hanno esitato a distruggere un edificio per costruirne uno nuovo. Le sculture sono state fatte a pezzi o abbandonate. Gli affreschi e i quadri su pannelli mobili sono andati irrimediabilmente perduti – non è rimasto nulla della pittura greca, pure innalzata a modello dal Rinascimento. Occorre dunque distinguere tra il desiderio di eternità e il culto della conservazione. Alois Riegl studiò *Il culto moderno dei monumenti* (1903), un titolo che riassume l'assunto dell'opera. La nozione di patrimonio artistico è infatti una nozione recente. Come quella di monumento storico, essa si rifà direttamente alla filosofia dell'Illuminismo e trova ampia diffusione solo nel XIX secolo. I musei sono a un tempo i mediatori e i propagandisti di questo culto moderno, oltre che la sua conseguenza.

Nella civiltà del museo, la conservazione delle opere appare un dogma intangibile rispettato da tutti. La stessa strategia dell'avanguardia elaborata nel corso del XIX secolo prevede che le opere incomprese resistano abbastanza a lungo all'incomprensione per potere poi essere oggetto di rivalutazione. Sull'altro versante, gli artisti legati all'accademia si augurano che il loro successo serva da esempio. Tutti aspirano a vedere mantenuto in un eterno presente lo stato originale dei loro manufatti artistici. Eppure questo sogno d'immortalità – l'arte non è forse immune dal tempo? – finí per essere vilipeso. I musei, «cimiteri» o «catacombe», divennero oggetto di critiche furibonde, fatte proprie dalle prime avanguardie, le quali, in modo perfettamente coerente, si diedero a celebrare l'effimero. Marinetti attacca violentemente i simbolisti che lo hanno preceduto. Trova ridicola la loro «passione delle cose eterne», il loro «desiderio del capolavoro immortale e imperituro». Il futurismo condanna il passato, «necessariamente inferiore al futuro». Un entusiasmo che porta Marinetti a battersi per una creatività sempre rinnovata, transitoria, effimera:

> Bisogna semplicemente creare, perché creare è inutile, senza ricompensa, ignorato, disprezzato, eroico in una parola. Alla poesia del ricordo nostalgico, noi opponiamo la poesia dell'attesa febbrile. Alle lagrime della bellezza che si china teneramente sulle tombe, noi opponiamo il profilo tagliente, affilato, del pilota, dello

chauffeur e dell'aviatore. Alla concezione dell'imperituro e dell'immortale, noi opponiamo, in arte, quella del divenire, del perituro, del transitorio e dell'effimero. Noi trasformeremo cosí in una gioia acuta il *nevermore* di Edgar Poe, ed insegneremo ad amare la bellezza di una emozione o di una sensazione *in quanto essa è unica e destinata a svanire* irreparabilmente[11].

I dadaisti arrivano alle stesse conclusioni, ma per motivi antitetici, poiché, come proclama Tristan Tzara, «Dada è contro il futuro». In un mondo che vacilla, il poeta esclama: «Abolizione della memoria: DADA; abolizione dell'archeologia: DADA; abolizione dei profeti: DADA; abolizione del futuro: DADA»[12]. Le serate del Cabaret Voltaire erano evidentemente effimere, e solo il caso ha fatto sí che fosse conservata qualcuna delle maschere ideate da Marcel Janco per gli spettacoli che vi si tenevano. Egli dipinse anche un quadro – unica testimonianza visiva delle loro giocose performance –, oggi perduto e restituitoci soltanto da una fotografia in bianco e nero. In occasione di un *matinée* dada organizzato al Palais des Fêtes di Rue Saint-Martin a Parigi (23 gennaio 1920), si portò sulla scena il *Tableau à effacer* di Picabia. Completamente coperto di scritte, il quadro, nero, fu sollecitamente lavato con una spugna da André Breton davanti al pubblico stupefatto. Man Ray compose un celebre *Objet à détruire* (1923), che poi venne rubato.

Cosí, fin dai primi decenni del secolo, l'effimero si proponeva come una rivendicazione, un'arma contro il museo e il tipo di attese che comporta. In seguito, sono molte le forme artistiche che denunciano come una mistificazione la necessità della durata perpetua. Gli happening, le performance o le azioni, cosí come le manifestazioni pubbliche dadaiste, tendono a esaurirsi nel momento stesso in cui si svolgono. Parecchie installazioni temporanee, inizialmente riproducibili, vedono i loro componenti finire nell'immondizia già alla fine dell'esposizione, e il loro ricordo è unicamente affidato a testimonianze fotografiche o altro.

[11] F. T. MARINETTI, *Il futurismo* (1911), in L. DE MARIA (a cura di), *Filippo Tommaso Marinetti e il futurismo* cit., p. 220.

[12] T. TZARA, *Manifeste Dada* (1918); trad. it. *Manifesto Dada*, in DE MICHELI, *Le avanguardie artistiche del Novecento* cit.

Una contraddizione che, evidentemente, non poté sfuggire. Dominique Laporte, ad esempio, capiva il sarcasmo che si può manifestare

> ... dinanzi a queste ideologie dell'effimero, che al desiderio reazionario dell'"opera compiuta" oppongono l'istantaneità dell'azione, tendenzialmente perduta ma fotografata, registrata, filmata, inventariata a perpetua memoria dei posteri[13].

Forse non c'è soluzione. In ogni caso, l'apologia dell'effimero introdotta nell'universo artistico ha contribuito non poco a rivoluzionarne la configurazione.

La pittura, arte da poco tempo resistente alle ingiurie del tempo, non sempre sfugge al fascino per l'istante presente. Jean Dubuffet si definiva «presentista, effimerista». Secondo lui, solo i contemporanei del pittore possono «decifrare tutto il groviglio di allusioni e di ellissi» contenuto nelle sue opere. Nel corso del tempo, a suo parere, il significato dei segni diverrebbe «impenetrabile». Grosso dibattito, che vede affrontarsi i sostenitori di una universalità immanente alle opere degne di questo nome, gli *aficionados* della polisemia – l'opera è per loro la fonte perpetua di una quantità di significati, dalla ricchezza inesauribile – e gli incensatori di un'estetica della ricezione per i quali – sto disegnando delle caricature, alla maniera di Duchamp – sono gli spettatori i veri autori del quadro. Michael Baxandall ha in proposito chiaramente evidenziato, nel suo studio magistrale sull'«occhio del Quattrocento», la necessità ma anche le difficoltà e i limiti di un'archeologia dello sguardo[14].

I quadri, come il resto, sono mortali, non ha mai smesso di ricordare Dubuffet, che contestava, con una verve davvero brillante, i musei investiti della missione di conservare e presentare le opere di un passato concluso per sempre. Al di là delle evidenti contraddizioni, le opere che egli vendette o assegnò ai musei testimoniano appunto la sua concezione del «presentismo», cosí come la esponeva nei suoi testi:

> Via tutti questi quadri ammuffiti in tristi musei, appesi come le donne nel camerino di Barbablú! Sono stati dei quadri: ma ora

[13] D. G. LAPORTE, *Christo*, ArtPresse-Flammarion, Paris 1985, p. 69.

[14] Cfr. M. BAXANDALL, *Pittura ed esperienze sociali nell'Italia del Quattrocento*, Einaudi, Torino 1978.

non lo sono piú. Qual è la durata di vita di una produzione artistica? Dieci anni, venti, trenta? Non di piú, in ogni caso. Io sono per i quadri lindi. Dopo ogni pasto, spazzar via le briciole e rimettere il nuovo coperto. Volete appendere in sala da pranzo vecchie bistecche e vecchi cosciotti tricentenari? Buon appetito![15].

Dopo la seconda guerra mondiale, molti artisti lavorano con materiali deperibili, in particolare materie organiche, il cui degrado è naturalmente rapido e ineluttabile. Il che pone notevoli problemi ai musei, i cui servizi di ristoro devono inventare soluzioni per conservare opere destinate ben presto a corrompersi. Le posizioni degli artisti o dei collezionisti divergono a seconda della loro sensibilità o ideologia. Dieter Roth, ad esempio, si rallegrava della prossima scomparsa delle sue opere: «Da qui a vent'anni si deterioreranno e so fin d'ora che non ne resterà nulla».

Beuys adottò invece un atteggiamento piú ambiguo. Michel Durand-Dessert lo coinvolse nel 1982 in un'esperienza illuminante. L'artista aveva disposto nella sua galleria una installazione piuttosto complicata. Il gallerista e la moglie avevano lavorato per dieci giorni con Beuys e il suo assistente, modellando chili di burro della Charente, colando cera d'api in appositi stampi, disponendo oggetti, spesso fragili, o del panno modellabile. L'insieme si modificava ininterrottamente, in concomitanza con le difficoltà materiali che emergevano e con le nuove idee che via via maturavano nell'artista. Una mattina Beuys disse al suo gallerista: «Ci siamo, è finito, l'opera è conclusa. Ora bisogna telefonare al suo assicuratore e assicurarla per due milioni di franchi». Durand-Dessert ha commentato cosí il mutato intendimento dell'artista:

In un secondo, l'opera si è completamente definita, tutto quello che per dieci giorni era stato possibile, i cambiamenti, le trasformazioni, l'inclusione del caso, gli imprevisti, tutto si è improvvisamente coagulato e l'opera è diventata quella che è; in quel preciso momento del suo svolgimento temporale essa era divenuta eterna[16].

[15] J. DUBUFFET, *Mise en garde de l'auteur* (1963), in ID., *L'homme du commun à l'ouvrage* cit., p. 19.

[16] Testimonianza di M. Durand-Dessert in *Conservation et restauration des œuvres d'art contemporain*, atti del seminario, La Documentation Française, Paris 1994, p. 241.

Parole che confermano come in fondo Beuys, con *Dernier espace avec introspecteur*, si facesse interprete di una visione creativa assolutamente tradizionale. L'opera venne venduta alla Stadt Galerie di Stoccarda, e i trasportatori, per riuscire a ricostituire l'insieme secondo il modello originale, procedettero a «sopralluoghi degni di scavi archeologici». Il che vuol dire che ogni elemento dell'insieme fu imballato con la massima cura, anche se non è sicuro che i mucchi di burro, le stecche di cioccolato fuso su carta di giornale o i ghirigori disegnati con il sangue di coniglio resistano in eterno.

Ecco perché altri artisti mantengono un punto di vista piú disinvolto circa la conservazione degli elementi materiali che concorrono a formare i loro lavori. E, in caso di necessità, chiedono che siano ricomposti, poiché l'essenziale è rispettare i dati fondamentali dell'opera. François Morellet, ad esempio, propose di rifare un dipinto su legno la cui superficie si era curvata. L'opera fu restaurata dai servizi del museo che aveva acquistato il quadro, ma la patina pittorica, nel corso dell'operazione, patí qualche conseguenza: se infatti viene applicato un nuovo strato di colore, solo il supporto potrà ancora dirsi autentico. Nel medesimo ordine di idee, sembra strano arrivare a concepire, come fece un museo canadese, una «copia viaggiante», allo scopo di preservare l'originale, nella circostanza una struttura in mattoni ideata da Carl Andre: sarebbe piú semplice acquistare sul posto il materiale *ad hoc* piuttosto che far viaggiare i mattoni di sostituzione. In ogni caso, soprattutto per quei materiali tecnologici che sono destinati a un rapido degrado, diventa spesso impossibile trovare i componenti utilizzati dagli artisti. La tensione tra il carattere effimero degli oggetti, voluto e premeditato oppure subito, e il desiderio o il bisogno di conservarli induce a riflettere sulla natura stessa delle opere d'arte e sulla varietà dei legami da esse intrattenuti con il loro autore. Hans Arp aveva imparato da sé la lezione non tanto dell'effimero ricercato in quanto tale bensí dell'aspettativa di vita necessariamente limitata di qualsiasi artefatto:

> Il processo di dissoluzione che inizia nel momento stesso in cui l'opera s'è compiuta venne da me salutato come il benvenuto. Un uomo poco pulito indica, sfiorandolo con il suo dito poco

pulito, un prezioso dettaglio dell'immagine. Il punto risulta da quel momento segnato da un'impronta di sudore o di grasso. Eccitato dalla vista di un'immagine, un altro esplode di entusiasmo e inonda l'immagine medesima di saliva. E pensare che si trattava di una delicata immagine di carta o di un acquerello. La polvere e gli insetti non sono distruttori meno zelanti. La luce, a sua volta, stinge i colori. Il sole e il calore provocano bolle, scollano la carta, screpolano l'impasto, lo decompongono. L'umidità produce muffa. E l'opera si disgrega, perisce. La morte dell'immagine, però, non mi gettava piú nella disperazione. Creando l'immagine, avevo imparato a incorporarvi già la scomparsa, la morte, a elaborarle insieme. La morte si propagava e divorava l'immagine e la vita, con un processo di decomposizione che coincideva con la negazione di qualsiasi esito. La forma diveniva l'informe, il finito l'infinito, il particolare il generale[17].

3. *Il kitsch*.

Tra i valori un tempo rifiutati che hanno ottenuto di recente il loro diritto di cittadinanza nell'universo dell'arte, il kitsch è senza dubbio uno di quelli piú pericolosamente conflittuali. Molti spettacoli sono effimeri: perché allora non le opere plastiche? La promozione dei graffiti, dei disegni infantili o dell'*art brut* tendeva a riabilitare produzioni screditate. L'arte popolare e l'arte primitiva possiedono a loro volta una dignità che solo la cecità legata a un'ideologia classista o etnocentrica impedisce di riconoscere. Con il kitsch, invece, le cose stanno diversamente, perché non si tratta di una cultura alternativa o di una controcultura, bensí della negazione di determinate esigenze culturali – da qualunque parte provengano o di qualunque genere siano –, a vantaggio di un appagamento immediato dei gusti, giudicati grossolani, della maggioranza delle persone. Stando almeno a quanto affermano i suoi detrattori, che sono legioni.

I sottotitoli di due opere dedicate all'argomento indicano perché il kitsch conquista e perché i difensori della cultura «alta» lo giudicano con severità: esso è al tempo stesso un'*arte della felicità* e un'*espressione del cattivo gu-*

[17] ARP, *On my way* cit., p. 329.

sto[18]. Non parleremmo qui del kitsch se esso riguardasse soltanto oggetti di largo consumo diffusi presso i «ceti medi» e concepiti unicamente per i loro standard estetici: il fatto è che se ne appropriano e ne fruiscono anche gli artisti. Che cos'è, allora, il kitsch? Secondo Albert Kohn:

> La parola tedesca *Kitsch* non ha un equivalente in francese. Essa designa ogni tipo di oggetto di cattivo gusto, la paccottiglia con pretese artistiche che riproduce in serie un luogo comune ma si applica anche a opere letterarie, plastiche o musicali caratterizzate da facili effetti (il *mélo*), magniloquenza, sentimentalismo e stupido conformismo. Non potendo introdurre il termine tedesco, lo abbiamo tradotto a seconda dei casi *art de pacotille* o *art tape-à-l'œil*. In realtà, i due significati si sommano[19].

La nozione di «kitsch» comparve nel XIX secolo. In tema di modi di riproduzione di qualità deteriore essa offre, secondo i suoi detrattori, un modello tanto volgare e attraente quanto di facile consumo. Broch, uno dei primi studiosi del kitsch, vi scopre una forma di «male radicale», distruttivo del sistema dei valori, fondato com'è sulla «confusione della categoria etica e della categoria estetica»[20]. Alla ricerca del «bell'effetto», quello che conquista con i mezzi piú semplici, l'arte kitsch non mira assolutamente al lavoro ben fatto bensí alla bella fattura. Per riuscirvi, il kitsch usa mezzi «sperimentati» che volgono le spalle all'inventiva e alla creatività. Clement Greenberg ha ripreso questo tema in un saggio in cui contrappone l'avanguardia, l'unica in grado di «fare evolvere la cultura in mezzo alla confusione e alla violenza ideologica», e il kitsch, arte commerciale destinata alle masse:

La condizione preliminare del kitsch, la condizione senza la quale il kitsch non sarebbe possibile, è la completa disponibilità di una tradizione culturale matura delle cui sco-

[18] Cfr. A. MOLES, *Il Kitsch. L'arte della felicità*, Officina, Roma 1978, e G. DORFLES, *Il Kitsch. Un catalogo ragionato del cattivo gusto*, Mazzotta, Milano 1968.

[19] A. KOHN, *Introduction* a H. BROCH, *Création littéraire et connaissance* (1955), Gallimard, Paris 1966, p. 17; trad. it. *Poesia e conoscenza*, Lerici, Milano 1965.

[20] H. BROCH, *Il male nel sistema di valori dell'arte*, in ID., *Il Kitsch*, Einaudi, Torino 1990, p. 123.

perte, acquisizioni e piene consapevolezze il kitsch possa approfittare per i suoi propri scopi. Da essa il kitsch ricava dispositivi, artifici, stratagemmi, pratiche, temi, li converte in sistema e scarta il resto. Esso trae la propria linfa vitale, per cosí dire, da questa riserva di esperienze accumulate. È questo che si vuol dire, in realtà, quando si afferma che l'arte e la letteratura popolari di oggi sono state l'arte e la letteratura audaci ed esoteriche di ieri. Naturalmente una cosa del genere non è vera. Ciò che si vuol dire è che, quando è trascorso abbastanza tempo, il nuovo viene saccheggiato per delle nuove bevande miste, dei «cocktails» che vengono poi annacquati e serviti come kitsch[21].

Per cui, secondo il critico, non si tratta di scegliere «tra Picasso e Michelangelo, ma tra Picasso e il kitsch». Alla continuità culturale, esso oppone la negazione. Nel dopoguerra, Hannah Arendt analizzò i nessi strutturali tra il gusto e le opinioni politiche. Entrambi hanno bisogno del consenso. Piú in generale, la cultura e la politica risultano speculari

> ... perché non sono in gioco il sapere o la verità, bensí il giudizio e la decisione: lo scambio di giudizi d'opinione incide sulla sfera della vita pubblica e del costume, la decisione sul tipo di comportamento da tenere, nonché sul modo di vedere il mondo a venire e le cose che vi dovranno trovar posto[22].

Visto in questa prospettiva, il kitsch diventa ancora piú inquietante, poiché, come faceva notare Broch, «in nessuna arte si può operare senza una goccia di effetto», vale a dire senza una goccia di kitsch.

Nel periodo in cui la *pop art* metteva a soqquadro la gerarchia dei valori dell'avanguardia, comparve una forma deliberata di kitsch, il *camp*. Questo termine americano sta a qualificare «qualcosa di offensivo, di inappropriato, di un gusto talmente cattivo da risultare divertente». Nelle sue *Note su «camp»*, Susan Sontag riconosce che «molti esempi di *camp*, da un punto di vista "serio", sono arte cattiva o *kitsch*», ma che possono malgrado tutto meritare «la

[21] GREENBERG, *Avanguardia e kitsch* (1939), in *Arte e cultura* cit., p. 23.

[22] H. ARENDT, *La crise de la culture. Sa portée sociale et politique*, in ID., *La crise de la culture*, Gallimard, Paris 1972, p. 285.

piú seria ammirazione»[23]. Dopo gli anni ottanta, sia in Europa che negli Stati Uniti, artisti tutt'altro che trascurabili ne hanno approfittato senza ritegno, manipolando e confondendo il primo codice di lettura – le loro opere sono mediocri – con il secondo – lo fanno *apposta*. È sicuramente prematuro formulare un giudizio sereno su pratiche come queste, in cui si mescolano beatamente frivolezza e seduzione. Di solito non si sa bene se il kitsch è soltanto un brillante artificio – forse in ogni amatore d'arte sonnecchia un *uomo-kitsch*, per riprendere una formula suggerita da Broch – o deve essere considerato, al di là del lato buffo, uno stimolo critico. A meno che non resti, piú semplicemente, un'operazione velleitaria.

Jeff Koons è senza dubbio uno dei piú noti esponenti del kitsch. Dinanzi all'ingresso di un castello, fa costruire un'enorme struttura a forma di cane accucciato, interamente ricoperta di piante fiorite (*Puppy*, 1992). I visitatori sembrano perplessi, ma divertiti. Se il kitsch innesta una critica ai valori, qui essa è ben dissimulata. Lo stesso discorso vale per gli sketch infantili ricostruiti tridimensionalmente e dipinti a colori vivaci da Martin Honert. Le navette spaziali rivestite di pelle sintetica – un materiale particolarmente kitsch – da Sylvie Fleury (*First Space-Ship on Venus*, 1996) rientrano invece in un registro piú dichiaratamente sarcastico. Lo stesso nel quale Wim Delvoye è diventato un maestro. Egli presenta ad esempio una betoniera in legno scolpita come un buffet lavorato, una porta per la pallamano o una *Peau de porc tatouée* (1995) che inalbera una croce ornata di rose, motivi floreali e la scritta: «One life. One love. One God». Il postmoderno, rovescio repulsivo del modernismo greenberghiano, coltiva spesso il cattivo gusto, veicolo di un humour a lungo rimosso, o emarginato, dalle arti visive. Molti critici o intenditori, nostalgici di un'arte piú austera, si sentono urtati. E Jean-François Lyotard, quando spiegava il postmoderno ai bambini, li metteva in guardia cosí:

> Facendo kitsch, l'arte asseconda il disordine che regna nel «gusto» dell'amatore. L'artista, il gallerista, il critico e il pubblico

[23] S. SONTAG, *Note su «camp»* (1964), in ID., *Contro l'interpretazione*, Mondadori, Milano 1967, p. 364.

trovano, tutti insieme, soddisfazione in qualsiasi cosa, e il rilassamento è in agguato[24].

Non tutta l'arte postmoderna è di cattivo gusto, e tantomeno comica. Ma era indispensabile che le istanze formali, filosofiche o etiche del modernismo si affievolissero perché il kitsch, nella sua versione critica oppure improntata a un candore naïf, acquistasse diritto di cittadinanza nell'universo delle arti visive.

4. *Fallimento*.

Il ricorso deliberato al kitsch rientra in una carnevalizzazione dei valori estetici elaborata in epoche in cui l'arte è innegabilmente considerata una faccenda seria. La seduzione esercitata dallo scacco, dal fallimento, dipende in parte da un simile rovesciamento. Ma presenta anche un versante nobile. Alberto Giacometti era, nelle interviste che concedeva, del tutto convincente quando, all'apice della gloria, insisteva sulla propria incapacità di eseguire una scultura. No, no, non ci riesco, diceva in sostanza; del resto, se ci riuscissi, sarebbe allora naturale che mi fermassi. Continuo proprio perché non ci riesco. Provo ancora, fallisco di nuovo, e riprendo senza posa, senza fine. Come Bram Van Velde, altro grande specialista in materia, Giacometti è sincero. I suoi presunti fallimenti sono la testimonianza di una tensione che fu del Romanticismo – arrivare a far coincidere l'immagine e l'essere, in altri termini, dare la vita. Il modello insuperabile di tale tensione tra l'ideale e la sua formulazione plastica è quello immaginato da Balzac ne *Il capolavoro sconosciuto*. Il suo eroe, Frenhofer, non aveva la lucidità di Giacometti. Quando mostra a Porbus e Poussin, in visita al suo studio, il capolavoro per il quale ha sacrificato tutto, il loro dialogo prende atto di un fallimento:

> – Ma lei ha respirato, mi pare!... Questo seno, vedete!... Ah, chi non vorrebbe adorarlo in ginocchio? Le carni palpitano; ella sta per alzarsi, aspettate!

[24] J.-F. LYOTARD, *Le Postmoderne expliqué aux enfants*, Galilée, Paris 1986, pp. 22-23.

– Vedete qualcosa, voi? –, domandò Poussin a Porbus.
– No... E voi?
– Niente[25].

Samuel Beckett, autore di *Per finire ancora e altri fallimenti*, ha tentato di «dire un corpo». Il titolo di questo tentativo, *Cap au pire*, indica le difficoltà dell'impresa. Il testo è punteggiato di motti lapidari e di reiterazioni estenuanti: «Provare ancora. Fallire ancora. Fallire ancora meglio. O meglio, peggio. Fallire peggio ancora. Ancora peggio ancora. Fino a essere disgustato per davvero. A vomitare per davvero»[26]. La catastrofe annunciata si trasforma tuttavia in vittoria. L'opera è tutto meno che fallita. In questo senso, i finti rovesci di molti artisti appaiono un raffinato espediente retorico. Di tale elegante dissimulazione, Cy Twombly è stato un maestro perfetto. Roland Barthes ha dimostrato da par suo come egli «finga di aver "fallito" qualche pezzo della tela e di volerlo cancellare»: dopodiché «questa cancellatura risulta sbagliata [e] le due cancellature sovrapposte producono una specie di palinsesto» che suscita ammirazione[27].

Dopo le disavventure di Manet al Salon e lo scandalo del Salon des Refusés, gli intenditori e gli artisti hanno capito come occorresse diffidare dei fallimenti apparenti, premesse indispensabili dei grandi successi. Collaudati e sensibilizzati dal succedersi delle novità, sia gli uni che gli altri si sono rivelati sempre piú disponibili a rivedere i loro criteri di giudizio. Per cui lo scacco, handicap un tempo difficilmente superabile, ha potuto via via riqualificarsi e divenire stile. Come proiettata su un fondale, la figura colpevolizzante dell'artista maledetto contribuisce a mantenere viva una visione eroica dell'atto creativo. Anche se Francis Picabia la ridicolizza, quando elabora il suo *Tableau rastadada*, fotomontaggio in cui compare egli stesso con il volto barrato dalla scritta «Vive ~~papa~~ Francis le raté». E riprende l'idea per un autoritratto fotografico piú sobrio,

[25] H. DE BALZAC, *Il capolavoro sconosciuto*, Passigli, Firenze 1983, p. 64.

[26] S. BECKETT, *Cap au pire* (1983), Minuit, Paris 1991, pp. 8-9; *Per finire ancora e altri fallimenti*, Einaudi, Torino 1978.

[27] Cfr. R. BARTHES, *Saggezza dell'arte*, in *L'ovvio e l'ottuso* cit., p. 179.

pubblicato su «391», la rivista da lui diretta (n. 14, 1920). «Picabia le loustic» – l'espressione è sua – provava un piacere maligno, nel corso delle sue molteplici piroette estetiche, a far credere di essere sprofondato nella nullità artistica. Trionfa l'arte astratta? Lui si mette a disegnare «capricci spagnoli». La «grande arte» continua a incutere rispetto? Lui ne trivializza i temi dominanti (*Les trois Grâces*, 1927). Altre volte si ispira ai manifesti cinematografici. Durante l'occupazione, realizza dei nudi lascivi. Tutte produzioni giudicate indegne, sulle quali è stato steso, per un lungo periodo, un velo di pudore.

Non si tratta qui propriamente di fallimento. Picabia, «artista multiforme», che affermava di essere un idiota, un clown, un imbecille[28], rivendicava piuttosto l'assenza di serietà:

> Se c'è una cosa che prendo sul serio, è quella di non prendere niente sul serio. (...) Per serio intendo i propositi e le convenzioni fissate dagli uomini, che diventano un'uniforme simile a quella dei *chasseurs alpins*[29].

Picabia si dice sempre «smisuratamente pronto a far festa». Messo di fronte a un moderno vissuto nel registro tragico, egli sceglie di riderne. Una derisione che, generalizzata, porta a desiderare il fallimento.

Robert Filliou promuove nel 1968 un *Principe d'équivalence* che mette in pratica egli stesso: «Bien fait = Mal fait = Pas fait». I suoi numerosi bricolage testimoniano un indubbio fallimento, ma un fallimento voluto. Gérard Gasiorowski dipinge una serie di *Croûtes* (1970-71). I soggetti, paesaggi pittoreschi ornati da tramonti, e la grossolanità della pasta pittorica ne fanno delle vere «croste», salvo che sono programmate come tali dall'artista stesso. Qualche anno dopo, dipinge una serie di autoritratti (*Autocritique du bouffon*, 1974). Le «legende» che li accompagnano dicono: «In effetti, era un classico»; oppure: «Con in qualche punto un non so che di profondamente idiota». Erik Dietman sviluppa a sua volta una posizione ambigua. «Poeta falli-

[28] Cfr. F. PICABIA, *Ecrits*, II. *1921-1953 et posthumes*, Belfond, Paris 1978, pp. 124 (1923) e 41 (1921).

[29] F. PICABIA, *Réponses à Georges Herbiet* (1926), *ibid.*, p. 188.

to», egli parte da un poema «sempre nullo, insufficiente» e si assegna il compito di proseguire «all'interno di un diverso materiale, composto di brani, residui, diverticoli, appendici», con la presunzione di non fallire mai, per definizione, perché «tutto ciò che fa l'artista è giusto: è questa l'artisteria!»[30]. Piú discreto, Allan Kaprow accredita all'happening tutto quanto è «effimero, cangiante, naturale, compresa l'accettazione del fallimento»[31].

Il raffazzonato, il cattivo gusto, il sordido, l'inetto, il ridicolo, il fallimento programmato attirano da decenni non pochi artisti. Joachim Mogarra fotografa oggetti insignificanti, omaggi satirici a opere o paesaggi: una buccia di mela diventa *Spiral Jetty* (1985) - allusione all'opera di Robert Smithson - e alcune ciotole posate per terra diventano *Le quattordici cime superiori agli 8000 metri* (1995). Michel Blazy preferisce utilizzare il «materiale meno adatto», al limite carta argentata, per costruire, senza colla, un grande parallelepipedo che rischia di afflosciarsi in ogni momento, parodia del minimalismo. Marcel Biefer e Beat Zgraggen si esibiscono in posizioni assurde. E un critico, Jean-Yves Jouannais, ha deciso di farsi portavoce di queste pratiche frustranti. Rifacendosi all'etimologia italiana del termine *fiasco*, «importata oltralpe da Stendhal per designare l'eiaculazione precoce», egli esplora i percorsi di un'estetica della dissoluzione:

> L'esperienza del *fiasco*, volontaristica e perfezionista, si riassumerebbe cosí in una inadeguatezza dei mezzi in vista di fini falsamente assegnati. Cosa ben diversa da un'arte masochistica del «quasi»; piuttosto un cantiere dove si decostruiscono l'eroe e il suo eroismo[32].

Il fallimento programmato, inscritto nell'opera stessa, non è esattamente coincidente con lo scacco, sempre contingente, a volte temporaneo. Jacques Lizène occupa un po-

[30] E. Dietman, citato in N. BOURRIAUD e I. LEBEER (a cura di), *Erik Dietman*, catalogo della mostra, Centre Georges Pompidou, Paris 1994, pp. 41 e 167.

[31] A. KAPROW, *Les happenings sur la scène new-yorkaise* (1961), poi in ID., *L'art e la vie confondus* cit., p. 52.

[32] J.-Y. JOUANNAIS, *Insuccès, mauvais goût et autres victoires*, in ID., *Infamies*, Hazan, Paris 1995, p. 28.

sto di primissimo piano in questa categoria buffonesca. Autoproclamatosi «piccolo maestro di Liegi della seconda metà del XX secolo», egli si dichiara «artista della mediocrità e della non importanza». Lizène prese posizione nel 1966 per un'«arte senza talento»; egli ama accompagnare le proprie opere con apprezzamenti che sono piuttosto deprezzamenti. In sovrimpressione alle immagini di una creazione video, possiamo leggere: «cattivo», «pessimo». La sua *Rapide autobiographie* precisa, per l'occasione: «di un certo ininteresse... bene!», «facezia mediocre... bene!», «prova dell'inefficacia... non ha interessato nessuno... nemmeno l'autore... molto bene!», oppure «veramente stupido... bene!» Lizène celebra la facezia perché, anche quando sembra mancare d'interesse, ha come «qualità principale e merito specifico di essere appunto una facezia... nel senso che basta a se stessa». Nel 1970, l'artista ha creato un Istituto dell'arte stupida. Credeva di rimanere a lungo il suo unico rappresentante, ma «l'avvenire gli insegnerà che non sarà cosí e che altri membri gli terranno compagnia».

Lizène esercita il proprio talento in molti campi: video «irritanti o scioccamente balordi», disegni «penosi», canzoni «mediocri», dipinti «cattivi», performance «qualsiasi», sculture «nulle». La parodia, ovviamente presente nella sua opera, non è però il principale centro d'interesse del suo lavoro. Lottando con metodo contro l'«imperialismo del talento» e l'«esclusione del "penoso" in arte», Lizène definisce cosí il proprio atteggiamento, le proprie ambizioni:

> Il percorso artistico di Jacques Lizène, benché non sprovvisto di humour (ah, ah, ah, ah, ah), non pratica la derisione delle diverse forme dell'arte attuale o dell'ambiente artistico alla moda, bensí un atteggiamento (Arte d'Atteggiamento) che consiste nel voler introdurre la «Mediocrità» nella storia dell'arte, insistendo sulla sua consacrazione[33].

Le opere che coltivano lo scherzo, il ridicolo e il cattivo gusto – Lizène ha espresso il desiderio di diventare «il pro-

[33] J. LIZÈNE, *L'artiste de la médiocrité*, testo dattilografato in *J. Lizène*, catalogo della mostra, Atelier 340, Bruxelles 1990, p. 12.

prio tubetto di colore» e non ha esitato a dipingere con i propri escrementi – sollecitano in realtà un approccio estetico sofisticato. Gioco per iniziati, il fallimento accettato come modalità di esistenza dell'opera d'arte è forse il sintomo di un senso di fallimento piú generale che assilla il moderno nel suo complesso. Ci si ricordi quanto Baudelaire scrisse a Manet dopo il suo insuccesso al Salon del 1865, dove aveva presentato *Olympia*: «Voi siete solo il primo nella decadenza della vostra arte». Nel 1886 il decadentismo si dotava di un giornale, «Le décadent», e di una rivista, «La décadence». Alla conclusione di uno studio dedicato a questo momento della storia letteraria, Noël Richard notava che il decadentismo «deve intendersi in senso antifrastico; esso è sinonimo di giovinezza brillante, di raffinatezza e di rinnovamento»[34]. La scuola decadente è caduta nell'oblio, a dispetto dei lavori degli specialisti, ma la memoria collettiva ha memorizzato la raccolta *I poeti maledetti*, pubblicata da Verlaine proprio in quegli anni. Come ieri i decadenti, gli adepti del fallimento corrono oggi il rischio del naufragio. Diventeranno cosí preda degli eruditi del futuro: una bella rivincita della derisione.

[34] N. RICHARD, *Le mouvement décadent. Dandys, esthètes et quintessents*, Nizet, Paris 1968, p. 259.

Parte quarta

Dalle belle arti alle arti plastiche

«Lo sputo d'artista è arte», affermava Schwitters. La dichiarazione, pubblicata nel 1925, autorizza l'artista a presentare tutto quel che gli pare sotto la copertura dell'arte. Il suo contenuto però non è nuovo. La metafora dello scaracchio risale agli espressionisti, secondo i quali l'opera intrattiene con la persona del suo creatore un rapporto di intimità. Schwitters privilegia invece i rapporti tra l'oggetto e l'artista, le cui deliberazioni, sotto questo profilo, diventano sovrane e sono sufficienti a che sia dichiarata «opera» qualunque cosa egli decida di qualificare come tale. Poco importa quello che può pensare il pubblico: finirà per adattarsi. Questo, finché l'artista «sputa» quadri o sculture, siano pure astratte o anche peggio, può essere accettabile. Diderot, quando esprimeva il proprio disprezzo per i quadri troppo frivoli di François Boucher, lo faceva considerandoli comunque quadri e giudicandoli comunque opere d'arte. Davanti a un orinatoio, a una pala da neve o a una fila di mattoni, invece, s'impone come questione preliminare, di principio e di fondo, la considerazione e la valutazione delle reazioni del pubblico o dei suoi rappresentanti piú qualificati, collezionisti, critici, conservatori di museo, ecc.

Schwitters aveva partecipato a quel processo di destabilizzazione che si era risolto con lo sfaldamento dell'edificio delle «belle arti» e delle tassonomie sulle quali era stato costruito. L'irruzione degli oggetti aveva confuso le categorie. Restava solo da sapere se l'arte sarebbe sopravvissuta al crollo del sistema delle «belle arti». Gli anni sessanta, da questo punto di vista, risultarono cruciali. Harold Rosenberg sottolineò nel 1972 l'estensione e la consistenza della crisi, identificando un «processo di s-definizione» che avrebbe colpito tutte le arti, non solo la pittura e la scultura ma anche la musica o il teatro:

> La natura dell'arte si è fatta incerta, o, quantomeno, ambigua. Nessuno può dire con certezza che cosa sia o, quel che piú conta, che cosa non sia un'opera d'arte. Dove è presente un oggetto d'arte, come nella pittura, si tratta di ciò che ho definito un «oggetto ansioso»: non si sa se è un capolavoro o una porcheria (*junk*). E può anche darsi, come è il caso di un collage di Schwitters, che sia proprio entrambe le cose[1].

Ad Petersen rilevava la «grande varietà» dei mezzi ai quali gli artisti ricorrono da quando hanno cominciato a violare i limiti rigorosamente assegnati dallo statuto delle «belle arti». Nell'introduzione da lui redatta per il catalogo di una mostra dedicata a un bilancio della nuova situazione, «'60-'80 Attitudes/Concepts/Images», egli afferma:

> Se esiste un tratto peculiare nell'arte di questi ultimi venticinque anni, è il fatto che essa ha infranto i propri limiti tradizionali e non ha mai smesso di allargare i propri confini. Un artista può scegliere, a seconda di quello che vuol dire, la forma espressiva, il mezzo e lo stile che ritiene meglio confacenti al suo progetto. Fotografia, video, musica, performance, teatro e danza sono possibilità ormai comprese tra i media utilizzati dall'artista «visivo»[2].

Tutto sembra possibile, a questo punto. Alcuni artisti, prima con gli environment, poi con gli happening e le azioni, instaurano nuovi rapporti tra l'arte e il pubblico. Altri, con altre modalità, espandono i territori dell'arte, o ricorrendo a nuovi supporti – il terreno dei grandi spazi desertici o il loro proprio corpo –, o ampliando sempre di piú la gamma dei «materiali» suscettibili d'impiego – parole, suoni o animali vivi –, o annettendo tecniche finora esclusivamente attinenti ad ambiti specifici, come la televisione, il video o la fotografia.

Questo processo di allargamento e di annessioni di ogni genere non nasce in questo momento, ma è certo in questo

[1] ROSENBERG, *La s-definizione dell'arte* cit., p. 10. Per gli «oggetti ansiosi», cfr. ID., *L'oggetto ansioso*, Bompiani, Milano 1967.

[2] A. PETERSEN, *Introduction*, in *'60-'80 Attitudes/Concepts/Images*, catalogo della mostra, Stedelijk Museum, Amsterdam 1982, p. 2.

momento che assume un'ampiezza senza precedenti. Il mondo dell'arte è sempre stato governato da una prudente lentezza. Ora, invece, esso assimila e diffonde sempre piú in fretta le innovazioni, che riguardano sia i luoghi della creazione artistica sia i metodi di lavoro sia i rapporti con il pubblico. Si amplia cosí il territorio delle arti plastiche, che hanno il merito di offrire un quadro concettuale aperto. Anche se si restringe, nei loro confronti, lo spazio del consenso. Gli appassionati, per la verità, rimangono molte volte perplessi, o ostili, dinanzi alle forme e alle manifestazioni che si presentano loro. La logica di un espansionismo senza freni stimola infatti atteggiamenti molto audaci: al quadro relativamente vincolante dei vecchi limiti sembra essersi sostituita la regola del piacere illimitato.

Molti artisti passano da un mezzo all'altro, vagabondano tra opzioni estetiche divergenti o lavorano simultaneamente sulla base di una pluralità di interessi. È quindi difficile identificare, ad esempio, il loro uso del linguaggio, del corpo o del paesaggio senza considerare anche quello della fotografia o del video, oppure disgiungere l'immagine di un'opera installata in un lontano deserto dal desiderio di creare un rapporto comunque particolare con gli spettatori, ecc. L'ordine da noi scelto non è che un artificio *espositivo*, onde aprire uno spiraglio sull'eterogeneo panorama che caratterizza l'effervescenza artistica del periodo, pieno di entusiasmi ma anche di interrogativi.

Capitolo primo

Artisti, senza atelier

L'artista è stato spesso rappresentato alle prese con l'opera da eseguire, nel suo studio. Altre volte, però, gli obblighi legati a un certo tipo di committenza lo costringevano a eseguire l'opera direttamente sul posto. Giotto nella Basilica di Assisi o Michelangelo issato su un ponteggio all'interno della Cappella Sistina non contraddicono minimamente la visione canonica del rapporto opera/artista. Finché l'avvento dei musei, al di là di esigenze espositive vere e proprie, impose il modello concettuale di un'opera autonoma, materializzata in un oggetto indipendente, trasportabile. Tale nozione venne aspramente contestata dopo l'apertura del Louvre (1793), ma, come si sa, la logica del museo prevalse nettamente. Si sono visti affreschi staccati dai loro supporti per essere appesi altrove o interi monumenti demoliti, pietra su pietra, per essere esposti in spazi *ad hoc* (The Cloisters, New York).

La loro autonomia, fino allora considerata un segno di emancipazione che consentiva all'oggetto di culto o al monumento commemorativo di godere di una dignità propriamente estetica, fondava in realtà l'esistenza del museo, luogo di raccolta di oggetti eterocliti sottratti al loro contesto originario. L'opera elaborata nello spazio appartato di uno studio completava trionfalmente la propria esistenza all'interno di un museo, dopo essere passata per le gallerie, le abitazioni dei committenti o le collezioni private. Constantin Brâncuşi prendeva atto di tale collusione quando delegò il suo atelier al Musée National d'Art Moderne, alla condizione – espressa esplicitamente – che fosse presentato nella sua interezza e ne fosse preservata l'integrità. Lo scultore evidenziava con questa ellissi folgorante il nesso strutturale tra il luogo della creazione di oggetti trasportabili e la loro destinazione finale.

Anche Daniel Buren rivendica, a suo modo, l'assenza d'atelier, con una decisione – frutto del caso ma conforme alla natura del suo lavoro – che gli ha permesso contemporaneamente di affermare la propria volontà di rottura con il vecchio sistema delle «belle arti»:

> Tutte le messe in discussione del sistema dell'arte passeranno dunque ineluttabilmente per una ridiscussione tanto dell'atelier come unico luogo in cui si compie il lavoro quanto del museo come unico luogo in cui si vede il lavoro compiuto[1].

Ecco perché, per dar conto del processo che ha portato alla ridefinizione del concetto di «arti plastiche», noi esamineremo innanzitutto alcune occorrenze precise legate a pratiche artistiche condotte fuori dall'atelier e in parte contro l'atelier e ciò che esso rappresenta.

1. *Lontano dai musei.*

I legami tra i *minimal artist* e i *land artist* sono evidenti. Entrambi inventano, alla fine degli anni sessanta, un'arte che non dipende dalla pittura o dal disegno o dall'architettura e di fronte alla quale è divenuto relativamente «imbarazzante pronunciare la parola "scultura"»[2]. La mostra di fondazione del nuovo movimento riuniva in particolare Carl Andre, Robert Morris, Sol LeWitt e Walter De Maria, Michael Heizer, Dennis Oppenheim, Robert Smithson. Intitolata «Earthworks» (Dwan Gallery, New York, 1968), presentava opere realizzate con terra, pietre e altri materiali naturali, o documenti sulle realizzazioni direttamente effettuate nel paesaggio. Heizer, ad esempio, esponeva una grande fotografia di *Dissipate* (1968), cinque tagli rettangolari incisi sul fondo screpolato di un lago asciut-

[1] D. BUREN, *Fonction de l'atelier* (1970-71), in «October», n. 13, 1980, riprodotto in parte in *Points de vue*, catalogo della mostra, Musée d'Art Moderne de la Ville de Paris, ARC, Paris 1983.

[2] R. KRAUSS, *La sculpture dans un champ élargi* (1979), in *L'originalité de l'avant-garde et autres mythes modernistes* (1985), Macula, Paris 1993, p. 113.

to sperduto nel Black Rock Desert (Nevada) e ribaditi con una serie di tavole. L'opera, esposta agli incerti del clima, era destinata a una graduale *dissipazione*.

Di *Dissipate* poteva essere esposta nella galleria solo la riproduzione. Per vedere davvero l'originale si sarebbe dovuto partire immediatamente per il deserto, cercando di arrivare prima della sua totale scomparsa. A differenza delle sculture monumentali, le opere di questo tipo occupano luoghi appartati e sono assolutamente intrasportabili, in quanto realizzate direttamente in e con uno spazio specifico. Inoltre il luogo non è un semplice sito destinato ad accoglierle: l'opera lo incorpora al punto da trasformarlo in una parte di sé[3]. Di piú: lo stesso tragitto che bisogna compiere per accedere all'opera non può essere separato, secondo Lawrence Alloway, dall'esperienza estetica che essa rappresenta:

> Le sculture di Walter De Maria, Michael Heizer e Robert Smithson che ho visitato sono tutte connaturate al loro proprio sito, nel senso che sono state installate dagli autori in luoghi che sono unici per ogni opera. La forma della scultura non può essere separata dal terreno che essa occupa (ha una mobilità nulla) e le distanze che devono essere percorse per giungervi fanno anch'esse parte del suo contenuto[4].

Questi *earthworks* formano un insieme disparato. I procedimenti impiegati e le intenzioni dichiarate differiscono notevolmente da un artista all'altro o da un'opera all'altra. Distruggere a metà un edificio, spostare pietre o tonnellate di terra, costruire labirinti, osservatori, rampe d'accesso che non portano da nessuna parte, incidere tracciati, tagliare montagne, modellare vulcani, comporre disegni sul suolo di un deserto, disseminare impronte sulla neve, tracciare spirali nel cielo o su un lago salato, appellarsi ai fulmini, rovesciare asfalto in una discarica pubblica, coprire una vallata con un immenso sipario: tutte queste attività «polverizzano», come ha notato Heizer, il concetto di scul-

[3] Cfr. J.-M. POINSOT, *Quand l'œuvre a lieu. L'art exposé et ses récits autorisés*, Musée d'Art Moderne et Contemporain - Institut d'Art Contemporain & Art Édition, Genève-Villeurbanne 1999, p. 97.

[4] L. ALLOWAY, *Site Inspection* (1976), citato *ibid.*, p. 80.

tura. Ora, per essere riconosciute come opere, realizzazioni di questo tipo devono integrarsi, in un modo o nell'altro, con il mondo dell'arte, prendervi posto, a dispetto di un allontanamento geografico irriducibile quanto il loro scarto concettuale.

Esporle nelle gallerie e nei musei parve indispensabile, anche per poter riuscire a raccogliere i capitali finanziari necessari alla realizzazione di progetti tanto dispendiosi e totalmente «gratuiti», che non avrebbero mai trovato il minimo sostegno finanziario fuori dai circuiti artistici. Poco tempo dopo la manifestazione della Dwan Gallery, il White Museum of Art (New York) organizzò una nuova mostra intitolata agli artisti della «Earth Art» (1969), titolo che indicava il costituirsi d'un movimento specifico attorno a un'«Arte della terra» – la locuzione «land art» finalmente s'imponeva – le cui opere piú significative non avevano ancora visto la luce.

William Rubin, conservatore del MoMA, trovava «sorprendente, anche se comprensibile, che artisti le cui creazioni non avevano davvero bisogno di essere esposte in un museo – o che per natura ne rifuggivano – insistessero nondimeno per la loro esposizione», e si chiedeva:

> Perché un museo dovrebbe essere l'ambiente giusto, o l'ambiente migliore, per qualsiasi oggetto artistico? Io trovo che le questioni poste da certe opere postminimaliste trascendano la nozione stessa di museo[5].

Gli artisti della *land art* hanno adottato non poche strategie per governare le contraddizioni insite nella loro pratica estetica. Quando l'opera è cosí effimera come il disegno di un tornado tracciato nel cielo grazie alla scia di fumo lasciata da un aereo a reazione (Dennis Oppenheim, *Whirlpool Eye of the Storm*, 1973), unicamente la fotografia può eternare l'evento. Solo che non si accontenta di questo. Partecipa appieno alla trasformazione dell'oggetto in opera d'arte. Tutti gli artisti della *land art* hanno utilizza-

[5] W. Rubin, intervista a L. Alloway e J. Coplans (1974), trad. parziale in *Le concept de musée n'est pas infiniment extensible*, in *L'époque, la mode, la morale, la passion*, catalogo della mostra, Centre Georges Pompidou, Paris 1987, p. 406.

to molto consapevolmente le possibilità del mezzo fotografico. Studiano le inquadrature per restituire il senso dello spazio, della sua immensità. Scelgono le angolazioni – le vedute aeree consentono una buona leggibilità dei grafismi tracciati sul terreno dagli pneumatici di moto collegate a un cavo da una fune (Michael Heizer, *Circular Surface Planar Displacement Drawing*, 1970) –, o adoperano le foto dei lavori in corso per dare un'idea dei mezzi richiesti – le foto di *Asphalt Rundown* (Robert Smithson, 1970) presentano sia la colata del materiale sia la macchina asfaltatrice da cui proviene. A volte, colgono l'istante esatto dell'evento, come Walter De Maria: le foto del suo *The Lightning Field* (1977) offrono l'immagine del fulmine che si abbatte su uno dei quattrocento pali d'acciaio predisposti per riceverlo[6].

Queste fotografie hanno funzioni diverse: semplici documenti da far circolare su libri e riviste, elementi di montaggi didattici atti a far comprendere l'opera e le sue procedure, sostituti da esporre, sollecitazioni a visitare il sito qualora si tratti di un'installazione permanente o di una realizzazione durevole. Heizer insisteva con ragione sull'eventualità di andare sul posto, anche in luoghi lontani. Dopotutto, rispondeva a chi faceva resistenza di fronte alle difficoltà d'accesso agli *earthworks*, «non vi lamentate del fatto di non poter andare a visitare le piramidi di Giza perché si trovano all'altro capo del mondo, in Egitto: ci andate e le vedete»[7].

L'esempio di *Spiral Jetty* (Robert Smithson, 1970), collocata nelle acque poco profonde del Great Salt Lake (Utah), illustra le ambiguità legate al rapporto che tali opere intrattengono con le loro riproduzioni. La spirale c'è, bene in vista, ma non è semplice recarsi sul pòsto. Ne sono state fatte delle foto e un film, acquistato dal MoMA: a detta di William Rubin, «un modo attivo, per il museo, di partecipare al progetto», di permetterne l'accesso al pub-

[6] Per queste strategie fotografiche, cfr. G. A. TIBERGHIEN, *Land Art*, Éditions Carré, Paris 1993 (in particolare cap. VII, *Les limites de la représentation*), alle cui analisi ho fatto ampio riferimento.

[7] M. HEIZER, *Interview: Julia Brown and Michael Heizer*, *ibid.*, p. 235.

blico, ma anche «ben poca cosa in rapporto alla vera *Spiral Jetty*»[8]. Il film rivela la dimensione fisica dell'opera, che l'artista ripercorre di corsa, inseguito dalla camera installata su un elicottero. E tutto lascia pensare che percorrere la spirale non sia la stessa cosa che guardarla dall'alto o tantomeno vederla in fotografia. Con ciò, l'opera è stata sommersa, inghiottita da una leggera marea. A quel punto divenne visibile solo dal cielo, restituita allo statuto di immagine remota, appena afferrabile sulla superficie del lago, nelle fasi di bassa marea, coperta di cristalli. Il che induce a pensare che l'opera non consiste solo nell'ammasso di terra e rocce configurato nel paesaggio. Il film e le fotografie, prima durante e dopo la sua scomparsa, nonché i racconti dell'evento, formano un tutto indissolubile. L'opera è insomma un dispositivo complesso, una concrezione di oggetti, immagini e testi saldati in una struttura temporale.

«L'essenza della *land art* è l'isolamento», diceva Walter De Maria. Bisogna tuttavia spezzare tale isolamento, almeno in parte, per farla conoscere. In questo senso, la fotografia divenne un mezzo importante, per non dire esclusivo. De Maria disegnò due linee parallele sul suolo di un deserto californiano (*Mile Long Drawing*, 1968) e dispose 50 metri cubi di terra livellata a un'altezza di 75 cm nelle tre sale della Heiner Friedrich Galerie (Monaco, 1968): due opere perfettamente complementari. Con la stessa logica, ma in senso ancor piú dialettico, Robert Smithson mise a punto la procedura del *Site* e del *Nonsite*, due termini inglesi scelti per giocare sull'antinomia *Sight/Nonsight* (visione/non visione). L'artista aveva prelevato delle pietre in alcune cave. Dopodiché, in occasione della mostra «Earthworks», le ammassò in un certo numero di casse dall'aspetto minimalista e appese alle pareti dei cartoncini con la precisazione dei luoghi da cui quegli schisti o quelle ardesie provenivano. I *Nonsites* articolavano cosí la presenza dei materiali prelevati con l'assenza del *Site*, esso stesso privato per sempre dei *Nonsites*.

[8] W. Rubin, intervista a Alloway e Coplans cit.

2. *L'arte, la natura.*

Abbiamo fin qui privilegiato il rapporto degli *earthworks* con le gallerie e i musei – i luoghi dove il pubblico incontra l'arte contemporanea. Il problema della loro correlazione rimase al centro dell'interesse per tutti gli anni settanta, contrassegnati da una contestazione pressoché generalizzata, prima di scomparire progressivamente per lasciare il posto a un altro tipo di correlazione: quella tra arte e natura.

Spiral Jetty, *Lightning Field* o *Double Negative*, tre opere importanti create nell'isolamento di zone semidesertiche, avevano a che fare esclusivamente con l'estetica, o con una «s-definizione» dell'estetica, che è poi sostanzialmente la stessa cosa. Smithson era comunque vivamente interessato ai luoghi deturpati dalle industrie:

> In base alla mia esperienza, i siti migliori per l'«arte della terra» (*earth art*) sono quelli sconvolti dalle industrie, dall'urbanizzazione selvaggia o da catastrofi naturali. Ad esempio, la *Spiral Jetty* si trova su un mare morto, il *Broken Circle* e la *Spiral Hill* si trovano su un'antica cava di sabbia. Il territorio ne esce valorizzato, o riciclato, in quanto arte[9].

L'idea di utilizzare la *land art* a fini sociali fece passi in avanti. Un emendamento proposto al Senato americano, il *Land Reclamation*, auspicava un recupero degli spazi degradati dalle attività industriali. Nel 1979 vide la luce un programma operativo, l'*Earthworks: Land Reclamation as Sculpture*, alcuni progetti del quale vennero realizzati, in particolare il *Mill Creek Canyon* (Herbert Bayer, 1979-82). Robert Morris e Michael Heizer, ancorché scettici sul valore dell'impegno sociale, hanno immaginato anche opere «ecologiche»[10], nelle quali, lontano dai musei, balza in primo piano il tema della sopravvivenza.

Parallelamente, si fa strada un adeguamento delle istanze museali. Parchi di sculture allestite nella campagna ac-

[9] R. SMITHSON, *Frederick Law Olmsted et le paysage dialectique* (1973), in *Robert Smithson* cit., p. 213.

[10] Heizer giudicava «frivola» l'idea di «reclamation art»: cfr. TIBERGHIEN, *Land Art* cit., p. 122.

colgono opere effimere o permanenti di artisti che si sono ingegnati di lavorare direttamente dentro la natura e con i materiali che essa offre. Nils-Udo o Andy Goldsworthy ammassano foglie, fiori, ramoscelli e li dispongono entro composizioni create sul posto. Altri progettano opere che richiedono la presenza della natura. Giuseppe Penone, ad esempio, utilizza dei calchi per dare alle patate la forma di un frammento del suo volto (*Patate*, 1977). La natura, da sempre soggetto della rappresentazione, è chiamata a questo punto a collaborare in prima persona. L'artista promosso giardiniere non crea piú direttamente, costruisce dispositivi capaci di modellare opere che dovrà soltanto raccogliere. Le patate, con i loro calchi in bronzo, vengono regolarmente esposte tra le patate comuni, ammucchiate per terra o in ceste da ortolano.

La natura offre altresí la seduzione della passeggiata. Richard Long intraprende delle camminate nel corso delle quali struttura le impronte del proprio passaggio. La sua prima opera, *A Line Made by Walking* (1967), corrisponde esattamente a quanto annuncia il titolo: sull'erba di un prato, gli andirivieni dell'artista hanno impresso la traccia di una linea retta. Da allora, Long attraversa il mondo intero. Con i materiali trovati sul posto costruisce figure geometriche semplici, cerchi di rami secchi, quadrati di pietre, ecc.: indizi di una presenza attiva che non sono però destinati ad essere percepiti direttamente. L'artista ce li propone in veste fotografica, con inquadrature accuratamente studiate, spesso accompagnate da carte geografiche o altri documenti scritti che forniscono precisazioni sul percorso compiuto. L'opera è dunque destinata fin dal principio ad assumere la sua vera forma attraverso la fotografia, con una procedura che libera la fotografia stessa dalla condanna con la quale Baudelaire la confinava nel ruolo di «ancella delle scienze e delle arti», tracciando un confine invalicabile tra fotografia e arte:

> Che salvi dall'oblio le rovine cadenti, i libri, le stampe e i manoscritti che il tempo divora, le cose preziose di cui va scomparendo la forma e che richiedono un posto negli archivi della nostra memoria, questo le merita gratitudine e lode. Ma se le è concesso di sconfinare nella sfera dell'impalpabile e dell'immaginario,

in tutto quello che vale soltanto perché l'uomo vi infonde qualcosa della propria anima, allora siamo perduti![11].

Richard Long, peraltro, licenzia opere piú conformi alle attese dei collezionisti. I rettangoli e i cerchi di pietre o altri materiali omogenei evocano in fotografia le sue costruzioni originali all'interno della natura, anche se si tratta di un lavoro indipendente, parallelo al lavoro di costruzione effettuato nel corso delle camminate. Long non ne riporta personalmente alcuna pietra, materiale che ha attinto direttamente dalle cave. Pubblica però opere organizzate come una mostra, prive di testo esplicativo: il lettore vi scorge delle fotografie, delle carte, dei diagrammi, tutto un lavoro artistico in cui la natura, che ne è stata la fonte primaria, rimane distante. Mentre rimane netta la sensazione, attestata dalla documentazione fotografica, di un contatto reale tra la natura e l'artista.

3. *Installazioni «in situ».*

In ogni epoca, le opere d'arte sono state disposte con estrema cura. Per la coscienza estetica tradizionale, l'opera, nella sua idealità ontologica, puro oggetto di diletto, deve imporsi allo sguardo che la contempla nella pienezza della sua autoreferenzialità. La cornice serviva cosí a isolare il quadro e a evitare ogni interferenza con il mondo esterno. Poussin insisteva sulla necessità di questa separazione quando indirizzò a Paul Fréart de Chantelou il suo quadro *La caduta della manna*:

> Vi supplico, se lo trovate buono, di ornarlo con un minimo di cornice, perché ne ha bisogno, affinché, in considerazione di tutte le parti che lo compongono, i raggi del sole vi si concentrino e non si disperdano al di fuori, assorbendo le apparenze degli altri oggetti vicini che, confondendosi con le cose dipinte, finirebbero per confondere la vista[12].

[11] C. BAUDELAIRE, *Il pubblico moderno e la fotografia*, *Salon del 1859*, in *Scritti sull'arte*, Einaudi, Torino 1980, p. 221.

[12] N. Poussin, lettera a P. Fréart de Chantelou, 28 aprile 1639, in A. BLUNT (a cura di), *Nicolas Poussin, lettres et propos sur l'art*, Hermann, Paris 1989, p. 45.

Il carattere precario delle realizzazioni in seno alla natura, l'evidenza di un'interazione tra il luogo e l'opera, hanno contribuito ad affermare l'idea che tale interdipendenza non fosse solo un fatto ineluttabile ma che offrisse anche al lavoro degli artisti un nuovo orizzonte di ricerca, determinato dalla constatazione che le condizioni espositive delle loro opere sono mutate. Alcuni di essi progettano infatti realizzazioni compatibili con il contesto in cui prendono forma. E nascono opere che rinunciano programmaticamente a ogni autonomia e risultano letteralmente intrasportabili: se lo fossero, il loro senso svanirebbe.

Moltissimi artisti utilizzano per la propria biografia nei cataloghi delle mostre la formula standard: «Vive e lavora a Parigi, o Londra, New York, Berlino, Rosny-sous-Bois». Daniel Buren l'ha trasformata a suo uso personale in «Daniel Buren vive e lavora *in situ*». A suo modo nomade, egli mette in situazione, ovunque gli sia possibile, il proprio *outil visuel* (dispositivo visivo): strisce verticali bianche alternate a strisce colorate, larghe 8,7 cm (± 2 mm). In stoffa o in carta rigata, esse non costituiscono mai, da sole, l'opera in sé. Prelevarne un campione non avrebbe alcun senso, e Buren si preoccupa ogni volta di far firmare agli acquirenti delle sue creazioni un contratto che fissa punto per punto le condizioni della loro installazione.

La locuzione latina «in situ» pone l'accento sia sul rapporto tra l'*outil visuel* e il luogo sia sulle modalità del suo inserimento. Buren ha mutuato il tutto dagli archeologi: un oggetto è detto *in situ* quando viene scoperto nella presunta sede del suo impiego originario. In tal caso, la sua *situazione*, soprattutto in rapporto alle altre tracce del passato che l'accompagnano, è fondamentale per la delucidazione delle sue funzioni, del suo senso. «In situ» designa anche un modo di presentare le vestigia del passato nel posto dove furono portate alla luce, una sorta di organizzazione museografica che facilita la comprensione dei visitatori. L'*in situ* di Buren condensa questi due significati. L'opera *in situ*, elaborata in funzione del sito, deve infatti essere vista sul posto perché se ne possa cogliere il senso.

Quando Jérôme Sans gli chiese se i suoi lavori minassero la «tradizionale autonomia delle opere», l'artista approvò:

> Totalmente dipendenti dai luoghi per i quali sono stati concepiti, i miei lavori rovesciano in effetti la tradizionale e presunta autonomia dell'opera (...) Un'autonomia (o convinzione di un'autonomia, il che non è esattamente la stessa cosa) che segna sempre pesantemente la storia dell'arte occidentale e che è la chiave di volta dell'ideologia dell'arte. Questa autonomia dell'opera significa che la persona che la possiede può farne ciò che vuole, esibirla in qualunque contesto, anche in ambienti completamente in contrasto con l'opera stessa. È un'autonomia molto discutibile, perché influisce su una serie di parametri, in particolare sulla speculazione del mercato lasciata in mano a chiunque, e illimitatamente. L'autonomia dell'opera è dunque uno straordinario presupposto della società capitalista[13].

Daniel Buren lavora raramente nella natura, spesso in paesaggi urbani. Inoltre, espone frequentemente nelle gallerie e nei musei. All'interno di tali istituzioni ufficiali, la cui esistenza si fonda proprio sull'autonomia dell'opera, parecchi artisti introducono, dalla fine degli anni sessanta, oggetti privi di valore artistico intrinseco, materiali eterocliti che necessitano d'un opportuno trattamento perché possano divenire elementi costitutivi d'un atto creativo. Tony Cragg, ad esempio, appende a una parete una bottiglia di plastica verde, modello per una «nuova figurazione»: nello stesso contesto, un centinaio di oggetti molto diversi tra loro ma tutti verdi sono disposti sul pavimento o sulle altre pareti in modo che la configurazione complessiva riproduca quella della bottiglia (*Untitled*, 1980). A differenza delle opere realizzate con la spazzatura da Schwitters o Arman, l'opera di Cragg esibisce la propria precarietà strutturale, reversibile. Quando essa fa ritorno in magazzino, gli addetti alla manutenzione definiscono una nuova collezione di oggetti che andrà a sua volta riconfigurata per un'altra mostra. Ovviamente, a dispetto delle indicazioni a volte assai precise date dagli autori per il montaggio delle loro opere, non è detto che ognuno degli elementi indipendenti che le costituiscono ritrovi esattamen-

[13] D. BUREN, *Au sujet de...*, conversazione con J. Sans, Flammarion, Paris 1998, pp. 134-35.

te il posto che occupava in occasione della mostra precedente. Sarebbe piú giusto dire, dunque, che l'opera non viene «messa in mostra» o presentata ma, ogni volta, attualizzata.

Siamo in presenza, qui, di una modifica sostanziale delle convenzioni estetiche che ci hanno accompagnato per secoli. Il ready-made ci induceva a fare attenzione ai processi di contestualizzazione, ma l'integrità fisica dell'oggetto estraniato dal suo contesto – ossia l'opera – rimaneva intatta. Le installazioni, invece, separano l'opera dalle sue componenti materiali. Contrariamente ai quadri o alle sculture, che possono liberare l'essenza del loro significato in qualunque circostanza, o quasi, le installazioni comportano una messa in scena degli elementi che le costituiscono: elementi che diventano di per sé protagonisti, insieme autonomi e indipendenti. La forza d'attrazione del nuovo modello fu tale che anche la pittura ne risultò coinvolta. Nel 1971, quando Phyllis Tuchman chiedeva a Robert Ryman «Le pareti sulle quali sono appesi i dipinti hanno un rapporto con le opere?», l'artista rispondeva:

> Quando si vede la parete, la scenografia, l'ambientazione, vuol dire che c'è un rapporto molto stretto con il modo in cui le opere funzionano. La maggioranza dei miei dipinti, non dirò tutti ma la maggioranza sí, non può essere mostrata nel modo usuale: prelevare una tela da un armadio o da un deposito e dire: «Ecco una tela». I miei quadri non funzionano cosí. Allo stesso modo, non si può prelevare un Flavin da un armadio e dire: «Ecco un Flavin». Si vedrebbero solo due tubi al neon. Il materiale deve essere posto in situazione, su una parete, perché svolga completamente la sua funzione[14].

Anche le creazioni che hanno a che fare con le categorie tradizionali delle «belle arti» possono quindi subire il fascino dell'installazione. Rispetto ai dipinti appesi al muro di Robert Ryman, le sculture in mattoni di Carl Andre appaiono ancora piú irriducibili alla somma delle loro componenti. E occorre disporle adeguatamente perché diventino *Equivalents I-VIII* (1966) – otto parallelogrammi diversi di centoventi mattoni posti su due file sovrapposte,

[14] TUCHMAN, *Entretiens avec Robert Ryman* cit., p. 134.

ciascuno dei quali gioca su piú combinazioni possibili – oppure *Eight Cuts* (1967), il negativo dell'opera precedente, un tappeto di mattoni ammucchiati per terra all'interno del quale sono ricavati otto spazi vuoti di forma rettangolare di trenta mattoni ciascuno e di proporzioni diverse. Le opere di Carl Andre non sono sempre concepite per una sede specifica; devono però essere installate, obbligatoriamente, in funzione del luogo. In questo senso, lui è, come afferma nel 1970, un artista «post-studio» o, alla francese, «post-atelier».

Nel 1969, alla Kunsthalle di Berna, Robert Ryman e Carl Andre parteciparono insieme a una sessantina di altri artisti a una mostra organizzata da Harald Szeemann, «When Attitudes Become Form, Live in Your Head». Tra le opere presenti in catalogo, molte, realizzate *in situ*, non avevano potuto essere trasportate alla Kunsthalle. Joseph Beuys fece scandalo modellando nell'angolo di una stanza, accanto a diversi altri oggetti, un cumulo di grasso. Michael Heizer chiese l'intervento di un'impresa di demolizioni per sventrare una parte del marciapiede, davanti all'edificio (*Depression*; 1969). Daniel Buren fu arrestato la sera del vernissage mentre stava procedendo a un'affissione «selvaggia» di un suo *outil visuel* nel centro urbano. Richard Serra riattualizzò un'opera dell'anno prima, *Splash Piece* (1968), una saldatura in piombo alla congiunzione di una parete con il pavimento. Lawrence Weiner recuperò a sua volta un'opera del 1968, *A 36" × 36" Removal to the Lathing or Support Wall of Plaster or Wallboard from a Wall*: una quadrato ritagliato dentro un rivestimento del muro.

Beuys realizzava un'installazione, Buren un lavoro *in situ*, ma le opere di Heizer, Serra o Weiner erano piú legate a un intervento programmato, una ulteriore maniera per evitare che si confondessero l'opera e l'oggetto grazie al quale l'opera prendeva corpo. Il titolo della mostra bernese era esplicito, e Harald Szeemann insisteva nel catalogo sul cambiamento di status che interessava l'attività artistica, un tempo soltanto un mezzo per conseguire un fine:

> Gli artisti di questa mostra non sono dei fabbricanti di oggetti; cercano, anzi, di starne lontani e proiettano cosí i propri livelli significanti per attingere l'essenziale al di qua dell'oggetto, per

essere situazione. Vogliono che il processo artistico sia ancora visibile nel prodotto finale e nella sua «esposizione»[15].

Un'opera di Giovanni Anselmo, *Torsione* (1967-68), esposta a Berna, esemplifica questa volontà di rendere visibile il procedimento nella sua forma finale. Guardandola, si capisce immediatamente come è stata fatta: la barra metallica infilata nella piega inferiore di un pezzo di tessuto piegato in due, appesa al muro con un gancio, ha fatto in modo che esso subisse molte torsioni e, una volta appoggiata al muro, impedisce che il tessuto, teso come un elastico, si arrotoli. La violenza del gesto cosí fissato risulta impressionante, ma oggi non si deve piú temere alcun riavvolgimento. Il tessuto, con il tempo, ha incorporato la sua propria tensione: qualora si staccasse l'opera dalla parete, esso rimarrebbe teso.

4. *Opere senza forma fissa*.

Molte installazioni hanno una forma definita e molti artisti sono particolarmente attenti, come abbiamo visto, al rispetto delle condizioni che ritrasformano in opera, in occasione di una nuova attualizzazione, i materiali o gli oggetti che entrano nella sua composizione. Altri privilegiano invece il processo di esecuzione o le modificazioni e alterazioni dovute al tempo. La mostra «Art in Process: the Visual Development of a Structure» (Finch College, New York, 1966), ha attirato appunto l'attenzione sul *process* (procedimento, procedura). Le opere piú radicali della *process art*, movimento anch'esso polimorfo, non si incarnano piú in una forma definita, piú o meno stabile e durevole.

Realizzando nel 1969 *Continuous Project Altered Daily*, Robert Morris interveniva di fatto ogni giorno su porzioni di terra, bidoni, lampadine elettriche e altri materiali installati in un deposito della Leo Castelli Gallery (New York) e registrava i cambiamenti esteriori dell'opera, tra-

[15] H. SZEEMANN, *Sur l'exposition*, in *When Attitudes Become Form, Live in Your Head*, catalogo della mostra, Kunsthalle, Bern 1969, poi in ID., *Ecrire les expositions*, La Lettre volée, Bruxelles 1996, p. 25.

sformata in un cantiere perpetuo. Morris metteva cosí in pratica i principî da lui formulati in un articolo intitolato *Anti Form* (1968), nel quale attaccava i tradizionali fondamenti dell'estetica occidentale:

> La forma non è perpetuata dai mezzi ma dal mantenimento di fini idealizzati e separabili. È un'impresa antientropica e conservatrice. Essa spiega l'architettura greca che evolve dal legno al marmo e appare identica, o l'aspetto dei bronzi cubisti con i loro piani frammentati e sfaccettati. La preservazione della forma è una sorta di idealismo funzionale[16].

Finora – è una visione dell'attività artistica che risale alla classicità e ha avuto conseguenze importanti nel campo delle arti plastiche – l'artista *informava* la materia e le conferiva una forma duratura e carica di senso. Finché, nell'opera d'arte, la forma e il pensiero risultano indissolubilmente legati, appare indispensabile conservare nella loro assoluta integrità i caratteri specifici del suo aspetto formale. La forma dell'oggetto artistico non può quindi essere né aleatoria né precaria, perché essa sola garantisce all'opera una possibilità di esistenza.

Ora, l'interesse assegnato al *processo* consente di spostare l'attenzione dalla «forma ben costruita» ai piaceri procurati da un'indeterminazione – in senso positivo – che segna il rifiuto di «continuare a estetizzare la forma trattandola come un fine obbligato»[17]. La nozione di *action painting*, le numerose tecniche inventate dai surrealisti oppure l'arte dell'assemblaggio, aprirono la strada a una valorizzazione dei dispositivi impiegati. Il *Work in Progress* di Schwitters, opera mitica che nessuno poteva vedere, inaugurò, a sua volta, un'ulteriore maniera di inquadrare i rapporti tra arte e forme. E nel momento stesso in cui Morris si batteva per l'*antiforma*, gli happening e le performance non mancavano di proporre opere del tutto effimere, sottomesse ai capricci del caso e destinate a non materializzarsi in alcun oggetto.

[16] R. MORRIS, *L'antiforme* (1968), in *Attitudes/Sculptures*, catalogo della mostra, Centre Arts Plastiques Contemporains - Musée d'Art Contemporain, Bordeaux 1995, p. 51.

[17] *Ibid.*, p. 52.

Alla fine degli anni sessanta, interi settori dell'arte erano votati alla «smaterializzazione». Lucy R. Lippard, creatrice del termine, si dedicò a una precisa catalogazione delle opere che testimoniavano il fenomeno. Il suo libro *Six Years: The Dematerialization of the Art Object from 1966 to 1972*[18] fornisce, anno dopo anno, un'informazione completa sulle opere, le mostre, le molteplici manifestazioni del nuovo corso, per comprendere le quali si era reso necessario abbandonare i criteri artistici imposti dalle «belle arti», ancorché d'avanguardia. Il lettore incontra nel libro alcuni tentativi di smaterializzazione particolarmente eclatanti: tanto per dire, opere realizzate per essere eternamente sottratte allo sguardo.

5. *L'invisibile è reale.*

L'opera plastica, figurativa o astratta, sembra destinata, con tutta evidenza, a rivolgersi alla vista. Le «belle arti» sono per eccellenza le arti dello sguardo: «L'arte è qualcosa che si guarda»[19], diceva Donald Judd. E gli artisti del XX secolo che hanno concepito alcune loro creazioni in termini di invisibilità si inscrivono nel discorso della tradizione piú di quanto, a prima vista, si possa immaginare. La dialettica del visibile e dell'invisibile occupò per secoli un posto rilevante nelle dispute relative alla natura dell'arte e alla qualità delle opere. Ad esempio, quando a metà dell'VIII secolo Giovanni Damasceno si oppose alla corrente iconoclasta che trionfava a Bisanzio, lo fece sostenendo che «la materia conduce all'immateriale». Dato che l'anima è rinchiusa in un corpo, è «impossibile pervenire all'intelligibile senza muovere dal sensibile». I sensi, attraverso i quali è indispensabile passare, non rappresentano un ostacolo insuperabile. E l'Incarnazione lo ha dimostrato. Essa aggiunge al Verbo, che rimase a lungo per i monoteisti l'u-

[18] L. R. LIPPARD, *Six Years: The Dematerialization of the Art Object from 1966 to 1972* (1973), University of California Press, Berkeley - Los Angeles 1997.

[19] GLASER (a cura di), *Questions à Stella et Judd* cit., p. 62.

nico strumento per accedere al divino, appunto il visibile. Per cui Giovanni Damasceno conclude scrivendo che «se possiamo, mediante parole sensibili e le orecchie del corpo, comprendere le cose spirituali, possiamo anche mediante la contemplazione corporea giungere alla contemplazione spirituale»[20].

Il pensiero di Hegel, che pure fa riferimento a un quadro concettuale completamente diverso, nel momento in cui colloca il valore dell'arte nel contesto di un'attività spirituale, sviluppa un tipo d'argomentazione per molti versi analoga. La forma creata dall'artista, in ragione dei nostri limiti, non trova la propria finalità in se stessa, in quanto provvede, secondo il filosofo, alla «soddisfazione di interessi spirituali superiori». Le opere d'arte, «ombre sensibili»[21], si rivolgono alla vista per attingere una realtà che non potrebbe essere visualizzata direttamente. Con parole diverse, Kandinskij diceva sostanzialmente la stessa cosa quando sosteneva che «la delimitazione esteriore è utile e opportuna quando fa risaltare espressivamente il contenuto interiore della forma»[22]. La logica simbolista chiede all'opera di incarnare un fondo d'invisibilità che la trascende e la giustifica. Come si vede, una componente importante dell'astrattismo perpetua la tradizione idealista, rivolta al mondo dello spirito. Mondrian, in una lettera indirizzata a Arnold Saalborn, invoca, non diversamente da Giovanni Damasceno, l'«immateriale»:

> Penso che il comune essere umano cerchi, nella vita materiale, la bellezza, ma a mio avviso l'artista non dovrebbe farlo. (...) La sua creazione deve collocarsi a un livello immateriale: quello dell'intelletto[23].

L'articolazione del visibile e dell'invisibile è un vecchio *topos* che compare, in vesti diverse, in molti testi sull'arte. Ma, prima del XX secolo, nessun artista aveva mai pensato

[20] JEAN DAMASCÈNE, *Le visage de l'invisible*, antologia a cura di A.-L. Darras-Worms, Migne, Paris 1994, pp. 74-75.

[21] G. W. F. HEGEL, *Estetica*, Einaudi, Torino 1967, pp. 114-15.

[22] KANDINSKIJ, *Lo spirituale nell'arte* cit., p. 49.

[23] P. Mondrian, citato in H. HENKELS, *Portrait de l'artiste par lui-même: éléments pour une biographie intellectuelle*, in *L'atelier de Mondrian*, Macula, Paris 1982, p. 114.

di proiettare *veramente* l'opera nell'invisibile, di trascendere gli «occhi del corpo» per volgersi agli «occhi dell'anima».

Yves Klein fa appello a un'osservazione di Delacroix – «guai al quadro che non mostri nulla al di là del finito, il segreto del quadro è l'indefinibile» – per prospettare la pittura come «una sorta di realismo mistico». Egli auspica la manifestazione della presenza di un sensibile pittorico senza che si debba ricorrere al visibile, per generazione spontanea. La mostra che aveva in mente si sarebbe dovuta incaricare di trasmettere la qualità sostanziale del quadro, posta «al di là del visibile, in una sensibilità pittorica ancora allo stadio di materiale originario»[24]. Con tali convinzioni riuscí a far breccia in Iris Clert: in altre parole, dipinse di bianco le pareti della sua galleria parigina per far scomparire la «persistenza» delle opere precedentemente esposte nella stessa sede, dopodiché invitò il pubblico a salutare «con la sua affettuosa presenza», il giorno del vernissage (28 aprile 1958), «l'avvento chiaro e positivo di un certo regno del sensibile». Una «manifestazione di sintesi percettiva»[25] che è passata alla storia con l'appellativo di «esposizione del vuoto». In realtà, Klein non intendeva esaltare il vuoto, proponeva una «smaterializzazione» dei propri quadri monocromi, blu:

> Invisibile e intangibile, questa smaterializzazione del quadro deve agire (...) con molta piú efficacia dei comuni quadri fisici o dei comuni quadri rappresentativi, i quali, sempre che siano dei buoni quadri, sono anche dotati di questa essenza pittorica particolare, di questa presenza affettiva, in una parola, di questa sensibilità, trasmessa tuttavia attraverso la suggestione dell'intera apparenza fisica e psicologica del quadro, linee, contorni, forme, composizione, contrasti cromatici, ecc. Non esistono, a questo punto, piú mediazioni: ci si trova letteralmente impregnati dallo stato sensibile pittorico determinato e stabilito a priori dal pittore nello spazio dato, ed è una percezione-assimilazione diretta e immediata, senza piú alcun effetto né trucco né arbitrio[26].

Nel 1959 Klein prolunga e afferma la logica della «smaterializzazione» del quadro. Invitato a una mostra collet-

[24] KLEIN, *Le dépassement de la problématique de l'art* cit., p. 3.

[25] Formulazioni espresse da Pierre Restany sull'invito alla mostra.

[26] KLEIN, *Le dépassement de la problématique de l'art* cit., p. 4.

tiva, «Vision in Motion» (Anversa), non invia alcuna opera tangibile: assiste solo al vernissage e, davanti allo spazio a lui riservato, pronuncia queste parole, prese a prestito da Gaston Bachelard: «Prima c'è il *nulla*, poi c'è un nulla *profondo*, infine una *profondità* blu». Quando gli organizzatori gli chiedono il prezzo della sua opera, l'artista risponde: «Un chilo d'oro, un lingotto d'oro puro d'un chilo basterà»[27]. Poco dopo, Klein crea le *Zones de sensibilité picturale immatérielle*, la cui cessione è regolata da un preciso protocollo. Sono pagabili in oro. L'artista ne conserva la metà e butta l'altra metà in un posto dove nessuno potrà recuperare il metallo prezioso, restituito cosí alla natura. Una ricevuta rilasciata all'acquirente certifica «il pagamento in oro fino, valore materiale dell'immateriale acquisto». Per possedere veramente l'immateriale egli deve però bruciare la ricevuta. Solo il registro con i tagliandi originali dell'artista conserva traccia della transazione, effettuata in presenza di testimoni. Un conservatore di museo o un critico d'arte devono assistere alla scena, regolata da «norme rituali». Yves Klein ha venduto parecchie *Zones de sensibilité picturale immatérielle* e il cerimoniale è stato fotografato.

Altri artisti sono stati tentati dall'invisibile. Claes Oldenburg fece dono alla città di New York del *Placid Civic Monument* (1967), un buco scavato e poi di nuovo riempito a Central Park, dietro il Metropolitan Museum of Art. Andy Warhol ha creato in un locale notturno di New York, l'Area, una *scultura invisibile* semplicemente restando un attimo immobile su un gradino. Da allora, solo un cartello – con la dicitura non priva di humour «Andy Warhol, USA, *Invisible Sculpture*, mixed media, 1985» – ne indica la presenza. Tali realizzazioni restano tuttavia eccentriche nell'opera dei due artisti. Mentre non si può dire lo stesso del progetto di monumento immaginato nel 1970 da Walter De Maria per Monaco di Baviera. La città, che nel 1972 doveva ospitare i Giochi Olimpici, aveva organizzato un concorso. L'artista propose una scultura composta di due

[27] Y. Klein, conferenza pronunciata alla Sorbona, 3 giugno 1959, registrata su disco.

parti. In cima a una collina sovrastante la città sarebbe stato posto un disco di bronzo di 5 metri di diametro e 30 centimetri di spessore, sul quale i visitatori sarebbero potuti salire, ammirare il paesaggio... e meditare. Infatti sotto il disco, invisibile, sarebbe stato scavato un pozzo di 3 metri di diametro, per una profondità di 120. La collina, a un'altezza di 60 metri dal suolo, era artificiale, frutto dell'accumulo delle macerie della città distrutta dai bombardamenti. Il pozzo sarebbe dunque sprofondato in questa memoria storica per ricongiungersi, con un percorso di uguale lunghezza, al livello del suolo. A sostegno del proprio progetto, De Maria aggiunse il seguente commento:

> Questa colonna affonda in profondità nel terreno, fino al punto da diventare invisibile. Solo che non si dovrebbe ridere dell'invisibile. L'invisibile è ovunque intorno a noi. L'atomo è invisibile. Le onde radio e hertziane sono invisibili. L'invisibilità è dappertutto nel mondo moderno. In tutte le civiltà, l'idea dello spirito umano come cosa invisibile è scontata. Il mondo dell'invisibile è reale. Non dovremmo escluderlo né dalla scultura né dal mondo dell'arte[28].

La città di Monaco respinse la proposta dell'*Olympic Mountain Project*, ma De Maria ebbe l'opportunità di realizzare in Germania un'altra opera a visibilità ridotta: il *Vertical Earth Kilometer*. In occasione di Documenta VI (Kassel, 1977), fece scavare davanti al Friedericianum, museo ospitante la manifestazione, un buco di un chilometro di profondità, nel quale venne poi introdotta una barra di ottone della medesima lunghezza. Dopodiché, al livello del suolo, venne deposta una piastra di gres per otturare l'orifizio, lasciando tuttavia che l'estremità della barra metallica affiorasse centralmente di qualche millimetro. È tutto quello che oggi possiamo vedere dell'opera. Nessuna indicazione segnala la sua presenza, molto discreta.

Il contrasto tra i mezzi dispiegati – scavare un simile buco non è cosa da poco – e quanto è dato a vedere è impressionante: l'invisibile è davvero il nucleo segreto di *Vertical Earth Kilometer*, qualcosa che agisce sui visitatori so-

[28] W. DE MARIA, *Proposal for a Major Earth Sculpture. Munich - Site of the Olympic Games*, documento ciclostilato, 1970.

lo a patto che sappiano, davanti alla piastra, di che cosa si tratta.

Un'altra realizzazione di vasta portata, in Germania, ricorre alla categoria dell'invisibile e la mette al servizio della memoria, dell'oblio. Con gli studenti della Scuola di Belle arti di Saarbrücken, Jochen Gerz cominciò a disselciare di nascosto la pavimentazione della Piazza del Castello per incidere sui cubetti divelti i nomi dei cimiteri ebraici presenti sul suolo germanico prima della guerra e poi scomparsi. Al posto di ogni frammento, ne mettevano un altro uguale, per non attirare l'attenzione, poi, una volta inciso il nome, reinserivano l'originale, avendo cura di rivoltare verso l'interno il lato inciso del cubetto. Il fatto si venne a sapere e, in occasione di un dibattito pubblico, il Parlamento della Saar ufficializzò il progetto. Degli ottomila frammenti che compongono la pavimentazione della piazza, duemilacentoquarantasei – tanti quanti sono i cimiteri scomparsi – sono stati incisi e poi interrati. Nulla, perciò, è visibile. Solo due lapidi, poste nel 1993 in occasione dell'inaugurazione, segnalano l'avvenuto cambiamento: la Piazza del Castello è cosí divenuta la piazza del Monumento invisibile. L'invisibilità di questo «ritratto negativo del genocidio» adotta la «forma» stessa del proprio soggetto. Mentre un mausoleo o un monumento commemorativo ravvivano la memoria, questo monumento non designa solo l'assenza, in particolare l'assenza di sepoltura delle persone delle quali si è voluto far scomparire il ricordo: elabora l'oblio, e ne disegna un «ritratto somigliante»[29].

La defezione del visibile non è sempre carica di significati emotivi come quella che abbiamo descritto, a volte si prefigge di attirare l'attenzione su realtà plastiche trascurate. Brâncuşi aveva proposto una *Scultura per cieco* (1916). Marinetti pubblicò nel 1921 un manifesto dedicato al tattilismo che scatenò una polemica circa la priorità di tale invenzione. E ci si ricorderà che la rivista creata da Duchamp

[29] Cfr. J. GERZ e altri, *2146 Steine. Mahnmal gegen Rassismus, Saarbrücken*, Verlag Gerd Hatje, Stuttgart 1993, e G. WAJCMAN, *La ressemblance et le moderne*, in «Barca!», n. 7, 1996.

per promuovere il suo ready-made intitolato *Fountain* si chiamava «The Blind Man». L'invisibile coinvolge anche altre arti. Walter Ruttmann realizzò nel 1930 *Wochenende*, un film composto solo di fotogrammi «neri», completamente privo di immagini, d'una decina di minuti. La colonna sonora, in questo caso particolarmente importante, riproduce solo suoni e rumori urbani. A teatro, gli spettatori che hanno assistito alle rappresentazioni di *Bonbon acidulé* di Ricardo Sued (1991) hanno vissuto un'esperienza singolare: «La pièce si svolge in un'oscurità totale»[30], recitava il programma. Anche privarsi della vista per disegnare è una tentazione alla quale piú d'uno s'è lasciato andare. Willem De Kooning dichiarò una volta che questa procedura gli era stata «molto utile».

Potremmo citare altri esempi. Il discredito del visibile è un elemento cardine dell'arte concettuale. Robert Barry utilizza fenomeni concreti la cui realtà sfugge a una diretta percezione sensoriale. Le onde elettromagnetiche della serie *Carrier Wave Pieces* (1968) o le microradiazioni di un minuscolo frammento di bario abitano effettivamente lo spazio, anche se bisognerebbe disporre di un'apparecchiatura adatta per accertarsene. Barry elimina anche quest'ultima forma di presenza reale in *Telepathic Piece* (1969). In un testo del catalogo che segnala la partecipazione dell'artista alla manifestazione di gruppo presentata dalla Simon Fraser University (Canada), Barry dichiara le proprie intenzioni: «Durante la mostra tenterò di comunicare telepaticamente un'opera d'arte la cui natura è una serie di pensieri che non possono essere trasmessi né con il linguaggio né con l'immagine». Lo stesso Barry, in un'intervista, si richiamava, per spiegare l'evoluzione della sua attività e delle sue convinzioni estetiche, alla logica di una graduale rarefazione:

> Mi sono messo a utilizzare un piccolo filo di nylon trasparente. Il filo è quindi diventato cosí sottile da essere quasi invisibile. Il che mi ha indotto a utilizzare un materiale invisibile o, quantomeno, non percepibile secondo i canoni tradizionali. Una cosa

[30] Cfr. R. SUED, *Bonbon acidulé*, Actes Sud, Arles 1996.

> che pone certo dei problemi ma apre anche infinite possibilità. È a questo punto che ho rifiutato l'idea che l'arte debba necessariamente essere qualcosa che si deve guardare[31].

Al di là del loro carattere provocatorio, tutte queste proposte si fondano, pur intonandosi a un registro ironico, sulla tradizione che privilegia gli «occhi dell'anima» a scapito degli «occhi del corpo». Anche Claudio Parmiggiani si è chiesto se fosse indispensabile offrire l'arte alla vista. Per il Musée d'Art Contemporain di Lione creò a suo tempo una scultura, *Terra*, «destinata ad essere sepolta sotto terra e perciò sottratta per sempre allo sguardo». Si tratta di una grossa sfera di terra attorno alla quale l'artista aveva applicato l'impronta delle sue mani. Esposta al pubblico dal 30 marzo al 18 aprile 1989, alcuni mesi dopo un biglietto ne annunciava la sepoltura nel chiostro del Palais Saint-Pierre, che allora ospitava il museo. Una serie di fotografie mostra come, il 25 settembre 1990, essa venne trasportata fino alla buca nella quale Parmiggiani e i suoi assistenti la deposero.

Già in precedenza, in occasione d'una Biennale di Venezia, Parmiggiani aveva ritirato, poco dopo il vernissage, l'opera presentata, per sottolineare il proprio rifiuto a esporre in un contesto da lui giudicato inaccettabile. Nacque da lí l'idea di *Terra*, «una scultura che rifiuta il suo destino pubblico e si affida unicamente al suo destino spirituale». Questa «scultura suicida» è anche una risposta dolceamara dell'artista al carattere spesso frivolo delle mostre:

> Nessuno osserva piú le opere esposte. A questo punto, forse, coprire, nascondere, equivale a restituire allo sguardo la percezione di quel mistero senza il quale le cose sono assolutamente prive di vita. Ho pensato che il corpo della terra fosse il museo piú appropriato e piú sensibile per mettere al sicuro una scultura[32].

In seguito, il museo fu spostato. La targa con l'incisione che segnalava all'attenzione dei visitatori la presenza dell'opera non è piú stata reinstallata. Nel chiostro del Palais Saint-Pierre nulla è piú visibile. Solo alcuni guardiani bene-

[31] R. Barry, intervista di A. R. Rose (J. Kosuth), in «Arts Magazine», febbraio 1969.

[32] Cfr. *Claudio Parmiggiani*, Giancarlo Politi Editore, Milano 1990, p. 68, catalogo della mostra, Centre d'Art Contemporain, Saint-Priest.

voli possono indicare il luogo esatto dove riposa *Terra*. Ma per pensare di interrogarli bisogna sapere che l'opera è nascosta lí. Opere del genere necessitano insomma di un'informazione complementare, di una «documentazione», se possibile di natura fotografica, in ogni caso di carattere scritto.

Harold Rosenberg si rammaricava delle conseguenze prodotte dalle opere prevalentemente conosciute per il tramite di una «documentazione» e non piú destinate all'esposizione nelle gallerie o nei musei, come gli *earthworks*:

> L'arte comunicata attraverso i documenti rappresenta un ulteriore sviluppo dell'idea già estrema di *action painting*, per cui un quadro andrebbe considerato come la documentazione del processo creativo dell'artista, piú che come oggetto fisico. L'«opera» consiste nell'evento del «fare», non della cosa fatta. È logico, perciò, che possa essere invisibile: detta, ma non vista. (...) Due giovani artisti dell'America Latina hanno inventato un happening che è stato dettagliatamente riportato dalla stampa, ma che non ha mai avuto luogo, sicché la loro «opera d'arte» è tutta nelle notizie fornite o nelle interviste rilasciate, nei resoconti e nei commenti che ne sono seguiti. Dato il mitico status dell'arte, quella increata può dirsi il mito di un mito[33].

Nulla comunque proibisce di coltivare un'opinione opposta e di giocare con le possibilità offerte da una negazione del visibile. Hans Peter Feldmann, in occasione di una mostra collettiva alla Galerie Liliane et Michel Durand-Dessert (Parigi, 1995), aveva affisso, ad esempio, parecchi foglietti dattilografati alle pareti della galleria. Il primo avvertiva i visitatori:

> Per ragioni diverse, le installazioni non sono eseguite realmente ma soltanto descritte. Problemi finanziari, difficoltà pratiche, l'assenza di spazi perfettamente adeguati e altre complicazioni sono alcune delle ragioni per le quali le opere non sono realizzate. Tuttavia è anche la possibilità di giungere a una migliore comprensione – a condizione di un benevolo interesse – che ha suggerito questo tipo di presentazione.

Gli altri descrivevano le quattro installazioni previste. Queste *ekphraseis* potevano essere acquistate a prezzo modico.

[33] ROSENBERG, *Arte e parole* cit., pp. 54-55.

Capitolo secondo

L'arte, le parole

Le «belle arti» hanno da sempre intrattenuto un rapporto privilegiato con i testi scritti. Il *grand goût* implicava che l'opera adottasse come soggetto storie edificanti, capaci di soddisfare lo spirito – e non solo gli occhi – degli spettatori, o di appagare le piú nobili aspirazioni della loro anima: la bellezza formale era al servizio dell'Ideale – dove bello, buono e vero erano indissolubili. La teoria dell'*ut pictura poësis* formalizzò i rapporti tra la pittura, «poesia muta», e la poesia, «pittura parlante». La parentela non comportava però la presenza di parole nello spazio pittorico, se mai il contrario. L'artista elaborava infatti la propria opera a partire da testi che si supponeva fossero noti a tutti, guadagnandosi in tal modo un consenso preventivo. Possiamo cosí capire come a Delacroix piacesse attribuire a Poussin la definizione della pittura come «arte che fa parlare le cose mute»[1] quando invece molti quadri del pittore seicentesco si ispiravano a soggetti spesso oscuri per un pubblico la cui cultura religiosa e mitologica era piena di lacune.

Bisogna in definitiva dare ragione a Michel Butor quando afferma: «Parole nella pittura occidentale? Dal momento in cui ci si è posto il problema, ci si è accorti che sono innumerevoli ma che non sono state, per cosí dire, prese in esame»[2]. Legende, nomi, firme, etichette, scritte, lettere, giornali, scritture inventate, ecc., abbondano nello spazio pittorico, o sotto forma di testi estrinseci all'immagine

[1] E. DELACROIX, *Poussin*, in «Moniteur Universel», 26-30 giugno 1853, poi in ID., *Ecrits sur l'art*, Plon, Paris 1988.

[2] M. BUTOR, *Les mots de la peinture*, Skira, Genève 1969, p. 7.

o sotto forma di testi imitati, in quanto componenti (o presunte tali) degli oggetti rappresentati, anche se restano presenze discrete, subordinate all'immagine. Prima Lessing e poi il modernismo accreditarono comunque l'idea di una netta separazione tra il leggibile e il visibile. E in tale contesto, appare sempre valido il consiglio dato da Matisse agli aspiranti pittori: «Volete fare pittura? Prima di tutto vi dovete tagliare la lingua, perché la vostra decisione vi dà diritto di esprimervi solamente con i pennelli»[3].

Ma per tutto il XX secolo, gli artisti mescolano pittura e testi scritti. E numerose pubblicazioni poetiche, a partire dal *Colpo di dadi* con il quale Mallarmé «innalza la pagina alla potenza del cielo stellato» (Valéry), non fanno altro che ribadire la volontà di procedere a una contaminazione tra pittura e scrittura. L'elenco degli artisti che rifiutano il processo di autopurificazione modernista in base al quale ciascuna disciplina dovrebbe trincerarsi nella sua sfera di competenza specifica sarebbe lunghissimo. Le arti plastiche hanno rilanciato la legittimità di una commistione che ad esempio Raoul Hausmann e Kurt Schwitters, all'epoca in cui Matisse consigliava ai giovani pittori di rimettersi al silenzio delle forme mute, auspicavano a gran voce:

> Il mondo ha bisogno di tendenze nuove in *poésure* e *peintrie*. (...) Noi vogliamo *farfader le sprit*, perché vediamo con le orecchie e ascoltiamo con gli occhi. Il linguaggio non è che un mezzo per capire e per non capire. Voi preferite il linguaggio che vi fa capire stupidaggini che tutti sanno già a memoria. Noi preferiamo il linguaggio che procura un sentimento nuovo per dei tempi nuovi[4].

Sia che mirassero a spiegare, sia che intendessero introdurre uno sconcerto supplementare, le parole e i testi hanno proliferato nell'arte del XX secolo, diversificando le proprie funzioni.

[3] H. Matisse, da un'intervista radiofonica (1942), in ID., *Ecrits et propos sur l'art* cit., p. 190.

[4] R. Hausmann e K. Schwitters, prefazione-manifesto per il progetto di rivista «Pin», 1946, citata in *Poésure et peintrie, d'un art l'autre*, catalogo della mostra, Musées de Marseille, Marseille 1993, p. 1 [il corsivo evidenzia un gioco di parole: *poésure* e *peintrie* sono neologismi dalla contrazione di *poésie* e *peinture*; *farfader le sprit* storpia *farfadet* (folletto) ed *esprit* (spirito)].

1. *Territori piú verbali*.

L'esigenza di spiegare, legata alla difficoltà di decodificazione delle opere moderne e contemporanee, accresce notevolmente l'importanza della mediazione. Basti dire che oggi l'università prepara studenti specializzati in «pubbliche relazioni culturali», incaricati di iniziare all'arte un pubblico che si sente sprovveduto di fronte a opere che di primo acchito lo lasciano interdetto. E certi critici, almeno da tre decenni, mostrano tutto il loro malcontento. Harold Rosenberg ritiene che si «sacrifichi il beneficio d'un pensiero concreto» a vantaggio della parola, divenuta «l'elemento vitale e stimolante, capace fra l'altro di far diventare artistico ogni materiale (resine epossidiche, tubi luminosi, corde, pietre, terra)»[5]. Per cui un quadro o una scultura contemporanei sarebbero «una specie di centauro, fatto per metà di materiali artistici e per metà di parole». Anche altri concordano, con rammarico, sul fatto che le spiegazioni interpongono «una bruma interpretativa»[6]. Tom Wolfe, in tono scherzoso, si mostrava non meno irritato:

> Mi sento di profetizzare che nell'anno 2000, quando il Metropolitan Museum o il Museum of Modern Art daranno vita alla grande mostra retrospettiva dell'Arte americana dal 1945 al 1975, i tre artisti piú rappresentativi, le tre figure fondamentali dell'epoca non saranno Pollock, De Kooning e Johns, ma Greenberg, Rosenberg e Steinberg. Ci saranno sui muri immensi ingrandimenti, di 2,60 × 3,25 m, ciascuno dei quali riprodurrà le frasi proteiformi del periodo... un po' di «fuligginosa pittura a spatola» qui... un po' di «pittura-azione» là... e un po' di questa «grandissima arte ispirata all'arte» un po' piú in là. Accanto a esse, ci saranno minuscole riproduzioni di opere importanti che illustreranno le Parole dell'epoca, di Johns, Louis, Noland, Stella e Olitski. (Pollock e De Kooning godranno di un trattamento un po' piú adeguato, anche se in nessun modo superiore, a causa dei rapporti piú simbiotici che avranno avuto la fortuna di intrattenere con i grandi Artisti della Parola)[7].

[5] ROSENBERG, *Arte e parole* cit., p. 51.

[6] *Ibid*, p. 58.

[7] T. WOLFE, *Le mot peint* (1975), Gallimard, Paris 1978, pp. 122-23.

In effetti, le opere d'arte, quelle del passato come quelle piú recenti, non ci pervengono mai direttamente, nell'innocente nudità di un'evidenza senza parole. Genette ha elaborato per la letteratura la nozione di *paratesto* – l'insieme degli elementi che gravitano attorno al testo e le cui caratteristiche influiscono sulla lettura: «Titolo, sottotitolo, titoli di paragrafi; prefazioni, postfazioni, avvertenze, premesse, ecc.; note a margine, a fondo pagina, di chiusura; epigrafi; illustrazioni; fogli da inserire, fascette, sovracoperte, e molti altri tipi di segnali accessori, autografi o allografi»[8]. La nozione si applica a pieno diritto anche alle arti visive. I cartellini che accompagnano le opere indicano il nome dell'artista, il titolo dell'opera, la data. A volte precisano il tipo di materiale impiegato. Spiegazioni supplementari vengono dai cataloghi. Eppure tutto ciò rimane in gran parte periferico. Se l'opera, come spesso accade, reca la firma dell'autore, non si può dire altrettanto del titolo, il quale in genere non figura nel campo iconico, quando invece sarebbe un indicatore prezioso, in grado di ridurre il grado di polisemia proprio delle immagini e di evitare che si percorrano false piste nella percezione dell'opera. Contrariamente a quanto si pensa, il pubblico ha dunque ragione, nei musei, di leggere i cartellini – gli iniziati che si adombrano per tale consuetudine sono già a conoscenza delle informazioni che il pubblico «beota» e volenteroso vi ricava.

L'arte moderna ha comunque sconvolto le abitudini. Paul Klee scriveva spesso sul quadro, o a margine, il titolo dei suoi disegni. Per altri artisti, la presenza di parole aggiunte alle forme rappresentate è un fatto cruciale. Quando Magritte dipinge su un'unica tela sei oggetti perfettamente riconoscibili – un uovo, una scarpa, un cappello, una finestra illuminata, un bicchiere e un martello –, scrive in bella calligrafia sotto ciascuno di essi dei «titoli» nient'affatto superflui: «L'Acacia, la Luna, la Neve, il Soffitto, il Temporale, il Deserto» (*La clef des songes*, 1930). L'artista ha moltiplicato il confronto tra le parole e le immagini, e

[8] G. GÉNETTE, *Palinsesti. La letteratura al secondo grado*, Einaudi, Torino 1997, p. 8.

Foucault analizzò a suo tempo la complessità dell'enunciato magrittiano *Ceci n'est pas une pipe*, scritto sotto la raffigurazione di una pipa[9]. È evidente che lo sconcerto prodotto dallo scarto tra ciò che vediamo e ciò che leggiamo deriva dalla simultaneità delle due operazioni, solitamente distinte. Questo «tradimento delle immagini»[10], di cui Magritte ha offerto molti esempi, proietta la pittura in uno spazio in cui il puro «retinico» non esercita piú la piena egemonia.

Il termine «retinico» appartiene al vocabolario duchampiano, e ha come quadro di riferimento una vecchia controversia: il lavoro artistico dipende da attività manuali o è prima di tutto un'attività dello spirito? L'antica distinzione tra arti liberali e arti servili annetteva la pittura e la scultura alle «arti meccaniche». Quando Leonardo da Vinci afferma che la pittura è *cosa mentale*, la sua asserzione tiene conto delle battaglie impegnate dai pittori per conquistare alla pittura uno spazio sociale gratificante, con tutti i vantaggi simbolici e materiali che ne discendono. La Francia del XIX secolo, a dispetto dell'esistenza di un'Accademia delle Belle Arti – creata nel XVII secolo –, non sempre ammette l'artista tra gli «intellettuali». E Marcel Duchamp se ne dichiara offeso:

> *Bête comme un peintre*, stupido come un pittore. Questo proverbio francese risale almeno al tempo della vita di bohème di Murger, autore del 1880, ma si continua a usare ancora oggi nelle discussioni a titolo di battuta. Perché l'artista dovrebbe essere considerato meno intelligente dell'Uomo Qualunque?[11].

La condanna del puro «retinico» nascondeva in realtà un desiderio di riabilitazione. Ricordando il tempo in cui preparava (senza convinzione) il concorso di Archivistica, Duchamp precisa: «Era una specie di presa di posizione intellettuale contro la subalternità manuale dell'artista; contemporaneamente facevo i miei calcoli per *Grande vetro*»[12].

[9] Cfr. M. FOUCAULT, *Questo non è una pipa*, SE, Milano 1988.

[10] Molte opere di Magritte recano questo titolo.

[11] M. DUCHAMP, *L'artiste doit-il aller à l'université?* (1960), in SANOUILLET (a cura di), *Duchamp du signe* cit., p. 236. (Lo scrittore Henri Murger morí nel 1861).

[12] CABANNE, *Entretiens avec Marcel Duchamp* cit., p. 71.

L'inventore del ready-made non ha mai modificato il suo punto di vista: la pittura, mezzo espressivo e non fine in sé, «non deve essere esclusivamente visiva o retinica. Deve interessare anche la materia grigia, la nostra voglia di capire»[13]. Duchamp si batte perché l'arte sia, almeno in parte, «concettuale», una rivendicazione che si riallaccia alla tradizione, in particolare a quella dell'arte classica, ma ha una sua attualità. Il realismo di Courbet prima e l'Impressionismo poi avevano celebrato l'«innocenza dell'occhio», e Konrad Fiedler aveva nobilitato con i suoi interventi la teoria della «pura visibilità». Duchamp s'oppone con forza a questo criterio dominante divenuto una vera e propria *doxa* per larga parte della critica e del pubblico. Ecco perché pone con insistenza l'accento sull'«indifferenza visiva» che caratterizza i suoi ready-made e sull'importanza della «breve frase» talvolta scritta su questi oggetti e destinata, come abbiamo visto, a «trasferire lo spirito dello spettatore verso altri territori piú verbali»[14].

2. *Vedere e leggere*.

Le parole e i testi, caratterizzati da una presenza discreta sui ready-made, acquistano sempre maggior rilievo dal momento in cui non si limitano piú a spiegare ma introducono un fattore di turbamento, di sconcerto. Lo spettatore sa ormai di dover leggere, molte volte, le opere che osserva. Un intero versante della modernità l'ha preparato a questo nuovo tipo di approccio. Moltissimi collage, dai primi papier collé cubisti in poi, l'hanno abituato alla presenza del testo nell'orizzonte plastico. Da *M'amenez-y* di Picabia (1919) a *Cet homme est dangereux* di Hains (1957), potremmo stilare un elenco impressionante di opere icono-testuali, di fronte alle quali non possiamo fingere di ignorare la necessità di decodificazione. È stata proprio la disintegrazione dell'edificio delle «belle arti» a consentire, a par-

[13] M. DUCHAMP, *Entretien Marcel Duchamp - James Johnson Sweeney* (1955), in SANOUILLET (a cura di), *Duchamp du signe* cit., p. 183.

[14] DUCHAMP, *À propos des «ready-mades»* cit., p. 191.

tire dagli anni sessanta, l'innesto massiccio dell'espressione grafica nell'ambito delle arti plastiche, al punto che la parola scritta è diventata ormai la principale se non l'unica componente dell'opera.

L'humour, la derisione o la parodia, che un tempo rappresentavano l'eccezione, hanno assunto un'importanza senza precedenti nelle arti visive. L'humour può essere muto, ma il linguaggio è uno dei vettori privilegiati del *witz*. Erik Dietman risponde al *Pane dipinto* (in blu) di Man Ray con un *Pane* vero (1966): due croccanti baguette «scrivono» la parola *pane* sul muro. Sigmar Polke presenta un dipinto che potrebbe passare per astratto e geometrico – un triangolo nero occupa l'angolo superiore della tela bianca – se il testo scritto nella parte inferiore del quadro non recitasse: «Lo ordinano i poteri superiori: dipingete l'angolo superiore destro in nero!» (1969).

François Morellet utilizza dei tubi al neon che si accendono e si spengono, formando tre quadrati con le loro brave diagonali. Tutto sembrerebbe improntato al massimo rigore formale. Eppure, grazie al gioco delle intermittenze luminose – certo non casuale –, possiamo leggere: «Non», «Con», «Cul» o «Nul» (1967). Ben Vautier, a sua volta, è diventato uno specialista in provocazioni grafiche. Il suo *Magazzino* (1958-73) è coperto di scritte che, in un gran guazzabuglio, proclamano che «Ben dubita di tutto», oppure che «L'arte è inutile», o ancora, scritto su un fondo nero, che «Si dipinge per la gloria». Nel 1973 Ben ha presentato una sala completamente vuota, a parte un avviso che diceva: «Tutto deve scomparire».

Le facezie di Roy Lichtenstein sono piú sottili. Una delle sue opere piú celebri riprende il dispositivo di *Las Meninas* (1656) di Velázquez, con il re in meno e un fumetto in piú. I due personaggi di una *strip* guardano un quadro di cui noi vediamo il rovescio. Con la mediazione, appunto, di un fumetto, la donna spiega al suo caro Brad che si tratta di un capolavoro e che la gloria non potrà tardare. In un altro dipinto, nero, un personaggio solleva uno spioncino, guarda in una stanza nella quale si trova quantomeno lo spettatore ed esclama: «Posso vedere tutta la stanza, ma dentro non c'è nessuno!»

Molti messaggi scritti sono poetici, politici o di rivendicazione. A volte il testo si presenta in forma discreta. Da lontano, un parallelepipedo posto perpendicolarmente al suolo somiglierebbe a una scultura minimalista se una scritta, a una delle due estremità, non recitasse: «FINITO». Un assunto apparentemente banale che viene caricato di senso dal titolo dell'opera, *Infinito* (Anselmo, 1971-73). I giochi di parole e i messaggi di Bruce Nauman adottano invece una veste spettacolare, il cui impatto visivo è rafforzato dall'uso del neon. Il nome dell'artista, scritto sulla superficie della luna, risulta deformato dalla prospettiva – «bbbbbbrrrrruuuuuucccccceeeeee» (1968) –; «Eat» compare quando si spegne «D/eat/h» (1972); una spirale costringe lo spettatore a torcere il collo per riuscire a leggere: «The true artist helps the world by revealing mystic truths», ossia «Il vero artista aiuta il mondo rivelando verità mistiche» (*Window or Wall Sign*, 1967).

Consideriamo ora i *Proverbes* ricamati da Annette Messager su dei fazzoletti – «La donna è la creatura piú sottile del regno animale» –, oppure i testi frammisti alle immagini di Barbara Kruger, come «Promise us anything but give us nothing» (Promettici ogni cosa ma non darci nulla) o l'aforisma del generale Giap trascritto in italiano su un igloo di sacchi di plastica riempiti di terra: «Se il nemico si concentra perde terreno, se si disperde perde forza». Le tre opere hanno in comune, come molte altre, due caratteristiche. Da un lato, esibiscono un «contenuto» manifesto o, se si preferisce, trasmettono un messaggio. Dall'altro, in ordine ai codici linguistici, tale messaggio – e lo diciamo parafrasando Giap – guadagna in chiarezza quello che perde in universalità. Non a caso artisti e teorici hanno sempre pensato, non senza ragione, che l'immagine possieda un vantaggio sulle parole: nel senso che si rivolge a tutti gli uomini, quale che sia la loro lingua. Mentre il ricorso al testo scritto introduce nelle arti plastiche una babele dalla quale le «belle arti» sono sempre andate esenti.

La presenza o l'assenza di un «contenuto» è divenuta oggetto di controversia da quando, nel XIX secolo, l'arte rivendicò per sé, con la nozione di «art pour l'art», una radicale autonomia. Da allora la questione ha avuto ripercussioni sull'intero panorama delle pratiche artistiche, e la prassi attuale del testo scritto, mescolato alle immagini con un tono ora di disincanto ora di derisione, non fa altro che riproporla. La serie dei *Secret Paintings* (1967-68) di Mel Ramsden riecheggia gli *Ultimate Paintings*, quelli pressoché neri, di Reinhardt. Ognuno dei «dipinti segreti», di forma quadrata, neri, è accompagnato da una copia fotostatica che deve essergli posta accanto e che ne spiega perfettamente il titolo: «Il contenuto di questo dipinto è invisibile; il carattere e la dimensione di questo contenuto, noti solo all'artista, devono essere mantenuti segreti». Nello stesso periodo, John Baldessari faceva scrivere in lettere da un pittore, su grandi tele bianche, enunciati come: «Pura bellezza» o «Tutto è stato eliminato da questo quadro tranne l'arte; nessuna idea è entrata in quest'opera». Dove è ancora una volta evidente il richiamo a Reinhardt, il quale pubblicava le sue massime sulle riviste invece di tradurle in una veste «pittorica»: «L'arte è l'arte, e tutto il resto è tutto il resto», o «Niente concetto, né pensiero, né idea, né significato, né contenuto»[15].

Un'arte depurata di ogni idea: proprio quello che non vuole Marcel Broodthaers. Ma che cosa pensare di un giornale belga, «Le Soir», per metà coperto di tuorli d'uova ridotti a un magma nero che lascia intatto solo il titolo di un articolo, «Il faut sauver le Congo» (*Le problème noir en Belgique*, 1963)? L'opera sembra piú parodistica che politica, ma la derisione è forse il solo mezzo a disposizione dell'artista per evocare un contenuto che giudica fuori portata. Broodthaers aveva iniziato la sua carriera artistica come poeta. Sull'esempio del bugiardo cretese, aspettava che gli venisse chiesto se non poteva anche lui «vendere qualcosa e riuscire nella vita». E rimase un «buono a nulla» finché non gli venne un'illuminazione:

> Alla fine mi folgorò lo spirito l'idea di inventare qualcosa di insincero e mi misi subito al lavoro. Nel giro di tre mesi, mostravo la mia produzione a Ph. Édouard Toussaint, il proprietario della Galerie Saint-Laurent. Ma è Arte, mi disse, esporrò volentieri

[15] ROSE (a cura di), *Art as Art. The Selected Writings of Ad Reinhardt* cit., pp. 51 e 113.

tutto questo. D'accordo, gli risposi. Se vendo qualcosa lui prenderà il 30 per cento. Sono condizioni normali, mi sembra, visto che certe gallerie prendono il 75. Di cosa si tratta? In fondo, solo di oggetti[16].

Questa dichiarazione, stampata con e su delle immagini, dev'essere considerata anch'essa un'opera d'arte? Qualunque cosa sia, resta il fatto che Broodthaers corredò molti suoi oggetti con un complemento scritto. Una parte importante della sua attività è legata alla poesia, e questo invito a un vernissage individua il passaggio da un'attività a un'altra.

Jenny Holzer si è interrogata sulla natura del proprio lavoro. Alla fine degli anni settanta, l'artista utilizza i media impiegati dalla pubblicità per divulgare i suoi «truismi», destinati a sollecitare la riflessione dei passanti. Ognuno di questi enunciati è stampato su manifestini incollati per le strade delle città o riprodotto su T-shirt. Alcuni sono fatti scorrere su pannelli luminosi, generalmente predisposti a trasmettere annunci pubblicitari molto piú commerciali. I metodi della Holzer, vicini a quelli degli artisti di strada e dei graffitisti, si richiamano in qualche modo alle tecniche della *street art*. Nel suo caso, il successo le spalancò le porte dei musei e delle gallerie, dove organizzò impianti spettacolari, sempre fondati su testi scritti, incisi a volte anche su stele di granito. La forza visiva delle sue installazioni finí cosí per costituire un punto d'arrivo per quell'ubiquità estetica che l'artista, nel 1983, ancora avvertiva dentro di sé, quando le chiedevano se si considerava un'artista o una scrittrice:

È curioso: a rigore, non mi considero nemmeno un'artista. Forse sono per metà artista e per metà uno di quei personaggi bizzarri che affiggono qua e là i loro manifesti. O forse una specie di eco universale...[17].

Le arti plastiche accolgono e trasformano in spettacolo sia visivo sia di lettura opere la cui sostanziale ricchezza potrebbe essere trasmessa, considerando solo il testo, da ri-

[16] M. Broodthaers, testo d'un invito per la mostra, Galerie Saint-Laurent, Bruxelles, 1964, citato in *Marcel Broodthaers par lui-même*, Ludion-Flammarion, Gand-Amsterdam-Paris 1998, p. 39.

[17] J. Holzer, conversazione con D. Nemirof (1983), trad. parziale in *L'époque, la mode, la morale, la passion* cit., p. 195.

viste o libri. Ora, leggere un'opera plastica è un'esperienza profondamente diversa dalla lettura di un libro, quantomeno per l'effetto di straniamento che introduce, o, piú esattamente, che introduceva, dato che ormai vi abbiamo fatto l'abitudine.

3. *Fiction e reportage*.

Broodthaers, quando rivendicava l'insincerità, proponeva una visione dell'artista antitetica a quella comunemente accettata. La sincerità non è una virtú estetica, anche se il nesso che unisce l'opera all'io profondo del creatore è stato visto spesso – complice la mitologia dell'artista maledetto – come una condizione irrinunciabile e preliminare a ogni giudizio di valore. Il rispetto dovuto ai tentativi stravaganti ma comunque legittimati dall'onestà morale del loro autore incoraggiava la confusione tra la «probità dell'arte» e quella della persona. L'artista sincero, che non «prende in giro la gente», rassicura il pubblico. La sincerità, in qualche modo, è un «valore» che premia sempre, e a volte è una qualità indispensabile. Ci sono però almeno due campi di ricerca in cui la sincerità, nel senso comune del termine, non è richiesta: le fiction e gli assunti fondati sulla logica. In entrambi i casi il testo scritto funziona a meraviglia.

Ci sono fiction che si presentano per quello che sono. Patrick Corillon inventa le sue a seconda delle sollecitazioni del luogo in cui interviene, e arricchisce cosí, nel corso degli anni, la propria collezione di opere ispirate alla vita di Oskar Serti, il suo personaggio fittizio. Corillon mette in mostra in interni o in esterni battenti di métro, casse, lucertole accuratamente riprodotte in metallo, paraventi, tavole, panche o balaustre, ecc. Il materiale allude molte volte a opere di altri artisti, ma le somiglianze formali, piuttosto palesi, risultano fuorvianti. La presenza di questo o quell'oggetto è inoltre illustrata da cartelli che raccontano episodi e disavventure della vita immaginaria di Oskar Serti. Alcune di queste brevi storie sono anche disponibili in volume o registrate su disco.

Altre fiction adottano la forma del reportage. Sophie Calle gioca sull'effetto realtà per proporre, non senza perversità, situazioni interamente costruite. Per realizzare *Les dormeurs* (1979) l'artista invita degli sconosciuti a dormire nel proprio letto, li fotografa a ogni ora e registra i rumori che accompagnano il loro sonno. Nel 1981, si fa assumere come cameriera in un albergo di Venezia, e lí si mette ad aprire cassetti, a frugare dentro le valigie, a ispezionare sotto i letti, cercando indizi della vita intima dei clienti, indizi che poi fotografa. Le immagini, corredate da annotazioni prese durante il lavoro, verranno poi esposte. Trovando, in un'altra occasione, l'agenda con gli indirizzi smarrita da un tale, Sophie Calle ripercorre l'intreccio delle sue relazioni, prende contatto con i suoi amici, li interroga, ricostruisce insomma la personalità dell'individuo. L'inchiesta viene pubblicata da «Libération» (*Le carnet*, 1983). Ospitata da un quotidiano, l'opera raggiunge un pubblico molto piú vasto dei normali *connaisseur*. Il suo statuto estetico rimane cosí incerto, fluttuante, all'incrocio tra molteplici discipline: ed è questa una delle sue maggiori peculiarità. Da quando l'allargamento dei confini dell'arte ha messo in forse la sopravvivenza delle categorie estetiche tradizionali, le opere possono fare la loro comparsa nei luoghi piú inconsueti, come vedremo.

I racconti presentati da Sophie Calle sembrano veritieri. E, andando oltre la neutralità del referto, suscitano un'adesione senza riserve. Ma è la loro stessa insistenza a introdurre un dubbio legittimo. Nulla ci assicura, ad esempio, che la serie intitolata *Les aveugles* (1986) non sia una perversa messa in scena. Sophie dice di aver chiesto a diciotto ciechi dalla nascita di descrivere l'immagine che si sono fatti della bellezza, motivo estetico per eccellenza. L'artista presenta un ritratto in primo piano di ogni persona interrogata, la trascrizione stampata della sua risposta e, posata su uno scaffale, una fotografia, riproduzione arbitraria dell'oggetto che la persona ha descritto. Uno dei ciechi avrebbe dichiarato: «Il Bello è stato il mio piú grande dolore». In questo caso lo scaffale è rimasto vuoto. Turbato, lo spettatore, il quale si sente piú o meno trasformato in un invadente voyeur, vorrebbe credere che tutto quello che gli viene proposto sia vero – altrimenti sarebbe troppo odioso – ma non ha alcun mezzo per verificarlo.

Hans Haacke presenta nelle sue mostre tecniche di reportage il cui impatto si fonda sulla veridicità dei fatti esposti, e fornisce documenti che possono provare l'autenticità delle ricerche. Il suo modo di accostarsi al mercato dell'arte e alle attività degli operatori è un modo per ricordare che le opere sono anche oggetto di speculazione, un atteggiamento estetico al quale non sono estranee implicazioni piú strettamente politiche. *Shapolsky et al. Manhattan Real Estate Holdings, a Real Time Social System, as of May 1, 1971* (1971) accosta foto di immobili e testi che indicano a quali condizioni ciascuno degli immobili rappresentati fu acquistato da Shapolsky, uno speculatore immobiliare newyorkese. Il direttore del Solomon R. Guggenheim Museum rifiutò di esporre questo reportage di economia militante, presentato sotto le austere sembianze di un'opera concettuale, con il pretesto che si trattava di un lavoro che non aveva niente da spartire con l'arte. Dopo che vari artisti si mobilitarono a favore di Haacke, l'opera, censurata a New York, fu acquistata dal Musée National d'Art Moderne di Parigi. Il museo legittimò cosí lo statuto estetico di *Shapolsky*, statuto di cui nessuno sembrava dubitare. Anche se affiora una domanda: il fatto stesso di aver sollevato il problema non può aver propiziato il conferimento dello statuto desiderato?

On Kawara e Roman Opalka hanno adottato una strategia ancora piú scaltra. Tra le molte attività autobiografiche di gusto minimalista di Kawara va annoverata, a partire dal 1966, l'esecuzione di *Date Paintings*, vale a dire l'impegno da parte dell'artista di dipingere ogni giorno la data del giorno stesso. Nel caso non sia stato ultimato prima di mezzanotte, il quadro viene distrutto. Quando il suo formato non eccede quello d'un giornale, l'opera viene conservata in una scatola di cartone contenente anche la pagina d'un quotidiano locale del giorno. Opalka, dal canto suo, non ha bisogno d'alcuna prova: la sua opera dice esattamente ciò che fa. Dal 1965 non fa altro che scrivere, tela dopo tela, la sequenza dei numeri, da 1 all'infinito: un'operazione che traduce un senso di totale solidarietà con la sua stessa vita. I due progetti, in realtà dissimili, hanno comunque un tratto che li unisce. Entrambi rimettono in discussione le frontiere delle «belle arti» senza peraltro rompere con la pittura. Invece di rappresentare o non rappresentare il mondo, essi promuovono la scrittura – non piú subalterna o equiparata ad altri elementi – a protagonista del quadro, spazio finora riservato, salvo rare eccezioni[18], alle forme.

4. *Le parole al lavoro*.

La riflessione sulla natura dell'arte aveva portato a scindere ogni eventuale connessione tra il significato o l'interesse dell'opera e la persona privata del suo creatore. Le parole possono operare una simile rottura quando permettono di creare senza fare, senza realizzare in prima persona l'oggetto latore di un'intenzione artistica. L'idea di Moholy-Nagy di utilizzare il telefono per dare istruzioni a distanza[19] venne ripresa nel 1969 dal Museum of Contemporary Art di Chicago. Il progetto «Art by Telephone» riuní circa quaranta artisti, tra i quali Sol LeWitt, uno di coloro che piú vantarono presso la delegazione del museo la validità dell'iniziativa. Nei suoi *Paragraphs on Conceptual Art*, pubblicati nel 1967, LeWitt aveva stabilito il primato dell'idea, del concetto:

> Quando un artista utilizza una forma d'arte concettuale, significa che tutto quanto riguarda la programmazione o le decisioni è previsto in anticipo e che l'esecuzione è una faccenda trascurabile. È l'idea la macchina esecutrice dell'opera d'arte. Questo genere di arte non è né teorico né illustratore di teorie; è intuitivo, mette in moto parecchi tipi di processi mentali ed è destituito di finalità. Inoltre non dipende, di norma, dalle qualità di ar-

[18] Una di queste eccezioni è *L'œil cacodylate* (1921), quantunque annoveri ancora qualche immagine. Picabia aveva chiesto ai suoi amici di apporre firme e commenti – osservazioni o facezie – su una tela predisposta allo scopo.

[19] Moholy-Nagy impiegava tale procedimento per provare che «l'approccio intellettuale alla creazione di un'opera d'arte non è inferiore all'approccio emotivo»: cfr. LIPPARD, *Six Years: The Dematerialization of the Art Object from 1966 to 1972* cit., pp. 118-19.

tigiano dell'artista. L'artista impegnato nell'arte concettuale ha come obiettivo di rendere la propria opera mentalmente interessante per lo spettatore e, in genere, amerebbe che quest'arte divenisse emotivamente sterile[20].

Gli assistenti – l'artista può essere l'assistente di se stesso – devono rispettare il programma indicato ma godono di una certa libertà interpretativa, come i musicisti alle prese con una partitura musicale. Sol LeWitt faceva realizzare disegni murali sulla base di istruzioni inviate agli organizzatori delle mostre:

> Sul muro verranno disegnati quattro quadrati di 1 × 1, uno vicino all'altro. All'interno del primo quadrato, sarà tracciata una linea. Dieci linee saranno tracciate all'interno del secondo quadrato. Cento all'interno del terzo. Mille all'interno del quarto. Nessuna dovrà essere inferiore ai 70 cm (Leverkusen, Städtisches Museum, 1969);

oppure:

> Sul muro verrà disegnata una linea di una lunghezza qualsiasi, una seconda linea sull'angolo destro a incrociare la prima, una terza sull'angolo destro a incrociare la seconda, una quarta sull'angolo destro a incrociare la terza, finché l'esecutore avrà l'impressione che il muro sia coperto da un numero sufficiente di linee (Oberlin - Ohio, Oberlin College, 1970).

Queste indicazioni, dattilografate su carta, dovevano accompagnare il disegno, per significare l'eguale importanza delle due modalità d'esistenza dell'opera. Alla fine di ogni mostra, i muri venivano ridipinti di bianco. Il che non significa la distruzione dell'opera, perché la scomparsa del visibile non altera in nulla la sua realtà testuale, la quale potrà riprendere corpo altrove e altrimenti.

Lawrence Weiner formalizzò ancora piú nettamente l'equivalenza tra le parole e gli oggetti. I suoi primi *Statements*, pubblicati nel 1968, richiamano le azioni: «La vernice colorata di una bomboletta spray interamente vaporizzata sul pavimento» (*Statement* 008), «Un foro nel pavimento di circa un piede per un piede per un piede. Un barattolo di colore reso solubile e versato nel foro» (010) o «Tracce

[20] S. LEWITT, *Paragraphs on Conceptual Art*, in «Artforum», giugno 1967.

d'esplosione di petardi a ogni angolo di una sala d'esposizione» (027). Ognuno di questi enunciati può dar luogo a un'opera, perfettamente visibile, anche se per l'artista il testo non deve necessariamente produrre un oggetto. Per rendere le cose ancora piú chiare, Weiner elaborò nel 1968 alcune sintetiche istruzioni per l'uso dei suoi «pezzi»:

> 1. L'artista può costruire il pezzo.
> 2. Il pezzo può essere fabbricato [sottinteso: da qualcun altro].
> 3. Il pezzo non ha bisogno di essere realizzato.
>
> Ognuna di queste possibilità ha il medesimo valore e resta conforme all'intenzione dell'artista. La scelta resta subordinata alla decisione dell'eventuale acquirente[21].

Nel momento in cui l'arte, divenuta pura leggibilità, non s'incarna piú in un oggetto, unico per definizione, essa appartiene a chiunque, almeno di diritto (bell'esempio di una possibile democratizzazione dell'arte, accessibile a tutti: basterebbe memorizzare uno *Statement* – una dichiarazione – per possederlo). In questo caso, la «smaterializzazione» non si coniuga con l'invisibile e le sue seduzioni. Essa fa appello al linguaggio per diminuire l'importanza dell'oggetto, o, in casi estremi, per negargli qualsiasi necessità. La mostra «January 5-31, 1969» (New York, Seth Siegelaub) invertiva l'abituale ordine gerarchico. L'invito era molto chiaro:

> 0 Oggetti / 0 Pittori / 0 Scultori / 4 Artisti / 1 Robert Barry / 1 Douglas Huebler / 1 Joseph Kosuth / 1 Lawrence Weiner / 32 Works / 1 Mostra / 2000 Cataloghi.

Il comunicato stampa era ancora piú chiaro. Affermava che la mostra consisteva in idee comunicate dal catalogo, riduceva cioè la «presenza fisica delle opere» allo statuto di semplici «supplementi»[22].

Nel novembre 1969, la Wbai-FM Pacifica Radio organizzava a New York un convegno intitolato «Arte senza

[21] L. Weiner, dichiarazione programmatica (1968) ripresa in *January 5-31, 1969*, catalogo della mostra, Seth Siegelaub, New York: cfr. LIPPARD, *Six Years* cit., pp. 72-73.

[22] *Ibid.*, p. 71. J.-M. POINSOT ha dimostrato, in *Déni d'exposition*, in ID., *Quand l'œuvre a lieu* cit., pp. 103 sgg., saggio di notevole livello, che alcune opere erano effettivamente esposte, ma che era palese l'intenzione di sminuirne il ruolo e l'importanza.

spazio», e il mese successivo Robert Barry portava a termine la sua critica in atto a un'arte reificata. Invitato da «Art & Project» (Amsterdam, dicembre 1969), egli pubblicò un annuncio: «Durante la mostra, la galleria rimarrà chiusa». Per «Prospect '69», la partecipazione di Barry si limitò a un'intervista riportata nel catalogo, nella quale egli non usava mezzi termini:

> – Quale pezzo presenta a «Prospect '69»?
> – Il pezzo consiste nelle idee che ciascuno si farà leggendo questa intervista.
> – Questo pezzo si può mostrare?
> – No, ma si può usare il linguaggio per identificare la situazione nella quale ha luogo l'opera d'arte. (...) I pezzi hanno una realtà che non è concreta; adottano una diversa modalità di esistenza[23].

Questa modalità di esistenza, linguistica, può utilizzare canali diversi: dischi, parole dipinte o diapositive proiettate sui muri, frasi scritte sulle facciate, testi pubblicati su riviste o cataloghi. Gli artisti si appropriano anche del libro. Le loro pubblicazioni dalla veste modesta si discostano dalle edizioni lussuose alle quali collaboravano i loro colleghi della generazione precedente ma anche dalla poesia visiva o dai «libri-oggetto» prossimi sia alla scultura che alla poesia.

Il libro non è soltanto un supporto comodo – ma non inessenziale –, destinato a conservare e trasmettere testi o immagini. È anche un oggetto. Queste due realtà distinte – il libro/supporto e il libro/oggetto – intrattengono rapporti potenzialmente conflittuali. La lettura richiede la trasparenza del segno: non appena percepita, la sua forma, definita ma funzionalmente evanescente, si cancella a vantaggio del significato al quale essa dà luogo. Al contrario, l'attenzione per l'oggetto in quanto tale caratterizza tradizionalmente la percezione estetica propria delle arti plastiche. I «libri d'artista» attirano l'attenzione sul duplice status di ogni libro. I *libri-oggetto* radicalizzano questa opposizione, che Marcel Broodthaers, poeta divenuto artista, illustra alla perfezione. Nel 1963, egli raduna e impila gli

[23] Cfr. LIPPARD, *Six Years* cit., p. 113.

ultimi cinquanta esemplari della sua raccolta *Pense-Bête*. Il libro, oggetto definitivamente liquidato, ricomincia a vivere nell'universo delle arti visive. Molti altri artisti si appropriano in mille e una maniera della struttura-libro, oppure volgono a proprio vantaggio l'esistenza fisica di determinate opere.

Niente di tutto questo con gli artisti concettuali. La loro diffidenza nei confronti dell'oggetto aveva anche un'origine politica, nel senso che la prospettiva di una possibile feticizzazione degli artefatti, per quanto modesti fossero, era da essi considerata con orrore. Ciò nonostante, le loro pubblicazioni, spesso spoglie, non sono sfuggite alla sorte che tanto paventavano: collezionate, divenute pezzi rari, si sono trasformate in oggetti di mercato. Le loro pratiche introducevano nel campo dell'arte una negazione delle abitudini acquisite, ma in fondo accettavano le regole del gioco. Chiudere una galleria o pubblicare un testo nel catalogo di una mostra, diffondere le proprie idee attraverso le riviste di prestigio, concepire opere destinate agli amatori, creare un pubblico nuovo, tutte queste attività implicano l'ammissione dell'esistenza di un «mondo dell'arte» costituito, con i suoi luoghi deputati, i suoi canali specializzati e il suo mercato speculativo. Nessuno degli artisti concettuali ignorava tale realtà. Le loro opere hanno trovato posto nella storia delle arti plastiche perché hanno messo alla prova la duttilità di questo universo, composto ormai da una rete di valori e interessi che non si organizzano piú attorno a oggetti specifici.

Joseph Kosuth, ad esempio, ha largamente contribuito a scindere l'arte dall'esistenza fisica degli oggetti. Una delle sue prime realizzazioni significative era una semplice lastra di vetro appoggiata a un muro, in modo da non essere né un quadro (appeso a una parete) né una scultura (posata sul pavimento). Posta accanto al vetro, un'etichetta era parte integrante dell'opera spiegandone il titolo: «Lastra qualsiasi di cinque piedi appoggiata a un muro qualsiasi» (1965). La tautologia pone l'accento sia sull'autosufficienza dell'arte sia sulla possibilità di una traslazione da un sistema all'altro. In seguito, l'artista è divenuto celebre con altre proposte dello stesso tipo. Con *Five Words in Blue*

Neon, la decodificazione dell'opera coincide esattamente con quello che vediamo, *cinque parole al neon blu*. *One and Three Chairs* presenta una sedia, la sua fotografia a grandezza naturale e una copia fotostatica che riproduce, ingrandita, la definizione data da un dizionario della parola «sedia». Se l'opera fosse esposta in un'altra sala, bisognerebbe scattare un'altra fotografia per illustrare la nuova conformità del pavimento e del muro. Qualunque sedia può «partecipare»: il valore artistico dell'idea, costituita dal montaggio dei tre elementi, non risiede nell'oggetto in sé.

Kosuth considera il linguaggio un «materiale legittimo», a condizione che non abbia alcun rapporto con la poesia. Esso annulla ogni formalismo estetico legato all'oggetto e consente di sviluppare un'attività riflessiva che, avendo come obiettivo il valore dell'arte in sé, non potrebbe essere sviluppata né con la pittura né con la scultura:

> Se si discute sulla natura della pittura, non si può discutere sulla natura dell'arte. Se un artista accetta la pittura (o la scultura), accetta la tradizione che l'accompagna: ecco perché la parola arte è globale mentre la parola pittura è particolare. La pittura è una *specie* di arte. Se fate della pittura, allora accettate già, senza discutere, la natura dell'arte, e la accettate secondo la dicotomia (pittura/scultura) stabilita dalla tradizione occidentale[24].

L'arte, secondo Kosuth, funziona come «sistema di relazioni complesse irriducibile al solo piacere visivo»[25]. Inoltre è autonoma: e, in quanto inutile, «l'arte esiste solo per se stessa». A queste condizioni, l'unico compito dell'artista è quello di «dibattere la natura dell'arte». Erede di Marcel Duchamp, il quale aveva già isolato l'idea dell'oggetto singolo, insostituibile (la copia di un ready-made «trasmette lo stesso messaggio» del possibile originale), Kosuth si rifà anche alla lezione di Reinhardt, del quale riprende il leitmotiv *Art as Art* per costruire la sua proposta globale di *Art as Idea as Idea*, sottotitolo di tutti i suoi lavori a partire dal

[24] A. R. ROSE (J. Kosuth), *Four Interviews* (1969), ripreso in *L'art après la philosophie* (1969), in *Art Conceptuel. Formes conceptuelles*, catalogo della mostra, Galerie 1900@2000, Paris 1990, p. 454.

[25] Cfr. *Joseph Kosuth: Art as Idea as Idea*, conversazione con J. Siegel (1970), in *Art conceptuel 1*, catalogo della mostra, Centre Arts Plastiques Contemporains - Musée d'Art Contemporain, Bordeaux 1988, p. 104.

1965. Il linguaggio articolato si adatta perfettamente a promuovere un'«Arte in quanto Idea in quanto Idea» fondata su opere, altrimenti dette «proposte analitiche», in cui le componenti formali diventano trascurabili. Tali componenti pongono infatti la questione del «come», e distraggono l'attenzione indirizzandola verso quegli elementi visivi che danno all'arte l'«aspetto di un divertissement», qualità non a caso apprezzata dal pubblico. In quanto attività speculativa, invece, l'arte concettuale sceglie di indirizzarsi esclusivamente agli artisti, per diventare «seria» come la scienza o la filosofia, discipline che, sostiene Kosuth, non hanno piú pubblico[26].

Il «serio» non era la principale preoccupazione di Rauschenberg quando spedí a Iris Clert, a titolo di partecipazione alla mostra di ritratti contemporanei da lei organizzata, un telegramma cosí: «Questo è il ritratto di Iris Clert se lo dico io». Non c'è bisogno, qui, di scomodare la filosofia analitica: Rauschenberg sembra piú vicino a Humpty Dumpty allorché diceva ad Alice: «Quando *io* uso una parola, essa significa esattamente ciò che io voglio che significhi… né piú né meno». L'arte può essere interessante *e* divertente. Il registro della parodia rafforza la posizione fondamentale di Kosuth: è arte anche quella che ci tiene compagnia in modo gradevole. A Sol LeWitt, il quale affermava, nei suoi *Paragraphs on Conceptual Art*, che non c'è alcuna ragione «di pensare che l'arte concettuale sia fatta per annoiare lo spettatore», sembra fare eco John Baldessari, il quale, prendendo a prestito la formula della punizione inflitta ai bambini disattenti, si adopera a riempire un foglio intero con il proponimento: «Non farò mai piú arte noiosa». Allo *Statement* di fondo di Weiner – la proposta verbale può essere attualizzata in un oggetto dall'artista o da chiunque altro o anche non realizzata – fa eco il *Principe d'équivalence* messo a punto nel 1968, in un contesto piú ludico, da Robert Filliou[27]. Seria, grave, interessante, irritante, divertente o provocatoria, la parola non

[26] Cfr. J. KOSUTH, *Note introductive*, in «Art & Language, VH 101», n. 3, autunno 1970.

[27] Ricordiamo che il principio recita: «Bien fait = Mal fait = Pas fait».

può piú essere considerata, nell'arte del XX secolo, una protesi inopportuna. Gli artisti sono arrivati a imporre la propria presenza. Solo un cambiamento di statuto poteva infatti permettere loro di sfuggire alla regola, valida da sempre, dell'artista inteso come una componente tra le tante che concorrono alla creazione. Le arti plastiche – o quantomeno una parte di esse – sono divenute leggibili: nel senso che la parola vi partecipa a pieno diritto.

Capitolo terzo
Altre immagini

La nascita e lo sviluppo dell'arte astratta, legate alle posizioni – a lungo dominanti – dell'avanguardia, avevano consentito la costruzione di una storia dell'arte in cui ogni innovazione era vista come una conquista definitiva che avrebbe costituito una svolta nella lunga marcia del progresso. In tale contesto, la figurazione, che pure poteva vantare alcuni considerevoli successi, si trovò a essere considerata come qualcosa di obsoleto. La *Neue Sachlichkeit* tedesca degli anni venti e il surrealismo coevo, poi le opere di Pablo Picasso, Alberto Giacometti, Jean Dubuffet o Francis Bacon nel corso degli anni cinquanta, non mancarono di porre problemi imbarazzanti. Infine, con l'irruzione della *pop art*, bisognò arrendersi all'evidenza: le immagini potevano coniugarsi con un'autentica modernità artistica.

Anche il recupero d'interesse per il dadaismo contribuí ad attualizzare un'estetica elaborata a partire da ben altre premesse. Walter Benjamin aveva contrapposto il modo di ricezione proprio della pittura a quello prodotto dal flusso delle immagini cinematografiche:

> [Il dipinto] invita l'osservatore alla contemplazione; di fronte ad esso lo spettatore può abbandonarsi al flusso delle sue associazioni. Di fronte all'immagine filmica non può farlo. Non appena la coglie visivamente, essa si è modificata. Non può venir fissata[1].

L'analisi di Benjamin sottolinea la differenza tra l'immagine pittorica e quella cinematografica avendo a modello, per quanto riguarda la pittura, proprio le opere dadaiste,

[1] BENJAMIN, *L'opera d'arte nell'epoca della sua riproducibilità tecnica* cit., p. 43.

opere che rinnegano lo spettacolo «gradevole alla vista», schockano l'opinione pubblica, acquisiscono un «potere traumatizzante» e, come il cinema, ricorrono a un'estetica fondata sullo shock fisico. Per cui le immagini potevano, per un verso, essere ricondotte alle delizie passatiste di un godimento sereno e, per l'altro, essere collegate alle conquiste di una modernità non traumatica, sostanzialmente sicura di sé.

1. *L'arruolamento della televisione*.

L'ingresso della televisione nel mondo dell'arte trova le sue premesse nell'aspirazione a realizzare opere d'arte totali unita alla volontà di un rinnovamento delle tecniche. I futuristi investono della loro ansia di rinnovamento tutti i mezzi espressivi disponibili e proclamano un'interdisciplinarietà generalizzata. Senza dimenticare la pittura, essi glorificano, con Marinetti, il music-hall, «crogiuolo in cui ribollono gli elementi di una sensibilità nuova che si prepara»[2]. Prampolini si augura a sua volta che il teatro s'orienti verso il «dinamismo plastico della vita contemporanea»[3]. E ancora Marinetti celebra un «teatro totale» nel quale gli spettatori possano circolare entro scenari che presentano simultaneamente azioni diverse e al quale collaborino «il cinema, la radio, il telefono, la luce elettrica, il neon, l'aeropittura, l'aeropoesia, il tattilismo, l'umorismo e il profumo». Neppure la nascente televisione è stata dimenticata: uno schermo ritrasmetterebbe la «strada popolosa di una città americana»[4].

Lucio Fontana ritiene necessario un superamento della pittura e della scultura per rispondere alle esigenze dei suoi

[2] F. T. MARINETTI, *Il Teatro di Varietà* (1913), in L. DE MARIA (a cura di), *Filippo Tommaso Marinetti e il futurismo* cit., p. 113.

[3] E. PRAMPOLINI, *L'atmosfera scenica futurista* (1924), in L. CARUSO (a cura di), *Manifesti, proclami, interventi e documenti teorici del futurismo 1909-1944*, Spes, Firenze 1980, p. 139.

[4] F. T. MARINETTI, *Teatro totale per le masse* (1933), in ID., *Teoria e invenzione futurista. Manifesti. Scritti politici. Romanzi. Parole in libertà*, a cura di L. De Maria, Mondadori, Milano 1968, p. 67.

contemporanei. E sogna una città la cui architettura assorbirebbe materiali nuovi, tra i quali la televisione[5]. Nel 1952 auspica la trasmissione televisiva di nuove forme d'arte che «puntino a un'estetica in cui il quadro non è piú quadro, in cui la scultura non è piú scultura, in cui la pagina scritta esce dalla sua forma tipografica»[6]. L'idea di utilizzare la televisione pare essersi affermata prima che tale mezzo di comunicazione fosse davvero disponibile. Dopodiché l'ampio processo di annessione dei vari media che caratterizza le arti plastiche conobbe il suo culmine quando gli impianti televisivi vennero incorporati in assemblaggi o installazioni: a quel punto l'avventura aveva davvero inizio.

Wolf Vostell rivendica, nell'impiego del mezzo televisivo, un ruolo di pioniere, avendo introdotto già a metà degli anni cinquanta la nozione di «dé-coll/age». L'idea gli era venuta dopo aver letto un titolo sulla prima pagina di «Le Figaro»: «Peu après son *décollage*, un Super-Constellation tombe et s'engloutit dans la rivière Shannon» (Poco dopo il decollo, un Super Constellation precipita e si inabissa nel fiume Shannon). L'artista tedesco conosceva allora il termine collage ma ignorava il significato di «décollage». Dopo aver consultato un dizionario, colpito dal paradosso implicito nell'annuncio – «un aereo cade decollando» – gli parve di aver trovato «una miniera d'oro estetica» capace di riassumere «l'intera drammaturgia sociale». La nozione di «dé-coll/age» si applica particolarmente bene all'innesto della televisione in un'opera visiva, in quanto lo schermo non è un elemento qualsiasi fra altri elementi qualsiasi: fa sí che le immagini di eventi anodini, felici o drammatici, incidano sull'autonomia estetica dell'opera e la destabilizzino. Vostell si rifà a questo meccanismo:

> La mia prima esperienza con un televisore la feci nel 1958. Inserita in un assemblaggio. C'era un programma normale, ma mal funzionante. Con dei fili di ferro spinato attorno. E davanti al-

[5] L. FONTANA, *Manifesto tecnico. Continuiamo l'evoluzione dei mezzi*, in *Lucio Fontana*, catalogo della mostra, Centre Georges Pompidou, Paris 1987, p. 291.

[6] L. FONTANA, *Manifesto dello spazialismo per la televisione*, *ibid.*, p. 293.

l'apparecchio, un mucchio d'ossa. Quando passava un reportage di guerra, scattava un effetto di raddoppiamento, di duplicazione. Non era un collage, ma una giustapposizione. O piuttosto un *dé-coll/age*[7].

La radio può svolgere un ruolo analogo. Dissimulati tra gli elementi che compongono *Oracle* (Rauschenberg, 1965), dei ricevitori captano e diffondono i rumori del mondo. Tuttavia, l'utilizzo della televisione seguí ben presto un corso diverso. Nam June Paik fu uno dei primi artisti a lavorare sul mezzo in sé e non soltanto con esso. Nel 1963 egli presenta in una galleria di Wuppertal tredici televisori «preparati». Manipolazioni del tubo catodico o, piú semplicemente, l'aggiunta di calamite e materiale elettrico atto a produrre campi magnetici, confondono le immagini trasmesse dallo schermo. La televisione non è piú soltanto un oggetto, pur reso del tutto particolare, è parte integrante d'un assemblaggio. Diventa uno strumento per fabbricare immagini eccentriche, depistanti.

Nam June Paik ha sviluppato la sua opera in piú direzioni. Musicista di formazione, membro del gruppo Fluxus, negli anni sessanta organizza spettacoli pubblici. Con *TV Bra for Living Sculpture* (1969) gli apparecchi televisivi fanno un ingresso trionfale sulla scena artistica. Charlotte Moorman li porta a mo' di reggiseno mentre esegue un concerto di violoncello. Miniaturizzati, diffondono immagini dei primi uomini sulla Luna, modificate a seconda della musica. Paik realizza anche «videosculture», accatasta piramidi di televisori o li dissemina tra le piante di un giardino d'inverno. Concepisce inoltre opere grottesche e poetiche che turbano la nostra familiarità con il mezzo televisivo. *Buddha's Catacombs* (1974) presenta un sistema chiuso. Un Budda di bronzo, posto su un piccolo rialzo di terra, è seduto di fronte a un televisore. Un po' piú lontano, sullo stesso asse, una camera posta su un treppiede e collegata al televisore filma in permanenza la scultura. Vediamo cosí il Budda guardare la sua stessa immagine, messinscena mo-

[7] W. Vostell, intervista a cura di J.-P. Fargier, in «Les Cahiers du Cinéma», n. 332, febbraio 1982, citato in D. BLOCH, *L'art vidéo*, Limage 2, Paris 1983, p. 118.

derna del narcisismo quotidiano, legittimato e valorizzato da una tecnologia che affascina. Anche un'altra opera ricorre al paradosso di un'immagine televisiva fissa: *Moon is the Oldest TV* (1965-76). In una camera buia, sono montati su piedistalli identici da nove a quindici televisori. Ciascuno presenta una sola immagine, fissa. L'insieme evoca, senza raffigurarla, la Luna nelle sue diverse fasi (le «immagini» non sono registrate ma ottenute per deformazione del flusso di elettroni nel tubo catodico). Al di là del gioco, «La luna è la piú antica televisione» invita a una riflessione sul mezzo, la sua natura e i suoi poteri.

Nella maggioranza dei casi, tuttavia, Nam June Paik fabbrica egli stesso le immagini che fa scorrere sullo schermo. All'inizio degli anni settanta aveva messo a punto con degli ingegneri un sistema che gli permetteva di sintetizzarle, colorarle o deformarle a piacere. L'artista era entusiasta: «Come la tecnica del collage ha sostituito la pittura a olio, cosí il tubo catodico ha sostituito la tela»[8].

Paik lavora sulla base di sue registrazioni. A metà degli anni sessanta, la Sony aveva messo a disposizione del pubblico una videocamera portatile, il Portapak. Paik ne acquistò una. Leggera, maneggevole, poco ingombrante, la videocamera di massa apriva agli artisti prospettive inedite, e furono in molti a esplorarne le potenzialità.

2. *Un nuovo strumento: la videocamera.*

L'irruzione della videocamera nelle pratiche artistiche ha ben altro peso dell'innesto dell'apparecchio televisivo nel corpo d'un assemblaggio. Invece di assimilare contemporaneamente il supporto d'un mezzo e le sue immagini, come a loro tempo erano riusciti a fare gli artefici del collage, gli artisti che utilizzano il video fabbricano da sé le proprie immagini oppure adottano dispositivi che le mettono in funzione. E il caso volle che la videocamera diventasse disponibile proprio nel momento in cui si affer-

[8] N. J. Paik, citato in D. BLOCH, *Nam June Paik et ses pianos à lumière*, in «ArtPress», n. 47, dicembre 1978.

mavano gli happening e le performance. Tali manifestazioni artistiche erano, per definizione, effimere e, essendo il cinema troppo oneroso e di fatto impraticabile per la registrazione degli eventi, solo i racconti e le fotografie potevano tramandarne il ricordo. Per cui il video si trovò a quel punto a fare da taccuino e divenne lo strumento con il quale gli artisti cominciarono a lavorare direttamente. Inoltre, rispetto al cinema, aveva anche un altro vantaggio: mentre questo richiede una sala di proiezione, il monitor televisivo che rimanda le immagini video può essere installato in qualunque sala di qualunque esposizione. Il video, insomma, proliferò.

Dopo Nam June Paik, gli artisti compresero presto l'utilità di mettere in scena i monitor stessi. Shigeko Kobota dispone su una scala una serie di schermi sui quali sfilano in continuazione le immagini d'una donna che scende una scala, trasparente allusione al celebre quadro di Marcel Duchamp. Su tutt'altro registro, Gary Hill fa uscire i tubi catodici dalle loro scatole di protezione, gioca sulle dimensioni, li combina in una installazione il cui impianto, messo a nudo, evoca il corpo umano e le sue articolazioni. Altri accumulano gli schermi, li disseminano o li assemblano in configurazioni paradossali: tutte procedure che autorizzano una pluralità di variazioni su immagini frammentate, raddoppiate, sfasate, complementari o conflittuali, e permettono di emancipare il video dalla banalizzazione del suo uso domestico per ancorarlo all'universo delle gallerie d'arte e dei musei. Nel 1969, la Howard Wise Gallery di New York organizzò la prima mostra sul tema della «TV as Creative Medium». L'anno successivo, anche i musei iniziarono a presentare manifestazioni dedicate alla videoarte e ad acquisirne le opere.

Parecchi artisti, nei primissimi anni settanta, svilupparono a loro volta un diverso utilizzo del video. Gli happening e gli *Event Fluxus* avevano permesso di dar corpo al desiderio di partecipazione generalizzata che ormai mobilitava una parte della società, e il video, da ultimo, offrí un ulteriore prezioso contributo. I dispositivi di videosorveglianza vennero ad esempio utilizzati per filmare lo spettatore, il quale, divenuto attore, entrava cosí a par parte delle opere e interagiva con esse, intenzionalmente destituite di ogni autonomia. Non bastava guardarle, bisognava viverle, accettare di esserne parte attiva. Bruce Nauman realizza uno stretto corridoio in fondo al quale è installato un televisore. Quando il visitatore vuole andare a vederlo piú da vicino, avanza verso uno schermo sul quale distingue una persona che gli volge le spalle e si allontana alla sua andatura: lui stesso, filmato da una camera fissata in alto, all'ingresso di questo *Live-taped Video Corridor* (1970). Anche altre opere di Nauman si fondano sui paradossi visivi, o sull'effetto sorpresa, come *Around the Corner Piece* (1970), un cubo attorno al quale gira il visitatore, filmato da quattro camere, una per ogni lato. Di fronte a ciascuna di esse, all'altra estremità della parete, c'è uno schermo, posato sul pavimento. La nostra immagine però non compare mai, come avremmo potuto aspettarci, sul monitor che ci sta di fronte: compare nell'angolo opposto.

Nauman, del quale abbiamo già ricordato i giochi testuali, non si attiene né a un registro estetico né a una tecnica materiale. La sua evoluzione personale è emblematica del passaggio dalle «belle arti» alle arti plastiche. Aveva iniziato con la pittura; insoddisfatto, si era detto che avrebbe potuto continuare a lavorare solo se avesse smesso di considerarsi un pittore. Decise quindi di andare a «cercare nella musica, nella danza e nella letteratura» idee appartenenti ad altre dimensioni estetiche che potessero comunque rivitalizzare il suo lavoro. Gli anni sessanta erano propizi alle ricerche polivalenti, ed egli non mancò di impiegare i media piú diversi. Nauman ne menziona parecchi quando evoca lo stato d'animo dei *sixties*, contrassegnati da un'interdisciplinarietà generalizzata:

> L'utilizzo di diversi tipi di materiale non sembrava porre problemi – passare dalla fotografia alla danza, dalla performance al videotape. Tutti questi modi differenti di esprimere idee o di presentare materiali sembrano semplicissimi. Si poteva allestire insegne al neon, costruire pièce con un testo scritto, oppure improvvisare scherzi sulle diverse parti del corpo, preparare calchi, fare insomma tante cose[9].

[9] B. NAUMAN, *Art in America* (1988), intervista a cura di J. Simon citata in *Et tous ils changent le monde*, catalogo della mostra, Réunion des Musées Nationaux - Biennale d'Art Contemporain de Lyon, Paris 1993, p. 204.

Dan Graham realizzò nel 1974 un'opera esemplare degli usi dimostrativi e ludici consentiti dalla videocamera: *Present Continuous Past(s)*, dove il visitatore, uscendo da un corridoio d'accesso, entra in una sala e si vede in uno specchio, in tempo reale. Scopre cosí la presenza di una camera e di un monitor, fino a quel momento privo di immagini. La sua compare solo dopo, leggermente in differita. Quando un altro visitatore entra a sua volta nell'installazione, può vedere il primo balzare sullo schermo, pur rimanendo correttamente immobile davanti allo specchio. Questo scarto, sconcertante, stimola comportamenti ludici – i nostri atteggiamenti, le nostre posizioni, eventualmente le nostre smorfie, arrivano con 8 secondi di ritardo. L'opera, in realtà, è ancora piú complessa, perché la camera registra anche l'immagine del monitor nello specchio, raddoppiando cosí la temporalità trasmessa dal circuito.

3. *Mostrare, raccontare.*

Le immagini cinematografiche interessano da sempre i pittori. Man Ray, in occasione di una manifestazione dadaista, presentò il film *Le retour à la raison* (1923); Marcel Duchamp, eterno cultore dei giochi di parole, realizzò *Anémic Cinéma* (1925-26); e l'astrattismo, come abbiamo ricordato, sperimentò spettacolari complementi filmici. Il cinema sperimentale si è sviluppato forse piú nell'ambito delle arti plastiche che nei circuiti riservati al cinema. E, come la pittura coeva, ha condotto una riflessione sulla natura del mezzo, sui dispositivi di messa in mostra delle immagini, giocando spesso con i paradossi. Alcuni privilegiano la colonna sonora e non offrono alla vista alcuna immagine. Altri lavorano direttamente sulla pellicola vergine, rigandone la superficie, graffiandola, bruciandola in parte, o perforandola. Il recupero e il riciclaggio di spezzoni di pellicola di film commerciali autorizzano molteplici esperimenti. Nel 1965, in contemporanea con l'avvento del video, Jonas Mekas organizza un festival del «cinema allargato» (*expanded cinema*).

Dick Higgins, membro del gruppo Fluxus, pubblica nel 1967 uno *Statement on Intermedia* (Dichiarazione su intermedia), scritto l'anno prima. Dopo aver premesso che l'arte è uno dei mezzi con cui gli uomini comunicano tra loro, Higgins individua nell'*intermedia art*, ossia nel modo nuovo di «porre l'accento sulla dialettica tra i media», un punto di svolta, che cade proprio nel momento in cui la polverizzazione delle frontiere estetiche sembra un fatto definitivamente acquisito. In seguito, il cinema interagirà a volte, e non senza ironia, con la pittura. Jean Le Gac installa su uno sgabello un vecchio proiettore, proprio davanti a una delle sue fiction disegnate, *Story Art (avec fantôme des Beaux-Arts)* (1986). Bertrand Lavier presenta, nello stesso anno, una installazione in cui una serie di quadri celebri ricostruisce una breve storia dell'arte moderna, e tutti sono proiettati per mezzo di apparecchi visibili, nei quali passano pellicole montate ripetitivamente (*Accrochage n. 1*, 1986). Una variazione televisiva dell'opera fa ricorso a una serie di monitor di vario formato corrispondenti ai formati originali, la cui immagine viene trasmessa da un videoregistratore (*TV Painting*, 1986).

Tra gli artisti di valore che hanno incontrato il cinema, Andy Warhol è sicuramente il piú celebre. I suoi primi film, girati nel 1963, mostrano un'azione elementare, come dormire, baciare, mangiare, o registrano una durata priva di eventi: *Empire* (1964) mostra invariabilmente, per otto ore, la parte superiore dell'Empire State Building. Anche se queste pellicole si collocano agli antipodi dei film proposti dall'industria hollywoodiana, Warhol non rifiutò mai il cinema commerciale e, ad esempio, si proponeva di proiettare *The Chelsea Girls* (1966) al Festival di Cannes. Nel suo caso, l'obiettivo non era la mescolanza dei media, bensí l'abbattimento delle frontiere tra universi e discipline che si ignorano. Christian Boltanski, a sua volta, avrebbe voluto inserire *L'homme qui tousse* tra i programmi pubblicitari dei cinema, per «sensibilizzare le persone». L'iniziativa, secondo l'artista, avrebbe dovuto corrispondere «a un desiderio molto profondo di legare insieme l'arte e la vita». Si può immaginare quantomeno la sorpresa degli spettatori di fronte alla sua pochade per immagini, buffa ma anche estremamente violenta. Il ministère des Affaires Culturelles gli rifiutò l'indispensabile visto di censura usando i seguenti argomenti:

> La Commission [di controllo delle opere cinematografiche] propone il divieto totale di questo cortometraggio, il quale, a parere della Commission, offre in maniera particolarmente sordida e rivoltante l'immagine della miseria fisiologica di un uomo, presentato tra l'altro con i tratti di un mostro. Essa esprime i suoi timori per gli effetti traumatizzanti che il film può suscitare in qualunque spettatore[10].

Il ministro dell'epoca si attenne al parere della Commission. Proibito, il film trovò rifugio nei musei, i quali, in determinate occasioni, lo proiettano.

Il video facilita l'accesso alle immagini mobili. Sapendo di poter riprodurre i loro film, anche se con una inevitabile perdita di qualità, su nastri destinati a videoregistratori, gli artisti lavorano fin dal principio con questo supporto e rendono le loro opere direttamente disponibili. Sono opere che, dato il mezzo, fanno spesso appello alla narrazione. Ricordiamo che il gusto per le storie non è mai scomparso, e che molti appassionati trovano proprio in soluzioni come queste l'opportunità di soddisfare un'aspirazione che il moderno ha fatto di tutto per deludere. Il riferimento al cinema, spesso in chiave parodica, è onnipresente. Joël Bartoloméo incanta il pubblico con piccole scene di vita familiare, scene che chiunque potrebbe filmare con una videocamera se i comportamenti che rivelano non fossero cosí sfasati. Pierrick Sorin mette in scena se stesso in situazioni burlesche o frustranti: rovescia una tazza di caffè, gioca a pallone, defeca o inventa passatempi assurdi fatti apposta per irridere le anime piú timorate. Patrick Corillon, racconta, come s'è detto, le avventure di Oskar Serti. Eric Duyckaerts registra conferenze che parodiano con la massima serietà i discorsi «scientifici» degli esperti piú autorevoli: l'effetto televisivo è perfetto.

Molte opere richiedono tuttavia particolari condizioni di presentazione. La comparsa del videoproiettore apre pos-

[10] Lettera riprodotta in L. GUMPERT, *Christian Boltanski*, Flammarion, Paris 1992, p. 17.

sibilità nuove per coloro che vorrebbero monumentalizzare le immagini del «piccolo schermo». Bill Viola, a volte, giustappone grandi proiezioni simultanee, moderni polittici dalle immagini in movimento, il cui effetto risulta moltiplicato dalle imponenti dimensioni. Il videoproiettore consente ogni tipo di fantasia. Tony Oursler proietta immagini sul volto in chiffon di bambole che prendono cosí ad animarsi, in modo strano e singolare. Pipilotti Rist ricostruisce un salotto e un bar in cui bottiglie, cassetti e libri pullulano di immagini, a tratti assai discrete, ma sempre inquietanti. In molte mostre, oggi, le immagini video colpiscono per il modo stesso in cui si offrono. In fondo a un cilindro metallico, un occhio ci fissa (Keun Byung Yook). Sul pavimento, dentro un cerchio luminoso, un cuore e la scritta «Love», a ornamento di un dolce, vengono divorati da un nugolo di topi sbucati sotto i nostri piedi dall'oscurità. Alzando gli occhi al soffitto, il nostro sguardo è attratto dalle gambe di un funambolo che percorre la galleria, sotto la volta (Antoni Abad). Il cinema non ci aveva abituati a simili visioni.

La comparsa delle nuove tecnologie ha continuato, per tutto il secolo, ad affascinare artisti che vedevano in esse la possibilità di creare un'arte completamente nuova. Robert Rauschenberg, Robert Whitman e Billy Klüver, un ingegnere, hanno fondato nel 1966 una struttura – l'Experiment in Art and Technology – destinato ad agevolare la collaborazione tra gli artisti e i centri ricerche dei grandi gruppi industriali. Klüver ne descriveva cosí i programmi e il funzionamento:

> Si è deciso di farla funzionare come una specie di «agenzia matrimoniale»: quando un artista si scontra con un problema tecnico o vuole realizzare un progetto tecnologico molto articolato, essa lo mette in contatto con un ingegnere che sappia rispondere alle sue esigenze e sia pronto ad aiutarlo[11].

Il prestigioso Massachusetts Institute of Technology ospita il Center for Advanced Visual Studies, che mette a disposizione degli artisti metodologie efficaci fondate su

[11] B. Klüver, citato in SANDLER, *Le triomphe de l'art américain* cit., p. 249.

conoscenze complesse. I centri di ricerca specializzati, come il Zentrum für Kunst und Medientechnologie di Karlsruhe, si sono moltiplicati.

Il trattamento delle immagini video fa spesso appello a tecniche avanzate. Le immagini di sintesi, il computer, Internet sono una grande tentazione. Molte opere che utilizzano tecnologie sofisticate sollecitano la complicità attiva degli spettatori, puntando sull'interattività. Le finestre del *Bus* (1984) realizzato da Jean-Louis Boissier corrispondono ad altrettanti schermi. Il paesaggio urbano sfila davanti, ma i passeggeri possono in ogni momento premere un pulsante di arresto e fare una visita (virtuale) agli abitanti del luogo. Catherine Ikam organizza l'incontro con l'immagine digitale di un volto a tre dimensioni, *L'Autre* (1992), che reagisce agli spostamenti del pubblico nella sala.

Presenti in molte opere, i riferimenti all'arte del passato facilitano la loro integrazione dentro una storia che prosegue nonostante il carattere inusuale dei mezzi impiegati. Hervé Graumann utilizza un computer e una stampante per presentare *Raoul Pictor cherche son style...* (1993). Le immagini un po' infantili dello schermo fanno assistere in diretta agli sforzi del pittore che cerca l'ispirazione, consulta un libro o prova a suonare il pianoforte, quando non intinge i pennelli nei colori per ripassare una tela posta su un cavalletto, tela di cui vediamo solo il rovescio. Quando il quadro è terminato, il pittore se ne appropria e lascia la stanza. Si mette allora in funzione la stampante. Appare l'opera, nuova a ogni prova di stampa: il computer può mixare migliaia di soluzioni.

Piú sofisticato della divertente scenetta di Graumann, la *Black Box* (1998) del Cercle Ramo Nash – un gruppo di artisti anonimi e fittizi – evoca di primo acchito i cubi minimalisti. Essa è collegata (o sembra esserlo) a tavoli da computer, davanti ai quali ognuno può sedersi e utilizzare la tastiera per porre domande sull'arte, dare il proprio parere (breve), intrattenersi con Sowana, un robot programmato per il dialogo che utilizza le risorse dell'intelligenza artificiale. La grande scatola nera sembra abbastanza grande perché un interlocutore in carne e ossa entri e vi si confronti. Finché non sente crescere in sé l'incertezza, mentre il programma del computer s'arricchisce continuamente e si modifica nel corso delle conversazioni, conservate in memoria, rielaborate ininterrottamente. La *Black Box* gioca infatti su due registri: l'oggetto è sí presente ma non possiede la funzione estetica che ci si aspettava; e l'arte, alla fine degli anni novanta, è spesso considerata solo un mezzo di comunicazione, uno dei tanti media disponibili. L'avviso che accompagna l'opera del Cercle Ramo Nash individua appunto questi caratteri dell'arte contemporanea:

> Senza informazione un'opera non è che un oggetto tra i tanti, ed è probabilmente questa la ragione per cui voi state leggendo questo avviso. L'arte è innanzitutto un gioco di comunicazione, e la conversazione è oggi per l'arte solo un mezzo come gli altri, come la mostra che la ospita[12].

I limiti propriamente tecnici sono sistematicamente negati. Alcuni sono incantati dalla realtà virtuale, altri denunciano invece la contaminazione tra l'arte e la «società dello spettacolo». Il cinema e il video avevano introdotto nelle arti plastiche una temporalità che non era quella, liberamente scelta, del consumatore di pittura. All'osservazione subalterna dell'opera, sottomessa al suo inesorabile svolgimento, l'interattività contrappone un vincolo partecipativo. Certe opere circolano in rete. E gli internauti che lo desiderino approfittano della loro disponibilità per rilavorarle, trasformarle. Sicché, come fa notare Nicolas Bourriaud, l'immagine contemporanea si caratterizza «per il suo potere generativo: non è piú traccia (retroattiva), bensí programma (attivo)». E precisa:

> È d'altronde questa proprietà dell'immagine digitale a «informare» con maggior forza l'arte contemporanea: già in gran parte dell'arte d'avanguardia degli anni sessanta l'opera si offriva meno come realtà autonoma che come programma da eseguire, modello da riprodurre (ad esempio i giochi inventati da George Brecht e Filliou), stimolo a creare da soli (Beuys) o ad agire (Franz Erhard Walter). Nell'arte degli anni novanta, nel momento in cui le tecnologie interattive si sviluppano a una velocità esponenziale, gli artisti esplorano gli arcani della socialità e dell'interazione, i cui

[12] Avviso nel *Livret d'accompagnement* della mostra «Hypothèse de collection», esposizione di opere acquisite dal Frac Provence-Alpes-Côte d'Azur, catalogo della mostra, Musée du Luxembourg, Paris 1999, p. 26.

meccanismi l'opera d'arte s'incarica di far scattare. L'orizzonte teorico e pratico dell'arte di questo decennio è costituito in gran parte dal rapporto interpersonale: il quale è la forma stessa della produzione artistica contemporanea[13].

Il computer offre in effetti molteplici possibilità, tanto per la creazione e manipolazione delle immagini, fisse o in movimento, tangibili o virtuali, quanto per la loro comunicazione. L'interattività consentita dalla rete ha finora offerto, nel campo dell'arte, solo pochi risultati apprezzabili. Per cui i pareri restano divisi. Alcuni la guardano con sospetto, mentre altri sono entusiasti delle sue potenzialità. Yves Michaud, che fu direttore dell'École Nationale Supérieure des Beaux-Arts di Parigi, afferma, non senza un sottinteso provocatorio:

> Con l'avvento del multimediale, il museo del XXI secolo sarà un parco divertimenti, un luogo di animazione culturale permanente e collettivo. Si ritorna alle esposizioni universali del secolo scorso, che erano di fatto luoghi di divertimento. Si costruiranno palazzi di sogno, come la Città delle Scienze, il Palazzo della Scoperta, o anche Disneyland[14].

4. *La fotografia come arte plastica.*

La fotografia sembra vicina alla pittura: propone allo sguardo un'immagine fissa che l'occhio può esplorare e decodificare a piacere. La tecnica fotografica, inventata contemporaneamente alla nascita del moderno, s'è imposta lentamente nel mondo dell'arte. Secondo molti storici e specialisti[15], la fotografia ha fatto il suo ingresso tra le arti plastiche nel corso degli anni sessanta o settanta, in primo luogo come documento visivo di realizzazioni o eventi che non potevano essere esposti direttamente – ad esempio, in-

[13] N. BOURRIAUD, *Relations écran. L'art des années quatre-vingt-dix et ses modèles technologiques*, in *Troisième Biennale d'Art Contemporain de Lyon (installation, cinéma, vidéo, informatique)*, catalogo della mostra, Réunion des Musées Nationaux, Paris 1995, p. 491.

[14] Y. MICHAUD, *Construire des palais de rêve*, in «Le Monde - Télévision-radio-multimédia», 2-3 giugno 1996, p. 27.

[15] Cfr. in particolare D. BAQUÉ, *La photographie plasticienne. Un art paradoxal*, Éditions du Regard, Paris 1998, pp. 49 sgg.

terventi sulla natura o *azioni* effimere. Dopodiché alcuni artisti hanno assimilato molto in fretta la presenza d'una possibile mediazione fotografica. Vito Acconci sa che i primi piani delle sue morsicature (*Trademarks*, 1970) risulteranno, grazie alla fotografia, impressionanti. Georges Rousse struttura i suoi calchi in gesso in funzione della ripresa fotografica, come se l'opera in sé, votata per cosí dire alla distruzione, non fosse destinata a essere vista. Contrariamente a Richard Long, Hamish Fulton non modifica nulla dei paesaggi che attraversa, e dalle sue escursioni, a volte prolungate, riporta delle foto in bianco e nero alle quali aggiunge soltanto una «legenda» stampata.

In conclusione, negli anni ottanta la fotografia entra direttamente nelle gallerie, con immagini considerate opere d'arte a tutti gli effetti e non piú solo documenti o elementi di supporto. Sicché, a questo punto, si apre una dicotomia tra gli artisti che fanno ricorso alla fotografia e i fotografi «puri», una distinzione resa ancor piú marcata dal fatto che i primi si dichiarano cultori di una «fotografia creativa». I due gruppi espongono in sedi diverse e, piú in generale, divulgano con metodi diversi le proprie creazioni, per cui si trovano inseriti in circuiti nettamente distinti, promotori a loro volta di modelli interpretativi assai differenti. Perciò, arte e fotografia mantengono la loro rispettiva autonomia: una situazione strana, che chiarisce ma non giustifica del tutto la vicenda dei loro rapporti.

La fotografia ha intrattenuto a lungo con la pittura rapporti complessi, in cui fascino e concorrenza reciproci hanno tessuto un intreccio di malintesi. L'invenzione di un dispositivo giudicato capace di cogliere e fissare con assoluta esattezza l'immagine del reale provocò nel XIX secolo un vero terremoto. La Repubblica delle arti si mobilitò per fronteggiare il nuovo pericolo. Baudelaire, Delacroix e molti altri hanno riflettuto sulle conseguenze estetiche legate alle rivendicazioni estetiche del «prodigioso meccanismo», soprattutto quando esso si dimostrò in grado di duplicare su carta ciò che aveva registrato.

Gli argomenti piú frequenti a favore della pittura fanno leva sull'«incomparabile fedeltà» dei cliché fotografici, che restituiscono i piú intimi dettagli del soggetto. Tale proprietà folgorò letteralmente i contemporanei. Nel suo *Journal*, Delacroix nota che, dinanzi alla natura, noi non vediamo «né i fili d'erba in un paesaggio né i difetti della pelle in un viso grazioso» (1° settembre 1859). E quand'anche potessimo distinguerli, dovremmo selezionare i dettagli utili ed eliminare tutti gli altri. Questa «teoria dei sacrifici», allora molto in voga, imponeva di non mostrare tutto, onde costruire una sintesi efficace del reale percepito nel suo insieme. Un altro argomento a favore della pittura pone l'accento sull'immaginazione, l'attributo piú importante dell'artista vero, quello che non si accontenta di copiare pedissequamente la natura. In altri termini, la fotografia è «un agente fedele, il che non significa un'intelligenza», nel senso che le mancano completamente sia il «soffio dell'ispirazione» sia il «lampo del pensiero». Insomma: tutto un fuoco di sbarramento che tende a salvare la pittura, minacciata dalla fotografia ma anche dal suo effettivo alleato in seno alle pratiche artistiche, il realismo. Nel 1851, Francis Wey traccia un bilancio del conflitto:

> Precisiamo in quattro parole il risultato definitivo: gli artisti veramente originali, anziché essere messi in difficoltà, dovranno alla nuova invenzione risorse impreviste, e trarranno un piú libero slancio. Le persone del *mestiere*, i *meccanici*, come si diceva una volta, saranno fatti fuori[16].

La fotografia non condannava dunque la pittura, come aveva pensato, si dice, Paul Delaroche[17]: la liberava dai suoi compiti esecutivi. Quando l'astrazione ruppe con la figurazione, si riascoltò il medesimo ritornello. Un modo come un altro per giustificare l'abbandono della rappresentazione. L'argomento, nel caso della fotografia, è anche poco convincente, poiché essa ha tentato, prima della pittura, di

[16] F. WEY, *De l'influence de l'héliographie sur les beaux-arts* (1851), riproduzione parziale in A. ROUILLÉ, *La photographie en France. Textes et controverses: une anthologie. 1816-1871*, Macula, Paris 1989, p. 111.

[17] «La pittura, a partire da oggi, è morta»: questa celebre battuta attribuita a Paul Delaroche è sicuramente apocrifa, ma resta significativa di uno stato d'animo molto diffuso. François Arago aveva chiesto al pittore una nota sull'invenzione di Daguerre che s'apprestava ad annunciare alla Camera dei Deputati (3 luglio 1839). Le riflessioni di Delaroche citate in quell'occasione da Arago erano favorevoli al dagherrotipo: «Un immenso servizio reso alle belle arti».

«rendere visibile»... l'invisibile. Alla fine del XIX secolo, certi fotografi pretendono di catturare l'*aura*. Hippolyte Barraduc, psichiatra, pubblica nel 1896 un trattato dedicato a *L'âme humaine, ses mouvements, ses lumières et l'iconographie de l'invisible fluidique*, illustrato in particolare da un ritratto dell'autore che (rap)presenta la propria «psicoicona», un'immagine (vaporosa) del proprio pensiero «che pensa se stesso». La scoperta dei raggi X apre a sua volta nuove prospettive. Camille Flammarion, sul serissimo «Bulletin de la Société astronomique de France» (1896), dedica un articolo a *La photographie de l'invisible*. Per un aspetto *plus artiste*, August Strindberg vuole sapere come il mondo si presenterebbe se fosse affrancato dal suo «occhio ingannatore», e registrasse direttamente, senza apparecchio fotografico, ciò che lo sguardo non vede[18]. Pur in parte legati al contemporaneo simbolismo, i tentativi citati o anche quelli di Strindberg non interessano direttamente la sfera dell'arte. Mentre appartiene specificamente all'avanguardia il progetto di Anton Giulio Bragaglia d'una *Fotografia dell'invisibile* (1913), quantunque non coronato dal successo e respinto dai suoi stessi amici futuristi.

Se è vero che la fotografia ha fatto spesso appello alle innovazioni pittoriche – il pittorialismo ne è un esempio significativo –, è anche vero che la pittura approfitta senza remore delle conquiste della fotografia. Delacroix fece realizzare dei dagherrotipi destinati a servirgli da modello. In modo piú sostanziale, benchè piú dissimulato, Degas, fotografo dilettante, si ispira, in pittura, alle inquadrature messe a punto attraverso le proprie sedute fotografiche. La fotografia aerea appassiona Malevič, che ne pubblica parecchie in *Die gegenstandslose Welt*[19] e realizza inoltre dei disegni direttamente ispirati alle immagini contenute nel volume. Una parte delle sue composizioni suprematiste è chiaramente debitrice di questa visione del mondo. Parlando poi di Marcel Duchamp e dei futuristi, abbiamo sot-

[18] Per le esperienze di Strindberg, cfr. C. CHÉROUX, *L'expérience photographique d'August Strindberg*, Actes Sud, Arles 1994.

[19] Cfr. K. MALEVIČ, *Die gegenstandslose Welt*, Albert Langen Verlag, München 1927; trad. it. *Suprematismo. Il mondo della non-oggettività*, De Donato, Bari 1969.

tolineato quale importanza avessero per loro le cronofotografie, anche se riconducibili a un ambito strettamente scientifico. In epoca a noi piú vicina, non sono stati pochi i pittori che si sono confrontati, per il loro lavoro, con le tecniche della fotografia. Gerhard Richter trasferisce nella pittura il caratteristico *flou* fotografico. Andy Warhol vuole dipingere «come una macchina»[20]: ricicla le fotografie dei rotocalchi – i ritratti di note personalità –, ingrandisce i negativi che ne ha ricavato e li riproduce in serie usando la tecnica della serigrafia.

Un'osservazione di Delacroix pone l'accento sul rivolgimento verificatosi nell'arco d'un secolo. Criticando la pittura che si limitava a copiare pedissequamente dalla fotografia, scriveva: «L'artista, in una parola, diventa una macchina collegata a un'altra macchina»[21]. Tale condotta, un tempo squalificante, è precisamente quella dei pittori iperrealisti, i quali, negli anni settanta, hanno esaltato la fotografia intendendone fornire, in pittura, un «duplicato che nega l'entropia». L'analisi di Jean-François Lyotard, al quale siamo debitori della formula, sottolinea come le loro immagini siano ben piú folgoranti degli originali da cui derivano, in quanto «la macchina-corpo del pittore destabilizza la macchina foto-ottica facendole *dare* piú di quanto ha ricevuto»[22]. Sono confronti che non fanno che confermare il primato della pittura. Regnando da secoli sulla produzione delle immagini, essa si è sempre dimostrata pronta a inventare stratagemmi per riappropriarsi delle prerogative della fotografia e continuare cosí ad affermare la propria egemonia. Francis Bacon fu certamente uno dei pittori che piú consapevolmente seppero trarre insegnamento dalla fotografia ai fini dell'esercizio pittorico.

[20] Cfr. G. R. SWENSON, *What is Pop Art? Answers from 8 painters*, in «Art News», novembre 1963, e la risposta di Warhol: «Se dipingo in questo modo, è perché voglio essere una macchina, e penso che tutto ciò che faccio come una macchina corrisponde a ciò che voglio fare», citato in *Andy Warhol Rétrospective*, catalogo della mostra, Centre Georges Pompidou, Paris 1990, p. 457.

[21] E. Delacroix, in «Revue des arts» (1850), citato in ROUILLÉ, *La photographie en France* cit., p. 406.

[22] J.-F. LYOTARD, *Esquisse d'une économie de l'hyperréalisme*, in ID., *Des dispositifs pulsionnels*, UGÉ, Paris 1973, pp. 111-12.

A Michel Archimbaud, che lo interrogava in proposito, Bacon confidava:

> Penso che dopo l'invenzione della fotografia la pittura abbia subito una grande evoluzione. Oggi non abbiamo piú gli stessi motivi per dipingere che c'erano un tempo. Il fatto è che ogni generazione deve trovare il proprio metodo di lavoro[23].

Il pavimento del suo atelier era coperto di fotografie, e si sa che si interessò alle riproduzioni di malati alla bocca, trovate in un libro, alle cronofotografie di Muybridge, ai documentari di attualità o alle immagini di *La corazzata Potëmkin*. Inoltre Bacon ammetteva senza difficoltà di utilizzare le foto come «promemoria» per dipingere i suoi ritratti: «Quando si lavora, non si ha voglia di vedere gente, neppure i modelli»[24]. Ma, anziché copiare pedissequamente questi «documenti», egli ne utilizzava piuttosto le informazioni per elaborare una realtà *altra*. Per cui la fotografia non lo portava tanto a rinunciare alla figurazione quanto a raccogliere una sfida, a sfigurare le apparenze esteriori per meglio «restituire la vita in tutta la sua forza»[25].

La lunga rivalità tra arte e fotografia ha conosciuto parecchi alti e bassi, non sempre legati alla pittura e alla sua storia. I fotomontaggi o i fotogrammi, la fotografia surrealista e molte altre sperimentazioni fotografiche hanno avuto in comune una caratteristica fondamentale: la loro netta distinzione – frequente dal punto di vista metodologico, costante dal punto di vista estetico – dalle istantanee scattate in presa diretta dal fotogiornalismo o dalle immagini sapientemente composte in vista d'un effetto «artistico». La frattura apertasi nel XIX secolo tra le «belle arti» e la fotografia era anche suffragata dall'atteggiamento dei fotografi, i quali, salvo rare eccezioni, accettavano l'autonomizzazione del loro mezzo specifico: un mezzo, che, nel corso degli anni, elaborò una propria storia. Contestualmente, andava in fumo la gerarchia dell'alto e del basso,

[23] F. BACON, *Conversazioni con Michel Archimbaud*, Le Mani, Recco-Genova 1993, p. 12.

[24] *Ibid.*

[25] F. BACON, *Entretien avec Jean Clair, Maurice Eschapasse, Peter Malchus* (1971), poi in *Entretiens*, Éditions Carré, Paris 1996, p. 36.

delle arti nobili e di quelle meno nobili, preparando cosí l'ingresso trionfale della fotografia nel recinto non piú sacro ma sempre qualificante delle arti plastiche.

Prima che delle fotografie potessero essere esposte nelle gallerie d'arte – inizialmente a titolo (ambiguo) di documentazione su opere mancanti, successivamente come elementi effettivi di un insieme, come nel citato *One and Three Chairs* di Kosuth –, Edward Ruscha aveva pubblicato un libretto, *Twentysix Gasoline Stations* (1962), seguito da diverse opere elaborate su un modello analogo. Ruscha intendeva fabbricare oggetti in serie, e la tecnica o la forma del libro stampato si adattavano perfettamente. In ogni caso, le sue fotografie, prive di testo, non sono «artistiche». E Ruscha, rivendicando tale «qualità», aggiunge:

> Le mie fotografie non sono particolarmente interessanti, non piú del soggetto affrontato. Si tratta solo di una raccolta di «fatti»; la mia piccola opera [parla di *Various Small Fires*, 1964] sarebbe piuttosto una sorta di collezione di ready-made[26].

Il riferimento al ready-made è tanto piú interessante in quanto Duchamp aveva fatto appello al modello fotografico in parecchie annotazioni relative alla sua grande opera, *La sposa messa a nudo dai suoi scapoli, anche*; senza contare che una celebre fotografia del *Grande vetro* realizzata da Man Ray si intitola *Allevamento di polvere* (1920): la luce radente lascia indovinare i rilievi del disegno offuscati da uno spesso strato di polvere. Ma la banalità di un «fatto bruto» consente soprattutto a Ruscha di introdurre nel mondo dell'arte documenti fotografici che non si differenziano per nulla dalle comuni fotografie. La «fotografia in quanto arte» non mette in luce qui alcun tratto particolare, non rivendica piú una caratteristica ontologica specifica. L'operazione dipende da una decisione pienamente assimilabile, nella sua modalità operativa, al «nominalismo pittorico» di Marcel Duchamp.

Anche Robert Smithson procede a un'appropriazione quando descrive *Una visita ai monumenti di Passaic, New Jersey*. La descrizione mescola i registri e l'artista estende

[26] Cfr. *Edward Ruscha discusses his perplexing publications* (1965), conversazione con J. Coplans, in *L'art conceptuel, une perspective* cit., p. 224.

al paesaggio il modello fotografico, nel tentativo di strappare al tempo frammenti di eternità:

> L'autobus superò il primo monumento. Io tirai il cordone del campanello e scesi all'angolo tra Union Avenue e River Drive. Il monumento era un ponte sul fiume Passaic, che collegava la contea di Bergen a quella di Passaic. Il sole di mezzogiorno conferiva un tocco cinematografico (*cinema-ized*) al posto, facendo del ponte e del fiume un'*immagine* sovraesposta. A fotografarlo con la mia Instamatic-400 era come se fotografassi una fotografia. Il sole era divenuto una specie di mostruosa lampadina che attraverso la Instamatic proiettava nel mio occhio una serie di piani fissi. Camminando sul ponte, era come se camminassi su un'enorme fotografia di legno e acciaio e, sotto, il fiume si presentava come un'enorme pellicola cinematografica, che non avrebbe mostrato altro che un bianco continuo[27].

In questo caso, la collusione tra ready-made e fotografia raggiunge il suo culmine. Smithson, diventato artista, rivisita i luoghi della sua infanzia come altri visiterebbero un museo. Per cui, da una parte trasfigura delle banali costruzioni industriali in «monumenti», dall'altra vede questi ready-made come delle vere e proprie fotografie. Quando, negli anni settanta, Bernd e Hilla Becher presentano edifici industriali o grandi serbatoi d'acqua come «sculture fotografiche»[28], vedute frontali improntate a una perfetta neutralità, ci sono tutte le condizioni perché queste fotografie siano accettate dal mondo dell'arte come opere a tutti gli effetti: operazione che non sarebbe stata possibile senza quella valorizzazione del ready-made come oggetto artistico che fu a suo tempo uno dei primi attentati all'edificio delle «belle arti». Per integrare le loro opere in un universo le cui categorie estetiche non si fondano piú sul mezzo, i Becher hanno rotto con il mondo della fotografia. La loro camera, dicono, «non costruisce belle immagini, bensí riproduzioni fedeli la cui obiettività è rafforzata dalla rinuncia agli effetti fotografici»[29].

[27] R. SMITHSON, *Une visite aux monuments de Passaic, New Jersey* (1967), in *Robert Smithson* cit., pp. 180-81.

[28] I Becher, con le loro fotografie, hanno ottenuto il Gran Premio della Scultura alla Biennale di Venezia 1990.

[29] B. e H. BECHER, *Anonyme Skulpturen* (1969), in *Art Conceptuel. Formes conceptuelles* cit., p. 150.

Il mezzo non conta! L'argomento è già utilizzato dai difensori della fotografia quando, nel XIX secolo, chiedono che ad essa venga riservato un posto al Salon: «Del resto, il procedimento, nell'arte, è secondario. È l'idea, il modo scelto per esprimerla, che, al di là della tecnica impiegata, costituisce l'essenziale»[30]. Piú di un secolo dopo, Christian Boltanski dice *quasi* la stessa cosa:

> Io sono un pittore estremamente tradizionale. Lavoro, come tutti gli artisti, per suscitare emozioni negli spettatori. Lavoro per far ridere o piangere la gente; sono un predicatore. Io ho fatto libri, inventari, foto e film, ma è la stessa cosa. Non credo che vi siano differenze tra i media. Si ha un'idea e si cerca il modo migliore per esprimerla, il mezzo piú accettabile in quel momento. Non credo che vi sia una forma privilegiata. Penso che i pittori abbiano sempre avuto piú o meno le stesse cose da dire, lo stesso desiderio di catturare la realtà, solo che lo esprimono ogni volta in un modo un po' diverso e con mezzi un po' diversi. Non è per il fatto che ci si servirà del video o di altri trucchi che cambierà qualcosa[31].

La malizia di questa dichiarazione è esemplare. Boltanski, come molti artisti, aveva effettivamente iniziato con la pittura, ma se ne allontanò rapidamente e proseguí il suo lavoro – di pittore, di artista? – con altri mezzi. La fotografia occupa un posto importante nella sua opera, anche se associata ad altri elementi, in particolare testi e oggetti: ecco dunque «un pittore estremamente tradizionale», salvo che non dipinge affatto. La manovra era sfacciata, e il fatto piú stupefacente è che riuscí a raccogliere consensi. Boltanski e alcuni altri riuscirono a imporre l'idea che non erano fotografi e nemmeno artisti, nel senso generico del termine – che prescinde dal tema dei mezzi impiegati –, ma, per l'appunto, pittori.

Nel 1980 una mostra intitolata «Ils se disent peintres, ils se disent photographes» (Animation-Recherche-Confrontation - ARC - Musée d'Art Moderne de la Ville de Pa-

[30] Richiesta indirizzata al ministro incaricato delle Belle Arti dalla Société Photographique di Marsiglia, 1863: cfr. ROUILLÉ, *La photographie en France* cit., p. 418.

[31] Cfr. *Monuments à une personne inconnue: six questions à Christian Boltanski* (1975), in GUMPERT, *Christian Boltanski* cit., p. 172.

ris) rimescolava intenzionalmente le categorie. E artisti come Jeff Wall e Jean-Marc Bustamante hanno contribuito a loro volta a negare la differenza tra fotografia e pittura. Jeff Wall presenta grandi fotografie a colori dentro cassoni luminosi, facendo acquisire all'immagine una dimensione insolita. All'incrocio tra cinema e teatro, le sue messe in scena di personaggi al centro di racconti enigmatici mutuano un dispositivo della pubblicità per proporre un'attualizzazione della «pittura di storia» moderna, versione baudelairiana di un genere tipico della tradizione. A volte, il riferimento alla tradizione della pittura si carica di allusioni ancora piú precise: *Picture for Women* (1979) adatta l'impianto figurativo de *Il bar delle Folies-Bergère* (1882) di Édouard Manet.

Jean-Marc Bustamante brucia l'ultima tappa del processo di assimilazione tra fotografia e pittura quando intitola *Tableaux* una serie di fotografie realizzate tra il 1978 e il 1982. Paesaggi colti in una luce livida che sottolinea la composizione dei materiali, questi *Tableaux* adottano due caratteristiche della pittura: un formato relativamente monumentale, molto piú esteso rispetto a quello dei consueti ingrandimenti fotografici, e tiratura limitata a un esemplare. Unici, questi paesaggi realizzati alla periferia di Barcellona potrebbero essere stati ripresi ovunque. L'artista propone immagini banali, senza uno sfondo riconoscibile, per spostare meglio l'accento dal contenuto all'autore, cosí come dichiara egli stesso: «Pur restando nella logica del quadro, volevo uscire dall'identificazione di un contenuto perché si potesse dire semplicemente: "È un Bustamante!"»[32].

Davanti a questi «quadri fotografici», siamo dunque in presenza di opere di un fotografo che si sente «vicino al pittore da cavalletto». Tali referenze e interferenze, in ogni caso, non pregiudicano affatto l'interesse, il fascino o la profondità delle opere prodotte. Al contrario, testimoniano nel modo piú chiaro possibile il primato della pittura, la quale, a dispetto di un'obsolescenza tante volte postulata

[32] Cfr. *Jean-Marc Bustamante, œuvres photographiques 1978-1999*, catalogo della mostra, Centre National de la Photographie, Paris 1999.

nel corso del secolo, si conferma un modello epistemologico di primaria importanza. Un modello che, a guardar bene, ne nasconde altri due.

5. *Un'arte postmoderna.*

In quanto arte plastica, la fotografia ha a che fare, in moltissimi casi, con l'installazione. Nel momento in cui vengono accumulate, frammentate, disposte in serie, esposte in situazioni insolite, associate a oggetti o testi, le copie adottano una modalità di presentazione che non è mai appartenuta all'universo della fotografia. Piú insidiosa, perché meno visibile, la presenza del paradigma fotografico in seno alle arti plastiche introduce un cambiamento nei nostri comportamenti di fronte alle immagini. E gli artisti ne hanno preso abbondantemente atto. La rappresentazione pittorica asseconda un principio di somiglianza, mentre l'immagine fotografica è ottenuta per contatto: il flusso di fotoni registrato e fissato sulla lastra o sulla pellicola sensibile proviene dall'oggetto stesso. In questo senso, non è indispensabile che l'oggetto che riflette il flusso sia *visibile*, come è dimostrato, ad esempio, dalle radiografie[33]. Questa «connessione fisica» tra il referente e la sua «immagine» è fondamentale, e spiega l'assoluta singolarità della fotografia. Roland Barthes ritiene a ragione che essa abbia prodotto una «rivoluzione antropologica», perché «il tipo di coscienza che essa implica è in verità senza precedenti; la fotografia installa non una coscienza dell'*esserci* della cosa (che ogni copia potrebbe suscitare), ma una coscienza dell'*esserci stato*». In altre parole, questo mezzo procura «l'evidenza sempre stupefacente del: *è accaduto cosí*: noi possediamo allora, miracolo prezioso, una realtà di cui siamo sicuri»[34].

Le due caratteristiche di questo «miracolo» ne fanno un oggetto privilegiato per le pratiche artistiche. Essere «si-

[33] Sulle caratteristiche dell'immagine fotografica come «impronta chimica», cfr., per la sua importanza, J.-M. SCHÆFFER, *L'image précaire. Du dispositif photographique*, Seuil, Paris 1987.

[34] R. BARTHES, *Retorica dell'immagine*, in *L'ovvio e l'ottuso* cit., p. 34.

curi», innanzitutto: è questa, come si sa, una condizione indispensabile alla trasformazione di realtà terrificanti e minacciose in spettacoli estetici (sublimi)[35]. Piú in generale, ogni godimento estetico presuppone una distanza. Quanto all'assicurazione che «è accaduto cosí», si tratta di un fatto capitale. Fondata o meno, in quanto la fotografia è passibile di molte manipolazioni, tale convinzione determina un rapporto con l'immagine radicalmente diverso da quello instaurato dalla pittura. Goya indicava, sotto una delle incisioni dei *Disastri della guerra*: «Io l'ho veduto». E sotto la successiva: «Anche questo». Con la fotografia, non c'è alcun bisogno di sottolineare la veridicità del «veduto». Il dubbio non è ammesso: originata da una connessione diretta con il suo referente, l'immagine che essa rappresenta è sempre imparentata con il reportage, con la cosa vista. Mentre il pennello fabbrica somiglianze – lo può fare con disinvoltura, a prescindere dalla presenza del motivo – l'impronta fotochimica appartiene al registro della traccia. Pur con tutta la prudenza possibile, occorre distinguere nettamente la fotografia dalle altre immagini, in particolare dalle immagini pittoriche. Le analisi di Philippe Dubois non mancano di sottolinearlo:

> La fotografia definisce una vera categoria epistemica, irriducibile e particolare, una nuova forma non soltanto di rappresentazione ma, ancor piú fondamentalmente, di pensiero, che ci avvia a un nuovo rapporto con i segni, il tempo, lo spazio, il reale, il soggetto, l'essere e il fare[36].

Molti artisti hanno fatto leva sul carattere «documentario» della fotografia. Una parte della sua carica emotiva ha a che vedere infatti con il referente. Laddove Baudelaire rilevava che «una figura ben disegnata vi penetra di un piacere completamente estraneo al soggetto», l'immagine fotografica ci fa rilevare esattamente il contrario. Annette Messager graffia gli occhi dei bambini; Arnulf Rainer sfigura i propri ritratti; Saverio Lucariello ostenta atteggia-

[35] Sul sublime come modalità del bello, cfr. E. BURKE, *A Philosophical Enquiry into the Origin of Our Ideas of the Sublime and Beautiful* (1773); trad. it. *Inchiesta sul Bello e il Sublime*, Æsthetica, Palermo 1985.

[36] PH. DUBOIS, *L'acte photographique et autres essais*, Nathan, Paris 1990, p. 94.

menti un po' ridicoli che normalmente si dissimulano; Paul-Armand Gette colora, con le dita, l'areola di un seno. Per tutte queste immagini, l'impatto intrinseco all'impressione fotografica di una scena reale è una componente estetica determinante. Gli esempi abbondano. Abbiamo già sottolineato quanto la credibilità dei «reportage» costruiti da Sophie Calle debba all'autenticità fotografica. Lo stesso accade, con piú malizia nei confronti delle caratteristiche del mezzo, per le pseudo-biografie di Christian Boltanski o i *Film Stills* di Cindy Sherman.

Il ritorno delle fiction e delle narrazioni, verificabile anche in pittura, è stato stimolato dall'annessione della fotografia, che ha promosso l'avvento di non poche ibridazioni. Bertrand Lavier, ad esempio, appende una foto di paesaggio alla parete e ne fa ridipingere in modo identico la metà da un paesaggista di professione, il quale deve poi proseguire a ridipingere l'immagine – fuori quadro – sul muro (*Landscape Painting and Beyond*, 1979). Qualche anno dopo capovolge la sequenza: prende a prestito l'inquadratura fotografica per proporre macchine o strutture metalliche monche, immagini ridiventate concrete di ciò che la foto ritaglia per sé quando incide nel vivo del continuum visivo (*Photo-relief*, 1991).

Éric Rondepierre attinge alla massa delle immagini mobili del cinema per elaborare le immagini fisse che ci offre. Rintraccia strani fotogrammi in film sottotitolati. Una volta fotografate, queste «eccedenze» rivelano un humour involontario. Su un fondo nero appaiono scritte che erano passate inosservate durante lo scorrimento rapido delle immagini filmiche: «Spengo? No...» (*Le voyeur*, 1989), oppure «La situazione non è cosí nera come sembra» (*La vie est belle*, 1993). Per un'altra serie, Rondepierre sceglie nei trailer il momento in cui il testo, ancora illeggibile, si va formando e si amalgama all'immagine dei volti. Il fotogramma selezionato è allora fotografato e viene proiettata la diapositiva su una tela dove l'artista lo dipinge con colori acrilici. Una volta finito, il quadro viene ancora una volta fotografato per essere poi distrutto. Solo le copie in Cibachrome, di grande formato, potranno essere esposte: i giochi di rinvio, di rimbalzi a ripetizione tra l'immagine filmica, l'immagine cinematografica e l'immagine pittorica, con il loro tocco, la loro grana, la loro trama particolare, confondono liberamente le specificità di ciascuna.

6. *Il postmoderno, generalizzato.*

Quando un territorio s'ingrandisce, non diventa semplicemente piú ampio: cambia di natura. Il postmoderno, da molti punti di vista, postula negli anni ottanta una modificazione profonda del paesaggio artistico. Il termine «postmoderno» – nome d'un movimento globale, che trascende i confini delle arti plastiche – fu innanzitutto impiegato in architettura per designare pratiche eclettiche, antitetiche al funzionalismo, prima di imporsi nel vocabolario della critica d'arte. Il successo della parola e della nozione sancisce la fine di un'epoca, quella dell'avanguardia, espressione ormai caduca della modernità contemporanea. La fotografia non è l'unica responsabile di questo rivolgimento di idee e convinzioni estetiche. Ma non è neanche una presenza solo sintomatica, dato il ruolo di primo piano che ha svolto. Il postmoderno è comparso negli Stati Uniti, sostanzialmente come risposta alla visione «modernista» delle avanguardie. E in questa prospettiva il peso della fotografia fu determinante. Douglas Crimp lo dichiara senza reticenze:

> Che la fotografia abbia rovesciato i canoni artistici è un fatto che il discorso sul moderno ha trovato utile sottacere, e sembra di poter dire correttamente che il postmoderno costituisce esattamente il ritorno a ciò che è stato sottaciuto. Il postmoderno può essere compreso solo come rottura con il moderno[37].

Il postmoderno abbandona la ricerca delle specificità. Ed esalta la pluralità, la contaminazione dei generi. È un concetto vago che raggruppa pratiche artistiche e posizioni estetiche dissimili. Jeff Koons riabilita il kitsch quando espone il calco in acciaio inossidabile di un coniglio gonfiabile, una statua gigante in legno policromo – un poliziotto a colloquio con un orso –, o delle porcellane – una

[37] D. CRIMP, *L'activité photographique du postmodernisme* (1980), in *L'époque, la mode, la morale, la passion* cit., p. 601.

donna stringe una pantera rosa, un'altra fa la doccia nel suo bagno; David Salle mescola sulla tela immagini disparate; e John Armleder attinge a tutti gli stili disponibili per realizzare quadri astratti che poi combina con dei mobili, un modo per ricondurre la pittura a quello che spesso è, un semplice elemento decorativo. Questi artisti non credono né alle grandi trame tessute dal darwinismo estetico né ai proclami profetici – propri delle avanguardie – dei cantori di un mondo migliore.

Un altro versante del postmoderno prende a bersaglio il valore tradizionalmente assegnato all'originalità, all'innovazione creativa. Raggruppati sotto la sigla Simulazionismo, alcuni artisti basano le loro pratiche sul remake. Rifacendosi in particolare alle analisi di Roland Barthes, essi saccheggiano senza remore i fondi di magazzino che la storia dell'arte mette a loro disposizione. Mike Bidlo ricostruisce esposizioni storiche, dipinge «copie» o torna a rappresentare su un registro burlesco la cerimonia delle antropometrie (*Recreating Yves Klein's Anthropometries*, 1985). Sherrie Levine, uno degli esponenti piú noti del movimento, è mossa da un'altra intuizione. Tutte le sue opere si pongono all'insegna dell'*after* – la lingua inglese consente di giocare sul doppio senso del termine, che può significare sia «dopo» sia «da». La Levine fotografa celebri riprese fotografiche (*After Walker Evans*, 1983), fa riprodurre un orinatoio in bronzo dorato (*After Marcel Duchamp*, 1996) o copia, all'acquerello, riproduzioni di dipinti moderni. L'artista riprende solo opere prodotte da altri, e giustifica cosí il proprio gesto creativo:

> Il mondo è pieno da soffocare. L'uomo ha apposto il suo marchio su ogni pietra. Ogni parola, ogni immagine è affittata e ipotecata. Sappiamo che un quadro non è che uno spazio sul quale si fonde o si scontra una varietà di immagini, tutte prive di originalità. Simili a Bouvard e Pécuchet, gli eterni copisti, noi mostriamo quell'assurdo profondo che è, appunto, la verità della pittura. Possiamo soltanto imitare un gesto che è sempre anteriore, mai originale[38].

[38] S. LEVINE, *Déclaration* (1982), in *Art en théorie* (1992), Hazan, Paris 1997, p. 1157.

Di questo testo e delle opere della Levine è stata anche proposta una lettura in chiave femminista. Linda Nochlin, nel 1971, aveva posto un'eccellente domanda: «Perché non ci sono state grandi artiste donne?»[39]. La risposta è evidentemente di natura culturale e sociale. Non c'è alcuna fatalità naturale perché un'«essenza battezzata Genio e Talento» sia riservata (quasi) esclusivamente agli uomini. Per cui la Levine, ridotta al ruolo subalterno di copista dalla «fatalità» di un ordine fallocratico, denuncerebbe, secondo la lettura femminista, una storia dell'arte occidentale bianca e maschile. Ed ecco qui un altro aspetto del postmoderno. Quando le minoranze – se cosí si può dire, in particolare riguardo alle donne – escluse da questa storia, o emarginate, si appropriano dell'arte per lottare contro una cultura egemone, utilizzano mezzi formali che s'allontanano dai modelli canonizzati dalla storia ufficiale, ossia dominante.

Ci sarebbe dunque convergenza tra il rifiuto estetico del moderno e la rottura militante con le strutture ideologiche o i canoni formali che il moderno ha imposto. Sono interpretazioni certamente non da sottovalutare. Ma, stando ad esse, quello che il concetto di «postmoderno» guadagna in ampiezza lo perde in complessità: il postmoderno diventa una «condizione»[40]. In altri termini, dopo la caduta dei grandi temi modernisti e delle utopie artistiche, sociali e politiche, l'arte in tutte le sue forme, con le riflessioni che suscita e, piú in generale, l'insieme del pensiero contemporaneo, si dispiegano sotto il segno del postmoderno. Alcuni si mostrano compiaciuti, mentre altri si dichiarano tutt'altro che propensi a rinunciare ai valori delle avanguardie «defunte». Donald Judd scrive nel 1984 «Un lungo saggio che non parla dei capolavori ma delle ragioni che fanno sí che ne esistano cosí pochi...», e lo fa confrontando l'arte del passato con quella del presente:

> Una volta l'arte si interrogava sulle proprie finalità, per riprendere la terminologia di Barnett Newman. Da quindici anni a

[39] Cfr. L. NOCHLIN, *Perché non vi sono grandi artiste?*, in V. GORNICK e B. K. MORAN (a cura di), *La donna in una società sessista*, Einaudi, Torino 1977.

[40] Come Lyotard titola una sua opera: *La condition postmoderne*, Minuit, Paris 1979; trad. it. *La condizione postmoderna*, Feltrinelli, Milano 1994.

questa parte, tali finalità si sono fatte piú rare e hanno perduto il loro potere d'attrazione. Oggi si presuppone che ognuno «faccia ciò che gli piace». L'arte finirà per diventare l'atto sporadico di un individuo isolato[41].

La cattiva reputazione di cui soffre l'arte postmoderna, caratterizzata dal rifiuto delle ambizioni estetiche e dalla rinuncia a ogni finalità seria, è forse giustificata nel caso gli artisti esaltino l'indifferenza e cerchino le soddisfazioni d'un piacere immediato. Giulio Carlo Argan, come molti altri, è infastidito dal fatto di vedere il postmoderno «all'unisono con il proprio tempo, come lo era stato il moderno: con la differenza che il moderno era solidale con una cultura di progresso mentre il postmoderno è solidale con una cultura del riflusso»[42]. Una visione che viene assolutamente smentita da artisti i quali utilizzano l'arte per svolgere un discorso sociale, comunitario o etico di tipo contestatario, per nulla reazionario. In un'epoca in cui il postmoderno non era ancora balzato alla ribalta, Carolee Schneemann aveva organizzato una performance intitolata *Interior Scroll* (1975), nel corso della quale l'artista estraeva dalla vagina una lunga striscia di carta stampata di cui leggeva il testo. Su un tema diverso, Adrian Piper procede a una dimostrazione piú didattica: la sua installazione video *What It's Like, What It Is* (1991) ha l'aspetto di una scultura minimalista, solo che sui quattro fianchi di una colonna disposta al centro della stanza quattro monitor trasmettono l'immagine di un uomo, di colore, che contravviene ai cliché abituali quando dice, ad esempio, «No, non sono pigro», oppure «Non sono in calore». Jana Sterbak non fa piú appello ad alcun formalismo quando presenta *Vanitas: Flesh Dress for an Albino Anorectic* (1987). Se il titolo fa pensare a certe formule di Alphonse Allais, l'opera è tutt'altro che una facezia: l'autentico vestito di carne, indossato dall'artista, copre il suo corpo ma non le impedisce di esporre davvero porzioni di carne. Siamo agli anti-

[41] D. JUDD, *Un long essai, qui ne traite pas des chefs-d'œuvre, mais des raisons qui font qu'il en existe si peu...* (1984), in *Ecrits 1963-1990* cit., p. 118.

[42] G. C. ARGAN, *Storia e antistoria* (1986), in *L'époque, la mode, la morale, la passion* cit., p. 486.

podi delle fotografie amabilmente pornografiche composte da Jeff Koons quando si mette in scena con Cicciolina, la sulfurea (ex) deputata.

Il postmoderno dissimula realtà divergenti e anche, da molti punti di vista, incompatibili. Hal Foster distingue, negli Stati Uniti, due posizioni antagoniste, «la prima allineata con una politica neoconservatrice, la seconda legata alla teoria poststrutturalista». La prima «s'oppone al moderno, ridotto al suo aspetto peggiore, quello formalista, da un ritorno alla narrazione, all'ornamento e alla figura», mentre il secondo conduce una critica della rappresentazione. Didier Ottinger ha ripreso questa distinzione e, per precisarne la portata, fa riferimento a due opere emblematiche radicalmente diverse tra loro:

> Riteniamo che, dall'esame della situazione postmoderna, emergano due tendenze artistiche. La prima potrebbe essere illustrata dal quadro d'un artista della transavanguardia italiana, ad esempio da un dipinto di Sandro Chia. L'opera è come il «manifesto» (...) di una nuova coscienza storica. Essa celebra la deriva, l'oblio dei punti di riferimento, il nomadismo senza bussola, l'eclettismo senza regole. La seconda (poststrutturalista) potrebbe essere rappresentata da un'opera di Hans Haacke. Il suo assunto è di rivelare i rapporti complessi che, a un dato momento, uniscono l'arte e la società capitalista. Da un lato, dunque, l'oblio della storia, dall'altro la «precipitazione» dell'arte nel presente, la ricerca della sua efficacia *hic et nunc*. Formalmente, in entrambi i casi, si leggono l'oblio del moderno, la negazione della sua lettura orientata e teleologica della «vita delle forme»[43].

[43] D. OTTINGER, *Courants, vagues, flux et reflux*, in *L'art contemporain en question*, Éditions du Jeu de Paume, Paris 1994, pp. 41-42.

Parte quinta

L'artista e il suo pubblico

Le pratiche raccolte sotto la comune denominazione di arti plastiche non hanno solo trasformato le forme proposte all'apprezzamento estetico del pubblico. Gli artisti, quando inventano nuovi mezzi d'espressione o si appropriano dei mezzi ignorati dalla tradizione delle «belle arti», chiedono al pubblico stesso una reale duttilità di giudizio. Esso deve mostrarsi capace di modificare i propri comportamenti, di adattarsi, in modo che possa scattare un minimo di empatia con le opere, per quanto volutamente sconcertanti esse siano: altrimenti sarebbe inevitabile un rifiuto sommario, inappellabile. Già Marcel Duchamp aveva posto l'accento sull'importanza da riservare alla ricezione quando, nel 1957, dichiarò:

> Ce sont les REGARDEURS qui font les tableaux[1].

Questa dichiarazione paradossale introduce il termine «regardeur» (osservatore), allora poco usato, nel cuore del dibattito estetico: l'opera d'arte realizzata dall'artista è completa e chiusa in se stessa? È una monade da accettare semplicemente come tale dagli spettatori? Oppure questi svolgono un ruolo abbastanza decisivo perché i processi d'appropriazione partecipino pienamente della creazione? Il pubblico non elabora e non propone alcuna opera, Duchamp lo sa, ma rileva giustamente che

> ... l'artista non è l'unico a compiere l'atto creativo, in quanto lo spettatore stabilisce il contatto tra l'opera e il mondo esterno decodificandone e interpretandone le determinazioni profonde e ag-

[1] M. Duchamp, dichiarazioni raccolte da J. Schuster (1957), in SANOUILLET (a cura di), *Duchamp du signe* cit., p. 247.

giungendo in questo modo il proprio contributo al processo creativo[2].

Ecco perché l'inventore del ready-made suggerisce un modello di creazione artistica che introduce una visione dialettica dei due poli che la costituiscono:

> Io credo molto nel fattore «mezzo» dell'artista. L'artista un giorno fa qualcosa, viene legittimato dall'intervento del pubblico, dall'intervento dello spettatore; passa cosí, dopo qualche tempo, ai posteri. Si tratta d'un fatto oggettivo, in cui praticamente interagiscono due poli; c'è il polo di quello che fa un'opera e il polo di quello che la guarda. Io do a quello che la guarda la stessa importanza di quello che la fa[3].

Questa concezione feconda della ricezione estetica – che non dev'essere affatto un'assimilazione passiva –, venne implicitamente ripresa dagli artisti e dalle istituzioni. I primi, infatti, si sono spesso sforzati di creare le condizioni di una reale partecipazione del pubblico al «farsi» dell'opera. Le seconde hanno assecondato questo processo, trascendendo la propria funzione di pura intermediazione per trasformarsi in protagoniste a tutti gli effetti della creazione artistica. In definitiva, le arti plastiche non propongono semplicemente forme diverse, propongono anche forme nuove alle quali abbiamo accesso in maniera diversa.

[2] M. DUCHAMP, *Le processus créatif* (1957), *ibid.*, p. 189.
[3] CABANNE, *Entretiens avec Marcel Duchamp* cit., p. 130.

Capitolo primo

Guardare, agire

Paul Klee contrapponeva la forma, che è «fine, morte», alla formazione, la sola in grado di rivelare la «Vita». In questa logica, l'artista vantava «l'identità dell'opera e del processo della sua elaborazione (l'opera *è* la sua storia)»[1]. Lo spettatore attento esplora la superficie del quadro «come un animale pascola una prateria»[2] e, se nella stesura sono stati attivati certi percorsi per guidare il suo sguardo, può entrare in sintonia con il processo della creazione. Un effetto analogo può essere prodotto dalle spiegazioni dei critici quando pongono in risalto le tecniche utilizzate. Una parte della fortuna critica di Jackson Pollock deriva dalle rivelazioni sui suoi metodi di lavoro prodotte dalle fotografie pubblicate da Hans Namuth nel 1951, e nessuno ricorda la sua opera pittorica senza menzionare almeno il *dripping* e il suo correlato, la tela coricata e aderente al pavimento.

Ai tradizionali segreti degli atelier, alcuni artisti hanno risposto con la rivelazione in diretta dei loro processi creativi: hanno cioè invitato il pubblico ad assistere al loro lavoro. Altri hanno pensato di coinvolgere ancor piú direttamente gli spettatori, promuovendoli al ruolo di protagonisti sulla scena dell'arte. Il successo del termine «regardeur» e dell'idea che veicola fu corroborato, non senza malintesi, dallo happening e dalle altre forme di creazione artistica che tendono a far sparire ogni distinzione netta tra creazione e ricezione.

[1] P. KLEE, *Philosophie de la création* (s.d.), in ID., *Théorie de l'art moderne* cit., p. 61.

[2] KLEE, *Credo du créateur* cit., p. 38.

1. *Lo spettacolo dell'arte.*

Gli artisti hanno spesso rappresentato se stessi al lavoro, di fronte al cavalletto o, nel caso degli scultori, davanti allo sgabello. Nel XX secolo, essi hanno avuto a volte la tentazione di salire su un palco per incontrare direttamente il pubblico. I futuristi e i dadaisti organizzarono manifestazioni nel corso delle quali provocavano e si scontravano con gli spettatori. Questi due tipi di attività – le pratiche da atelier, destinate a produrre un'opera perenne, e le improvvisazioni di carattere teatrale, sempre effimere – hanno cominciato a convergere durante gli anni cinquanta.

Georges Mathieu aveva già dipinto quadri di grandi dimensioni alla presenza di amici, ma la sua prima esperienza di lavoro in pubblico ebbe luogo in occasione di una «Nuit de la poésie» organizzata al Théâtre Sarah Bernhardt di Parigi (28 maggio 1956). Lí, davanti a circa duemila persone, portò a termine in meno di trenta minuti un dipinto di 4 × 12 m. Il racconto dell'artista sta a metà tra il resoconto sportivo e l'articolo di cronaca, ma rivela anche le conseguenze dell'esibizione improvvisata:

> La ridiscussione, da parte nostra, del modo di considerare l'opera pittorica nel suo esito finale e anche nella sua genesi era destinata a promuovere un diverso atteggiamento mentale – e direi anche morale –, con l'affermazione sempre piú coerente del diritto all'improvvisazione, il quale comportava nuovi rapporti tra l'arte e le nozioni di rapidità e rischio[3].

Quella della rapidità è una questione ricorrente nell'arte moderna, da quando John Ruskin brutalizzò James McNeill Whistler, un «turlupinatore» che osava «pretendere duecento ghinee per aver gettato un contenitore di colore in testa al pubblico». In occasione del processo che ne seguí, il problema del tempo richiesto dall'esecuzione d'un quadro fu al centro del dibattito. Quandro Whistler confessò di aver «liquidato» il suo *Nocturne in Black and Gold: the Falling Rocket* (1874 circa) in due giorni, il procuratore ge-

[3] G. MATHIEU, *Diffusion et contagion mondiale: 1956-1962*, in ID., *De la révolte à la renaissance* cit., p. 125.

nerale si stupí: «Oh, due giorni! È dunque per il lavoro di due giorni che voi chiedete duecento ghinee?» Al che l'artista rispose: «Nient'affatto; le chiedo per avere imparato a farlo impiegandovi tutta una vita». Il valore d'un gesto la cui fulminea rapidità rivela di colpo un pensiero a lungo coltivato cominciava a imporsi all'epoca del processo Whistler. Le improvvisazioni dell'arte giapponese suscitavano un'ammirazione che riattivava un repertorio di aneddoti tra i quali occupa un posto privilegiato quello della spugna lanciata da Protogene.

Mathieu si recò in Giappone nel 1957. Lí, abbigliato con un kimono, lavorò in pubblico. Una delle sue tele, *La bataille d'Akata*, fu acquistata da Jirō Yoshihara, che aveva fondato nel 1954 il gruppo Gutai Bijutsu Kyōkai («Associazione dell'arte concreta»). In occasione della prima mostra d'arte Gutai (Tokyo, ottobre 1955), due opere vennero realizzate alla presenza del pubblico. Saburō Murakami aveva sbarrato la porta d'accesso alla sala con un grande foglio di carta da imballaggio che venne strappato da Jirō Yoshihara. Da un'altra parte, Murakami aveva preparato tre cornici contenenti carta da imballaggio spalmata di pittura dorata che poi squarciò con grande fracasso in sei punti. Il titolo dell'opera, *Fare sei buchi in un istante*, indica chiaramente lo statuto dell'oggetto, testimone inerte d'una *azione* fugace. Nel corso della stessa manifestazione, Kazuo Shiraga realizzò un'altra azione: *Lottare nel fango*. L'artista aveva fatto scaricare, all'ingresso dell'edificio, una tonnellata circa di fango e l'aveva manipolata in modo da darle la consistenza voluta. Quando Shiraga prese a misurarsi con quella poltiglia, le persone che assistevano all'evento vissero un momento molto intenso. L'opera, all'epoca, era tanto piú interessante per il fatto che non si prefiggeva la creazione d'alcun oggetto suscettibile di perpetuarne la memoria. Shiraga presentava in quel contesto anche pitture realizzate con i piedi, un procedimento regressivo che fece scandalo. In occasione della seconda mostra d'arte Gutai (Tokyo, ottobre 1956), egli coniugò l'azione corporea con la pittura: si calò letteralmente, fisicamente, dentro la sua opera, mobilitando tutto il suo corpo per rimescolare la materia pittorica distesa sul supporto. Un giornalista notò che quella mostra del gruppo Gutai assomigliava a «un vero show»[4]: non si sarebbe potuto esprimere con piú chiarezza fino a che punto l'arte avesse modificato in quel caso la propria natura.

Yves Klein era partito per il Giappone nel 1952, allo scopo di studiare il judo all'istituto Kōdōkan. Nel 1958, poco dopo la conclusione della sua celebre mostra cosiddetta «del vuoto», egli sperimenta la tecnica del «pennello vivente». Un modello nudo, spalmato di colore blu, striscia su un foglio di carta disteso sul pavimento. L'artista perfezionerà il metodo, e il suo mentore, Pierre Restany, suggerirà di chiamare queste impronte colorate *Antropometrie*. Esse sono apparse sulla scena artistica in occasione d'una «cerimonia» pubblica organizzata alla Galerie Internationale d'Art Contemporain (Parigi, 9 marzo 1960). In presenza di un'apposita assistente, Klein, in smoking, dirige tre giovani donne che imprimono l'impronta blu dei loro corpi su tele disposte sulle pareti o sul pavimento, mentre un'orchestra esegue la sua *Symphonie monoton* (venti minuti d'un unico suono trattenuto, seguiti da venti minuti di silenzio).

Le *Antropometrie* permettono di distinguere il corpo-pennello dal corpo dell'artista, creatore i cui quadri non sono perciò dipinti di suo pugno. Klein, ostile a qualsiasi espressionismo, tiene a «mantenere le distanze» rispetto alla pittura. E per evitare ogni accostamento con l'*action painting* o con le pratiche di Kazuo Shiraga, Yves «il monocromo» assicura di rimanere «completamente estraneo a qualunque lavoro fisico per tutto il tempo che dura la creazione». Afferma inoltre, non senza una certa malafede:

> Personalmente, non tenterò mai di imbrattarmi il corpo e di diventare cosí anch'io un pennello vivente; il mio compito, piuttosto, è quello di vestire lo smoking e infilarmi i guanti bianchi. Cosí come non mi verrebbe mai l'idea di sporcarmi le mani con del colore. Distaccato e distante, è sotto i miei occhi e sotto i miei ordini che deve compiersi il lavoro dell'arte. A quel punto, dal momento in cui l'opera comincia a realizzarsi, io mi alzo e mi pre-

[4] ANONIMO, *Des problèmes de methode: l'exposition d'art Gutai*, in «Asahi Shinbun», 14 ottobre 1956; trad. in *Gutai*, catalogo della mostra, Galerie Nationale du Jeu de Paume, Paris 1999, p. 206.

sento alla cerimonia, immacolato, calmo, disteso, perfettamente consapevole di quanto accade e pronto ad accogliere l'arte nascente al mondo sensibile[5].

I Nouveaux Réalistes hanno moltiplicato le «azioni-spettacolo». Una delle piú clamorose si svolse al MoMA di New York. Jean Tinguely riuscí a convincere i responsabili del museo a commissionargli la realizzazione di una scultura monumentale, animata e destinata ad autodistruggersi. L'artista, per preparare il suo *Homage to New York*, si assicurò la collaborazione di Billy Klüver e di Robert Rauschenberg. Il pubblico ammassato dietro le vetrate del museo assistette, il 17 marzo 1960, alla messa in funzione di questa enorme macchina composta di ruote e carrucole che comportava anche un pianoforte, un'automobile per bambini, apparecchi radio, un lanciatore di monetine, un grosso pallone meteorologico, petardi e fumogeni. In trenta minuti, questo fragoroso bric-à-brac, dipinto di bianco, riuscí a disintegrarsi e ad autodistruggersi quasi completamente. Non ne rimane che il ricordo, alcune fotografie, il resoconto scritto da Klüver e intitolato *Garden Party* e i numerosi commenti pubblicati sui giornali.

In altri casi, «azioni-spettacolo» meno radicali danno luogo alla realizzazione compiuta di un'opera, di un oggetto che può essere conservato ed esposto. Ad esempio, in occasione del primo Festival du Nouveau réalisme, tenutosi a Nizza nel 1961, Arman s'abbandona a una *collera*: fa a pezzi un tavolo e una sedia, poi li fissa su un asse di legno, alla maniera dei tableau-piège di Spoerri, cosí come sono caduti (*Colère de meubles Henri II*). Prima di realizzare quest'opera per il Festival, Arman aveva registrato una *collera* per la rete televisiva NBC. La *liaison* degli artisti con i media a grande diffusione è una delle costanti di un'arte caratterizzata dalla tendenza insopprimibile a diventare spettacolo. Georges Mathieu dipinse *La Saint-Barthélemy*

[5] Y. KLEIN, *Manifeste de l'Hôtel Chelsea* (1961), in *Yves Klein* cit., p. 196. Di fatto l'artista, in altre circostanze, non ebbe scrupolo a metter mano ai colori e realizzò quantomeno una «antropometria», *L'exilé d'Ischia*, 1960: si ritiene infatti che, almeno per quest'opera, Klein in persona abbia svolto il ruolo di «pennello vivente»: cfr. *L'empreinte*, catalogo della mostra, Centre Georges Pompidou, Paris 1997, p. 254.

(1959) davanti alle telecamere, e gli artisti Gutai prepararono molte azioni per una «mostra senza visitatori», riservata esclusivamente ai giornalisti di «Life» – che non pubblicò mai il servizio.

I tentativi, fin qui descritti, di spettacolarizzazione dell'atto creativo reclamano tutti una complicità da parte del pubblico. In altre circostanze, i rapporti con lo spettatore creati dagli artisti sono stati meno asettici, piú aggressivi. Ad esempio, la partecipazione del gruppo BMPT formato da Buren, Mosset, Parmentier e Toroni al Salon de la Jeune Peinture investe il contenuto stesso della manifestazione. In occasione del vernissage, il 3 gennaio 1967, i quattro pittori si misero a lavorare alla presenza del pubblico. Buren ridipingeva di bianco le due bande bianche poste alle estremità della tela rigata che si apprestava a utilizzare; Mosset inscriveva un cerchio in mezzo alla tela; Parmentier utilizzava la tecnica della piegatura per realizzare delle strisce orizzontali; Toroni disponeva a quinconce, a intervalli di 30 cm una dall'altra, impronte di pennello n. 50. Mentre un altoparlante ripeteva per tutto il tempo: «Buren, Mosset, Parmentier, Toroni vi consigliano di diventare intelligenti». Al termine della serata, i quattro riordinarono i lavori realizzati e li portarono via. Al di sopra della piattaforma loro riservata, uno striscione indicava che i quattro non avrebbero esposto – l'assenza dichiarata è una modalità di presenza. Comunque sia, il lavoro in pubblico valorizza la praxis. Buren contrappone il fare, il processo operativo, all'opera compiuta, quando dichiara:

> Vedere alla svolta di una strada qualcuno intento a dipingere il Sacré-Cœur, un ponte, la Senna o qualunque altra cosa, mi affascina sempre. Amo veder fare pittura, anche quando sono croste spaventose, specialmente prima che il quadro sia finito, perché, prima di essere finito, è spesso molto... Questo, a mio parere, vale anche per la «grande pittura»: è piú bella quando si fa che quando è fatta; soprattutto è piú interessante[6].

[6] D. BUREN, *Entrevue. Conversations avec Anne Baldassari*, Flammarion - Union des Arts Décoratifs, Paris 1987, p. 13.

2. *Si prega di toccare*.

Vedere la creazione nel suo farsi agevola indubbiamente un approccio globale al suo compimento. Anche un altro desiderio anima gli spettatori: come san Tommaso, vogliono toccare, un modo per creare una intimità corporea che annulla la distanza. Ma toccare deteriora gli oggetti. Un museo americano aveva disposto vicino alla porta d'ingresso una scultura, a titolo di riproduzione didattica: ognuno era invitato ad allungare la mano e a constatare cosí i guasti prodotti, a lungo andare, dai continui contatti. Ecco perché i custodi devono richiamare continuamente il divieto canonico dei musei: *Vietato toccare*. Molti a volte violano, di nascosto, tale proibizione. Ci sono anzi degli artisti che incoraggiano questa violazione.

Marcel Duchamp aveva ideato per il catalogo della mostra «Le surréalisme en 1947» organizzata alla Galerie Maeght di Parigi la seguente copertina: un finto seno di gomma, deposto su un velluto nero e accompagnato dall'intimazione: «Si prega di toccare». Abbiamo già ricordato la *Scultura per cieco* di Brâncuşi e i dibattiti suscitati dal tattilismo. Le «belle arti» tenevano a distanza il soggetto desiderato, da toccare con gli occhi e solamente con gli occhi. Al contrario, le arti plastiche hanno a volte tentato di allargare ad altri sensi la sfera percettiva. Il gruppo Gutai propose percorsi, esperienze da vivere con l'intero corpo. Nel numero 4 della rivista «Gutai», Jirō Yoshihara ricorda l'*Opera da calpestare* e l'*Opera da attraversare* presentate a Tokyo da Shimamoto:

> Si tratta di oggetti che bisogna captare con l'intero corpo. Un vuoto imprevisto, il piede che scivola, il corpo che barcolla e, ogni volta, viene in mente il volto dell'artista che ride sotto i baffi. Queste esperienze che stabiliscono un nesso concreto tra colui che crea e colui che percepisce segnano sicuramente una svolta nell'arte[7].

In occasione della mostra «Dylaby», sottotitolata «Un labirinto dinamico» (Amsterdam, Stedelijk Museum, 1962), Daniel Spoerri aveva organizzato due sale. La prima era

[7] J. YOSHIHARA, *Rapport de la 1re Exposition Gutai* (1956), in *Gutai* cit., p. 198.

immersa nel buio: i visitatori dovevano percorrerla a tentoni, cercando un appoggio in superfici variamente testurizzate, a volte calde, a volte umide, frastornati da suoni e odori diversi. Il riferimento allo spettacolo da fiera contribuiva ad accrescere lo sconcerto dei visitatori. La seconda sala presentava una collezione di opere *fin de siècle*, ma tutto accadeva come se l'intera stanza avesse subito una rotazione di 90 gradi. Per cui si aveva la strana impressione di camminare su una delle pareti, mentre il «pavimento», sul quale erano fissati i piedistalli con le loro statue, sembrava rialzato in senso verticale. La mostra fu montata in tre settimane dagli artisti invitati – Robert Rauschenberg, Martial Raysse, Niki de Saint-Phalle, Jean Tinguely e Per Olof Ultvedt – ai quali il conservatore del museo, Willem Sandberg, aveva dato carta bianca. La realizzazione labirintica di Spoerri, piú che smontata, fu gettata nella spazzatura. A parte alcune realizzazioni di Rauschenberg, nessuna delle opere, concepite appositamente per la mostra e dunque piú da «vivere» che da vedere o collezionare, fu reclamata dagli artisti, cosí come nessuno pensò a ritirarle.

Il Groupe de Recherche d'Art Visuel (GRAV, 1960-68) organizzò a sua volta manifestazioni capaci di «far uscire lo spettatore dalla sua apatica dipendenza, che gli fa accettare in modo passivo non solo quanto gli si impone come arte ma un intero sistema di vita». Una delle azioni piú notevoli del gruppo, da questo punto di vista, si svolse nelle strade di Parigi, nel 1966. Il pubblico era invitato a giocare con degli oggetti e a intraprendere percorsi devianti. In precedenza lo stesso gruppo aveva presentato – anch'esso – un labirinto, esperienza deliberatamente rivolta, secondo gli artisti, «all'eliminazione della distanza esistente tra lo spettatore e l'opera». Un documento diffuso in occasione della Terza Biennale di Parigi (1963) proponeva di creare un clima di «comunicazione e interazione» tra il pubblico e la creazione. Nel piú puro stile dei manifesti delle avanguardie inizio secolo, gli artisti del GRAV proclamano tra l'altro:

> Noi vogliamo coinvolgere lo spettatore, liberarlo dalle inibizioni, rilassarlo.
>
> Noi vogliamo farlo partecipare.

Noi vogliamo porlo al centro d'una situazione che possa far funzionare e trasformare.

Noi vogliamo che egli sia consapevole della sua partecipazione.

Noi vogliamo che egli si orienti verso un'interazione con altri spettatori.

Noi vogliamo sviluppare nello spettatore una forte capacità di percezione e di azione.

Uno spettatore cosciente del suo potere d'azione (...) potrà compiere da sé la vera «rivoluzione nell'arte».

Egli metterà in pratica le seguenti regole:

VIETATO NON PARTECIPARE
VIETATO NON TOCCARE
VIETATO NON ROMPERE[8].

Questo stato d'animo, espresso qui con un'enfasi datata, era condiviso da molti. Parecchi artisti cercavano di promuovere rapporti piú diretti con la creazione artistica. Invece di fare appello alla sola visività e alla distanza che essa necessariamente implica, essi desideravano mobilitare tutte le facoltà degli spettatori-partecipanti. Ad esempio, Jesús Rafael Soto, quando realizza i suoi primi *Pénétrables* (1968), inventa una formula apposita per creare una complicità attiva tra l'opera e il suo pubblico. La loro efficacia è inversamente proporzionale alla semplicità del progetto e della sua realizzazione. Una pioggia di fili di nylon, bianchi, gialli o neri, attaccati solo all'estremità superiore e lasciati liberi in prossimità del suolo, dà corpo ad un environment nel quale può introdursi lo spettatore. Immerso nell'opera, egli vive un'esperienza corporea che modifica sia il suo sguardo sia il suo rapporto con lo spazio. L'artista ha sempre insistito su queste due caratteristiche:

Quando si entra in un *pénétrable* si ha la sensazione di trovarsi in un tourbillon di luce, in una pienezza totale di vibrazioni. Il *pénétrable* è una sorta di concretizzazione di questa pienezza: in essa io faccio evolvere le persone, faccio loro sentire il «corpo» dello spazio. È un modo di materializzare ciò che esiste allo stato immateriale, un immateriale che per me non è una cosa irreale, bensí una realtà. La realtà esiste ovunque e riempie l'intero

[8] Cfr. *Assez de mystifications* (1963), a cura del GRAV, in *Morellet*, catalogo della mostra, Centre Georges Pompidou, Paris 1986, p. 185.

universo. Non esiste vuoto. Da nessuna parte. È la mia idea di base[9].

Quando entrano in un *pénétrable*, gli spettatori ne divengono una delle componenti. Un'opera di Luciano Fabro, *In cubo* (1966), è strutturata secondo un preciso modello di funzionamento. L'oggetto si presenta come un cubo leggero dalle pareti traslucide. Bisogna sollevare la fragile costruzione e penetrare all'interno per sperimentare, secondo l'artista, il suo «spazio strettamente personale, che solo in privato garantisce la propria funzionalità». Jacinto Lageira ha provato a commentare questo cubo dalle dimensioni antropomorfiche che invita a saggiare il rapporto che intercorre tra lo spazio e il corpo, e osserva:

> L'opera è davvero completa solo quando la persona ne fa realmente parte: l'artista o lo spettatore sono una componente dell'oggetto, un'articolazione indispensabile di ciò che lo fa esistere in quanto oggetto d'esperienza estetica[10].

È purtroppo rara la possibilità di entrare nel cubo, esposto all'interno di istituzioni giustamente preoccupate della preservazione dell'opera. Un caso di libertà vigilata già anticipato da altri artisti: è ovvio che non bisogna impugnare i martelli provocatoriamente predisposti da Michelangelo Pistoletto accanto a un altro cubo, composto di sei specchi, *Costruzione, distruzione* (1966). Cosí come è ovvio che il «bersaglio» da colorare proposto da Jasper Johns, completo di tre vasetti di colore, un piccolo pennello, la firma del pittore seguita da «and...» (*Target. Do It Yourself*, 1961; edizione in forma di multipli, 1971), non va assolutamente dipinto, e a nessuno è certo venuto in mente di farlo. Andy Warhol ha ideato una serie di quadri muovendo dal medesimo principio. L'artista aveva trovato un certo numero di tavole preparate per «pittori della domeni-

[9] J. R. Soto, conversazione con D. Abadie (1982), in *Jesús Rafael Soto. Rétrospective*, catalogo della mostra, Abbaye Saint-André - Centre d'Art Contemporain; Le Carré - Musée Bonnat; Musée d'Art Moderne; Fundacão de Serralves: Meymac-Bayonne-Dunkerque-Porto 1992, p. 129.

[10] J. LAGEIRA, *Luciano Fabro: le miroir des sens ou quelques «tautologies» sur l'expérience esthétique*, in «Artstudio», n. 13, *Regards sur l'Arte Povera*, estate 1989, p. 96.

ca», con motivi predisegnati suddivisi in sezioni numerate: bastava riempire gli spazi bianchi con il colore giusto per ottenere una natura morta, un'aiuola fiorita o un superbo paesaggio. Warhol li ha ingranditi, riportati su tela e ha iniziato a colorarli, ma, anche nel suo caso, a nessuno è venuto in mente di completare il lavoro da lui lasciato volutamente interrotto e di ricoprire di colore le parti da lui lasciate in bianco. I *Do It Yourself* di Warhol (1962) non sono stati lasciati incompiuti dall'artista perché li finissimo noi. Insomma, l'esplicito richiamo «Si prega di toccare» resta un pio desiderio, quando non è pura messinscena.

L'autonomizzazione delle arti implicava la loro separazione, il loro ritrarsi in uno spazio privato dal quale lo spettatore è fisicamente escluso. La cornice attorno al quadro, il piedistallo sotto la scultura, la balaustra tra il palcoscenico e la sala fungevano al tempo stesso da segni e da operatori della divisione. La speranza di abolire i confini tra l'arte e la vita implicava l'affermazione di modi di presentazione in grado di promuovere un'estetica della compenetrazione. Erede della lezione dada, consapevole delle esperienze del gruppo Gutai, una serie di artisti americani aveva dato vita, alla fine degli anni cinquanta, alla pratica dell'environment. Allan Kaprow espose cosí nel 1958, alla Hansa Gallery di New York, un insieme di materiali disparati all'interno dei quali i visitatori avevano l'obbligo di circolare. L'artista si proponeva di stimolare un atteggiamento partecipativo:

> Nella presente mostra noi non veniamo per *guardare* le cose. Entriamo semplicemente, e siamo coinvolti in modo passivo o attivo a seconda della nostra attitudine a impegnarci, cosí come svolgiamo un ruolo quando usciamo *fuori* da qualsiasi spazio, urbano o privato. Siamo noi stessi le forme (anche se spesso non ne siamo consapevoli). Indossiamo vestiti di colori diversi; possiamo muoverci, ascoltare, parlare, osservare gli altri in maniera diversa; e cosí facendo modifichiamo costantemente il «senso» del lavoro (...) Io credo che questa pratica dia ai visitatori una responsabilità molto maggiore di quella a cui sono abituati. Il «successo» di un'opera dipende anche da loro oltre che dall'artista[11].

[11] A. KAPROW, *Notes sur la création d'un art total* (1958), in ID., *L'art e la vie confondus* cit., p. 42.

Kaprow ha descritto il processo che fa emergere questa nuova forma artistica. Se l'assemblage era un'estensione tridimensionale del collage, l'environment all'interno del quale penetrano gli spettatori è un'estensione dell'assemblage. L'environment può essere «composto da qualsiasi tipo di materiale, purché interessi il tatto, l'udito e anche l'olfatto, e realizzato entro uno o piú spazi, oppure all'aperto». Per cui il visitatore è letteralmente immerso «*nell'* arte»[12]. In questo senso, gli environment si distinguono dalle installazioni – dinanzi alle quali è sempre possibile disporre cordoni per impedirvi l'accesso –, anche se il vocabolario critico attuale non fa molta differenza tra le due modalità operative. Moltissime installazioni, classificate come tali, sono infatti degli environment, dal momento che presuppongono una presenza aperta e richiedono un atteggiamento estetico specifico.

Le opere di Edward Kienholz esemplificano assai bene la fecondità del genere. *Roxy's* (1961) ci trasporta nell'universo di un celebre bordello di Las Vegas. *While Vision of Sugar Plums Danced in their Heads* (Mentre visioni di prugne candite danzano nelle loro teste: frase tratta da una filastrocca, 1964) trasforma il visitatore in voyeur. In questa imitazione d'una camera da letto banalmente arredata, una radio gracchia della musica anonima, mentre uno specchio riflette l'immagine d'una coppia impegnata nei preliminari sessuali. Solo che l'uomo e la donna sono proprio lí, distesi su un letto vero. Le loro teste escono dalle lenzuola come mostruose caricature. La curiosità ci spinge ad avvicinarci, e piccoli buchi aperti nel tessuto attirano il nostro sguardo. Quando vi applichiamo l'occhio, indoviniamo i trastulli amorosi immaginati da ciascuno dei due coniugi. *The Art Show* (1963-77) fa ricorso anche al suono per stigmatizzare l'ambiente – qui ricostruito a grandezza naturale – di un vernissage mondano, al quale lo spettatore partecipa nel e dal momento in cui «visita» la mostra, ossia quando deambula all'interno dell'environment: in questo caso, benché facciano in qualche modo parte dell'opera, i visitatori non collaborano però alla sua elaborazione.

[12] A. Kaprow (1963), citato in SANDLER, *Le triomphe de l'art américain* cit., p. 171.

Gli environment di Kienholz sono indipendenti dal luogo della loro esibizione. *The Beanery* (1965) si presenta come un container mobile, isolato dal contesto, all'interno del quale penetrano gli spettatori per scoprirvi un caffè d'altri tempi, i cui frequentatori hanno un orologio al posto della testa. Altri environment sono ricostruibili allo stesso modo, ma nel caso di alcuni di essi diventa condizionante il luogo dell'allestimento. Ad esempio, Hans Haacke concepisce per la Biennale di Venezia una «installazione»[13] il cui titolo, *Germania* (1993), è quello dell'insegna del padiglione tedesco allestito ai Giardini. In cima alla porta d'ingresso, una moneta da un marco ingrandita fino ad assumere le dimensioni d'un bassorilievo. Al di là della porta, un tramezzo di legno che nasconde l'interno del padiglione. Su questo tramezzo, montata su fondo rosso, una grande fotografia, riproduzione d'un documento storico: Hitler che visita la Biennale nel 1934. Dopo aver aggirato il tramezzo, il visitatore scopre uno spettacolo di desolazione: il pavimento della stanza, del tutto vuota, è completamente sfondato. Sul muro in fondo, la parola «Germania» si staglia in immense lettere di piombo. Va da sé che un tale environment non avrebbe avuto senso se fosse stato impiantato, sia pure in modo identico, in un altro luogo: esso si inscrive deliberatamente nella logica dell'*in situ*. Ma occorre anche sottolineare che l'opera non è esclusivamente retinica, per quanto sia impressionante l'impatto visivo. Deambulare sulle rovine del pavimento dissestato è un'esperienza che impegna totalmente l'instabile e perplesso spettatore.

3. *Piú vicino al pubblico.*

Nel 1958, due anni dopo la morte di Pollock, Kaprow è tra i primi a constatare come l'*action painting*, vittima del suo stesso successo, si sia accademizzata. Le sue innova-

[13] È cosí che l'artista designa l'opera, la quale ha però tutte le caratteristiche d'un environment: a quanto pare, il termine «installazione» ha finito per prevalere nella qualificazione d'un gran numero di opere che non sono né quadri né sculture, e il cui spazio è piú o meno aperto all'inclusione degli spettatori.

zioni, codificate, divenute punti fermi, «cominciano a prendere posto nei manuali scolastici»[14]. Kaprow pubblica a questo punto un'analisi dei *dripping*, uno studio che riprende le opposte conclusioni di Greenberg e Rosenberg ma le colloca in una prospettiva in cui le loro contraddizioni non sono piú avvertibili: Pollock, creatore di alcuni magnifici quadri, avrebbe anche «distrutto la pittura». Tra gli argomenti a sostegno di questa tesi, segnaliamo in particolare la predilezione dell'artista per le «enormi tele», tendenti a trasformarsi in environment: «La scelta delle grandi dimensioni da parte di Pollock ha come conseguenza il fatto di trasformare il nostro confronto con le sue opere in un assalto, in un inglobamento». Non solo «qui la pittura ha il suo corollario nella sala», ma «il nostro bisogno di identificarci con il processo creativo, di far corpo con l'avventura estetica nel suo insieme» tende a fare di noi «dei partecipanti piú che degli spettatori». Cosí, per Kaprow, si pone ormai l'alternativa tra due soluzioni: o giocare sulle possibili variazioni tenendo ben ferma l'estetica di Pollock o cessare totalmente di dipingere. Kaprow sceglie l'avventura fuori dalla pittura, per meglio prolungarne la logica:

> Cosí Pollock, almeno come lo vedo io, ci ha lasciati al punto in cui dobbiamo cominciare a preoccuparci, senza per questo lasciarci accecare, dello spazio e degli oggetti della nostra vita quotidiana, dei nostri corpi, dei nostri vestiti, dei nostri appartamenti, o, se necessario, dell'intera estensione della 42ª Strada. Insoddisfatti di appellarci ai nostri sensi con la sola mediazione della pittura, utilizzeremo i caratteri specifici della vista, dell'udito, dei movimenti, delle persone, degli odori, del tatto[15].

Un anno dopo, Allan Kaprow inventa l'happening. Il termine, ricalcato sull'etimologia del verbo *to happen* (accadere), appariva nel titolo di una manifestazione organizzata dall'artista alla Reuben Gallery, «18 Happenings in 6 Parts» (New York, 1959). Nel catalogo edito in occasione della sua «mostra», Kaprow ha descritto il dispositivo messo a punto per gli happening. I tre spazi nei quali si situa

[14] A. KAPROW, *L'héritage de Jackson Pollock* (1958), in J. LICHTENSTEIN (a cura di), *La peinture*, Larousse, Paris 1995, p. 914.
[15] *Ibid.*, p. 916.

l'opera hanno ciascuno un'atmosfera diversa, con un tipo di illuminazione diversa, blu e bianca nell'uno, rossa e bianca nell'altro, blu nell'altro ancora. Oltre ai collage e agli oggetti – ad esempio, una serie di specchi –, sono previste da settantacinque a cento sedie. Gli invitati hanno ricevuto dei cartellini numerati e devono cambiare di sedia, come è prescritto dalle regole stabilite nel programma. Possono vedere proiezioni di diapositive, ascoltare musica improvvisata e assistere a diverse azioni elementari: una persona che accende dei fiammiferi, una donna nuda che sprofonda su un divano, un'altra che spreme delle arance, un gruppo di artisti che dipingono tele appese su tramezzi, altri che fanno girare cartelli o recitano testi o suonano uno strumento musicale. Nessuno dei brevi interventi viene riprodotto una seconda volta, e «gli stessi non significheranno nulla di esplicito, almeno per l'artista». In un'ora e mezza vengono eseguiti i diciotto happening: eventi che incarnano valori antitetici a quelli in vigore nell'universo delle «belle arti», eventi che in particolare promuovono l'effimero, il mutevole, il perennemente sorprendente, in una parola il riavvicinamento tra l'arte e la vita. Kaprow, erede in linea diretta dell'*abstract expressionism*, riconduce nondimeno il nuovo modulo espressivo al cuore della tradizione americana:

> Il significato dell'happening non deve essere rintracciato unicamente nella corrente creativa, piena di freschezza, che soffia attualmente. Gli happening non sono propriamente uno stile nuovo. Piuttosto, nel solco dell'arte americana della fine degli anni quaranta, sono un atto morale, un atteggiamento umano fondato su una grande immediatezza, il cui statuto professionale e artistico non è tanto un criterio quanto la certezza di rappresentare un impegno esistenziale definitivo[16].

Allan Kaprow vuole creare un'«arte totale», e sottolinea che tale idea, nata – «paradossalmente» – dall'esigenza di estendere una «delle forme di pittura, il collage», ha portato alla fine al «rifiuto della pittura in tutte le sue forme»[17]. Un processo evolutivo che conduce, per tappe successive, dal collage all'assemblage, dall'assemblage all'envi-

[16] KAPROW, *Les happenings sur la scène new-yorkaise* cit., p. 52.
[17] ID., *Notes sur la création d'un art total* cit., p. 41.

ronment e infine dall'environment all'happening – un «environment esaltato» dalla partecipazione degli spettatori divenuti attori. Ecco perché l'artista sta molto attento a distinguere gli happening dal teatro, con il quale essi non hanno nulla a che vedere. Prolungamento dell'*action painting*, tributari del collage e delle sue conseguenze, gli happening partecipano in tutta coerenza[18] del processo storico che porta le «belle arti» a trasformarsi in arti plastiche, previo abbandono delle specificità intrinseche a ciascuna disciplina:

> I giovani artisti di oggi non sentiranno ancora per molto il bisogno di dire: «Sono un pittore», o «Sono un poeta», o «Sono un ballerino». Essi sono semplicemente «artisti»[19].

Gli happening si diffondono rapidamente nel mondo occidentale. Negli Stati Uniti, dopo Kaprow, Jim Dine, Claes Oldenburg, Robert Whitman, Red Grooms e poi molti altri si appropriano del nuovo mezzo espressivo. In Francia, Jean-Jacques Lebel crea happening dal 1960, e pubblica un'opera sull'argomento[20]; Tadeusz Kantor organizza a Varsavia il primo happening polacco; Italia, Germania, Austria, Gran Bretagna, o anche Argentina, Giappone, ecc., non sono da meno. Gli anni sessanta sono quelli di maggior clamore per gli happening: gli stessi «eventi» del maggio '68 sono qualificati dall'allora ministro dell'Education nationale Edgar Faure come altrettanti happening. In definitiva, come tutti sanno, il termine lanciato da Kaprow ha un tale successo che entra a far parte del vocabolario corrente.

La maggior parte degli storici[21] stabilisce un nesso tra

[18] Questa ricostruzione della vicenda artistica mutua evidentemente il proprio modello strutturale dal modernismo, il quale aveva descritto le conquiste interne al mondo della pittura come un processo di essenzializzazione, prodottosi nel corso di una serie di fasi logicamente collegate tra loro.

[19] KAPROW, *L'héritage de Jackson Pollock* cit., p. 916.

[20] J.-J. LEBEL, *Le happening*, Les Lettres Nouvelles, Paris 1966.

[21] Non mancano i dissenzienti, in particolare presso gli artisti. Ad esempio, Dick Higgins dichiara: «Non ho mai pensato allo spettacolo del Black Mountain College come a un happening o a qualcosa di riferibile a Fluxus. Anche se includeva mezzi differenti, e disparati, lo vedevo piú come uno spettacolo simultaneo e una "manifestazione" nella tradizione dadaista di Raoul

l'happening e il leggendario «Untitled Event», denominato in seguito «Theatre Piece # 1», che si svolse al Black Mountain College (North Carolina) nel 1952. Il suo principale artefice, John Cage, aveva distribuito agli intervenuti delle indicazioni relative alle sequenze temporali durante le quali avrebbero dovuto dar vita a delle azioni oppure restare inattivi. Nessuno di loro sapeva quello che avrebbero fatto gli altri, né quando sarebbero dovuti intervenire. Il pubblico era suddiviso in quattro triangoli convergenti al centro dello spazio. Rauschenberg proiettava diapositive o piccoli film su schermi bianchi appesi al soffitto. Merce Cunningham e i suoi ballerini percorrevano le gallerie. John Cage leggeva un *Discorso* sui rapporti tra la musica e il buddhismo zen, mentre Charles Olson e Mary Caroline Richards declamavano poesie. David Tudor travasava acqua da un recipiente a un altro – eseguendo cosí una pièce di Cage, *Water Music*. Dei bambini urlavano e dei dischi gracchiavano a intermittenza musiche varie. Per tutto il tempo, camerieri imperturbabili servivano caffè agli spettatori, i quali potevano bearsi di quell'immenso collage di azioni senza nesso, governato esclusivamente dal caso – preoccupazione principale e costante di Cage. Il pubblico, quindi, non interveniva nello spettacolo totale al quale assisteva. Ciascuno era libero di fissare l'attenzione su questo o quell'aspetto, di cogliere fugaci bellezze tra gli «eventi» volutamente sconnessi o di elaborare un senso a partire da quel materiale brulicante, incoerente come la vita.

Nello stesso anno, John Cage compose *4' 33"*, pièce musicale «silenziosa» che fa ascoltare la cacofonia dei suoni che s'accavallano quando tace la musica. *4' 33"* e l'«Event» del Black Mountain College discendono da postulati estetici lontanissimi dalle istanze proprie dell'*abstract expressionism* che presiedono ai primi happening di Kaprow, ex allievo di Cage alla New School for Social Research di New York. Cage del resto non aveva affatto apprezzato le ope-

Hausmann o dei poemi simultanei, o di quelli di Isidore Isou»: cfr. *Entretien* a cura di C. Dreyfus, in *Hors Limites*, catalogo della mostra, Centre Georges Pompidou, Paris 1994, p. 189.

re dell'allievo – cariche di pathos opprimente, a volte angoscioso –, che in genere prescindevano dalla reale partecipazione del pubblico, non diversamente dal suo «Event», ed era tutt'altro che tenero con lui:

> Cosí, quando mi reco a un happening che mi sembra ispirato da un'intenzione, parto dicendo già a me stesso che non mi interesserà. Per cui non è mi è piaciuto che in «18 Happenings in 6 Parts» mi si dicesse di spostarmi da una pièce all'altra. Infatti, benché non sia politicamente impegnato, ho, in quanto artista, una certa intuizione del contenuto politico dell'arte, ed esso non prevede alcuna disciplina[22].

La maggioranza degli happening si svolgeva entro spazi culturali. Chi vi assisteva, accuratamente «selezionato», era dunque consenziente e piú o meno informato del loro contesto artistico. Le prime contestazioni delle istanze e dei luoghi istituzionali si svilupparono negli anni sessanta. Parallelamente, alcuni artisti tentarono di attingere direttamente a un pubblico di non iniziati. Il che significava, a quel punto, scendere nelle strade. Michelangelo Pistoletto e i suoi amici creano nel 1968 lo *Zoo*. Collaborazione creativa, lo *Zoo* non s'appella direttamente agli spettatori, i quali possono comunque interagire e partecipare ai giochi, e, anche se l'artista non vuole ammetterlo, si tratta d'una sorta di teatro di strada. Questo attivismo giocoso poteva prendere la forma d'una sfilata nello spazio urbano (Torino) o di scontri scenici sulla piazza d'un paese, nel corso dei quali ciascun partecipante doveva inventare e mettere in scena una storia. I modi, in fondo, erano poco importanti, e Pistoletto lo dichiarò apertamente: «Per me, non esistono forme piú o meno attuali, tutte le forme sono disponibili, tutti i materiali, tutte le idee e tutti i mezzi»[23].

Pierre Restany e Guido Le Noci avevano organizzato a Milano, con la collaborazione degli artisti, una serie di festeggiamenti per celebrare il decimo anniversario della fondazione del gruppo dei Nouveaux Réalistes. Quando Chris-

[22] Da una conversazione di J. Cage con M. Kirby e R. Schechner, trad. fr. *La salive*, in «Le Théâtre», n. 1, 1968, p. 213.

[23] M. PISTOLETTO, *Le ultime parole famose*, citato in B. CORÀ, *Michelangelo Pistoletto: réflexion et élaboration du problème de l'Être*, in «Artstudio», n. 13, *Regards sur l'Arte Povera*, estate 1989, p. 75.

to impacchetta il monumento a Vittorio Emanuele, una manifestazione di protesta di ex combattenti lo costringe a cambiare statua. La scelta di impacchettare quella di Leonardo da Vinci irrita a sua volta altri settori dell'opinione pubblica, che danno immediatamente fuoco all'effimera realizzazione. César fabbrica in pubblico una delle sue espansioni in poliuretano. Niki de Saint-Phalle spara con la carabina sui vasetti di colore di un *Autel* improvvisato. Arman distribuisce ai passanti mucchi di rifiuti in sacchi di plastica. Jean Tinguely espone, davanti al Duomo, un immenso fallo dorato che si autodistrugge in un fuoco d'artificio di esplosioni a catena. Una cena, piú privata ma non meno gioiosa, mette la parola fine alle manifestazioni del gruppo. L'arte, allora, assumeva a volte tratti ossessivi. E a contatto con un pubblico non preparato doveva anche scontrarsi con l'incomprensione e il vandalismo. Ma erano resistenze che la spingevano a rafforzare la propria vitalità.

4. *Spettatori partecipanti*.

Gli happening acquisiscono rapidamente due importanti caratteristiche. Da un lato, sono aggressivi, o quantomeno provocatori, ludici, carnevaleschi, e propongono situazioni limite in cui la pratica del corpo dei partecipanti, a volte nudo o quasi, spesso oggetto di violenze, mette a dura prova la sensibilità dei presenti. Dall'altro, mantengono le distanze: chi assiste, a stretto contatto con l'azione, viene raramente invitato a intervenire, e la distanza tra partecipanti e spettatori viene ristabilita in fretta, anzi, forse non è mai stata veramente abolita. D'altronde, molti celebri happening, non direttamente legati alla tradizione iniziata da Allan Kaprow, possono essere considerati davvero tali se il loro criterio distintivo è costituito dalla partecipazione del pubblico.

Nel 1960, ad esempio, Piero Manzoni invita il pubblico alla galleria Azimuth di Milano per una manifestazione dal titolo molto duchampiano, «Consumazione dell'arte dinamica da parte dei suoi stessi spettatori divoratori d'arte». Come indica l'invito, ognuno «è pregato di assistere e di collaborare direttamente alla consumazione delle opere». L'artista aveva premuto l'impronta del suo pollice su una serie di uova sode che diede poi in pasto al pubblico: un'ora dopo, tutti coloro che lo desideravano avevano *consumato* una parte dell'opera. Perché il riferimento risultasse perfettamente chiaro, Manzoni rinnovò l'esperienza in occasione di una mostra collettiva (Albisola, 1961), ma ne modificò il titolo, divenuto questa volta «Comunione con l'arte».

Anche Daniel Spoerri ha utilizzato il cibo per una mostra di rara impertinenza, «723 ustensiles de cuisine» (Parigi, Galerie J., 1963). Ogni sera, l'artista trasformava la galleria in ristorante, con la proposta di parecchi menu, tra cui un «menu del carcere». Spoerri era ai fornelli, mentre critici d'arte come Alain Jouffroy, Jean-Clarence Lambert, Jean-Jacques Lévêque, Michel Ragon e Pierre Restany assicuravano il servizio. Gli utensili per cucinare, cosí come gli ingredienti per i pasti, erano messi in bella mostra. Dopo aver mangiato, i clienti spettatori d'arte potevano trasformare, «su licenza», la loro tavola in un tableau-piège. Spoerri ha riassunto cosí la situazione:

> Il ristorante è per me una confluenza di forze. L'artista fa cucina. Il critico d'arte serve la minestra e avvicina l'opera al pubblico. Lo spettatore, in ossequio alla definizione di Duchamp, fa il quadro. Con me, non solo lo consuma, ma partecipa alla sua preparazione[24].

La partecipazione è spesso richiesta, in un modo o in un altro, da opere che resterebbero senza vita se rifiutassimo di giocare il gioco, il loro gioco. Bisogna entrare nei corridoi di Bruce Nauman o provare i dispositivi di Dan Graham se si vuole capirne il funzionamento e afferrarne il senso. Alcuni esempi tra le centinaia possibili potranno dare l'idea della varietà di situazioni con cui i visitatori devono confrontarsi.

Al centro di uno spazio ridotto nel quale si è obbligati a entrare pende una lampadina. Un cartello spiega che la parola può far accendere la luce. Con un po' d'attenzione e

[24] D. Spoerri, citato da Otto Hahn, in *Daniel Spoerri, interview conducted by Susan Hapgood* cit., p. 55.

un minimo di perspicacia, lo spettatore-partecipante scopre rapidamente che l'intensità luminosa è proporzionale a quella dei suoni che produce (Yaacov Agam, *Que la lumière soit*, 1967). Jochen Gerz pone i visitatori di fronte a un dilemma. Installa un testo scritto in fondo a una sala. Sull'intera superficie del pavimento spicca, piú volte ripetuta con il gesso, la parola *leben* (vivere): se ci facciamo avanti per leggere la scritta, i nostri piedi faranno sí che la parola si cancelli (*Leben*, 1974). Marina Abramovič e Ulay ci pongono in una situazione ancora piú delicata. Nudi, uno di fronte all'altro nel vano d'una porta, riducono al minimo lo spazio per passare. Se vogliamo entrare nella galleria, dobbiamo per forza infilarci tra i loro corpi (*Imponderabilia*, 1977). Il contatto fra l'artista e il visitatore si fa ancora piú intimo in un'opera rimasta celebre. Orlan si è installata dietro una forma in plastica che raffigura il busto d'una donna nuda. L'opera viene presentata alla FIAC, un'esposizione fieristica dove il pubblico accorre in massa. I visitatori sono invitati a introdurre 5 franchi in una fessura: la giovane donna a questo punto concede loro un vero bacio mentre una lampadina lampeggia sulla punta dei seni di plastica (*Le baiser de l'artiste*, 1977). Marie-Ange Guilleminot, su una piazza antistante un teatro di Münster, installa un poligono di legno, con delle aperture su ciascuno dei lati e dei manicotti di tessuto nero collegati a ciascuna delle aperture (*Paravent-Installation*, 1997). Davanti a ciascuna apertura, una sedia attende il visitatore che, se è informato, si toglie le scarpe, introduce i piedi nell'apertura e attende il massaggio rilassante che non tarderà a venire.

Felix Gonzalez-Torres, all'inizio degli anni novanta, esibiva analoga sollecitudine nei confronti del pubblico. Nelle sue mostre disponeva pile di fogli stampati, e ogni visitatore poteva portarne via uno. Cosí come disponeva anche pile di dolci, per la gioia dei golosi. Fogli o dolci venivano continuamente sostituiti in cima alle rispettive pile, di modo che l'opera dispersa ai quattro venti mantenesse la propria integrità. L'arte degli anni sessanta e settanta era spesso piú brutale. Lo prova un'installazione sonora di Bruce Nauman: la sala è vuota, degli altoparlanti, piú o meno nascosti, ingiungono, senza sosta e in tutti i toni possibili:

«Get out of my mind - Get out of this room» (1968). Barbara T. Smith adottava una soluzione opposta con *Feed me* (1973). Nuda su un letto in una sala contenente oggetti, alimenti e oli per il corpo, l'artista riceveva uno ad uno i visitatori, mentre una colonna sonora ricordava la regola: «Nutritemi». In tutti questi casi, siamo davvero molto lontani dai rapporti che possiamo intrattenere con un dipinto, un disegno o una scultura.

5. *Ognuno è artista*.

L'idea di partecipazione e le opere che la concretizzano mantengono ancora una distinzione tra chi fa o propone e un pubblico di consumatori divenuto componente attiva dell'opera. Jean Dubuffet contribuí per primo a un allargamento non tanto della nozione di arte quanto di coloro che vi si dedicano, anche solo episodicamente. L'*art brut* riserva un posto, accanto agli artisti di rango, per tutti coloro che trovano la forza di esprimere le proprie capacità creative. Una raccolta di testi di Dubuffet è significativamente intitolata *L'homme du commun à l'ouvrage*. Durante le manifestazioni del '68, il pittore radicalizza le sue posizioni di principio, chiedendosi tra l'altro se bisogna *guardare* le opere d'arte oppure considerarle una cosa «da vivere e da fare». Nel corso della sua riflessione, finisce per elaborare un universo utopico:

> Non ci saranno piú *regardeurs* nella mia città: solo attori. Niente piú cultura, dunque niente piú sguardo. Niente piú teatro – il teatro che comincia laddove si separano la scena e la sala. Tutti sulla scena come tutti dentro la mia città. Niente piú pubblico. Niente piú sguardo, dunque niente azione falsata all'origine dal fatto di essere destinata a essere guardata – magari anche dall'attore medesimo, che diventa, nel momento in cui agisce, spettatore di se stesso[25].

Dubuffet sa che siamo condizionati, che «non possiamo fare a meno di guardarci agire». Ecco perché ci chiede di

[25] J. DUBUFFET, *Asphyxiante culture*, Jean-Jacques Pauvert, Paris 1968, p. 116.

non acconsentire piú «al principio del guardare» e di provare «a chiudere un po' gli occhi», a girare la testa «almeno per qualche istante»[26]. Anche Joseph Beuys ha tentato di promuovere un superamento dell'arte e dell'estetica fondate sulla dicotomia tra l'artista che fa e il pubblico che guarda. Il suo metodo si basa su una contestazione politica sviluppata in seno alle istituzioni artistiche.

Una parte dell'opera di Beuys si ispira a un episodio della sua vita divenuto leggendario. Quando l'aereo della Luftwaffe da lui pilotato venne abbattuto, fu raccolto da una tribú di Tartari e curato con tecniche sciamaniche tradizionali: cospargendo il corpo di grasso e proteggendolo con dei panni, fino alla lenta, graduale cicatrizzazione delle ferite. In seguito l'artista utilizzò sempre materiali isolanti o conduttori di energia, connotati da un simbolismo che conferisce loro senso e sostanza. Il grasso, il tessuto, il cuoio, lo zolfo, il miele o l'oro, gli animali selvaggi o domestici, vivi o morti, intervengono spesso nelle sue installazioni e nel corso delle sue performance: elementi che paiono enigmatici ma che diventano immediatamente comprensibili se si sa risalire al codice metaforico che sottendono. Ritagliandosi addosso un personaggio pieno di fascino – uno sguardo intenso all'ombra d'un cappello che non lasciava mai (o quasi) –, Joseph Beuys assunse la parte dell'artista-sciamano in un mondo dominato dalla frivolezza e dal mercantilismo. La sua funzione, terapeutica piú che estetica, non fu tanto di ideare e presentare oggetti consolatori quanto di aiutare il corpo sociale a guarire dalle sue ferite, contribuendo al ripristino di un'armonia spirituale in seno a quella natura di cui l'intera umanità è parte.

Beuys si mostrava critico verso gli happening e le performance, colpevoli di promuovere una partecipazione superficiale e di spingere spesso lo spettatore a sviluppare un «attivismo vuoto di qualsiasi contenuto». Non smise mai di sostenere l'idea di una creatività generalizzata, sinonimo di ripudio delle costrizioni sociali e di ritrovamento di noi stessi: condizione preliminare per il risveglio dinamico delle forze che ci renderanno liberi. Il suo «concetto allar-

[26] *Ibid.*, p. 117.

gato di arte» l'ha portato a dichiarare: «Ognuno è artista». Una frase chiave del suo credo che è stata talvolta fraintesa e il cui significato sociale è stato precisato a piú riprese dall'artista stesso. Il quale, nel 1985, affermava:

> La formula «ognuno è artista», che ha suscitato molta irritazione e continua a essere fraintesa, si riferisce alla trasformazione del corpo sociale. Ognuno può, anzi, deve prendere parte a tale trasformazione se si vuole riuscire in questo grande compito. Se infatti manca anche una sola voce nella elaborazione di quest'opera plastica collettiva in cerca della propria espressione, ripeto, se manca anche una sola voce, se non partecipa, bisognerà attendere molto tempo per giungere alla trasformazione, alla nuova costruzione delle società[27].

Come si sarà capito, l'opera di Beuys non ha nulla di formalistico. Egli si rifà alle grandi utopie delle avanguardie storiche, le quali assegnavano all'attività artistica, rivoluzionaria, un ruolo essenziale nella costruzione di un mondo migliore. Per cui l'arte è, fondamentalmente, politica. Beuys usa evidentemente metodi assai diversi da quelli dei suoi predecessori. Scultore, realizza installazioni, fabbrica talvolta oggetti, utilizza materiali insoliti, sempre nel quadro di azioni che danno un significato specifico al composito e all'eterogeneo. Le opere, reliquie visibili e conservabili, spesso esposte, sono in ogni caso legate a una trama, quella delle circostanze della loro comparsa, del loro impiego.

Beuys ha partecipato alle esperienze del gruppo Fluxus fin dai primi anni sessanta. Nominato professore all'Accademia di Belle Arti di Düsseldorf nel 1961, sviluppa un'attività pedagogica che tende ad allargare al sociale il «concetto tradizionale di arte». È cosí che il professor Beuys fonda nel 1967 un'organizzazione alternativa, il Deutschen Studentenpartei. I conflitti con le istituzioni determinano il suo allontanamento dall'Accademia nel 1972. Intanto apre, nel quadro di Documenta V, un ufficio stampa dell'Organizzazione per la democrazia diretta. Fondata nel 1971, essa si rivolge, per mezzo di dibattiti pubblici (uno

[27] J. BEUYS, *Discours sur mon pays* (1985), citato in M. REITHMANN (a cura di), *Par la présente, je n'appartiens plus à l'art*, L'Arche, Paris 1988, p. 24.

strumento di propaganda ben conosciuto dagli uomini politici), all'insieme della società. Nel 1974 crea con Heinrich Böll la Freien Internationalen Universität, e all'inizio degli anni ottanta dichiara di voler dedicare ogni energia al proprio impegno politico, nel quadro del movimento ecologista. Quando gli chiedono perché ha intitolato «Dernier espace» la mostra realizzata alla Galerie Liliane et Michel Durand-Dessert (Parigi, 1982), l'artista risponde che a quel punto gli rimangono «lavori molto piú importanti da fare» e che quello «spazio» ha tutte le probabilità di essere l'«ultimo»:

> Sapete che lavoro nelle organizzazioni, tipo l'Università libera. È questo il mio concetto allargato di arte, un concetto che diventa sempre piú importante e al quale dedico sempre piú tempo, per cui non posso davvero piú permettermi il lusso di allestire mostre nelle gallerie[28].

Nel momento in cui cominciava ad abbinare il proprio lavoro di artista all'attività politica, Beuys elaborò la nozione di *scultura sociale*, che condensa le linee di forza del suo universo concettuale, estetico e militante. La «scultura sociale» partecipa insieme del processo di allargamento del campo della scultura e del militantismo rivoluzionario, due tendenze tipiche dell'epoca. Come fa notare Bernard Lamarche-Vadel, la nozione, centrale nella pratica dell'artista, «condensa in un solo termine due territori distinti»:

> La scultura sociale designa in primo luogo l'attività stessa di Beuys scultore all'interno di una società, e di una storia, di cui è il prodotto e che a sua volta influenza. La scultura sociale è in secondo luogo la forma progressiva permanente, in costante divenire, dei molteplici legami, affettivi, economici, politici, ecologici, storici, naturali e culturali che fondano una società in quanto tale, e, per altro verso, lo spossessamento di ciascun individuo a favore della permanenza dei codici sociali. Questo è il materiale che Beuys affida alla scultura[29].

[28] J. BEUYS, *Dernier espace avec introspecteur*, *ibid.*, p. 100. Cfr. la testimonianza di M. Durand-Dessert in *Conservation et restauration des œuvres d'art contemporain* cit., p. 312, che inquadra la mostra sotto una luce diversa.

[29] B. LAMARCHE-VADEL, *Joseph Beuys, is it about a bicycle?*, Galerie Beaubourg - Marval - Galleria Sarenco-Strazzer, Paris-Verona 1985, pp. 58-59.

L'azione intitolata *7000 Eichen* chiarisce a meraviglia questa volontà di interrelazione e di superamento dell'arte e della politica. In occasione di Documenta VII (Kassel, 1982), l'idea di Beuys era di piantare settemila querce. La realizzazione del progetto, rimasta incompiuta per la morte dell'artista, fu portata a termine dal figlio Wenzel che piantò simbolicamente l'ultima quercia della serie all'inaugurazione di Documenta VIII (Kassel, 1987). Le dimensioni ecologiche dell'operazione sono evidenti, ma Beuys mantenne anche legami con la scultura tradizionale: vicino a ogni albero, elemento di un'opera disseminata per la città intera, fece erigere una stele di basalto. Nel 1982, settemila pietre estratte da una cava della regione furono accatastate – un accumulo spettacolare – davanti al Friedericianum, dove era allestita Documenta VII e dove l'artista-agitatore teneva seminari nella sala conferenze riservata alle attività della Freien Universität. Dopo la scomparsa di Beuys, gli oggetti da lui ideati o utilizzati sono conservati in collezioni private o pubbliche. Riconsegnati a uno statuto estetico tutto sommato banale, essi perpetuano comunque il ricordo di una mente ansiosa di liquidare qualsiasi compiacimento estetizzante.

Capitolo secondo
L'artista espone il suo corpo

Paul Valéry osservava che il pittore «si dà con il suo corpo». Maurice Merleau-Ponty, citando tale annotazione, la commenta cosí: «E, in effetti, non si vede come uno Spirito potrebbe dipingere. È prestando il suo corpo al mondo che il pittore trasforma il mondo in pittura»[1]. Il coinvolgimento personale – e in senso piú lato l'insieme dei rapporti d'intimità tra l'autore e la sua creazione – ha interessato non pochi artisti. Le varie tendenze dell'espressionismo manifestano con brutalità la presenza d'un corpo che interagisce con il quadro, fino a sfigurarne oggetti e figure. Negli anni sessanta, nel momento in cui la validità delle filosofie del soggetto venne messa in dubbio dallo strutturalismo e dal decostruzionismo, l'arte minimalista e concettuale spezzarono nondimeno la catena causale che legava il corpo del creatore alla sua opera.

Contemporaneamente, gli artisti della *body art* scelgono di esibire la propria persona (il proprio personaggio) sulla scena dell'arte, con creazioni effimere realizzate o in presenza o in assenza d'un pubblico, ma sempre in vista d'uno spettatore. Il corpo esibito – supporto o materiale a volte tormentato e martoriato –, si propone infatti di sconvolgere i tradizionali rapporti tra arte e pubblico, anche se, in realtà, gli spettatori hanno in genere accesso a queste opere grazie a una mediazione documentaria: resoconti, fotografie, registrazioni video, ecc. La fotografia, come abbiamo ricordato, introduce nell'universo delle immagini un modo di rappresentazione che offre un accesso molto particolare al referente, dato che, per principio, presuppone la

[1] M. MERLEAU-PONTY, *L'occhio e lo spirito*, SE, Milano 1989, p. 17.

sua presenza davanti all'obiettivo. Per cui, quando, come nel caso della *body art*, l'opera e il corpo dell'artista sono tutt'uno, l'accesso diventa una porta spalancata sull'universo dell'arte, un universo in cui l'esposizione d'un artefatto è sempre coincisa con il dileguarsi del suo artefice. La *body art* annulla insomma i dispositivi ancestrali della simbolizzazione artistica. E comporta quindi un adattamento delle convenzioni estetiche, le quali devono subire sostanziali modificazioni se vogliono rispondere alle attese prodotte dai nuovi comportamenti degli artisti.

Timothy Binkley, ad esempio, partendo da altri fenomeni, osserva che i prodotti artistici, nel XX secolo, sono «talvolta la concretizzazione diretta di idee non mediate da qualità estetiche». Inoltre, aggiunge, «un'opera d'arte è un "pezzo", e, in quanto tale, non ha bisogno d'essere un oggetto estetico e nemmeno un oggetto *tout court*». Una delle conseguenze di tale stato di fatto è che è inutile perdere tempo con la domanda «È arte?», quando invece «la domanda che conta è: "Se lo è, che cosa comporta?"»[2].

1. *Ai confini con il teatro*.

Nel corso del XX secolo, le strategie sviluppate dagli artisti per rendere piú labile il confine tra l'arte e la vita hanno avuto come principale risultato la fine della separatezza tra le arti, a tutto vantaggio d'una nebulosa estetica in costante espansione. Agire nell'istante, esibire il corpo, fare appello alla sessualità, oltre che alle assurdità e trivialità del quotidiano. Tali metodi, che annullano il radicamento dell'opera nell'oggetto, recano varie denominazioni, dovute piú alle convenzioni acquisite che a specificità concettuali chiaramente individuate. Gli *happening* e gli *event* fanno capo a un retroterra americano. Le *performance* e le *azioni* acquistano invece significati diversi a seconda del contesto e del momento storico.

Il termine «event» è entrato nel vocabolario artistico in

[2] T. BINKLEY, *«Pièce»: contre l'esthétique* (1977), in ID., *Esthétique et poétique*, a cura di G. Genette, Seuil, Paris 1992, pp. 34 e 57.

seguito al mitico spettacolo del Black Mountain College, che liquidava in un colpo solo la soggettività dell'espressionismo e una distinzione troppo marcata tra arte e vita. Merce Cunningham è rimasto fedele alla denominazione di «event» per qualificare i propri balletti. E la parola venne ripresa anche da George Maciunas, l'inventore, nel 1961, del nome Fluxus, e da George Brecht, insieme a molti altri membri del gruppo. Gli *Event Fluxus* – gocce che cadono in un recipiente (Brecht, 1961), un volo di farfalle (La Monte Young, 1960), l'atto di fare a pezzi un violino (Maciunas, 1962) – pongono l'accento sulla semplicità e l'essenzialità di una proposta destinata a vanificare sia i confini tra l'arte e la non-arte sia i confini ancora esistenti tra le varie arti, in particolare le arti plastiche (musica, poesia e arti dello spettacolo). Gli event, le performance o le azioni riscossero un successo fulmineo. Nel 1961 Robert Rauschenberg arrivò a pensare che fossero già divenute delle pratiche «accademiche», in altre parole che si fossero banalizzate:

> Gli *event* sono come pièce teatrali per le quali si prepara uno scenario e alle quali il pubblico partecipa spontaneamente. Danno cosí l'impressione di vivere un evento irrazionale organizzato. A New York, ad esempio, si realizzano, grazie alla collaborazione di pittori e amici, dei *quadri viventi*, cosí come si compongono i colori su una tavolozza. Non c'è tema. Le persone partecipano all'azione e tutto è ugualmente importante. Ad esempio, qualcuno sale su una sedia e fa un discorso; un altro arriva con una campana e si mette a far chiasso; una giovane donna distribuisce cartoline o immagini; dei personaggi danzano sullo sfondo. Non c'è neppure musica. Soltanto suoni. Può durare da dieci a venti minuti, a seconda dei casi. Una simile esperienza è già divenuta accademia. Il miracolo del momento ha senso solo nel breve periodo in cui si perpetua il movimento[3].

Il pubblico rimaneva spesso spettatore ma si mostrava ghiotto di manifestazioni come queste che contraddicevano le sue abitudini e rivitalizzavano il suo rapporto con le arti visive.

Contrariamente alle intenzioni dichiarate degli hap-

[3] R. Rauschenberg, conversazione con A. Parinaud, in *Paris/New York* cit., p. 727.

pening, le performance non postulano una collaborazione spontanea con gli spettatori. Il termine «performance» connota l'idea di exploit, di prova brillantemente superata. Ma la sua accezione estetica arriva dagli Stati Uniti. E in inglese «performance» significa «rappresentazione», «spettacolo». In questo senso, l'*event* era una particolare forma di performance. Mentre l'azione, giusto per aumentare la confusione terminologica – inevitabile in presenza di fenomeni intenzionati a sconvolgere le categorie prestabilite –, fu spesso interpretata come sinonimo di performance. Chris Burden, che realizzò azioni piuttosto violente e performance assai spettacolari, definisce però le sue opere *Pieces*. Comunque si chiamino, gli happening, gli event, le performance e le azioni contano su due elementi costanti: richiedono la presenza fisica dell'artista e, in quanto forme d'arte «vivente», inscrivono l'atto in una temporalità pura, anziché reificarlo, trasformandolo cosí in oggetto.

Marcel Duchamp apprezzava gli happening perché, diceva, «sono qualcosa che contrasta apertamente con il quadro da cavalletto». Senza contare che supportavano la sua teoria del «regardeur». Le performance o le azioni possono invece realizzarsi solo in presenza del pubblico, o davanti ad apparecchiature da ripresa (foto, video), e in ogni caso prevedono, per la loro diffusione, una mediazione basata su documenti, tracce o reperti (tessuti macchiati, oggetti o utensili o strumenti impiegati, assemblaggi prodotti, ecc.). La presenza o l'assenza d'un pubblico, la sua partecipazione o la sua passività fungono infatti da fattori discriminanti per chi vorrebbe imporre una classificazione a pratiche che invece si distinguono per la loro estrema varietà, sia nelle forme sia nelle intenzioni. Con un obiettivo comune, però: trasformare la «scena» (metaforica) dell'arte in una scena quanto mai reale sulla quale troneggia l'artista, in carne e ossa, attore di un'opera senza corpo, liberata dalle pesantezze dell'oggetto: dove solo l'atto, magnificato, diventa arte.

2. *Violenze e trasgressioni*.

L'Austria, all'inizio degli anni cinquanta, si scandalizzò per il comportamento di un giovane artista, Arnulf Rainer. Fondatore di un gruppo effimero, lo Hundsgruppe («Gruppo del cane», 1950), egli si lasciava andare a discorsi aggressivi e non disdegnava l'«abbaiare», tanto da suggerire accostamenti con le strategie sovversive dei cinici greci. Come i filosofi della scuola cinica che s'appellavano al comportamento canino e si lasciavano andare in pubblico ad atti contrari alla morale comune, gli artisti dello Hundsgruppe non risparmiavano sberleffi e provocazioni. Con tutto ciò, Rainer continuava a dipingere, anche se uno dei suoi primi testi importanti si intitola *La pittura per lasciare la pittura*. Pur sempre artista, egli proclamava di «disprezzare l'arte», banale surrogato in un mondo privato dei legami con i valori fondamentali, di natura essenzialmente metafisica:

> I quadri, le poesie, le idee, i discorsi sono solo la schiuma, la fermentazione, il cascame, la cenere, il tentativo assurdo di ritrovare questo contatto con l'estasi del vissuto (...) Sono solo tentativi impossibili di provare qualcosa, una maniera deviata per la nostra razza peccatrice di realizzarsi in parole e non nel silenzio. Sono solo concessioni al nostro mondo corrotto di cui proviamo vergogna[4].

Rainer inizia cosí i suoi *Übermalungen* («dipinti ricoperti»): seppellisce lentamente i suoi quadri, e a volte anche quelli degli altri, sotto uno strato di pittura monocroma nera. Prima le *Facce/Farse*, smorfie registrate nelle cabine fotografiche pubbliche, poi gli interventi grafici su foto di volti o corpi, prolungano questo suo intrico tra pittura semirifiutata e artista in quanto persona fisica. A Vienna, come altrove, la pittura gestuale sembrava poter essere l'ultimo sbocco prima del ritorno al corpo. Nel 1952, come si ricorderà, Harold Rosenberg descriveva «la tela come un'arena in cui agire, invece che come uno spazio in cui ri-

[4] A. RAINER, *La peinture pour quitter la peinture* (1952), in *Arnulf Rainer*, catalogo della mostra, Centre Georges Pompidou, Paris 1984, p. 62.

produrre, ridisegnare, analizzare o "esprimere" un oggetto presente o immaginario»[5]. Nei primissimi anni sessanta, Günter Brus realizzava dipinti informali e veementi: voleva «andare oltre il quadro, per farne un brandello di mondo», un mondo che, nota l'artista nel suo *Diario*, deve però includere «il grido, il sonno, la zuppa di fagioli, il bassotto a pelo lungo, il tifone, la melodia infinita, ecc.», insomma, la vita in tutti i suoi aspetti.

Questa discendenza dall'*abstract expressionism* e piú in generale dalla pittura spiega forse perché, a dispetto delle successive dispersioni, le azioni che prenderanno il posto del quadro resteranno inscritte nell'ambito delle arti plastiche[6]. Brus dipinge anche se stesso. Nel 1965 deambula come un *tableau vivant* per le strade di Vienna con il corpo coperto di biacca bianca e diviso in due da una linea nera irregolare. Il giorno dopo, in occasione del vernissage della sua mostra «Malerei-Selbstbemalung-Selbstverstümmelung» (pittura, autopittura, automutilazione), dà vita alla sua prima azione alla presenza del pubblico. Al posto del catalogo, l'artista aveva fatto pubblicare un numero speciale della rivista «La palude», per la quale aveva chiesto il contributo di alcuni amici, in particolare Otto Mühl e Rudolf Schwarzkogler: per la prima volta appare la menzione d'un Wiener Aktionismus.

Otto Mühl, il piú anziano del gruppo, scavalcava l'*action painting* con l'introduzione di una nuova componente, la *Materialaktion*, ossia il ricorso a tutte le sostanze corporee, sangue ed escrementi compresi. Diceva di voler lottare contro la repressione sessuale. Hermann Nitsch, seguace dichiarato dell'opera totale, fondatore dell'Orgien Mysterien Theater e membro del gruppo, utilizzava per le sue azioni, simili a riti sacrificali pagani con una forte componente dissacratoria e blasfema, carcasse di animali sgozzati. La sua prima azione importante, *Festa del naturalismo psicofisico*, organizzata con Mühl a Vienna il 28

[5] ROSENBERG, *I pittori d'azione americani* cit., p. 14.

[6] Secondo Mike Kelley i creatori di *aktionen* viennesi sarebbero stati i primi a contaminare l'espressionismo astratto con il sociale: citato in R. FLECK, *L'actionnisme viennois*, in *Hors Limites* cit., p. 206.

giugno 1963, venne interrotta dall'intervento della polizia. Il programma distribuito agli invitati prevedeva:

> Io, con le azioni, intendo pormi in uno stato di eccitazione psicofisica e penetrare fino all'esperienza dell'eccesso originario. Ricopro, spruzzo, insozzo lo spazio di sangue e mi avvoltolo in pozze di colore. Mi stendo completamente nudo su un letto. Sotto le lenzuola saranno ammucchiate budella, intestini e piscio di vacche macellate, capelli, acqua calda (siero), ecc. (...) Appendo un agnello morto al soffitto della stanza, lo lascio penzolare nel vuoto e colpisco la testa dell'animale con un uncino (...) Batto, calpesto, schiaffeggio, lapido, frusto, mordo, faccio a pezzi il corpo, lo sventro, ne palpo le viscere umide[7].

Gli *azionisti* viennesi si lasciano andare, a questo punto, a un'escalation di violenze che diventa subito insostenibile. Trasgrediscono i tabú, ricorrono alle provocazioni per scuotere il giogo di una società che giudicano oppressiva, mescolano con l'arte gli aspetti piú repellenti della vita. Günter Brus, invitato a Aix-La-Chapelle, realizza la sua *Aktion 30. Der helle Wahnsinn* («La follia pura», 1968). Il registro è quello. L'artista urina e defeca in pubblico. Si incide la pelle con una lama di rasoio. La realtà del gesto prende il posto della metaforizzazione, che ha caratterizzato finora l'arte e le sue opere. Brus ne prende atto: «L'analisi corporea non ha bisogno della simbolica, è ormai il corpo stesso, con le sue funzioni, reazioni ed escrementi, a costituire il medium»[8].

La violenza sul corpo raggiunge il culmine in occasione di due manifestazioni che segnano l'apogeo e la fine del Wiener Aktionismus. La prima, *Kunst & Revolution*, è organizzata da Brus e Mühl all'Università di Vienna (7 giugno 1968). Invitati da un gruppo di studenti socialisti, essi provocano un putiferio. Mühl legge un pamphlet e frusta un masochista. Un filosofo tiene una conferenza. I membri del Direct Art Group organizzano un concorso: chi piscia piú lontano? Brus si spoglia. Si produce dei tagli ai fianchi, raccoglie la propria urina nelle mani e la beve, defeca, insozza il suo corpo con i propri escrementi, poi si

[7] H. NITSCH, foglio distribuito agli invitati il 28 giugno 1963, citato *ibid.*, pp. 201-2.

[8] G. Brus, citato in *Günter Brus. Limite du visible*, catalogo della mostra, Centre Georges Pompidou, Paris 1993, p. 197.

sdraia sul pavimento e si masturba cantando l'inno nazionale austriaco. I due artisti, condannati dal tribunale a una pena detentiva, trovano rifugio in Germania, dove Harald Szeemann organizza una mostra al Kunstverein di Colonia destinata a tracciare un bilancio, «Happening & Fluxus» (1970), all'interno della quale la nuova azione presentata da Mühl e Nitsch, *Sangue e feci*, scatena un nuovo scandalo.

Brus realizza la sua ultima azione nel 1970. Da allora scrive e disegna. Mühl abbandona l'attività artistica nel 1971 per dedicarsi a una sorta di terapia sessuale nell'ambito di una «comune» che non mancherà di avere dei guai con la giustizia. Schwarzkogler, dopo aver realizzato sei azioni, si è suicidato (1969). A lungo corse voce che era morto a seguito di un'automutilazione, il che conferma fino a che punto le violenze corporee alle quali si sottoponevano questi artisti furono percepite come *realistiche*. Il solo Nitsch, dopo il 1970, proseguí le sue cerimonie sacrificali con carcasse di animali.

Per tutti, restano i documenti fotografici e i film. Alcune azioni ebbero luogo infatti senza pubblico, solo davanti a un obiettivo: strumento che è evidentemente il mezzo privilegiato di perpetuazione e diffusione per un'arte come questa. Günter Brus introdusse anzi una distinzione tra le immagini di azioni realizzate in presenza d'un fotografo, opere d'arte a tutti gli effetti, e le fotografie scattate durante un'azione pubblica, assimilabili piuttosto al materiale documentario. François Pluchart, critico d'arte militante votato alla causa della *body art*, conferma l'idea secondo cui la mediatizzazione allontanerebbe, comunque, la presenza fisica del corpo:

> La fotografia, il film, il video – come un tempo la pittura e il disegno – hanno come prima funzione quella di conservare traccia di un fatto plastico: è vero che agiscono a titolo di verifica, ma rappresentano nella maggioranza dei casi l'essenza stessa dell'opera. Gina Pane o Michel Journiac, Urs Lüthi o Henri Maccheroni producono opere corporee che sono unicamente opere fotografiche. Bisogna dunque valutarle in quanto tali, sostituti d'una pittura sempre piú invischiata nella manipolazione di risultati già scontati[9].

[9] F. PLUCHART, *L'art corporel*, Limage 2, Paris 1983, pp. 46-47 (notiamo che la nozione di pittura qui espressa è molto sospetta: anziché registrare un fatto, essa lo fonda molto spesso nel corso della sua concreta elaborazione).

La presenza, anche se episodica, del pubblico modifica tuttavia il rapporto da noi intrattenuto con gli artisti. Se essi hanno prodotto tanto scandalo, è anche perché dei testimoni possono attestare che hanno *davvero* compiuto quegli atti di cui vediamo la documentazione. Cosí, quando Chris Burden chiede a un amico di spararli una rivoltellata in un braccio, lo fa in presenza di alcune persone e di un fotografo (*Shooting Piece*, 1971), e prolunga questo atto semi-privato con *Show the Hole* (Firenze, 1980). Burden invita gli spettatori a entrare, uno alla volta, in una stanzetta dove mostra loro la cicatrice lasciata dall'esplosione, come se volesse dire loro: «Vedete, è vero». In compenso, negli anni novanta, molti artisti utilizzano la fotografia o il video per presentare una violenza simulata, o produrre parodie che dichiarano apertamente la loro natura mistificatoria.

Dopo la fine del Wiener Aktionismus, la *body art* trova ampia diffusione. Pluchart fonda nel 1971 la rivista «arTitudes», interamente dedicata all'espressione corporea. Nel corso degli anni settanta, che sono il decennio per eccellenza della *body art*, Pluchart pubblica tre manifesti. Nel primo afferma l'importanza del corpo – il «dato fondamentale» – e nega qualsiasi legame tra la *body art* e la pittura o, piú in generale, l'arte nel suo complesso:

> La *body art* (arte del corpo) non è la fogna dove vanno a finire i grandi aborti pittorici del XX secolo. Non è una nuova ricetta estetica destinata a trovar posto tranquillamente in una storia dell'arte che ha fatto fallimento. È esclusiva, arrogante, intransigente (...) Rovescia, rifiuta e nega la totalità dei vecchi valori estetici e morali inerenti alla prassi artistica, o che si presume vi appartengano, poiché qui la forza del discorso deve sostituire ogni altro presupposto dell'arte[10].

Nel suo terzo manifesto Pluchart è ancora piú netto: «L'arte è oggi un'attività caduta in prescrizione, che rimanda a una pratica elitaria, mondana e invischiata nella sublimazione se non nell'abiezione delle rivalità

[10] ID., *Manifeste de l'art corporel* (1975), poi in *L'art du corps. Le corps exposé de Man Ray à nos jours*, catalogo della mostra, Musées de Marseille - Réunion des Musées Nationaux, Marseille 1996, p. 474.

personali»[11]. A dispetto di queste spacconate, è comunque l'*arte*, con le sue istituzioni, a dare asilo all'*arte* del corpo.

3. *Corpo utensile, corpo supporto*.

Alcuni artisti sembrano avere una predilezione particolare per situazioni in cui il corpo appaia deturpato e la pratica artistica sconfini nel *tour de force*. Chris Burden, ad esempio, rivela un gusto speciale per le esperienze estreme. Oltre alla ferita procuratasi con la revolverata, predispose altre iniziative sfibranti: per realizzare *Five Days Locker Piece* (1971) si fece rinchiudere per cinque giorni nel cassone d'un armadio, alimentato solo con acqua di bottiglie poste nel ripiano superiore, mentre in quello inferiore c'erano altri recipienti della stessa capienza ma vuoti. Per una quindicina di giorni, Vito Acconci passò le sue giornate alla Sonnabend Gallery, dissimulato sotto un finto piano inclinato predisposto per l'occasione: mentre i visitatori camminavano sopra di lui, egli si spostava e sollecitava verbalmente il loro contributo per la materializzazione di fantasmi sessuali che lo aiutassero, diceva, a masturbarsi (*Seedbed*, 1972). Potremmo continuare senza difficoltà a enumerare altre situazioni limite, anche se casi estremi come quelli citati restano rari. D'altronde, una parte del pubblico era disposta a stare al gioco, e la pratica delle azioni ha oggi i suoi nostalgici.

Altre violenze, meno esplicitamente fisiche, sviluppavano a loro volta un forte potenziale simbolico. Secondo Michel Journiac, «il corpo si afferma solo attraverso pratiche rituali». In *Messe pour un corps* (Parigi, Galerie Daniel Templon, 6 novembre 1969), egli mima la celebrazione dell'eucarestia. Ai presenti che vorrebbero comunicarsi porge a mo' di ostia un rotolo di sanguinaccio preparato con il suo stesso sangue. La ricetta di questo piatto blasfemo figura in altre opere dell'artista. I resoconti non dicono quanti comunicandi abbiano davvero inghiottito l'ostia/sangui-

[11] F. PLUCHART, *Troisième manifeste* (1980), poi *ibid.*, p. 477.

naccio. Uno, o, meglio, una, lo fece sicuramente: Catherine Millet, addetta a servir messa come «chierichetto improvvisato», la quale ingurgitò il pasto antropofagico che le venne offerto e piú tardi commentò: «Conosco persone il cui stomaco si sarebbe immediatamente rivoltato»[12].

La sofferenza reale e pubblica dell'artista diventa anche un vettore di comunicazione. Gina Pane, nel corso di azioni meticolosamente preparate, si procurava ferite in ogni parte del corpo. Per una di esse, *Escalade non-anesthésiée* (1971), realizzata nel suo studio, utilizzò una scala i cui pioli erano coperti di punte taglienti. Con le mani e i piedi nudi, l'artista salí uno ad uno i gradini della scala: allusione, nelle sue intenzioni, all'escalation americana nel Vietnam – la guerra era allora al suo culmine – e alla situazione degli artisti – «Anche gli artisti si arrampicano». Le performance di Gina Pane hanno quasi sempre implicato una situazione esistenziale e una congiuntura politica. E anche quando l'artista ha fatto ricorso alla fotografia per prolungare l'emozione del momento, lo ha fatto per raggiungere, anche con la mediazione fotografica, effetti emotivi analoghi, studiando con la sua collaboratrice abituale le inquadrature e gli angoli di ripresa, in modo che non ne scaturisse mai un semplice surrogato. La Pane lo ha chiaramente rilevato nelle sue note:

> Durante l'azione, la fotografa Françoise Masson occupava lo stesso posto che avrei occupato io in rapporto al pubblico; rappresentava insomma il medium dell'azione, costruendone l'operato solo sulla base d'una precisa sceneggiatura che io le avevo precedentemente assegnato. Vorrei che si capisse una buona volta e una volta per tutte che in nessun caso e in nessuna circostanza si arrivò a una mera documentazione fotografica delle mie azioni, essendo la fotografia parte integrante del linguaggio dell'azione stessa[13].

Abbiamo insistito a piú riprese su questo punto capitale in quanto le performance, le azioni, le deambulazioni o le costruzioni effimere entrano nell'universo delle arti plasti-

[12] Catherine Millet ricorda questa «messa» in uno dei suoi libri: cfr. C. MILLET, *L'art contemporain en France*, Flammarion, Paris 1994, p. 200.

[13] G. PANE, *Journal*, citato in A. TRONCHE, *Gina Pane*, Fall Éditions, Paris 1997, p. 64.

che grazie alla mediazione di dispositivi visivi che hanno o acquistano con il tempo uno statuto estetico. Qui sta la differenza fondamentale rispetto al teatro: le arti plastiche prevedono ed elaborano dei reperti, e badano all'efficacia della loro elaborazione. Esattamente come facevano la pittura e la scultura nell'ambito delle «belle arti».

Un'opera di Dennis Oppenheim resta emblematica di questo accordo profondo tra l'azione e la fotografia. Durante una bella giornata d'estate espone il proprio corpo nudo, coperto in parte da un libro aperto, ai morsi del sole cocente. Alcune ore dopo, ritira il libro, la cui forma chiara spicca sulla pelle abbronzata dell'artista, il quale accompagna l'azione con due fotografie che raccontano l'inizio e la fine della sua *esposizione* e con un testo esplicativo. *Reading Position for 2nd Degree Burn* (1970) condensa la duplice modalità dell'impressione lasciata da un bombardamento di fotoni: sulla pelle e sulla pellicola sensibile.

4. *Guardatemi: un museo immaginario*.

Ben Vautier partecipò al Festival dei Misfits (gli «spostati») organizzato a Londra nel 1962: dietro la vetrina della One Gallery, si presentò come *Living Sculpture* (1962). Viveva in bilico come un manichino, circondato da oggetti, e attendeva a occupazioni banali, si distraeva. Laddove Marcel Duchamp rivalutava l'oggetto banale dichiarando implicitamente «questa è un'opera d'arte», Ben decide di designare se stesso come tale. L'opera si materializza nell'artista, divenuto «scultura vivente». Alla celebre formula «La vita e l'opera di... (Van Gogh, Gauguin, Goya, Rembrandt, o chi volete)», Ben sostituisce una risoluzione sovrana: «La vita è l'opera». Forte di questo postulato, egli si presenterà in seguito seduto su una sedia, con in mano un cartello che proclama: «Guardatemi, basta questo» (Nizza, 1964). In realtà, come abbiamo rilevato per il readymade, questo non basta mai. Gli artisti che utilizzano il proprio corpo lo sanno benissimo.

Il percorso di Gilbert & George esemplifica perfettamente il destino fotografico dell'utilizzo del corpo nelle arti plastiche. Nel 1969 decidono di proporsi come «sculture viventi». Gentlemen freddi, calmi e distanti, impeccabilmente vestiti con completo e cravatta quando la moda era quella dei jeans e dei capelli lunghi, fanno la loro apparizione nei luoghi istituzionali riservati all'arte, ma anche nei night-club o in occasione di concerti pop. L'opera che valse loro un successo immediato, *The Singing Sculpture* (1969), è una performance. Vestiti in modo identico, appollaiati su un tavolo (un piedistallo), con il volto truccato – color bronzo, in omaggio alla scultura –, accompagnati da una musica diffusa da un magnetofono, cantano insieme *Underneath the Arch*, canzone popolare che evoca i sogni di un barbone «sotto i ponti». Uno tiene in mano un bastone da passeggio, l'altro un guanto. Quando la canzone è finita, si scambiano i due oggetti, appartenenti alla tradizione del musical, e ricominciano, all'infinito, come automi perfettamente regolati. All'inizio degli anni settanta Gilbert & George iniziano a privilegiare il mezzo fotografico per realizzare montaggi spesso provocatori, a volte scatologici, nei quali figurano, anche se non sempre, in prima persona.

Tutti gli artisti della *body art* di cui si è conservata la memoria hanno elaborato le immagini legate alle loro performance o alle loro azioni. Come abbiamo tenuto a sottolineare, molti hanno lavorato direttamente *per* l'immagine, o prefigurandola come componente inseparabile dall'azione o progettandola intenzionalmente in quanto tale. Anche la *body art* è dunque un portato dell'epoca nuova che si è aperta quando i moderni mezzi di riproduzione hanno consentito la «conquista dell'ubiquità». Nel saggio pubblicato con questo titolo (1929), Paul Valéry preconizzava: «Dobbiamo aspettarci che novità cosí sconvolgenti trasformino l'intera tecnica artistica, incidano sulla creazione stessa, arrivino forse perfino a modificare meravigliosamente la stessa nozione di arte»[14]. Il «museo immaginario», prima conseguenza dell'ubiquità, non s'accontenta di riprodurre il meglio del nostro patrimonio: crea, come s'è visto, «arti fittizie». «Fittizio» – come oggi «virtuale» – non

[14] VALÉRY, *La conquête de l'ubiquité* cit., pp. 83-84.

deve essere inteso come sinonimo di «immaginario», privo di realtà concreta. Le opere *fittizie* esistono eccome, non sono affatto riproduzioni. La *body art*, contrariamente a quanto in genere si dice, è, o diventa, un'arte fittizia, figlia d'un «museo immaginario» nel quale gli artisti hanno ripreso il sopravvento. Un'arte che, consumandosi in presenza d'un pubblico, possiede comunque una duplice modalità di esistenza estetica: *in vivo*, nel tempo reale dell'evento, e *in imagine*, in una fase successiva.

Gli autoritratti sono tanto piú affascinanti in quanto l'arte tradizionale comporta, di norma, l'invisibilità dell'artista. Davanti a un quadro, lo spettatore occupa, come è stato spesso notato, il posto lasciato vacante dal pittore. Ecco perché la visibilità dell'artista, esibito, presente nelle tracce lasciate dalle registrazioni fotosensibili, nasconde una violenza di cui molti si sono serviti a fini militanti o rivendicativi, sessuali, identitari o politici, utilizzando il trucco, i travestimenti, materiale da sexy-shop, sangue, secrezioni corporee, carne, cibo, per mettere in scena situazioni significanti. L'omosessualità è una componente importante di tale militanza. Anche il femminismo. Yoko Ono coinvolge gli spettatori in un'azione nella quale, quando l'artista chiede loro di avvicinarsi e tagliare pezzi del suo vestito, essi possono appagare una comunissima fantasia (*Cut Piece*, 1964). Al Perpetual Fluxus Festival (New York, 1965) Shigeko Kobota presenta a sua volta una versione al femminile della creazione pittorica: dopo aver legato alle sue mutandine un pennello intinto di vernice rossa, si mette a dipingere su fogli di carta sparsi al suolo. Valie Export si fa tatuare su una coscia il disegno di una giarrettiera, simbolo di una seduzione sottomessa al sessismo piú ordinario (*Corps Signe Action*, 1970).

La comparazione tra alcune realizzazioni di Picasso e una serie di disegni di Annette Messager prova, se ve ne fosse bisogno, come siano cambiate, cambiando il contesto artistico e culturale, la nozione e l'interpretazione dell'opera d'arte. Nel 1950, per la lavorazione d'un film da lui diretto, Picasso dipinge direttamente sul corpo di chi gli sta attorno. Alcune foto mostrano la testa di Frédéric Rossif corredata da due occhi supplementari, o una faccia disegnata sul petto del cameraman Jean Gonnet. In una sequenza del film, il maestro dipinge direttamente sul dorso e sul busto d'una giovane donna. Il film non fu distribuito e i testi dedicati alla *body art* ignorano l'episodio, benché Marie-Laure Bernadac abbia suggerito un possibile accostamento[15]. Si tende cosí a privilegiare un'altra genealogia, quella che passa per Duchamp e la sua tonsura a forma di stella filante (1921), per l'*action painting*, per John Cage, Robert Rauschenberg, il gruppo Gutai, Antonin Artaud o il *lettrisme*, artisti e movimenti giudicati antinomici rispetto all'arte picassiana, alla quale gli apologeti del corpo non sembrano essere molto interessati.

La donna e la sessualità occupano un posto di rilievo nell'arte di Picasso, ma finché si prende alla lettera la metafora del foglio di carta o della tela come pelle viva, è chiaro che le posizioni femministe le restano del tutto estranee. Quando Annette Messager immagina una serie di disegni sul corpo, fotografati e pubblicati in forma di libro, le cose invece cambiano. Anche lei disegna dei volti, ma su un ventre di donna: il vello pubico funge da barba (*La femme et le barbu*, 1975, anno in cui la *body art* è entrata nella storia dell'arte e il femminismo non ha mancato di approfittarne). E in un'altra serie prende a prestito un fantasma inventato da un uomo, Freud, ossia «l'invidia del pene», per disegnare di nuovo un ventre di donna, dal cui vello emerge questa volta un fallo, che lei tocca con circospezione.

Annette Messager ha sempre ridicolizzato i tormenti e i piccoli supplizi che si infliggono le donne alle prese con gli stereotipi – maschili – della bellezza. Collezionista, ella raccoglie in appositi album le immagini pubblicitarie di apparecchiature o accorgimenti per distendere la pelle, rassodare i muscoli, combattere la cellulite, modificare il volume dei seni, ecc. (*Les tortures volontaires*, 1972). Anche Orlan affronta il tema dell'immaginario femminile, ma piú

[15] Marie-Laure Bernadac ha pubblicato numerose fotografie dei corpi dipinti da Picasso. La studiosa sottolinea «il carattere innovatore e rivoluzionario di questa esperienza cinematografica: body art, installazioni, oggetti in miniatura, happening *avant la lettre*»: cfr. M.-L. BERNADAC, *Picasso et le cinéma*, in *Peinture Cinéma Peinture*, catalogo della mostra, Musées de Marseille - Éditions Hazan, Paris 1989, p. 192.

in termini di «museo immaginario». Nel 1977, quando presenta *Le baiser de l'artiste*, espone un pannello staccato sul quale ognuno può riconoscere la sua immagine modellata su quella della santa Teresa del Bernini. Da allora ha iniziato, con la complicità della chirurgia plastica, a «scolpire» il proprio corpo. Sul filo di ripetute operazioni estetiche, Orlan incarna, alla lettera, gli archetipi della bellezza femminile: l'«arte carnale» a cui ha dato inizio può essere considerata un'apoteosi della storia dell'arte.

Capitolo terzo

Altri luoghi

Il considerevole sviluppo del «museo immaginario» ha contribuito al successo dei musei reali. Ed ha anche concorso alle trasformazioni dello stesso lavoro artistico, nella misura in cui facilita la sua delocalizzazione. Quando un'istituzione espone documenti dallo statuto incerto – reperti od opere a pieno titolo? – essa accoglie e valorizza la nozione di «museo immaginario». Per accettare una simile collusione, il pubblico deve a sua volta modificare i propri comportamenti, le proprie attese. Cosí come è indispensabile che si adatti il museo, dia dimostrazione di grande duttilità, incoraggiato in questo da artisti che fanno di tutto per metterlo alla prova.

Come il museo, anche la mostra è un fenomeno recente. Fino alla fine del XVII secolo, gli artisti giravano direttamente le opere ai committenti. Dopo d'allora, le grandi manifestazioni collettive hanno assunto un ruolo decisivo nella vita artistica. E hanno spesso dato spunto a dispute celebri – il Salon des Refusés del 1863 segna sotto questo aspetto una svolta. Nel XIX secolo, al vecchio circuito dei rapporti tra gli artisti e gli amatori si è sostituito il «sistema mercante/critico», che sancisce la funzione delle mostre pubbliche e l'importanza del giudizio degli specialisti. Nel corso del XX secolo, sulla scena della storia dell'arte si è infine affacciato un nuovo personaggio: il curatore della mostra. Non sorprende quindi che, alle prese con questa pluralità di mediazioni, alcuni artisti abbiano tentato di riprendere in mano il destino delle loro opere, cercando nuove sedi e nuovi canali. L'esame di tali comportamenti non riguarda comunque solo la sociologia dell'arte, perché è la creazione stessa ad accettare, a priori, le condizioni della propria esistenza pubblica, e si può dire che almeno una parte dell'arte recente debba fare i conti con le istituzioni.

1. *L'arte moderna valorizzata e isolata.*

La necessità di aprire musei riservati all'arte moderna si è imposta nel momento in cui si consuma la rottura definitiva tra opere nuove ma pur sempre rispettose della tradizione e opere create dalle avanguardie e connotate da un radicale spirito innovatore. Il primo museo d'arte moderna, il Museum of Modern Art, istituito da un comitato di esperti e collezionisti, aprí i battenti a New York nel 1929. Nello stesso anno, un gruppo di artisti promuoveva a Lodz, in Polonia, l'apertura del Muzeum Sztuki. Tali iniziative si allargarono presto a macchia d'olio in tutto il mondo occidentale – tra l'altro, all'epoca, il concetto di arte moderna non era ben definito. E sulla loro scia, vuoi in ambito pubblico vuoi in ambito privato, hanno preso corpo le diverse forme del museo d'arte moderna: il museo dedicato a un solo artista, il parco sculture, il centro d'arte, la fondazione, l'esposizione permanente di collezioni private.

In Francia, il Musée du Luxembourg accoglieva di solito mostre antologiche di artisti viventi. Il meglio delle sue selezioni era destinato al Louvre. Si affermava cosí una continuità. Tra gli eletti non figuravano né i *fauve* né i cubisti né tantomeno gli astrattisti e i surrealisti. Sennonché, nel corso degli anni, il monopolio espositivo ufficialmente riservato all'arte accademica apparve un privilegio sempre piú iniquo. In proposito, la rivista «L'art vivant» lanciava e pubblicava un'inchiesta dal titolo *Pour la création d'un musée français d'art moderne* (1925). Nel 1936, la creazione d'un museo d'arte moderna era ormai un fatto compiuto, e l'anno successivo il Musée du Luxembourg chiudeva i battenti. Dieci anni dopo, finalmente, Georges Salles, direttore dei Musei di Francia, inaugurava il Musée National d'Art Moderne e nel discorso d'apertura pronunciò la memorabile frase: «Oggi cessa la distinzione fra lo Stato e il Genio» (9 giugno 1947).

Il Musée des Beaux-Arts presenta, di regola, opere slegate dal contesto, molto spesso in contraddizione con le proprie finalità originarie. Viceversa, il Musée d'Art Moderne, potenziale centro di raccolta, ha propiziato l'affermazione d'una categoria di opere appositamente concepite per il museo stesso. Questa autarchia d'un universo artistico sostanzialmente tagliato fuori dalle altre attività umane ha suscitato, soprattutto negli anni sessanta e settanta, la protesta d'una parte degli artisti, autori di opere troppo ingombranti, troppo effimere o, al limite, troppo scandalose perché il museo potesse *recuperarle*. E fu il museo ad avere la meglio. La pressione del mercato dell'arte e, in misura anche maggiore, il desiderio di legittimazione indussero i ribelli ad accettare la logica dell'integrazione.

Fu in quegli anni che il museo realizzò la conquista d'un pubblico nuovo. Tutti i grandi musei d'arte contemporanea del mondo presentano mostre temporanee. Pubblicano riviste, cataloghi, libri. Spesso progettano film, organizzano concerti e seminari, sviluppano attività didattiche, curano la comunicazione. In altri termini, si trasformano in autentici centri di cultura. Frutto d'una ribellione contro il trionfante ordine accademico, i musei d'arte moderna svolgono un ruolo ambivalente. Da un lato contribuiscono al riconoscimento dell'importanza delle rivoluzioni estetiche e del valore delle opere che le rappresentano, dall'altro non sfruttano fino in fondo la propria carica di innovazione e contestazione. Partecipano cioè ampiamente ai fenomeni di «recupero» che traducono le forme artistiche piú eversive in novità convenzionalmente accettate ma, in quanto istituzioni ufficiali, tendono anche ad amplificare i fenomeni di rigetto che accompagnano talvolta la presentazione di opere che non rispondono alle attese del grande pubblico. La garanzia degli specialisti o dello stato, insomma, non dà sempre una copertura totale. Non a caso molti artisti hanno stigmatizzato il museo e le sue funzioni, reali o presunte. Daniel Buren è stato uno dei piú violenti, e dei piú chiari. L'idea globale che egli diede del suo ruolo, pur espressa nel linguaggio tipico dell'epoca (1973), venne largamente condivisa:

1. *Estetica*. Il museo è la cornice, il supporto reale in cui s'inscrive – si compone – l'opera. Nello stesso tempo è il centro in cui si sviluppa l'azione e il punto di vista unico dell'opera (topografico e culturale).

2. *Economica*. Il museo conferisce a quanto espone un valore di mercato, privilegiandolo e selezionandolo. Conservando o escludendo l'opera (fuori) dal bene comune, ne effettua la promozione sociale. E ne assicura la diffusione e il consumo.

3. *Mistica*. Il museo (la galleria) accredita immediatamente come «Arte» tutto ciò che vi viene acriticamente esposto, ossia selezionato con quello spirito conformistico che boccia a priori tutti quei tentativi che potrebbero mettere in questione i fondamenti stessi dell'arte, senza preoccuparsi del luogo in cui la questione viene posta. Il museo (la galleria) è il corpo mistico dell'arte[1].

Le istituzioni riservate all'arte moderna e contemporanea – musei o centri d'arte, grandi biennali, esposizioni varie, ecc. – si sono moltiplicate, dopo la seconda guerra mondiale. Parallelamente alla crescita, si è andato modificando il loro ruolo. Un tempo prudenti di fronte alla radicalità di certe innovazioni, esse accolgono oggi senza problemi le opere piú audaci. E il cambio d'orientamento, a partire dagli anni sessanta, ha trovato continue conferme. Le istituzioni, una volta semplici sedi di registrazione e conservazione dei valori costituiti, sono via via divenute protagoniste nell'assegnazione di posti di privilegio, nonché nella promozione e nel riconoscimento sociale delle stesse creazioni d'avanguardia. Il potere finanziario delle maggiori istituzioni e, ancor piú, il loro capitale simbolico conferiscono loro un'autentica forza contrattuale. Se il museo d'arte moderna conserva e presenta le opere che ha in custodia, non si limita con questo a edificare o insegnare – si può insegnare la «tradizione del nuovo»? –: milita e promuove. Con le sue scelte plasma un'immagine, discutibile quanto si vuole, dell'arte moderna, e per il suo stesso prestigio, fondato su collezioni «storiche», contribuisce alla valorizzazione degli artisti di cui acquisisce le opere.

I musei delle «belle arti» avevano una triplice vocazione: conservare i capolavori, tesoro comune dell'umanità in-

[1] D. BUREN, *Fonctions du Musée* (1973), in *Ecrits (1965-1990)*, I. *1965-1976*, Centre Arts Plastiques Contemporains - Musée d'Art Contemporain, Bordeaux 1991, p. 169.

tera; edificare il pubblico al quale i capolavori venivano presentati; insegnare, per consentire la perpetuazione o il progresso delle arti e della loro conoscenza. Frutto della crisi dei valori estetici, i musei d'arte moderna sanzionano la rottura e la amplificano. Contrariamente alle gallerie d'arte moderna allestite nell'ambito dei grandi musei delle «belle arti», i musei d'arte moderna, in quanto istituzioni a sé stanti, isolano le opere che presentano, le emancipano dalla tradizione: qui ogni confronto diretto, o quantomeno vissuto nel comune intervallo di un'unica visita, è escluso. Neppure gli artisti sfuggono all'isolamento a essi connaturato e, benché le loro opere contengano riferimenti costanti con quelle del passato, sono continuamente esposti a una tentazione pericolosa: quella di rivaleggiare esclusivamente tra loro.

Picasso, sotto questo profilo, ebbe l'occasione di vivere una «curiosa esperienza». Un gruppo di opere da lui donate al Musée National d'Art Moderne si trovò a stazionare presso il Louvre dove Georges Salles avrebbe dovuto presentarle a una commissione. Egli propose a Picasso di recarsi al museo in un giorno di chiusura per mettere a confronto i propri quadri con i capolavori esposti al Louvre. Salles riferisce di questo confronto, avvenuto nella Galerie Mollien:

> Dopo un primo colpo d'occhio, Picasso esclamò: «Guardate, sono uguali!», e aveva ragione. Il rivestimento esteriore era diverso, ma la struttura era la stessa e l'impianto aveva la medesima solidità delle pitture antiche. Erano differenti solo l'epidermide, il volto, insomma, gli aspetti secondari.

Quel giorno Picasso era accompagnato da Françoise Gilot, i cui ricordi divergono sensibilmente:

> Non mi disse nulla fino alla partenza. Al museo, espresse solo la profonda soddisfazione di vedere i suoi quadri accanto a quelli di uno Zurbarán. Io gli chiesi che cosa pensasse dei Delacroix. Le sue pupille si strinsero: «Che mascalzone quel pittore!», disse[2].

[2] I ricordi di Françoise Gilot e Georges Salles sono stati pubblicati; i passaggi di questo confronto, al Louvre, sono ripresi in un florilegio composto da J. GALARD, *Visiteurs du Louvre*, Réunion des Musées Nationaux, Paris 1993, pp. 154-56.

Non è impossibile che Picasso abbia manifestato, con questa esclamazione, una certa inquietudine.

2. *L'arte e le reti di comunicazione*.

Invece di costruire un oggetto che finirà, nel migliore dei casi, per trovar posto in un museo, c'è chi ha tentato di affidare la propria creazione artistica alla rete delle comunicazioni a distanza. Ad esempio, utilizzando il servizio postale. La *mail art* non è un movimento artistico in senso proprio, bensí un'attività che, come la pittura a olio, la ceramica o la scultura in ferro battuto, utilizza un mezzo ben definito. Da moltissimo tempo le opere viaggiavano, ma in modo indipendente dalle restrizioni legate al mezzo di trasporto. La *mail art* procede esattamente al contrario. Elabora le sue forme e i suoi messaggi a seconda delle possibilità offerte dal traffico postale. On Kawara invia a protagonisti della scena artistica disseminati in tutto il mondo telegrammi o laconiche cartoline postali che precisano, ad esempio: «I am still alive» (Sono ancora vivo). Christian Boltanski indirizza a persone che non conosce una lettera manoscritta, in forma di patetica richiesta d'aiuto (settembre 1970). L'idea di giocare con la posta non è nuova. Mallarmé scriveva indirizzi rimati su involucri che – con gran merito dei portalettere – giungevano a destinazione:

> Villa des Arts, près l'Avenue
> De Clichy, peint Monsieur Renoir
> Qui devant une épaule nue
> Broie autre chose que du noir[3].

I futuristi figurano tra i primi adepti degli involucri decorati. Duchamp indirizzò nel 1921 un famoso telegramma a Jean Crotti, suo cognato, che gli chiedeva di partecipare a una mostra dadaista: «PODEBAL». Ma è soprattutto dopo gli anni sessanta che ha preso piede la moda artistica degli scambi postali, in particolare dopo la fondazione, nel 1962, per iniziativa di Ray Johnson, della New York Cor-

[3] S. MALLARMÉ, *Les loisirs de la poste*, in *Œuvres complètes*, Gallimard, Bibliothèque de la Pléiade, Paris 1945, p. 88.

respondence School of Art. Moltissimi artisti – Ben, Beuys, Buren, Dibbets, Filliou, Gerz, Huebler, Paik, ecc. – hanno, quantomeno occasionalmente, utilizzato il mezzo postale. Speravano cosí di eludere le gallerie e il mercato dell'arte: non si contano le mostre di oggetti ispirati alla *mail art*.

La televisione offriva evidentemente la possibilità di una comunicazione di ben altra ampiezza. Con la clausola che il mezzo non doveva essere impiegato per mostrare opere già realizzate ma per stimolare la realizzazione di opere originali, connotate da una nuova modalità di esistenza. Heinz Mack pensava a una mostra «che non si svolge piú in un museo ma che appare esclusivamente e una sola volta in televisione»[4]. E Gerry Shum lavorò al progetto, mandato poi in onda dalla Westdeutsche Rundfunk nel 1969. Dopodiché ne ideò un altro di maggiori dimensioni, la Galerie télévisuelle. Il progetto si fondava su un principio analogo, che Shum riassunse cosí:

> La Galerie télévisuelle esiste unicamente nella serie delle programmazioni televisive, il che vuol dire che la Galerie télévisuelle è piú o meno un'istituzione concettuale che arriva a esistere solo al momento della messa in onda. Non vi è mostrato alcun oggetto artistico in senso tradizionale, che si possa acquistare e portare a casa. Una delle nostre idee è: comunicazione invece di proprietà dell'arte[5].

Due le trasmissioni andate in onda. La prima (*Sender Freies Berlin*, 15 aprile 1969) presentava opere legate alla *land art* di Marinus Boezem, Walter De Maria, Jan Dibbets, Barry Flanagan, Richard Long, Dennis Oppenheim e Robert Smithson – Michael Heizer aveva ritirato il suo contributo, l'unico filmato a colori. Flanagan, ad esempio, aveva ideato l'evento *A Hole in the Sea*, che effettivamente mostrava un buco nel mare. Nella sabbia era stato calato un cilindro di plexiglas: con l'alta marea si formava un vuoto, presto riempito dall'acqua che s'ingolfava nel buco. La trasmissione fu vista da centomila persone[6], un'audience

[4] H. Mack, citato in H. FRIEDEL, *Galerie télévisuelle Gerry Shum - Land Art Berlin 1969*, in *L'art de l'exposition. Une documentation sur trente expositions exemplaires du XXe siècle*, Éditions du Regard, Paris 1998, p. 358.

[5] G. Shum, lettera del 29 giugno 1969, *ibid.*, p. 355.

[6] Cosí riferisce FRIEDEL, *Galerie télévisuelle Gerry Shum* cit., p. 367.

considerevole per opere che ancora oggi non esercitano molta presa sulle folle. A dispetto del successo, lo share acquisito quella sera (3 per cento) non soddisfece sicuramente la direzione di rete. Grazie a sovvenzioni, venne comunque realizzata, per la Südwestfunk Baden-Baden, una seconda trasmissione, che riuní sotto il patrocinio di Germano Celant parecchi esponenti italiani dell'*arte povera*, affiancati da altri artisti europei e americani, tutti personaggi che avrebbero potuto riconoscersi, all'epoca, nell'auspicio di Gerry Shum: «L'arte non dovrebbe piú essere destinata all'uso privato o all'esclusiva di mercanti e collezionisti».

Anche Chris Burden utilizzò la televisione. Nel 1975 acquistò uno spazio per mandare in onda una specie di clip. Durava 10 secondi, duranti i quali l'artista pronunciava tre frasi: «La scienza ha fallito», «Il calore è vita» e «Il tempo uccide». A ogni dichiarazione detta a voce seguiva sullo schermo il testo scritto in grassetto. Burden precisa di aver mandato in onda la trasmissione settantadue volte, su due reti di Los Angeles[7]. Burden ha inoltre realizzato un vero spot pubblicitario, *Chris Burden Promo* (1976), dove la moderna tecnologia appare al servizio di una promozione senza dubbio ironica della propria firma – marchio di qualità e certificato di validità –, rispetto alla quale l'opera passa in secondo piano. Il nome dell'artista compariva sullo schermo dopo Leonardo da Vinci, Michelangelo, Rembrandt, Van Gogh e Picasso. Ogni distinzione tra l'opera e le procedure che ne possono assicurare il prestigio è qui abolita.

Mentre Burden giocava con il suo ego, Fred Forest, uno dei fondatori del Collettivo d'arte sociologica, affermava:

> Il problema (...), a questo punto, non sarà, per l'artista, di sapere che cosa rappresentare e come rappresentarlo, bensí come proporre modelli vitali d'esperienza, come stimolare la riflessione, come attivare la comunicazione, come suscitare una presa di coscienza (...) Lo scopo non sarà la confezione piú o meno riuscita d'un messaggio individuale dato da consumare in una forma

[7] C. BURDEN, *Poems for L. A.*, in *Chris Burden*, catalogo, Éditions Blocnotes, Paris 1995, p. 56.

ritualizzata, bensí l'elaborazione di un sistema aperto attraverso il quale transiteranno una serie di scambi interattivi[8].

Utilizza tutti i mezzi disponibili. Nel 1972 pubblica sui giornali delle inserzioni in bianco. Queste superfici vuote vengono presentate sia come intervento, opera a tutti gli effetti, sia come spazio di scambio ludico: i lettori sono invitati a riempire questo spazio e a rispedire la loro risposta all'artista. Forest creò anche degli interstizi vuoti alla radio e alla televisione. «È ancora "arte"?», ci si chiede spesso. La risposta allora piú frequente ricorreva a questo tipo di argomentazione:

> Certo, perché questa azione sui media e con i media si costituisce come riflessione su determinati confini del «campo artistico», o piú esattamente sui confini esterni all'opera d'arte come oggetto, supporto o medium la cui variante storica trova la propria garanzia in cinque secoli di storia dell'arte[9].

Fred Forest ha moltiplicato i propri interventi, «opere» nelle quali i mezzi di comunicazione occupano ampio spazio. Internet offre oggi possibilità piú duttili, piú immediate e piú globali per entrare in rapporto con gli altri, e abbiamo già riferito di artisti che non hanno mancato di immaginare opere interattive con il sistema digitale. La televisione mantiene tuttavia un grande potenziale di seduzione. Fabrice Hybert, rappresentante ufficiale della Francia alla Biennale di Venezia 1997, installò ad esempio nel padiglione nazionale uno studio televisivo completo, nel quale egli conduceva talk show e coordinava spazi pubblicitari: le istituzioni si mostrano generalmente disponibili a valorizzare le innovazioni già collaudate.

Tra le numerose microesplosioni organizzate con il patrocinio dell'arte, due iniziative di Forest mettono in luce il conflitto tra la duttilità dell'universo artistico, pronto ad accettare le novità, e la società civile, piú refrattaria. In occasione d'una manifestazione alla quale era stato invitato il Collettivo d'arte sociologica, Fred Forest propose di

[8] F. FOREST, *Réflexions sur l'art sociologique*, in ID. (a cura di), *Art sociologique*, UGÉ, Paris 1977, p. 32.

[9] Y. PAVIE, *Une expérience de création dans les «mass media»* (1972), *ibid.*, p. 146.

«esporre» Madame Soleil, celebre veggente e medium, vero «mito - oggetto vivente» della cultura di massa. E la donna accettò di «officiare» al Musée Galliera, istituzione tradizionalmente riservata alla cultura d'élite che non mosse alcuna obiezione (Parigi, 1975). In compenso, quando l'artista volle organizzare la vendita all'asta d'un «m² artistique», dovette rinunciare. Forest aveva acquistato un terreno di 20 mq vicino alla frontiera svizzera e si preparava a rivendere le unità catastali come «investimento di prestigio». Le vendite si sarebbero dovute svolgere nel corso di un'asta d'arte contemporanea. L'ufficio notarile vietò l'operazione, in quanto i commissari delle aste non sono abilitati per legge a vendere terreni[10]. Poco dopo, i lotti furono corredati con un «certificato di autenticità» firmato da Pierre Restany: «Io sottoscritto Pierre Restany, critico d'arte internazionale, certifico che il metro quadrato artistico Fred Forest costituisce sul duplice piano del gesto e dell'oggetto un'opera d'arte autentica concepita, presentata e venduta come tale».

3. *Ai confini con il museo*.

La delocalizzazione delle creazioni artistiche non induce sempre i visitatori a intraprendere grandi viaggi, come quelli richiesti ad esempio da una parte della *land art*. Molte opere effimere sono state realizzate nella cintura urbana, ossia in prossimità d'un museo, d'un centro d'arte o d'una galleria. Altre occupano, all'interno delle istituzioni preposte alla «mise en vue»[11] dei lavori, spazi eccentrici, inusuali. Le prime convivono in un contesto ideologico contrassegnato dall'utopico avvicinamento tra arte e vita, e si rivolgono a pubblici differenti, le cui attese sono caratterizzate da cultura e interessi differenti: fenomeni sociali per gli uni, artefatti condizionati dall'estetica per gli altri,

[10] Al posto del «metro quadrato artistico previsto», Forest mise in vendita un «metro quadrato non artistico»: il pezzo di stoffa acquistato al mattino, posto all'ingresso della sala e calpestato, arrivò a trenta volte il prezzo originario.

[11] Prendo questa locuzione da POINSOT, *Quand l'œuvre a lieu* cit., pp. 89 sgg.

tali opere offrono una tale gamma di proposte da consentire a chiunque di accedere ai molteplici interessi degli artisti.

La strada, i muri della città, non sono dominio esclusivo dei graffitisti e dei pittori-graffitisti. L'affissione, selvaggia o meno, resta un veicolo privilegiato per avvicinare i passanti. Nel 1969, quando Daniel Buren, allora conosciuto solo da una cerchia ristretta, pose dei fogli di carta a righe su dei pannelli pubblicitari, l'impatto con i passanti fu certamente limitato e la cosa fu notata da pochi non addetti ai lavori. Lo stesso accadde nel 1970, per i manifestini incollati sempre da Buren nella metropolitana, sugli spazi riservati alla pubblicità di spettacoli o mostre.

Viceversa, le serigrafie «da marciapiede» di Ernest Pignon-Ernest attirarono l'attenzione di chi vi si imbatteva. I viaggiatori che uscivano alla stazione Charonne dovevano calpestarle per forza: erano incollate sui gradini delle scale d'accesso alla metropolitana. Contemporaneamente, le sue figure a grandezza naturale disseminate per tutta Parigi commemoravano a loro modo il centenario della Comune. A Charonne, in particolare, i passanti con un minimo di coscienza politica, o di memoria storica personale, potevano cogliere anche un'allusione ai manifestanti contro la guerra d'Algeria che, l'8 febbraio 1962, avevano trovato la morte proprio lí, durante uno scontro con la polizia. Gli intenditori d'arte, a loro volta, potevano, da un lato, ammirare il vigore e l'efficacia del gesto, dall'altro, riandare con la memoria alla militanza artistica e ricordare ad esempio le Finestre-Rosta rese famose da Majakovskij. Nella sua marginalità ed episodicità, la tradizione dell'affissione si è conservata fino ad oggi. E in questo senso Pierre Huyghe è certamente uno di quegli artisti, piuttosto rari, che non possono lasciare indifferenti. I suoi manifesti intrigano gli uni e interessano gli altri: ognuno di essi, derivato da una fotografia dello spazio urbano, è installato nel luogo stesso dove è avvenuta la ripresa fotografica. È una *mise en abîme* che sovrappone l'immagine (d'un passato recente) alla realtà (presente). Dopodiché le due realtà cosí ricongiunte sono fotografate di nuovo, insieme, per essere ulteriormente esposte nei luoghi deputati dell'arte.

Esistono poi sculture che hanno preso vita nelle strade. Charles Simonds ha immaginato un *Little People*, tribú di folletti delle città per i quali allestiva rifugi provvisori in miniatura, costruzioni in mattoni piccolissimi ricavate sui davanzali delle finestre, nelle cavità dei muri o nei canali di scolo. I bambini dei quartieri poveri, dove l'artista preferiva lavorare, si divertivano un mondo. Negli anni settanta realizzò a New York circa duecento di questi abitati effimeri. Gordon Matta-Clark, sempre a New York, ricorreva invece a tecniche piú violente per delegittimare l'architettura della città. Faceva a pezzi il pavimento degli alloggi nei fabbricati non piú abitabili (*Treshole*, 1973), e per far sí che i suoi interventi risultassero visibili dalla strada dovette sollecitare le necessarie autorizzazioni. Una delle sue opere piú spettacolari venne realizzata a Parigi. In un immobile del Plateau Beaubourg destinato alla demolizione fece abbattere i muri in modo da ottenere una sorta di lunetta puntata in direzione del Centre Pompidou, allora in costruzione (*Conical Intersect*, 1975): un vuoto geometrico tanto piú inquietante in quanto manifestamente non dovuto al caso. Molti passanti, che pure non avevano mai sentito prima il suo nome, conservarono cosí il ricordo della sua opera, senza supporre che si trattava davvero di un'*opera*, e forse senza nemmeno porsi il problema.

Ben diverso il caso della performance organizzata da Krzysztof Wodiczko a Cracovia nel 1996. La popolazione era stata invitata a recarsi davanti alla torre del Municipio. Scesa la notte, la facciata della torre si trasformò in uno schermo: furono proiettate immagini di mani intente a giocare con oggetti banali, mentre voci anonime confessavano le loro miserie private o semplicemente raccontavano la storia di vite mancate. L'artista inizia le sue proiezioni nei primi anni ottanta, appropriandosi della tecnica «suoni e luci» per volgerla a finalità artistiche e militanti. È cosí che materializza le immagini di due missili incastrati l'uno nell'altro, uno sovietico e l'altro americano, sul monumento ai soldati e ai marines di Brooklyn (New York, 1984); o d'un lucchetto sull'Astor Building, sede del New Museum, un immobile i cui piani superiori rimanevano disabitati mentre tanti senzatetto popolavano le strade (*The New Mu-*

seum of Contemporary Art Projection, New York, 1984) o d'una svastica sulla facciata dell'ambasciata del Sudafrica (Londra, 1985; performance interrotta dalla polizia dopo due ore di proiezione). Wodiczko rivendica la possibilità d'una comunicazione democratica all'interno di spazi pubblici:

> Democrazia significa dovere di comunicare entro lo spazio pubblico e di prendere la parola. Per me, l'arte come parola e come messaggio è una componente molto importante della democrazia e dello spazio pubblico. L'arte attiva e critica aiuta la democrazia a sopravvivere[12].

Nel 1989 venne organizzata negli Stati Uniti una retrospettiva delle fotografie di Robert Mapplethorpe. La mostra fece scandalo e, di fronte alla minaccia del taglio alle sovvenzioni accordate dallo stato federale, l'istituzione che avrebbe dovuto ospitare la mostra a Washington si tirò indietro. Nel corso d'una manifestazione di protesta, le foto contestate furono proiettate sulla facciata del palazzo. Il dispositivo che consente con mezzi semplicissimi di materializzare un'immagine nello spazio pubblico fu impiegato da altri artisti. Ange Leccia, ad esempio, trasferí in questo modo i profili delle sculture disseminate nel parco di Villa Medici (Roma, 1984) sui muri della villa. In seguito progettò anche proiezioni visibili a intermittenza, effettuate sulla schiuma bianca delle onde che si frangono contro una diga in un giorno di burrasca.

Altre azioni si sono svolte direttamente nelle strade. Una di esse giocava sulla nozione di soglia, articolando insieme spazio pubblico e spazio privato: a Bruges, in piedi sul davanzale d'una finestra al secondo piano d'un palazzo di Place des Œufs, Gina Pane, illuminata da riflettori, osservava la vita degli abitanti all'interno dell'appartamento, mentre una serie di altoparlanti trasmetteva l'atmosfera sonora di quella vita di famiglia che il pubblico non poteva vedere (lo stesso poté comunque farsene un'idea grazie alle Polaroid scattate dall'artista e regolarmente distribuite).

[12] K. WODICZKO, *L'instrument personnel* (1992), conversazione con M. Morzuch, in *Art publique, art critique. Textes, propos et documents*, a cura di A.-M. Sichère, École Nationale Supérieure des Beaux-Arts, Paris 1995, p. 304.

L'azione si intitolava *Je*, e i commenti non mancarono di sottolineare come *io* in quel caso rimandasse all'*altro*. La presenza d'un doppio pubblico, quello degli invitati, addetti ai lavori, e quello dei curiosi presenti per caso, non suscitò invece lo stesso fervore interpretativo, anche se in realtà costituiva un elemento importante per la comprensione stessa dell'opera, concepita in base a un doppio punto di vista, quello della strada e quello del museo. Anche quando sono programmate esclusivamente per la strada, le creazioni plastiche sono infatti sempre riconducibili, almeno potenzialmente, al museo.

Daniel Buren ne diede una dimostrazione eclatante quando ideò *Les formes: peintures* (1977), su commissione del Musée National d'Art Moderne. Invece d'essere offerti alla vista, cinque pezzi di stoffa a righe sono in questo caso nascosti da altrettanti quadri. La loro presenza è indicata solo da cinque cartelli. Con *Les couleurs: sculptures* (1977) l'artista rovescia l'assunto della prima opera: questa, presente nel museo, rimane invisibile, mentre la seconda, dispersa nella città intorno al Centre Pompidou, visibile a tutti, può essere compresa solo in base a parametri estetici. Quindici pezzi di stoffa di 2 × 3 m, anch'essi a righe – strisce bianche alternate con strisce colorate –, vengono issati su dei pennoni, come vessilli, in cima ai tetti. Sulle terrazze del Centre sono a disposizione del pubblico appositi telescopi. Discreto, ludico, insolito, da guardare «preferibilmente in una giornata molto ventosa», lo spettacolo allestito da Buren non passò inosservato. Centinaia di migliaia di persone poterono vederlo, anche se sprovviste delle chiavi di lettura necessarie per comprenderlo. Alcuni spettatori involontari, intrigati, scrissero alla direzione del Louvre per chiedere il motivo dell'insegna bianca e gialla che sventolava sul Pavillon de Flore. Un consigliere municipale, durante la seduta del 13 dicembre 1977, presentò al sindaco di Parigi un'interrogazione nella quale tra l'altro affermava:

> La popolazione non capisce per quale ragione e in onore di chi sui piú importanti monumenti della capitale sventola quello che, dal basso, appare solo un volgare «strofinaccio». Quale insulto, in particolare, vedere sventolare, in cima al frontone del Palais

de Chaillot, recante in lettere d'oro il motto «Cose rare o cose belle / Qui sapientemente raccolte / Esercitano l'occhio a guardare / Come non ancora mai viste / Tutte le bellezze del mondo», qualcosa che non assomiglia neanche lontanamente a un orifiamma[13].

Quello che al consigliere e ai suoi elettori sembrava solo un volgare «strofinaccio» era connotato da ben altro statuto qualora lo si fosse guardato dalle terrazze del Museo, ma soprattutto secondo un codice estetico, che era poi quello di sua stretta pertinenza. Pur collocati fuori da qualsiasi spazio sacralizzante, pur apparentemente sprovvisti di particolari qualità estetiche, i vessilli di Buren appartengono infatti a pieno diritto al mondo dell'arte. Disposti intorno al Centre Pompidou, essi traggono significato proprio a partire dal Centre.

I musei suscitano un misto di fascino e di repulsione. Forse per questo certi artisti ne invadono volentieri i confini, i margini di protezione. Braco Dimitrijevič inverte simbolicamente l'ordine prestabilito – visitatori anonimi che si recano a vedere le opere di artisti celebri o comunque noti – esponendo sulla facciata del Centre Pompidou il ritratto monumentale d'un passante incontrato per caso in strada (*The Casual Passer-by Met at 11.09 A.M. in Paris*). L'opera, già installata a Parigi, in occasione della Biennale 1970, su un palazzo del Boulevard Saint-Germain, dopo alcuni giorni venne smantellata dai pompieri su ordine della polizia, perché minacciava l'ordine pubblico.

Invitato a Münster per una mostra di sculture all'aperto (1977), Michael Asher decise di interpretare alla rovescia l'idea comune secondo la quale le sculture urbane, come i monumenti, sono radicate nel luogo in cui si trovano. Ed espose un caravan, mobile per definizione. Non è certo illegittimo interrogarsi sulla validità di una tale proposta, spacciata provocatoriamente come *scultura*. Claude Gintz ha dato, al problema, una risposta circostanziata. Erede della lezione duchampiana, essa avrebbe il merito, contrariamente ai ready-made, di mantenere «il proprio va-

[13] Citato in J.-H. MARTIN, *Flottant et caché*, in *Les couleurs: sculptures. Les formes: peintures*, Centre Georges Pompidou, Paris 1981, pp. 42 e 44.

lore d'uso per tutto il corso della mostra», in particolare la mobilità:

> È dunque un segmento della realtà sociale che viene a inserirsi nella realtà estetica, senza tuttavia soccombere alla funzione idealizzante che le istituzioni, la «società», cioè il sistema dominante, chiedono all'arte di svolgere[14].

Ma ancora piú rilevante, nella prospettiva che a noi qui interessa, è il disegno del tragitto che la *scultura* percorse nei mesi in cui si svolse la mostra. In un primo tempo essa si allontana gradualmente dal Museo di Münster per poi riavvicinarglisi di nuovo, onde, come precisa Gintz, «marcare il legame organico ma temporaneo che essa intrattiene con l'istituzione». Qualunque sia il modo in cui manifestano la propria opposizione, le opere destinate a contestare l'istituzione museale o i suoi molteplici derivati devono obbligatoriamente tenere aperta una via d'accesso al museo se vogliono «esistere», appellandosi al suo ruolo di garanzia e al suo potere di diffusione.

Pierre Gaudibert, conservatore del Musée d'Art Moderne de la Ville de Paris – dove creò nel 1967 l'ARC (Animation-Recherche-Confrontation), una struttura riservata alle esperienze contemporanee –, non ha mancato di sottolineare l'antagonismo esistente tra gli artisti e le istituzioni. Negli anni sessanta e settanta, quando tutti erano assillati dall'idea d'un possibile *recupero*, Gaudibert definiva l'idea in questi termini:

> Il recupero è quel processo sociale per mezzo del quale un'aggressività che si vuole sovversiva viene a essere addomesticata, edulcorata, devitalizzata, assimilata, metabolizzata dall'ideologia e dalla cultura dominante. L'opera d'arte vede i suoi artigli smussati, i suoi denti eliminati: e diventa spettacolo, mercato, decorazione, gadget culturale, icona inoffensiva, focolare spento; cessa di essere attiva, di sprigionare la propria carica esplosiva[15].

In una nota, l'autore cita «un esempio estremo» di recupero in nome dell'universalità della cultura. Al diretto-

[14] C. GINTZ, *Michael Asher, une autre logique de la sculpture* (1983), poi in ID., *Ailleurs et autrement*, Chambon, Nîmes 1993, p. 65.

[15] P. GAUDIBERT, *Action culturelle: intégration et/ou subversion*, Casterman, Paris 1972, p. 116.

re del Museo d'Arte Moderna di Madrid era stato comunicato un desiderio espresso dal generale Franco, ancora al potere all'epoca: «vedere in Spagna opere di Picasso, in particolare il quadro che ricordava il bombardamento del villaggio basco di Guernica da parte dell'aviazione tedesca durante la guerra civile». Il direttore, pur riconoscendo che *Guernica* era un quadro di denuncia, giustificava la propria richiesta aggiungendo: «Ma è anche un capolavoro». L'opera lasciò New York – la Repubblica spagnola l'aveva affidata al MoMA – solo dopo la morte del Caudillo, quando in Spagna venne instaurato un regime democratico.

La lotta larvata e in genere molto civile fra artisti e istituzioni prosegue anche all'interno dei musei. Paul-Armand Gette sperimentò che questi ultimi attuano a volte delle forme di autodifesa. Nel 1985, inviò una lettera a numerosi direttori per proporre loro di esporre alcune sue opere nelle toilette pubbliche annesse al museo di loro competenza, un luogo che gli sembrava dotato dell'«atmosfera adatta»[16] ai lavori proposti, e ricevette da tutti un cortese rifiuto. Solo il Musée National d'Art Moderne (Parigi, Centre Georges Pompidou) accettò l'offerta. Gette realizzò nello spazio dei servizi igienici una installazione effimera che poi fotografò ed espose in loco. Dopodiché approfittò del permesso per continuare, sempre nello stesso posto, a elaborare altre immagini. Una di queste presenta una giovane donna vista di spalle mentre si sistema le mutandine. La foto è stata scattata nella toilette per uomini, dove la modella è inquadrata vicino a un vero orinatoio, che è anche un orinatoio di (da) museo – da non confondersi con quello di Duchamp.

André Cadéré divenne uno specialista di questi giochi irriverenti. Pellegrino della cultura, si spostava sempre in compagnia di uno dei suoi bastoni, *Barre de bois rond*, «composto da segmenti assemblati e dipinti». Si recava ai vernissage e i custodi dei musei gli negavano a volte il permesso di entrare, appellandosi a un regolamento che vieta

[16] Per ampi estratti della lettera, cfr. B. MARCADÉ, *Paul-Armand Gette*, Fall Éditions, Paris 1999, p. 65; per il testo completo, cfr. P.-A. GETTE, *Textes très peu choisis*, Art & Art, Dijon 1989, p. 126.

di introdurre nelle sale ombrelli od oggetti simili. La sua opera, il bastone, occupò tuttavia, illegalmente, un posto in parecchie mostre, per il semplice fatto che Cadéré l'abbandonava spesso contro il muro di qualche sala.

La guerriglia degli artisti contro le istituzioni può però anche trasformarsi in fruttuosa complicità. Sono i casi in cui nella logica demolitrice delle abitudini entrano, a volte con grande talento, i curatori della mostra. A tale proposito, va citata una iniziativa di delocalizzazione organizzata nel 1986 dal conservatore del Musée d'Art Moderne di Gand, Jan Hoet. Il suo concetto di mostra, «forma d'espressione non solo dell'artista ma anche dell'organizzatore», fa appello a una reciproca collaborazione volta a una «comprensione profonda di ciò che è arte». Jan Hoet aveva inoltre una chiara consapevolezza del potere anestetizzante del museo e degli effetti perversi che può produrre:

> Sappiamo dove l'arte è recepibile e dove non lo è. Ci siamo adattati a un sistema normativo che funziona ancor prima che sia scattato il contatto con l'opera. Dal momento in cui il museo viene accettato in quanto istituzione, tutto ciò che si vede nel museo viene accettato in quanto arte. Ma è vero anche il contrario: finché l'arte che esponevamo non era istituzionalizzata, avevamo non pochi problemi in quanto istituzione. «Chambres d'amis» aveva come scopo di scompigliare un poco questo sistema cosí ben collaudato[17].

«Chambres d'amis», mostra organizzata dal Museo di Gand, presentava le opere di una cinquantina di artisti – Daniel Buren, Dan Graham, Joseph Kosuth, Sol LeWitt, Mario Merz, Bruce Nauman, Niele Toroni, ecc. – presso altrettanti collezionisti privati. La visita prevedeva quindi una sorta di percorso cittadino e implicava una sosta temporanea nelle abitazioni di privati abbastanza disponibili e appassionati d'arte contemporanea da accogliere sia l'opera, concepita in funzione del luogo, sia i visitatori. La capacità di adattamento e abnegazione del museo trovava certamente qui il suo punto limite.

[17] J. HOET (con R. METZGER), *«Chambres d'amis», Gand, 1986*, in *L'art de l'exposition* cit., p. 414.

4. *Finzioni e musei personali*.

Gli artisti hanno spesso provveduto in prima persona all'organizzazione delle loro mostre. Nel 1874 un gruppo di pittori fondava una cooperativa e prendeva in affitto da Nadar il suo vecchio atelier per mostrare in condizioni soddisfacenti i propri quadri, molto spesso rifiutati dal Salon, o relegati sulle pareti ad altezze inaccessibili allo sguardo. La critica li bollò come «impressionisti», ma il loro metodo fece scuola e molte esposizioni importanti si tennero da allora in atelier privati, loft o squat, boutique chiuse per cessata attività, chiese o fabbriche momentaneamente abbandonate, o luoghi ancor piú inusuali. La *Galerie légitime* di Robert Filliou trovava asilo nel suo cappello. Nel 1968 Daniel Buren affittava uomini-sandwich che portavano per la città il suo *outil visuel*. Braco Dimitrijevič installò un dipinto di suo padre nella gabbia dei leoni dello zoo di Sarajevo (1983). Come gli impressionisti di fine Ottocento, gli artisti costretti a organizzarsi le mostre da sé lo fanno evidentemente per necessità. Per giunta, le loro sono opere che necessitano di modalità espositive molto diverse da quelle previste per quadri ed eventualmente sculture, e tali modalità non possono prescindere dall'opera, soprattutto quando la sua esistenza trascende quella dell'oggetto chiuso in se stesso.

Le installazioni, gli environment, i video comportano chiaramente un adattamento delle strutture espositive dei musei. Altre opere richiedono cure e attenzioni che non hanno nulla in comune con le cautele che può richiedere un dipinto. Sarebbe certamente difficile integrare nelle collezioni permanenti l'installazione ideata per la Galleria l'Attico da Jannis Kounellis (*Senza titolo*, Roma, 1969): dodici cavalli vivi appesi ai muri. Un'opera di Giovanni Anselmo (*Senza titolo*, 1968) è però riuscita a entrare nel Musée National d'Art Moderne di Parigi: una stele di granito tiene in equilibrio, «immobilizzato» da un pianta di lattuga, un piccolo blocco di pietra, il tutto sostenuto alla stele da un filo di rame. Quando la lattuga marcisce, la pietra cade. Bisogna dunque cambiarla regolarmente. Le opere sonore turbano la quiete delle sale ben oltre gli spazi dove sono state collocate. Certe combinazioni di materiali sono pericolose e occorre fare attenzione a eventuali gesti inconsulti del pubblico. Per un determinato periodo gli artisti hanno dipinto quadri che era poi compito dei musei appendere secondo i metodi tradizionali. Oggi, in presenza d'una varietà senza precedenti di espressioni artistiche, il problema non è soltanto che cosa esporre ma come farlo nelle condizioni ottimali previste da ciascuna delle acquisizioni. Le mostre temporanee, in questo senso, hanno il vantaggio di un'agibilità difficilmente conciliabile con le strutture permanenti dei musei.

L'organizzazione museale e la disposizione delle opere presentate sono sempre state oggetto di dibattito. Ad esempio, prima che il Louvre aprisse i battenti, alcuni erano favorevoli a una collocazione per scuole – impostazione didattica volta a visualizzare una storia cronologica dell'arte –, altri preferivano un accostamento fondato sulle affinità elettive tra le opere, onde costituire un *parterre* di colori capace di interessare gli intenditori «senza mancare di divertire i curiosi»[18]. La questione non fu mai definitivamente risolta. In compenso, la maggioranza dei musei ha progressivamente posto fine all'affollamento dei quadri sulle pareti – destinate cosí ad apparire sempre piú neutre – per arrivare a comporre il famoso *cubo bianco*[19], rispettoso dell'autonomia delle opere d'arte, protette in questo modo da ogni ingombro esterno. La critica a questo modulo espositivo, che ha comunque rappresentato un considerevole progresso, non si è fatta attendere. Nel 1972, ad esempio, Robert Smithson attacca la «prigione culturale» che soffocherebbe le produzioni degli artisti, costretti ad adattarsi a «categorie fraudolente»:

> Ci sono nei musei, come negli asili e nelle prigioni, celle e quartieri, in altri termini, sale anonime dette «gallerie». Una volta collocata in un simile luogo, l'opera smarrisce la propria funzione per

[18] La formula è di Jean-Marie Roland (lettera del 25 dicembre 1792 alla Commissione del Museo): cfr. J.-B-P. LEBRUN, *Réflexions sur le Muséum National* (1793), Réunion des Musées Nationaux, Paris 1992, p. 31.

[19] La nozione di *cubo bianco* è proposta da B. O'DOHERTY, *Inside the White Cube: the Ideology of the Gallery Space*, Lapis Press, Santa Monica (Cal.) 1976.

non essere altro che un semplice oggetto trasportabile o una superficie scollata dal mondo esterno. Una stanza vuota e bianca è di per sé uno spazio sottomesso alla neutralità. Le opere sembrano subirvi una sorta di convalescenza estetica. Le si osserva come altrettanti invalidi inanimati in attesa del verdetto del critico che le dichiarerà curabili o meno[20].

La critica del museo, «asilo» o «cimitero», è antica quanto l'istituzione stessa. Per cui la sorte delle arti plastiche rientra anche in questo caso in una tradizione secolare. Ciò nonostante, l'atteggiamento di molti artisti, soprattutto a partire dagli anni sessanta, merita attenzione, perché si è espresso attraverso opere e strategie espositive destinate a sovvertire l'ordine stabilito.

Christian Boltanski rimescola le carte quando pretende di esporre nei musei di storia naturale o nei musei delle scienze, ossia di presentare, scrupolosamente etichettati, «gli elementi che hanno tenuto compagnia a una persona per tutta la vita e che dopo la sua morte recano testimonianza della sua esistenza». L'artista scrisse in questo senso ai direttori di sessantadue istituti, ma la prima realizzazione del progetto vide evidentemente la luce in un luogo riservato all'arte contemporanea, la Staatliche Kunsthalle di Baden-Baden (*Les inventaires*, 1973). Il modello etnografico – vetrine o teche, etichettatura, accumulo di oggetti –, al quale Boltanski volle comunque ispirarsi, riscosse un autentico successo. Al Musée de l'Homme l'artista non va in cerca delle sculture «negre» ma della possibilità di giocare con i codici. Nel corso di una conversazione con Delphine Renard, Boltanski riconosce:

Il Musée de l'Homme ha avuto per me un'enorme importanza; vi vedevo grandi vetrine metalliche nelle quali si trovavano piccoli oggetti, fragili e privi di significato. In un angolo delle vetrina si trovava spesso la foto ingiallita di un «selvaggio» intento a maneggiare i suoi miseri utensili. Ogni vetrina presentava un mondo scomparso: il selvaggio della fotografia era sicuramente morto, gli oggetti erano diventati inutili e, in ogni caso, piú nessuno sapeva servirsene. Il Musée de l'Homme mi appariva come un grande obitorio. Molti artisti hanno scoperto allora le scienze

[20] R. SMITHSON, *L'emprisonnement culturel* (1972), parzialmente citato in *Art en théorie* cit., p. 1032.

umane (linguistica, sociologia e archeologia); e ancora una volta era il «peso del tempo» che s'imponeva agli artisti[21].

I musei non sono stati solo oggetto di tentativi di parassitismo o contaminazione d'un modello archetipico con un altro. Alcuni artisti si sono appropriati dei loro tratti salienti per includerli nelle proprie opere. Nel qual caso prendono vita delle fiction alle quali, per esempio, Documenta V ha riservato un posto centrale, nel nome di quelle che il suo curatore, Harald Szeemann, ha definito «mitologie personali». Una sezione della manifestazione s'intitolava infatti *Il museo degli artisti*. Una fiction elaborata e sviluppata nel corso di parecchi anni da Marcel Broodthaers ci sembra, sotto questo profilo, esemplare. Nell'estate 1968 aveva partecipato con altri colleghi all'occupazione del Palais des Beaux-Arts di Bruxelles. Decise quindi di analizzare ancora «quello che non andava nel mondo artistico belga, vale a dire i rapporti Arte-Società». Fu cosí che trasformò la propria abitazione in un museo fittizio. Dopo aver noleggiato delle casse da una società di trasporti, «"segni" dell'imballare l'arte», e dopo averle installate come opere d'arte, Broodthaers struttura insieme riproduzioni di quadri, cartoline e proiezioni, poi scrive sulle finestre «Museo», su una porta «Sezione del XIX secolo» e su un muro «Dipartimento delle Aquile». Broodthaers, per sua stessa ammissione, prosegue e trasforma il gesto duchampiano:

> Come Marcel Duchamp diceva: «Questo è un oggetto artistico», in sostanza io ho detto: «Questo è un museo». Con una differenza: dopo un anno, ho reimballato tutto quel materiale e il museo si è ingrandito[22].

«Finzione» dal punto di vista delle istituzioni ufficiali, il museo broodthaersiano non è per nulla irreale. Proprio per il fatto di raccogliere numerosi oggetti, stimolò l'elaborazione di opere nuove e l'allestimento di mostre. Una delle piú famose, «L'aigle de l'oligocène à nos jours», fu

[21] D. RENARD, *Entretien avec Christian Boltanski*, in *Boltanski*, catalogo della mostra, Centre Georges Pompidou, Paris 1984, p. 71.

[22] M. BROODTHAERS, *Entretien avec Freddy De Vree* (1969), in *Marcel Broodthaers par lui-même* cit., p. 72.

organizzata alla Kunsthalle di Düsseldorf nel 1972. Mentre abitualmente sono gli artisti a produrre le opere e i curatori delle mostre a riunirle e ordinarle, Broodthaers assegna in questo caso ai direttori il compito di procurarsi gli oggetti, che poi lui integra nella sua personale mostra. Furono riunite circa trecento aquile, di ogni specie, provenienti da musei di storia naturale o da musei archeologici, etnografici, di arti decorative, e, perché no?, militari. Ogni esemplare era accompagnato da un cartello recante il numero di catalogo e la scritta: «Questa non è un'opera d'arte». Un'asserzione enigmatica che scala d'un grado l'importanza della creatività, visto che gli artisti, quando elaborano artefatti, sperano sempre di creare opere d'arte. Duchamp si limitava a innalzare a tale dignità semplici *objets trouvés*. Broodthaers, artista-curatore, ci fa capire che l'opera è la mostra stessa. In altri termini, l'arte sarebbe a questo punto non una collezione d'oggetti particolari accomunati da una data caratteristica – da definire –, quanto un tipo di rapporto specifico – nel qual caso poco importa la natura degli oggetti.

La reificazione sarebbe comunque inevitabile. Il museo fittizio di Broodthaers produce da sé i propri oggetti, ai quali l'artista aggiunge numerose variazioni. Mutuando una tecnica di stampa usata nella pubblicità, fa realizzare dei pannelli di plastica termoindurita; su uno possiamo leggere:

> Una forma una superficie un volume, servili. Un angolo aperto. Degli spigoli duri, un direttore una segretaria e un cassiere. MUSEUM bambini non ammessi... per l'intera giornata, fino alla fine dei tempi.

Ma una delle ricadute piú spettacolari di Broodthaers rimane la *Salle blanche* (1975). Per la mostra «L'Angélus de Daumier» (*sic!*), presentata al Centre National d'Art Contemporain che aveva sede allora presso l'Hôtel Rothschild, aveva recuperato anni prima un salone con i mobili originari e ricostruito un primo *Musée d'art moderne*, installato nel 1968 nella propria abitazione di Bruxelles. Ora, la *Salle blanche*, costruita in legno, offre un'immagine tridimensionale di due vani. Il pubblico non è invitato a entrare e la ricostruzione in parte è fittizia. Al posto delle iniziali casse da imballaggio e delle cartoline o delle riproduzioni di opere, i muri recano qui delle scritte in calligrafia nera, tutte relative alla pittura: «Cavalletto, tela, chiodi, colla, olio, prospettiva, marina, copia, occhio, valore, quotazione, curioso, galleria, museo», ecc. Esiste una seconda versione dell'opera, una copia mobile destinata al prestito. Per un accordo con gli eredi dell'artista, il proprietario, il Musée National d'Art Moderne di Parigi, non deve esporre l'«originale» quando è visibile la copia. Sicuramente, precisa Catherine Millet, «per salvaguardare la nozione di opera unica»[23].

La sala di Broodthaers costituisce un luogo indipendente, una nicchia nel cuore dell'istituzione. Può essere mostrata o meno, ma appare difficilmente manipolabile. Quando la guarda, il visitatore dimentica l'edificio che la ospita: è una nicchia prefabbricata che isola l'artista, ne preserva l'autonomia. L'idea di installare un museo personale o di costruire un'architettura individuale all'interno della costruzione collettiva è parte di una lotta per il potere – dai toni generalmente sobri – tra artisti e conservatori, o curatori, in atto anche quando altre motivazioni deporrebbero a favore dell'autosufficienza. Essa esprime inoltre una nostalgia, quella dell'epoca in cui erano i pittori e gli scultori a ideare l'architettura dei luoghi ai quali erano destinate le loro opere. In tono minore e come per gioco, Marcel Duchamp, con la sua *Boîte en valise*, aveva fabbricato una sorta di museo portatile in miniatura. Molte installazioni ed environment sono universi chiusi in se stessi. Quando entra nel *Jardin d'hiver* (1968-70) di Jean Dubuffet, lo spettatore, assorbito dalle linee nere di questa grotta dalla pavimentazione irregolare, dimentica il contesto museale. Joseph Beuys, con *Plight* (1958-85), arriva a produrre lo stesso effetto di straniamento. L'opera fu ideata per una mostra londinese e si proponeva di offrire un rifugio contro i rumori d'un cantiere che si sarebbe dovuto aprire proprio davanti alla galleria. L'apertura del cantiere venne rinviata ma il progetto di Beuys è rimasto e i grandi rotoli di feltro che tappezzano lo spazio annullano decisamente ogni con-

[23] MILLET, *L'art contemporain en France* cit., p. 44.

tatto con l'esterno. Allo stesso modo, spazi privati residenziali entro il recinto dei musei propongono un'idea di simbiosi tra l'opera e il suo «guscio».

Gli artisti fanno bene a mostrarsi circospetti di fronte all'esposizione che può essere allestita dei loro lavori. Sanno meglio di chiunque altro come la contestualizzazione sia determinante per qualunque comprensione estetica, al punto che a volte alcuni di essi giocano con le opere dei colleghi. Bertrand Lavier, tra gli altri, è un esperto in materia. Ad esempio, trasforma in veri «quadri» i disegni di quadri famosi che compaiono nel fumetto in cui Topolino visita un ipotetico museo d'arte moderna (*Walt Disney Production*, 1947-84). Ma l'operazione di riscoperta parziale di quadri esistenti risulta svisata. Lavier fa ridipingere da un restauratore di professione, in modo identico e direttamente sulla tela, la metà del quadro scelto. Per cui, sull'etichetta, appaiono alla fine tre nomi: quello dell'autore originale, André Lothe o Caruelle d'Aligny, quello dello stesso Lavier e il cognome dello specialista. Il restauro è reversibile. Quando Lavier organizza un'antologica di pittori che hanno in comune il nome Martin («La peinture des Martin de 1603 au 1984», Kunsthalle, Berna, 1984), la ricezione di questi dipinti è offuscata dall'anomala prospettiva artistica di cui sono stati oggetto. Come diventa assolutamente impossibile vedere, vedere veramente, il quadro di Jongkind sul quale è proiettata una diapositiva dello stesso quadro, a grandezza naturale (*Slide Painting*, 1978). In un'intervista, Lavier ritorna sullo *slide painting* elaborato con la collaborazione involontaria di Jongkind:

> In seguito, in Germania, ho ripetuto il procedimento con un Rothko, il che ha determinato la sostituzione del direttore del museo. È stato uno scandalo. Il quadro non rischiava certo di essere obliterato, ma è evidente che nessun quadro resiste a un simile trattamento[24].

Il confronto tra il museo immaginario e il museo reale provoca un impasto divertente, ma nulla dice che l'artista vittima dell'esperienza avrebbe apprezzato e dato il suo avallo se avesse potuto essere consultato. Tali atti di forza

[24] Cfr. *Bertrand Lavier*, dichiarazioni raccolte da H. Gauville, in «Libération», 16 giugno 2000.

non sono cosí rari come forse si immagina. Lo testimoniano i *Triptycos post historicus* iniziati nel 1971 da Braco Dimitrijevič. Ognuno dei trittici abbina un manufatto comune, o un prodotto naturale, frutto o legume, e un dipinto originale, prestato da un museo o da un collezionista: un quadro di Derain, *Nudo con tenda verde*, è posato su un armadio accanto a quattro noci di cocco, *La blusa rumena* di Matisse è accostato a una chitarra elettrica e ad una mela, oppure il *Quadrato nero e quadrato rosso* di Malevič, appeso di sbieco sopra una bicicletta, è accompagnato da un melone. L'associazione tra il banale, il deperibile, e un'opera giudicata senza tempo, e comunque ricca di senso, ha anche un altro effetto rilevante: il cortocircuito percettivo dei quadri manipolati. La modernità estetica ritrova qui una pratica remota, quella del reimpiego, assai diffusa all'epoca in cui la nozione di patrimonio artistico – con il suo corollario piú recente, la protezione giuridica dei diritti morali dell'artista sulla propria opera –, non aveva ancora visto la luce.

La questione dell'autore – della sua importanza, della sua valorizzazione o della sua scomparsa – si pone in modo ricorrente nel corso del XX secolo. Laddove la modernità faceva dell'originalità una virtú, certi artisti cercavano invece di stabilire rapporti piú diretti tra l'opera e il suo pubblico, rapporti che non sarebbero piú stati garantiti da un nome autografo, tradizionale garanzia di qualità quando si tratta di un nome prestigioso. Boltanski, con fare scherzoso ma disincantato, rileva l'attrazione esercitata dalle «vite esemplari» degli artisti, mentre quelle dei santi non ispirano piú, oggi, la stessa unanime devozione:

> I musei che, oggi, vogliono avere dei Mondrian somigliano moltissimo alle città del Medioevo che volevano avere le reliquie d'un santo. Quando non riuscivano a possedere le ossa d'un grande santo, s'accontentavano d'un santo locale, oppure ne inventavano uno. Sono rimasto veramente colpito quando i giapponesi hanno acquistato il Van Gogh [*Girasoli*]: pensare che questa gente che fabbrica computer aveva bisogno di quel vecchio pezzo di tela come d'un oggetto magico; perché Van Gogh è uno dei grandi santi dell'Occidente![25].

[25] Cfr. A. FLEISCHER e D. SEMIN (a cura di), *Christian Boltanski: la revanche de la maladresse*, in «ArtPress», n. 128, settembre 1988, p. 6.

Come fare per guardare un quadro, e non un Van Gogh, un Picasso, un Matisse, o un Wouters, uno Steigerland? Per motivi spesso ideologici, a volte anche per un gusto del gioco, diversi artisti o movimenti si sono espressi a favore d'una scomparsa, quantomeno parziale, dell'autore e delle sue prerogative. Duchamp firma oggetti che non ha né concepito né fabbricato. Moholy-Nagy delega l'esecuzione di alcune sue opere a una fabbrica. I pittori riuniti attorno a Larionov in occasione delle mostre «La coda d'asino» (1912) e «Il bersaglio» (1913) prescrivono: «Considerare solo l'opera d'arte, senza tener conto dell'autore»[26]. François Morellet si rammarica d'essere rimasto l'unico, in seno al GRAV, a nutrire «il grande sogno (...) l'idea utopica di abbandonare ogni firma e ogni segno distintivo individuale – solo opere collettive e cassa comune»[27]. Buren, Mosset e Toroni decisero di scambiarsi i rispettivi segni pittorici – ognuno realizzò, con il proprio nome, la pittura degli altri due –, ma Parmentier non solidarizzò con gli amici e rifiutò di partecipare alla loro iniziativa demistificatrice. Nel 1967 Buren e Toroni scelsero di trarre le estreme conseguenze dalla divaricazione tra concezione e realizzazione, e organizzarono a Locarno una mostra, «Buren, Toroni ou n'importe qui», la quale prevedeva che l'eventuale acquirente di un'opera dovesse egli stesso realizzarla e firmarla[28].

Con l'affievolirsi del gusto per le conseguenze d'uno strutturalismo spinto all'estremo, s'allontanò anche lo spettro della morte dell'autore. A quel punto essi decisero di condividere le proprie responsabilità creative con i loro acquirenti, di elaborare opere interattive, relazionali ed ecumeniche, o, ancora piú sottilmente, di cancellarsi. All'artista - conservatore di museo incarnato da Marcel Broodthaers, Yoon Ja e Paul Devautour hanno sostituito una figura nuova, quella dell'artista-collezionista-prestatore. Il punto di partenza è una considerazione ricorrente negli an-

[26] Cfr. V. PARKINE, *Les expositions «La queue d'âne» et «La cible»* (1913), in LARIONOV, *Une avant-garde explosive* cit., p. 57.

[27] F. MORELLET, *Le Groupe de Recherche d'Art Visuel* (1972), in ID., *Mais comment taire mes commentaires?* cit., p. 56.

[28] Per un commento «autorizzato» di queste esperienze, cfr. ad esempio BUREN, *Au sujet de...* cit., pp. 44 sgg. e 50.

ni settanta: gli artisti inventano, nel migliore dei casi, alcune parole, e devono «lasciare agli organizzatori di mostre l'incombenza di produrre un testo». Pierre Ménard, che commenta cosí l'abbandono della pratica artistica a vantaggio di un'attività da collezionista, prosegue:

> L'arte ha disertato le opere. Nel senso che s'è rifugiata in mezzo alle opere, là dove solo l'organizzatore della mostra può rintracciarla. È dunque possibile metterla in scena solo all'interno della mostra stessa. L'organizzatore è diventato autore, gli artisti attori o semplici comparse[29].

Yoon Ja e Devautour sono divenuti «operatori artistici» nel 1985. In tale veste, si occupano della promozione degli artisti dei quali sono i rappresentanti e per i quali creano o organizzano mostre. Operando congiuntamente, dedicano poi parte delle loro energie allo sviluppo e alla gestione della loro collezione privata, le cui opere prestano volentieri a gallerie, centri d'arte o musei. Yoon Ja e Devautour fanno valere un autentico eclettismo nelle loro scelte, che consentono di farsi un'idea sufficientemente ampia, anche se non esaustiva, delle tendenze che convivono nella creazione contemporanea. Richard Alibert, pur restando un seguace del ready-made, riesce a conferirgli un soffio di novità; Buchal e Clavel espongono insieme poster e sculture costruiti attorno a un vuoto; il Cercle Ramo Nash riunisce artisti che intendono rimanere anonimi; Gladys Clover gioca sul proprio nome, esibisce la propria firma; J. Duplo compone quadri e sculture a partire dai quattro colori base del Lego; Manuel Ismora fa ricorso alla fotografia; Art Keller manipola fumetti; Siegwart Kromekote elabora variazioni attorno al quadro monocromo. Da una mostra all'altra, emergono anche i nomi di Florian Faelbel, Richard Kongrossian, Claude Lantier, Alexandre Lenoir, Kit Rangeta, Oscar Scheelbach, Martin Tupper, David Vincent e alcuni altri. La collezione sembra in continua espansione e il successo degli artisti che vi figurano cresce di anno in anno. A seguito delle promozioni di Yoon Ja e

[29] P. MÉNARD, *La collection comme méta-œuvre*, in *Générique. Vers une solidarité opérationnelle*, catalogo della mostra, Abbaye Saint-André - Centre d'Art Contemporain, Meymac 1992, p. 100.

Devautour, molti altri amatori hanno acquistato le loro opere. Alcune sono entrate a far parte delle collezioni pubbliche. Qualche artista sembra nondimeno riscuotere piú successo di altri. Si tratta, come s'è capito, d'un gioco: un gioco, però, realmente produttivo. Giocato da maestri, esso illumina la scena dell'arte contemporanea. Il prestigioso Pierre Ménard, critico d'arte inventato dagli artisti stessi prendendo a prestito il nome da un eroe di Borges – *Pierre Ménard, autore del «Chisciotte»* – spiega la posizione di Yoon Ja e Paul Devautour e al tempo stesso fornisce una lucida analisi della situazione:

> Yoon Ja & Paul Devautour considerano l'arte un gioco il cui fine sarebbe semplicemente quello di modificarne le regole. Cosa evidentemente tutt'altro che semplice, nella misura in cui l'operazione di ridefinizione delle regole può essere giocata solo nel piú rigoroso rispetto di queste stesse regole. D'altra parte nessun giocatore può prevalere se dimentica che l'imperativo di una ridiscussione delle regole è di per sé forse solo una regola provvisoria tra le altre. Cessando ogni produzione artistica personale, Yoon Ja & Paul Devautour non hanno comunque rinunciato a vincere a questo difficile gioco. Ritengono anzi che se i vincitori hanno finora sempre giocato proponendo nuovi oggetti che imponendosi come arte ne trasformavano la definizione, è diventato ridicolo a questo punto proporre il proprio piccolo oggetto brevettato su un terreno che in definitiva ne è già pieno: la formidabile elasticità del concetto di arte non ha piú bisogno di dimostrazioni[30].

Abbia o meno bisogno di dimostrazioni, la «formidabile elasticità del concetto di arte» è stata messa ininterrottamente alla prova dal moderno e dal postmoderno. E nessun segnale fa ritenere che questa avventura si sia conclusa con la fine del secolo.

[30] P. MÉNARD, *La guerre des définitions*, in *Générique* cit., p. 102.

Indice analitico

Indice dei nomi e delle opere

Stampato per conto della Casa editrice Einaudi
presso la Estroprint, Belvedere di Tezze sul Brenta (Vicenza)

C.L. 16147

Ristampa	Anno
6 7 8 9 10 11	2008 2009